새로운

건강가정론

| 이선형 · 임춘희 · 강성옥 공저 |

학지사

● 머리말 ●

학생들에게 『건강가정론』을 가르친 지 10여 년이 되었다. 대학에서 여러 과목을 가르쳐 왔지만 이 과목만큼은 한 학기를 가르치고 나면 늘 풀어야 할 새로운 숙제를 안겨 주는 듯한 느낌을 받게 된다. 10여 년 동안 건강가정과 관련해서 변화된 것이 많음에도 불구하고 풀어야 할 과제도 그만큼 많이 등장하기 때문인 것 같다. 저출산 · 고령화로 인해 야기되는 사회 문제, 가정의 해체 및 폭력의 문제, 1인 가구 등장에 따른 새로운 가족문화의 등장, 가족에게 영향을 많이 미치는 교육 및 주택정책의 문제 등등 많은 법과 여러 가지 정책들이 만들어졌음에도 불구하고 아직까지 건강가정과 관련해 더 많은 문제들이 발생함에 따라 풀어야 하는 숙제도 그만큼 증가하고 있다.

『새로운 건강가정론』에서는 그동안 바뀌어 온 건강가정정책과 현장 실무의 내용을 반영하고자 기존 판을 새롭게 재구성하게 되었다. 이전 책과 비교해 크게 바뀌고 보완된 부분으로는 건강가정을 설명하는 이론들이 추가되었으며, 건강가정지원센터와 다문화가족지원센터의 통합 기관의 내용을 일부 반영하였다. 또한 건강가정사업의 실무에 필요한 내용을 보완하기 위해 지역사회 분석과 요구도 조사, 프로그램 기획을 별도의 장으로 구성하였으며, 빠른 사회의 변화만큼이나 가족의 변화도 빠르게 진행되고 있기 때문에 최근 자료를 활용하여 내용을 업데이트하였다. 3차 건강가정기본계획을 비롯하여 최근의 가족 관련 통계 및 조사결과가 새롭게 발표되어 이러한 내용들이 책에 최대한 반영되도록 노력하였다.

건강가정사를 위한 필수적인 내용이 포함되도록 하였는데, 건강가정사 이수 과목 중 『건강가정론』 이외에 다른 과목이 많이 개설되기 어려운 현실을 감안해 여러 내용을 포함하다 보니 저학년을 대상으로 전체 장을 한 학기에 모두 수업으로 하기에는 다소 분량이 많은 편이라고 생각된다. 고학년 수업의 경우 저학년에서 배운 일부의 장은 제외하고 활용할 수 있도록 구성하였다.

전체 13장 중 4장 건강가정정책, 5장 건강가정기본법, 9장 가족을 대상으로 하는 가족서비스 전달체계, 10장 건강가정사업의 실무 (I): 지역사회 분석과 요구도 조사, 11장 건강가정사업의 실무 (II): 프로그램 기획은 호서대학교 이선형 교수가 집필을 담당하였으며, 1장 건강가정의 개념과 필요성, 2장 현대 사회와 가족의 변화, 3장 건강가정의 이론적 접근, 6장 다문화가족지원법, 8장 다문화가족지원센터는 군산대학교 임춘희 교수가, 7장 건강가정지원센터, 12장 건강가정사업에서의 실천기술 및 사례관리, 13장 건강가정 현장실습은 오산시 건강가정지원 강성옥 센터장이 집필하였다.

후기 산업사회로 가면서 탈가족화 현상이 심화되는 오늘날 개인과 가정 그리고 이를 둘러싼 사회 환경 모두 각각의 건강성을 유지하기가 점점 어려워지고 있다. 이에 따라 개인의 건강성, 가정의 건강성, 사회의 건강성에 대해 관심을 갖는 것은 당연하고도 중요한 일이며 실제로 국가 정책의 어젠다라고도 할 수 있다. 신문이나 TV에서 등장하는 충격적인 사건들은 모두가 더불어 건강하게 살아간다는 것이 얼마나 중요한지 생각하게 한다. 개인의 신체적, 정신적 건강과 함께 가정과 사회의 건강성은 모두가 함께 행복하게 살아가는 데 중요한 원천이라고 할 수 있다. 그러한 점에서 이번에 출간되는 이 책에 담긴 내용들이 실천 현장에서는 건강가정사들을 통해, 정책이 만들어지는 곳에서는 정책 입안자들을 통해, 그리고 대학에서는 『건강가정론』을 가르치는 교수님들을 통해 전달됨으로써 가정의 건강성이 높아질 수 있는 밑거름이 되고 궁극적으로 개인과 사회가 모두 건강하고 행복해질 수 있는 데 일조하기를 기대한다.

2017년 9월

저자 일동

차례

제3부 건강가정사업의 전달체계

제4부 건강가정사업의 실제

Introduction to Healthy Families

제1부

건강가정에 대한 이론적 이해

제1장

건강가정의 개념과 필요성

이 장에서는 건강가정의 개념과 건강가정이라는 개념이 등장하게 된 배경, 그리고 건강가정이 사회에서 중요하게 된 필요성에 대해 살펴본다. 건강가정을 통하여 궁극적으로 개인의 행복을 추구할 수 있고, 개인적 · 사회적 문제를 예방하며, 가족병리를 풀어 나갈 수 있다는 점을 강조하고자 한다.

1. 건강가정의 개념과 등장 배경

'건강(health)'이라 하면 일반적으로 몸이 튼튼하고 병이 없는 상태의 신체적 건강의 의미를 떠올린다. 세계보건기구(WHO) 헌장에는 "건강이란 단지 질병이 없거나 허약하지 않은 상태뿐만 아니라 육체적 · 정신적 · 사회적으로 완전한 안녕 상태를 말한다."라고 명시되어 있다(유영주, 2004). 즉, 육체적으로 건강할 뿐만 아니라 정신적으로나 사회적으로도 안녕 상태를 유지해야만 건강하다고 본 것이다. 이러한 건강의 의미를 가정 혹은 가족에 적용해 보면 '건강가정'이란 기본적으로 가족이 건강하게 기능하여 가족원이 정신적 · 사회적 안녕감을 갖는 가정이라고 할 수 있다.

건강가정에 대한 연구가 1960년대 미국에서 시작된 이래, 스틴넷(Stinnett) 등이 건강가족 연구를 체계화한 후 새로운 관점으로서 건강가족적 관점(strong family perspective)이 등장하게 되었다. 이 관점은 가족의 병리적이고 부정적인 측면보다는 강점과 긍정적인 측면에 초점을 둔다(유영주, 2004).

1) 건강, 가정, 가족 및 가구의 개념

건강가정의 개념을 살펴보기에 앞서 현재 일반적으로 혼용되고 있는 가족과 가정에 대한 용어를 정리할 필요가 있다. 「건강가정기본법」에 따르면, '가족(家族)'이란 '혼인 · 혈연 · 입양으로 이루어진 사회의 기본 단위(제1장 제3조)'이며, '가정(家庭)'이란 '가족구성원이 생계 · 주거를 함께하는 생활공동체로서, 구성원의 일상적인 부양 · 양육 · 보호 · 교육 등이 이루어지는 생활단위(제1장 제3조)'다. 한편 통계청에서 인구조사 시 사용하는 '가구(家口)'는 1인 또는 2인 이상이 모여서 취사, 취침 등 생계를 함께하는 생활단위를 말하는 것으로, 세대별 가구라고 할 때는 가구주와 그 가족의 친족관계에 따라서 1세대가구, 2세대

가구 등으로 구분한다. 한편 2005년 3월 31일 개정된 「민법」(제779조)에 따르면 가족의 범위는 ① 배우자, 직계혈족 및 형제자매, ② 직계혈족의 배우자, 배우자의 직계혈족 및 배우자의 형제자매로, ②의 경우는 생계를 같이하는 경우에 한한다고 명시되어 있다.

가족과 가정이라는 용어는 크게 구분되지 않고 사용되고 있으나 일부 가족학자들(송혜림, 성미애, 진미정, 이승미, 2005)은 다음과 같이 구분하여 설명한다. 먼저 가족이라는 개념은 같이 사는 사람들, 즉 식구를 지칭하는 것으로 해석되거나 같이 사는 사람들의 관계 혹은 그들의 삶을 규정하는 제도로도 해석된다. 그리고 '가족' 개념에는 이념적 · 법적 · 제도적 차원이 포함되어 있으며, 가족원 간의 관계가 형성되는 배경이나 관계 범위가 중요하게 작용한다. 즉, 가족은 대체로 혈연이나 결혼 등으로 맺어진 사람들의 집단을 말한다. 많은 사회는 가족의 범위를 법률이나 그 외의 규범으로 규정하고 있다. 이에 비해 '가정'이라는 용어는 가족의 구조나 관계의 개념보다는 생활의 측면이 더 강조되는 개념이다. 즉, 가정은 가족원의 일상생활이 영위되는 장소이자 삶의 물적 · 인적 토대가 되는 근원지로서 어떤 형태의 가족이든 그들이 이루고 있는 공동체적 생활 토대 개념이 강조된다. 그러므로 가족의 구조와 유형이 아닌 생활이나 기능에 주목할 때는 가족보다는 가정이라는 용어 사용이 더 적합하다.

가정이란 한 가족이 함께 살아가며 생활하는 사회의 가장 작은 집단으로, 인간이 성장하는 최초의 사회적 환경이자 인간에게 가장 친밀한 혈연집단인 가족이 동거동재(同居同財)하면서 생활을 영위하는 주요 장소다. 그러므로 가정은 가족이 생활하는 공간으로서의 의미를 넘어서 가족의 감정과 의식, 가치와 규범, 행동이 형성되는 심리적 환경과 가족이 생활하는 데 필요한 의식주의 물리적 환경을 모두 포함하는 개념이라고 할 수 있다. 참고로 한국인에게는 '집'이라는 용어는 공간적인 의미뿐만 아니라 개인적 · 심리적 측면에 초점을 둔 가족 개념과 물적 · 행동적 · 관리적 측면에 초점을 둔 가정 개념을 포괄하는 문화적 상징성을 갖는 의미 있는 용어라고 할 수 있다.

이처럼 가족과 가정의 용어가 개념상 다르게 정의될 수 있으나 일반적으로 일상생활이나 연구 분야, 가족정책, 법률명, 정부부처명 등에서 가족과 가정이라는 용어는 특별한 의미 구분 없이 혼용되고 있다. 따라서 이 책에서도 내용의 적합성에 따라 가족과 가정의 용어를 혼용하고자 한다.

〈참고 1-1〉 「건강가정기본법」 상의 가족

1. '가족'이라 함은 혼인 · 혈연 · 입양으로 이루어진 사회의 기본 단위를 말한다.
2. '가정'이라 함은 가족구성원이 생계 또는 주거를 함께하는 생활공동체로서 구성원의 일상적인 부양 · 양육 · 보호 · 교육 등이 이루어지는 생활단위를 말한다.
3. '건강가정'이라 함은 가족구성원의 욕구가 충족되고 인간다운 삶이 보장되는 가정을 말한다.

–「건강가정기본법」 제1장 제3조

2) 건강가정 관점의 등장배경

건강가족(정)에 대하여 국내에서 선구적인 연구를 시작한 유영주(2001)는 건강가족을 가족원 개개인의 건강한 발달을 도모하고 가족원 간의 상호작용이 원만하여 집단으로서의 가족체계를 잘 유지하는 가족으로 정의하였다. 올슨과 스틴넷(Olson & Stinnett)은 건강한 가족은 가족원 간의 상호작용의 질이 개개인의 심리적 안녕에 기여하는 가족이라 정의하고, 건강가족은 가족의 외적 구조에 중점을 두는 것이 아니라 가족원 상호 간의 내적 과정에 중점을 둔다는 점을 강조하였다(유영주, 2004). 따라서 건강가족은 가족의 형태나 외형적 구조로 구분하는 개념이 아니라 가족원 간의 내적 관계와 가족이 수행하는 기능을 기준으로 판단하는 것이라 할 수 있다. 따라서 가족이 가족원 개개인의 욕구를 충족시키고 가족 내에서의 관계가 상호 만족스러우며 가족으로서의 대내외적 기능을 잘 수행한다면 그 가족은 건강하다고 할 수 있다. 이렇게 본다면 건강한 한부모가정, 건강한 재혼가정, 건강한 다문화가정, 건강한 조손가정 등 다양한 유형의 건강가족이 있을 수 있다.

또한 건강한 사람도 때로는 건강 상태가 좋았다가 나빠질 수 있듯이 건강가족이라 하더라도 어느 한 시점에서는 가족갈등이나 실직 등 크고 작은 위기나 스트레스를 겪을 때 건강성이 약화될 수 있으며 바로 그때 어떤 가족이 건강한가, 그렇지 않은가를 구별할 수 있다. 즉, 가족위기 앞에서도 가족의 건강성을 유지하거나 더 강화하거나 혹은 일시적으로 약화되었다가도 다시 건강성을 회복하는 가족이야말로 건강가정이라 할 수 있을 것이다. 그리고 가족갈등이 심하거나 가족 기능이 약해진 가족이라도 가족의 노력과 주위의 도움 여하에 따라 건강하게 기능하는 화목한 가족이 될 수 있듯이 가족의 건강성이 회복되면 어떠한 가족이라도 건강가정이 될 수 있을 것이다.

한편 건강가정에 대하여 건강가족으로 표현하면서 건강가족의 개념과 용어 정의에 대한 국내외 연구를 정리한 유영주(2001)에 따르면, 건강가족은 'strong family' 혹은 'healthy family'를 번역한 것으로 외국의 경우 오토(Otto)가 이미 1960년대 초에 제시한 개념이다. 즉, 「건강가족이란 무엇인가(What is strong family?)」라는 오토의 연구가 이루어진 후 건강가족에 대한 관심이 커졌다. 미국의 경우 높은 이혼율, 청소년 범죄, 가족학대, 폭력, 알코올중독자, 마약중독자 등 갖가지 가족문제가 발생된 1970년대에 건강가족에 대한 연구가 국가적인 과제가 되었다. 건강가정이라는 용어는 외국 연구에서 다양한 용어로 혼용되었는데, 연구자에 따라 '건강한 가족(healthy family)' '강한 가족(strong family)' '기능적인 가족(functional family)' '균형 있는 가족(balanced family)' '탄력적인 가족(resilient family)' '정상적인 가족(normal family)' '최적의 가족(optimal family)' 등의 용어를 사용하였다. 건강가족을 정상적인 가족으로 간주할 때 생길 수 있는 개념적 혼란과 오해에 대하여 월시(Walsh)는 정상 가족의 개념을 '증상이 없는 가족' '보통 가족으로서의 정상 가족' '적절히 기능하는 가족으로서의 정상 가족' '정상적인 가족과정 관점에서의 정상 가족'으로 정리하였다(유영주, 2001). 건강가족에 대한 연구가 가족학 분야에서 시작되었기 때문에 연구 분야에서는 건강가족이라는 용어가 주로 사용되어 왔다. 그러나 가족이라는 용어가 갖는 가족관계 중심의 제한적인 이미지와 복지 서비스의 단위로 가정이라는 용어를 선호하는 경향으로 인해 정책 분야에서는 건강가족과 건강가정의 용어를 혼용하고 있다. 그런데 2004년 2월 9일 제정된 「건강가정기본법」의 제1장 제3조에서는 건강가족이 아닌 건강가정 명칭을 채택하였다. 이 법에서는 '건강가정'을 '가족구성원의 욕구가 충족되고 인간다운 삶이 보장되는 가정'이라고 명시함으로써 공식적인 명칭으로 건강가정이 사용되고 있다.

〈참고 1-2〉 법률적 근거로서의 건강가정

건강한 가정의 중요성은 다음과 같은 법률에서 법의 목적이나 기본 이념, 국가의 의무로 규정하고 있는 데에서도 확인할 수 있다. 이와 같은 의미에서 다음 법에서는 건강한 혹은 건전한 가족이라는 용어를 사용하고 있다.

「건강가정기본법」

제1조(목적) 이 법은 **건강한 가정생활**의 영위와 가족의 유지 및 발전을 위한 국민의 권리 · 의무와 국가 및 지방자치단체 등의 책임을 명백히 하고, 가정문제의 적절한 해결방안을 강구하며 가족구성원의 복지 증진에 이바지할 수 있는 지원정책을 강화함으로써 건강가정 구현에 기여하는 것을 목적으로 한다.

제2조(기본 이념) 가정은 개인의 기본적인 욕구를 충족시키고 사회통합을 위하여 기능할 수 있도록 유지 · 발전되어야 한다.

「가정폭력범죄의 처벌 등에 관한 특례법」

제1조(목적) 이 법은 가정폭력범죄의 형사처벌 절차에 관한 특례를 정하고 가정폭력범죄를 범한 사람에 대하여 환경의 조정과 성행(性行)의 교정을 위한 보호처분을 함으로써 가정폭력범죄로 파괴된 가정의 평화와 안정을 회복하고 **건강한 가정**을 가꾸며 피해자와 가족구성원의 인권을 보호함을 목적으로 한다.

「사회보장기본법」

제6조(국가 등과 가정) ① 국가와 지방자치단체는 가정이 건전하게 유지되고 그 기능이 향상되도록 노력하여야 한다. ② 국가와 지방자치단체는 사회보장제도를 시행할 때에 가정과 지역공동체의 자발적인 복지활동을 촉진하여야 한다.

「노인복지법」

제3조(가족제도의 유지 · 발전) 국가와 국민은 경로효친의 미풍양속에 따른 건전한 가족제도가 유지 · 발전되도록 노력하여야 한다.

2. 건강가정의 특징

1) 세계 각국의 건강가정의 특징

건강가정에 대한 연구의 역사는 비교적 짧지만 세계 각국의 많은 연구자들에 의해 각국의 건강가정의 특징 혹은 요소에 대한 연구들이 진행되어 왔다(〈표 1-1〉 참조).

가족학 연구에서 이루어진 건강가정(건강가족)의 요소에 대한 가장 광범위한 연구는 스틴넷(Stinnett)과 드프레인(DeFrain) 및 그 동료들이 수행하였다. 그들은 지난 25년 동안 미국과 세계 27개국의 2만 1천 가족에서 나온 자료를 수집하였다. 그 후 이들은 건강가족에 공통적으로 존재하는 여섯 가지 중요한 특징을 밝혀 냈는데 그 특징들은 ① 감사와 애정 ② 헌신 ③ 긍정적인 의사소통 ④ 함께 즐거운 시간 보내기 ⑤ 정신적 안녕 ⑥ 스트레스와 위기 대처능력이다. 이러한 건강가정의 특징들은 여러 나라에서 문화적 차이에도 불구하고 비교적 공통적인 것으로 나타났다(Olson & DeFrain, 2006).

〈표 1-1〉 각국의 가족건강성 연구

국가	연구자	가족건강성의 요소
미국	Stinnett, DeFrain 등 (1977, 1985, 2002)	감사(존중)과 애정 헌신 긍정적 의사소통 즐거운 시간의 공유 영적 안녕 스트레스와 위기의 효과적인 관리
중국	Xia, Xie, & Zhou (2004), Xie, DeFrain, Merdit, & Combs (1996), Xu and Fe (2002), Xu, Anqui Xie, Liu, Xia, & Liu (2007)	3대간 시간공유 및 함께 하기 사랑, 존중, 친화력 보호와 헌신 의사소통 가족지지 영적 신념(자연, 자신, 타인 및 세계의 평화에 대한) 가족 전통 및 조화 변화에 대한 적응력
아랍 에미리트	Sani & Buhannad (2003)	가부장적 가족구조 가족에 의한 혼담(결혼) 성별에 기초한 권리와 책임, 특권 강력한 가족유대감(무와다) 확대가족(드후리야) 동거하거나 이웃에 사는 친족들 잦은 상담(의논) 역할 모델이자 조언자인 노인들 위기는 알라의 시험 적절한 지침을 제시하는 이슬람교적 신념 (타쿠와)과 수행 개인주의에 우선하는 집단주의 개인, 부부, 가족 복지를 지지하는 정부
이스라엘	Maha (2007)	가족과 전통에 대한 책임감 신앙심 대화방식 모든 집단을 결집시키는 강력한 치유력(에너지)

한국	유영주, DeFrain 등 (2004)	가족원에 대한 존중 유대의식 감사와 애정 긍정적인 의사소통 가치관 목표 공유 역할 충실 문제해결 능력 경제적 안정 사회와의 유대

출처: 유영주, 이인수, 김순기, 홍성례, 최희진(2009), pp. 60-61의 내용을 재구성.

(1) 감사와 애정

건강한 가족은 서로에게 감사와 애정을 표현한다. 가족은 서로를 깊이 사랑하고, 이를 상대방에게 자주 말해 주거나 웃어 주거나 껴안아 주거나 가볍게 등을 두드려 주는 것 등을 통해 사랑을 표현한다. 건강한 가족은 상대방을 비난할 경우가 있을 때도 상대방의 기분이 상하지 않도록 부드럽게 이야기한다. 그러나 많은 가족이 자신의 가족에게 감사와 애정을 표현하지 않으며, 건강하지 못한 가족은 부정적인 것에 초점을 두어 '에너지를 방전시키는 사람'들처럼 상대방의 자존심과 기분 좋은 감정을 앗아가 버림으로써 에너지를 얻기도 한다.

(2) 헌신

건강한 가족은 일이나 다른 어떤 것보다도 가족 상호작용에 우선순위를 두고 가족활동에 시간과 에너지를 투자함으로써 서로에게 강하게 헌신하는 모습을 보인다. 그러나 헌신이라고 해서 가족을 질식하게 만든다는 의미는 아니며, 가족을 인생에서 중요한 존재로 인식하고 가족과 함께하는 시간과 활동에 우선순위를 둔다는 것이다. 이때 헌신의 의미 속에는 부부로서 성적으로 정조를 지킨다는 의미도 포함된다.

(3) 긍정적인 의사소통

건강한 가족의 필수적인 요소 중 하나는 긍정적인 의사소통이다. 대부분의 가족은 서로 대화하는 데 많은 시간을 보내지 않는다. 그러나 건강한 가족은 서로가 가족으로서 연결되었다고 느끼기 위해서 이야기하고 경청한다. 그러나 건강한 가족이라고 해서 항상 대화에서 의견 일치를 보이는 것은 아니며 의견 차이와 갈등을 겪기도 한다. 이때 건강한 가족은 상대방을 비난하지 않고 직접적이고 솔직하게 말한다. 반면에 건강하지 못한 가족은 과도하게 비판적이고 적대적이며 문제를 부정하고 언어적 갈등을 피한다. 언어적 적대감은 생산적인 방법이 아니지만 문제를 피하는 것 역시 마찬가지로 생산적인 방법은 아니다. 건강한 가족은 경청을 잘하고 사람들의 세계관이 변한다는 것을 이해한다. 또한 유머를 잘 사용하고 잘 웃는다. 유머의 사용과 가족의 건강성 간의 관계를 살펴본 연구에 의하면 건강한 가족일수록 긍정적인 인생관을 유지하고 애정표현을 자주 하며 긴장과 불안을 줄이고 대화를 촉진시킨다. 또한 어려운 상황에 잘 대처하기 위해 유머를 자주 사용하지만 다른 가족원을 깎아내리거나 비꼬기 위한 유머는 별로 사용하지 않는 것으로 나타났다.

(4) 함께 즐거운 시간 보내기

'무엇이 행복한 가족으로 만든다고 생각하는가?'라는 질문에서 가장 많이 나온 응답은 바로 함께 협력하고 함께 즐거운 시간을 보내야 행복한 가족이 될 수 있다는 것이었다. 많은 사람은 흔히 자신이 가족과 많은 시간을 보내지는 않지만 질적으로 좋은 시간(quality time)을 보내려고 노력한다는 말을 한다. 그러나 사람들이 갖는 행복한 기억들은 상당한 시간을 함께 보내면서 지낸 질적으로 좋은 시간 속에서 나온다. 가족으로서 활동을 공유할 때 행복감을 느낄 수 있는데, 즐겁게 함께 시간을 보내는 데에는 돈이 들지 않는 단순한 활동들이 많다. 건강한 가족은 식사를 함께 하거나 집안일을 함께 하거나 캠핑이나 산책, 등산 같은 야외활동을 즐기는 등의 일상적이고 평범한 활동을 함께 한다. 가족은 일상에서 생일이나 기념일을 축하하는 것과 같이 가족 전통에 해당하는 가족 의례들로 가족과의 연결감이나 심리적인 안정성을 가진다.

(5) 정신적 안녕

건강가족을 연구하는 학자들 사이에서 가장 논란이 되는 요소가 건강가족에서의 신앙심 혹은 정신적 안녕의 중요성에 대한 것이다. 건강한 가족은 정신적 안녕을 신앙심이나 희망, 인생에 대한 긍정심, 세계와의 일체감, 윤리적 가치, 중요한 신념에 대한 맹세, 서로에 대해 신성하게 느끼는 사랑 등으로 다양하게 표현한다. 이러한 정신적 안녕은 나눔과 사랑, 연민을 촉진하는 개인 내적인 애정의 진원지라고 할 수 있으며, 사람들로 하여금 자신을 초월하게 하는 감정이나 힘이다. 이때 정신적 안녕은 정신적인 것과 종교적인 것의 구분이 필요하다. 즉, 정신적 믿음은 개인적이고 보다 보편적인 믿음인 반면, 종교적 믿음은 가족역동보다는 종교단체와 연결된 공적이고 외적인 체계를 강조한다. 정신적으로 일치하는 가족은 자신들의 믿음을 가족 행동과 전통으로 통합한다. 정신적인 믿음을 같이하는 부부는 성공적인 결혼생활을 하는 것으로 나타났으며(Larsen & Olson, 2004), 정신적인 믿음에 높은 의견 일치를 보인 부부들일수록 더 행복한 결혼생활을 하고 있었다. 또한 이런 부부들은 의사소통 능력과 갈등해결 능력이 더 많고, 친밀감과 부부로서의 융통성 수준이 더 높은 등 다른 강점들도 많은 것으로 나타났다.

(6) 스트레스와 위기 대처능력

건강한 가족이라고 해서 가족문제가 발생하지 않는 것은 아니지만 역기능적인 가족만큼 위기에 취약하지는 않다. 건강한 가족은 오히려 스트레스와 위기에 효과적으로 대처하는 능력을 갖고 있다. 건강한 가족은 문제가 발생하기 전에 예방하는 데 성공적이다. 하지만 인생에서 스트레스를 야기하는 어떤 문제들은 불가피하다. 건강한 가족이라도 가족원의 질병이나 수술 혹은 죽음, 성인 자녀나 인척 형제자매와의 관계를 포함한 결혼상의 문제, 자녀의 임신과 비행 혹은 학교 부적응 등의 문제를 겪는다. 그러나 건강한 가족은 이러한 위기에 대처하는 데 성공적이다. 건강한 가족은 위기가 닥치면 가족이 모두 협력하며 서로의 부담을 덜어 주기 위해 역할을 맡는다. 그리고 문제를 스스로 해결할 수 없다면 상담과 같은 외부의 도움을 요청하기도 한다. 이러한 점은 자신들에게 문제가 있고 외부의 조언을 구할 필요가 있다는 것을 인정하지 않는 진정으로 문제가 있는 가족들과 대조적이다.

〈참고 1-3〉 큐란(Curan)의 건강가족의 특성

- 의사소통이 잘되고 상대방의 말을 잘 들어 준다.
- 서로 긍정적이고 협조적이다.
- 타인에 대하여 존경심을 갖는다.
- 서로 신뢰한다.
- 놀이와 유머에 대한 감각이 있다.
- 공동적인 책임의식을 갖는다.
- 옳고 그름에 대한 인식을 갖는다.
- 의식과 전통을 존중하는 가족관념을 가지고 있다.
- 구성원 간에 균형 잡힌 상호작용이 있다.
- 공통적인 종교를 가지고 있다.
- 서로의 개인생활을 존중해 준다.
- 타인에게 봉사하는 것을 귀하게 여긴다.
- 가족이 함께 식사하는 시간과 이야기하는 시간을 갖는다.
- 여가시간을 같이 즐긴다.
- 문제가 생기면 이웃끼리 서로 도와주고 도움을 받는다.

출처: 유영주(2001), p. 136.

2) 한국 건강가정의 특징

국내에서 건강가정 혹은 가족의 건강성에 대한 연구는 1990년대부터 이루어지기 시작하였는데 대표적으로 유영주(2004)와 조희금 등(2016)이 제시한 특징을 살펴보면 먼저 유영주(2004)는 한국의 건강가족의 특징으로 가족원에 대한 존중, 가족원 간의 유대의식, 감사와 애정, 긍정적인 의사소통, 가치관 목표의 공유, 역할 충실, 문제해결 능력, 경제적 안정, 사회와의 유대를 제시하였다. 한편 조희금 등(2016)은 건강가정이란 구성원의 욕구가 충족된 상태로 간주하면서 건강가정의 특징을 기본 토대와 가족관계, 가정 역할, 사회와의 관계, 문화의 다양한 측면을 포괄하는 것으로 제시하였다. 이들이 제시한 건강가정의 구성 요소는 [그림 1-1]과 같이 정리할 수 있다.

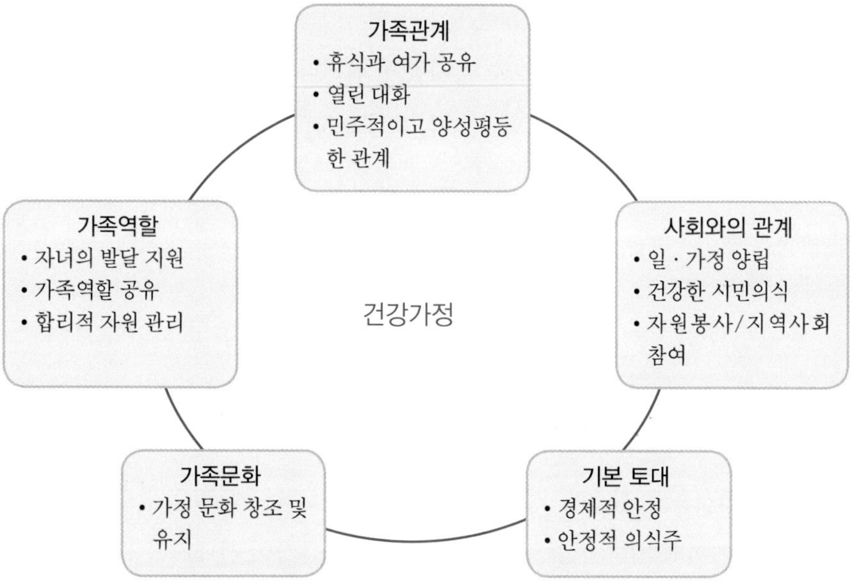

[그림 1-1] 건강가정의 구성 요소

- **기본 토대**: 가정의 경제적인 안정과 안정적인 의식주 생활
- **가족관계**: 민주적이고 양성 평등한 가족관계, 열린 대화, 휴식과 여가 공유
- **가정 역할**: 자녀의 성장 · 발달 지원, 합리적인 자원 관리, 가족 역할 공유
- **사회와의 관계**: 일과 가정의 조화, 건강한 시민의식과 자원봉사 활동, 지역사회 활동 참여
- **문화**: 건강한 가정생활 문화의 유지 및 창조

3. 건강가정의 필요성

오늘날 가족을 둘러싼 급격한 국내외의 사회경제적 변화와 가족에 대한 가치관의 변화로 가족의 형태는 다양해지고 가족의 기능은 축소되는 상황 속에서 가족의 위기나 문제에 대한 많은 담론들이 넘쳐나고 있다. 그러나 최근 우리 사회에서 우려하고 있는 현상으로서 가족의 위기나 가족문제가 증가할수록 건강한 가족에 대한 개인적 요구와 사회적 기대는 더 커지며 행복한 가족에 대한 중요성 또한 증가한다고 할 수 있다. 오늘날 어느 때보다도 특히 더 건강가정에 대해 주목해야 할 필요성은 개인과 사회 그리고 국가적 측면에서 다음과 같이 생각해 볼 수 있다.

1) 건강가정을 통한 개인의 행복과 삶의 질 향상

후기 산업사회로 갈수록 가족의 기능이 약화될 것인가 혹은 강화될 것인가에 대한 논쟁이 있지만 여전히 결혼은 대다수의 사람이 선택하는 대표적인 생활방식이며, 사회제도로서의 가족은 인류 역사에서 쉽사리 변하지 않고 지속적으로 선호되는 제도라고 할 수 있다. 그것은 아마도 산업기술과 경제발전 같은 물질문명의 눈부신 발전에도 불구하고 여전히 인간은 가족과 같은 친밀한

인간관계를 통해 물질적으로 채워지지 않는 심리적 · 정신적 욕구를 충족하려는 존재이며, 그러한 욕구 충족이 이루어질 때 인생의 행복을 느끼는 존재이기 때문일 것이다. 그리고 개인이 인생에서 느끼는 행복 가운데 행복하고 만족스러운 가정생활을 영위하는 데서 느끼는 행복은 어느 사회나 문화에서 사는지를 막론하고 개인의 인생에서 중요한 비중을 차지한다고 할 수 있다.

매슬로(Maslow, 1987)에 의하면 인간 욕구는 가장 기본적이며 낮은 생리적 욕구에서 안전 욕구, 소속감과 사랑에 대한 욕구, 자아존중감에 대한 욕구 그리고 가장 높은 수준의 자아실현에 대한 욕구가 위계적으로 있으며 이러한 욕구들이 충족될 때 인생 전반에 대해 행복을 느끼게 된다고 하였다. 건강하게 기능하는 가족은 매슬로가 말한 기본 욕구들을 충족시킬 수 있는 기본적인 토대가 될 수 있으며 행복의 조건이 될 수 있다. 하버드생들을 72년간 추적하여 연구한 베일런트(Vaillant, 2011)는 건강하고 행복한 노후 적응의 중요한 요인으로 금연, 금주, 운동과 같은 건강한 생활습관과 배우자와의 행복하고 안정된 결혼생활, 성숙한 방어기제를 꼽았다. 이는 개인의 행복에 결혼생활과 같은 가족관계가 중요함을 시사한다(〈참고 1-4〉).

건강가정은 개인의 행복뿐만 아니라 사회구성원들의 삶의 질을 향상하기 위해서도 필요하다. 오늘날 삶의 질은 전 세계적으로 보편화된 관심사이자 정책적 의제다. OECD에서는 주거, 소득, 직업을 포함하여 공동체, 교육, 환경, 정치참여, 건강, 삶의 만족, 주거, 일과 삶의 균형 등 11개 영역의 지표를 종합하여 삶의 질을 나타내는 더 나은 삶 지수(Better Life Index: BLI)를 매년 발표하고 있는데 한국은 2016년 38개국 중에서 28위에 그치고 있으며 특히 삶의 만족 부문은 36위로 매우 낮은 상황이다(OECD, 2016). 또한 유엔 자문기구에서 발표한 「2016 세계 행복 보고서」에 의하면 전체 157개 국가 가운데 우리나라는 58위로 높지 않은 수준이며 행복도를 측정한 지표 가운데 특히 힘들 때 도움을 청하거나 의지할 수 있는 사람이 있는지의 여부로 살펴본 사회적 지지는 매우 낮은 편이었다. 청소년의 행복감에 대한 국제 비교연구에서도 한국은 OECD 국가와 비교해 볼 때 우리나라 청소년의 주관적 행복지수가 최하위로 청소년은 성적이나 경제 수준보다 부모와의 관계에서 행복감을 느끼는 것으로 나타났다(한겨레신문, 2016. 5. 2.).

한국과 같이 단기간에 급속한 경제성장을 이룬 국가들은 경제발전 목표에 치중한 나머지 개인이나 가족의 행복과 안녕, 삶의 질, 사회적 평등과 공정한 분배와 같은 근본적이고 중요한 가치들을 도외시하는 경향이 있다. 그 결과 개인과 가족의 행복과 삶의 질 저하, 사회적 불평등과 소외현상의 증가와 같은 부작용을 낳고 있다. 이러한 점에서 개개인이 건강하고 행복한 가정생활을 영위하는 것은 개인의 행복과 삶의 질을 높이는 데 중요하다고 할 수 있다.

〈참고 1-4〉 치유에 영향을 준 가장 중요한 사건은 ……

'성인 발달 연구에서 나는 사랑받지 못한 남성들의 삶을 조사했다. 나는 도심에 거주하는 456명 중 30명을 연구 대상으로 선정했는데 모두 유년기가 대단히 황폐하고 지속적인 성인 발달이 가장 의심되는 청년들이었다. 그들은 아동발달심리학자들이 회복을 '방해'한다고 입증해 온 변수들을 유년기에 경험했다. 그러나 그들이 50세나 60세가 되었을 때 30명 중 9명은 성공적이고 생산적인 삶을 영위하고 있었다. 퀸튼과 러터가 실시한 연구의 여성들처럼 치유에 영향을 준 가장 중요한 사건은 사랑해 주는 배우자를 찾은 것이었다.'

출처: Vaillant, G. (2011), p. 59.

2) 다양한 가족의 등장과 가족건강성에 대한 관심

오늘날 전 세계적으로나 국내적으로 결혼과 가족에 대한 사람들의 관념은 전통적 가치관에서 벗어나 개인적이면서 다원화된 가치관으로 크게 변화하였으며 가족을 둘러싼 사회문화 및 경제적 상황의 변화로 인해 가족의 형태 또한 매우 다양해지고 있다. 우리 사회에서 한부모가족, 다문화가족을 비롯하여 조손가족, 무자녀가족, 재혼가족, 입양가족 등 부모와 혈연의 친자녀로 구성되지 않은 다양한 형태의 가족은 지속적으로 증가하고 있으며 앞으로도 증가가 예상된다. 2015년 가족실태조사 결과(여성가족부, 2016)에서 과거에 비해 국제결혼과 입양에 대한 수용 수준이 높아진 것으로 나타났는데 특히 젊은 세대인 경우 다양한 방식의 가족형성에 대한 수용성이 높아서 그러한 가족가치관의 변화는 현실적인 가족 변화로도 이어질 수 있다.

다양한 유형의 가족이 증가함에 따라 과거 부부와 친자녀로 구성된 핵가족이 행복한 정상가족이라고 무비판적으로 간주했던 관점에서 벗어나 어떠한 가족의 형태를 막론하고 보편적으로 적용될 수 있는 건강가정의 요소는 무엇인가? 혹은 다양한 가족 형태에 고유한 가족건강성은 무엇인가? 에 대한 관심 또한 증가하게 되었다. 한부모가족이나 다문화가족 혹은 재혼가족, 동거가족 등 다양한 유형의 가족이 증가하는 현실에서 이러한 다양한 가족들마다 갖는 나름대로의 가족건강성은 무엇인지 어떠한 방식으로 건강가족으로 기능할 수 있는지에 더 많은 관심을 가져야 할 시점에 와 있다.

3) 건강가정을 통한 개인적 문제 및 가족병리의 예방

한국은 지난 수십 년간 눈부신 경제발전을 이루어 왔으나 국민 개개인의 정신적 건강이나 안녕감은 과거에 비해 오히려 퇴보하여 자살이나 가정폭력, 아동학대와 같은 개인적, 가족병리적인 문제이면서 동시에 사회적인 문제들이 끊이지 않고 있다. 개인적, 사회적 정신건강 수준을 단적으로 보여 주는 자살률의 경우 한국은 지난 30여 년간 크게 증가하여 현재 경제개발협력기구인 OECD 회원국 가운데 1위로 2015년 10만 명당 26.5명에 이르는데 OECD 국가들 평균 12명의 두 배가 넘는다(e-나라지표, 2016). 자살시도자들의 자살시도 이유로는 우울감과 같은 정신과적 증상이 가장 많았으나 대인 관계로 인한 스트레스도 그다음으로 큰 비중을 차지하였고 특히 40대는 부부문제가 그리고

50~60대는 가족이나 지인의 신체건강 문제가 자살의 위험성을 증대시키는 것으로 나타났다(보건복지부, 2015).

자살과 같이 극단적이고 심각하며, 개인적이면서 동시에 사회적인 문제를 예방하기 위해서는 개인에게 가장 중요한 일차집단인 가족의 애정과 관심, 상호 지지가 무엇보다 중요하다고 할 수 있다. 여전히 많은 사람들은 결혼을 통해 친밀한 인간관계를 맺고, 가족을 통해 사랑, 인정, 소속감, 즐거움 등 인간의 기본적인 심리적 욕구를 충족하고자 하며 그로 인해 오늘날까지도 가족은 위기에 처하고 변화하는 가운데서도 지속되어 왔다. 그러나 가족에 대한 이상적이고 환상적인 기대만을 가진 채 현실적으로 건강하지 못한 가족은 가족원 개인에게 정신적, 신체적 고통을 주는 병리적인 현상을 야기한다. 그리하여 가족이라는 이름하에 가족원 중의 한 사람을 희생양으로 만드는 문제 상황이 부지불식간에 만들어지곤 한다. 최근 우리 사회에서 일어난 가정폭력에 대한 2016년 실태 조사에 따르면(여성가족부, 2017), 여성의 부부폭력 피해율은 12.1%, 남성의 경우 8.6%로 과거에 비해 감소하였으나 부부폭력으로 인해 부부 모두 신체적, 정신적 고통을 경험한 것으로 나타났으며 여성의 경우 더 심각한 수준의 신체적, 정신적 고통 및 위협·공포심을 겪는 것으로 나타났다. 같은 조사에서 자녀 학대율은 27.6%로 이 가운데 정서적 학대가 가장 많았으며 신체적 학대, 방임 순이었다. 가족의 실상이 이러하므로 단순히 가족이 있다고 해서 저절로 행복해지고 개인과 가족의 문제가 없어지는 것은 아니라고 할 수 있다. 가족이 건강한 상태여야만 그 안에서 생활하는 개인들이 개인적인 문제나 가족병리적인 문제를 만들지 않을 수 있으며, 개인이나 가족이 가진 문제를 해결하고 치유할 능력을 키워 갈 수 있다. 따라서 건강가족을 추구함으로써 가족병리와 개인 문제의 예방과 감소에 이바지할 수 있다.

〈참고 1-5〉 자살자 93% 신호 보냈지만 …… "막을 수 있다"

자살자들의 공통점은 극도의 스트레스로 절망감을 지속적으로 느끼다가 심각한 우울감에 빠져 자살을 탈출구로 택한다는 것입니다. 안타까운 사실은 자살자 대부분이 주위에 자살을 생각하고 있다는 신호를 보낸다는 점입니다. 정부가 발표한 자료를 보면 자살자 10명 중 9명은 시도 전 주위에 신호를 보냈지만 유족의 80% 넘게는 이를 알아차리지 못했습니다. 대표적인 것이 죽음에 관한 직접적인 언급, 사후 세계를 동경하는 표현, 수면 상태나 식욕·체중의 변화, 주변 정리입니다. 평소와 다른 말과 행동, 정서를 보인다는 것입니다. 주변 사람들이 이런 변화를 보인다면 지역의 정신건강증진센터나 의료기관 등 자살 예방 전문기관에 도움을 요청해야 합니다. 자살에 큰 영향을 미치는 우울증의 조기 발견도 중요합니다.
〈백종우/한국자살예방협회 사무총장(경희대 의대)〉 "자살 예방은 절대 우울증의 치료만으로 되지는 않고 사회 전반적인 노력이 필요한 것은 확실합니다. 하지만 마지막 단계에서 가장 위험을 일으키는 데는 우울증이 있기 때문에 우울증의 조기 발견과 치료라는 것, 이를 위한 인식의 변화는 매우 중요합니다……"
자살자의 90% 가까이는 우울증과 같은 정신건강이 좋지 않았지만 꾸준히 치료받은 사람은 15%에 그쳤습니다.

출처: 연합뉴스 TV(2016. 9. 10.).

4) 건강가정 육성을 통한 사회복지비용 경감

가정은 사회의 자연적이고 기초적인 단위이며, 사회와 국가의 보호를 받을 권리가 있다는 「세계인권선언」의 제16조 제3항은 가정은 보호받을 권리가 있으며 사회와 국가는 그에 대한 책임이 있음을 명시하고 있다. 실제로 가정으로서의 기능이 제대로 수행되지 못했을 때 가족이 해체되고 가족 내에서 가족원들이 담당했던 중요한 역할과 책임을 사회나 국가가 떠맡아야 함으로써 가족 문제로 취약해진 가족원들의 경제적, 정서적 안정과 돌봄을 제공하고 사회적 안전망을 더욱더 강화해야 하므로 사회복지비용이 불가피하게 증가하게 된다.

체계이론적 관점이나 생태학적 관점에서 가족체계는 곧 사회체계와 연결되어 있어서, 개개의 가족이 가족 문제를 적절히 해결하거나 대처하지 못할 때 그것은 사회적 문제로 이어져 국가 정책에까지 영향을 미치고, 이는 곧바로 사회복지비용의 지출 증가로 이어진다.

예를 들어, 이혼의 증가는 가족원들의 경제적 지위의 하락을 경험하는 한부모 가족의 증가로 이어지며 가정에서의 아동학대나 가정폭력의 문제는 국가가 나서서 어려움을 겪는 가족구성원들을 보호하거나 지원해 주어야 함으로써 결국 사회복지비용도 증가하게 된다. 가족위기나 해체로 인해 경제적 · 정신적 문제를 겪게 되는 미성년이나 성인들은 결국 우리 사회나 국가에서 개입하여 돌보아 주어야 할 복지수혜 대상자가 되어 이들을 위한 복지비용의 증가를 초래하게 된다.

민주사회의 측면에서 볼 때 사회의 경제발전이 높아질수록 그에 따른 사회복지 수준도 높아져야 하는 것은 중요하고도 당연한 일이다. 우리나라의 경우도 GDP 대비 공공사회복지 지출 규모는 지난 10여 년간 계속 증가하여 2013년 10%를 넘었으나 이는 OECD 주요 회원국들의 절반 수준으로 매우 저조하다고 할 수 있다. 사회가 경제적으로 성장할수록 사회구성원을 위한 복지지출의 비중이 높아져야 하며 이는 곧 개인의 삶의 질에 긍정적 영향을 미친다. 그러나 지속가능성의 관점에서 볼 때 과도한 복지지출은 국가재정의 부담을 초래할 수 있으며 이는 지속가능성을 약화시킬 우려도 있다. 가정이 과거처럼 사회나 국가가 분담해야 했던 많은 사회복지적 기능과 역할을 전적으로 감당해야만 하는 것은 결코 아니지만 가족의 건강성과 행복도가 높아질 때 가족의 위기나 해체로 인해 초래되는 사회문제의 발생과 사회복지비용의 증가를 부분적이나마 줄일 수 있을 것이다. 따라서 심각한 문제가 없는 일반 가정은 건강가정으로서의 장점과 잠재력을 개발하고, 위기에 취약한 가정이나 가족문제 해결에 도움이 필요한 가정은 건강성을 회복하여 건강가정으로 기능할 수 있도록 지역사회나 국가가 복지 서비스를 통해 사전에 개입하여 도와줌으로써 이후에 초래될 수 있는 더 큰 사회복지비용 부담을 미리 경감하는 효과를 가져올 수 있다.

〈표 1-2〉 OECD 주요국 사회복지지출 규모 비교 (단위: 경상 GDP 대비 %)

한국	스웨덴	덴마크	프랑스	영국	네덜란드	일본	미국	OECD평균
10.1	27.6	30.3	31.4	23.7	24.1	23.7	19.3	22.1

출처: OECD(OECD Social Expenditure Database, 2015).

5) 성숙한 민주시민 육성의 토대인 건강가정

오늘날 기술산업의 발달은 바야흐로 정보통신기술과 제조업의 융합으로 이루어지며 인공지능이나 로봇기술, 생명과학이 주도하는 차세대 산업혁명으로 소위 4차 산업혁명의 시대를 맞이하고 있다. 기술문명의 급속한 발전과 변화 속에서 개인들은 더욱더 개인적인 삶, 물질주의적인 삶을 중시하는 경향이 커질 것이다. 그러나 진정한 민주사회로의 발전은 산업이나 경제발전과 더불어 민주주의적 이념과 가치가 실현되는 사회로의 발전이 동시에 이루어져야 한다.

현재 우리 사회에서 가족의 많은 기능, 특히 자녀를 교육하고 사회화하는 기능이 입시 위주의 교육제도 하에서 크게 약화되었지만 여전히 가정은 개인이 성숙한 개인이자 민주사회의 사회구성원으로서 갖추어야 할 인성과 태도, 가치관과 행동을 배우는 가장 기초적인 학습의 장이라 할 수 있다. 정보화 사회 속에서 산업기술이 크게 발전한다고 하여도 개인이 도덕성, 자율성과 상호의존성, 타인에 대한 배려와 존중, 평등의식, 공동체 의식, 책임감 등 성숙한 개인이자 민주시민으로 성장하는 데 필요한 기본 덕목을 가르치고 배우며 실천할 수 있는 곳은 가정이며 무엇보다 건강한 가족관계를 맺고 있는 가정일 때 건전하고 성숙한 시민의식을 가진 개인을 육성할 수 있을 것이다.

생각해볼문제

1. 최근 우리 사회에서 건강가정에 대한 논의가 등장하게 된 배경과 필요성에 대해 생각해 봅시다.

2. 어떠한 가정이 건강가정인지 건강가정 개념에 대하여 논의해 봅시다.

3. 스틴넷과 드프레인(Stinnett & DeFrain)이 말한 건강가정의 여섯 가지 요소 중 가장 중요하다고 생각되는 것에 대해 토론해 봅시다. 기타 다른 요소가 있다면 어떠한 것이 있을지 논의해 봅시다.

[부록 1-1] 당신의 가족은 얼마나 건강합니까?(Family Strengths Inventory)

다음의 각 문항을 읽고 자신의 가족과 일치하는 정도를 1~5 중 알맞은 번호에 ∨표 해 주십시오.

	전혀 그렇지 않다	그렇지 않다	보통	그렇다	아주 그렇다
1. 함께 시간을 보내고, 함께 활동을 한다.	1	2	3	4	5
2. 서로를 신뢰하며, 헌신적이다.	1	2	3	4	5
3. 가족 간에 자주 대화하고, 서로의 이야기를 잘 들어 주며, 각자의 느낌을 나누는 긍정적인 의사소통을 한다.	1	2	3	4	5
4. 가족의 위기에 긍정적으로 대처한다.	1	2	3	4	5
5. 서로에게 사랑과 감사의 마음을 표현한다.	1	2	3	4	5
6. 삶에 대한 태도가 긍정적이고 희망적이며, 윤리적·종교적 신념을 가지고 있다.	1	2	3	4	5
7. 부부관계가 친밀하다.	1	2	3	4	5
8. 부모-자녀관계가 친밀하다.	1	2	3	4	5
9. 부부관계가 만족스럽다.	1	2	3	4	5
10. 부모-자녀관계가 만족스럽다.	1	2	3	4	5
11. 부부는 서로에게 자신감, 자존감, 유능감, 행복감을 느끼도록 해 준다.	1	2	3	4	5
12. 부모는 자녀가 자신감, 자존감, 유능감, 행복감을 느끼도록 도와준다.	1	2	3	4	5
총점					점

각 문항에서 얻은 점수의 합계가 38점 이하이면 가족의 건강성은 평균 이하, 39~52점은 평균, 53점 이상은 건강한 가족이다. 다른 문항에 비해 낮은 점수를 얻은 문항은 당신의 가족이 건강한 가족이 되기 위해서 보다 노력이 필요한 영역이다.

출처: 정현숙, 유계숙(2001), p. 503.

참고문헌

보건복지부(2015). 2015. 4. 1. 보도자료. 자살시도자의 자살률, 일반인의 약 25배.

송혜림, 성미애, 진미정, 이승미(2005). 건강가정 개념에 대한 논의. **한국가정관리학회지, 23**(6), 179-190.

여성가족부(2016). 2016. 2. 2. 보도자료. 2015 가족실태조사 결과.

여성가족부(2017). 2016년도 전국 가정폭력 실태 조사.

연합뉴스 TV(2016. 9. 10.). 자살자 93% 신호 보냈지만…… "막을 수 있다".

유영주(2001). **건강가족연구**. 경기: 교문사.

유영주(2004). 가족강화를 위한 한국형 가족건강성 척도 개발 연구. **한국가족관계학회지, 9**(2), 119-151.

유영주, 이인수, 김순기, 홍성례, 최희진(2009). **건강가족의 이해**. 경기: 교문사.

장경섭, 진미정, 성미애, 이재림(2013). **저출산 고령화 시대의 한국 가족주의에 대한 진단과 정책적 함의**. 서울: 한국보건사회연구원.

정현숙, 유계숙(2001). **가족관계**. 서울: 신정.

조희금, 김경신, 정민자, 송혜림, 이승미, 성미애, 이현아(2016). **건강가정론(3판)**. 서울: 신정.

한겨레신문(2016. 5. 2.). 한국 청소년 행복지수 다시 OECD 회원국 중 꼴찌.

한국일보(2017. 1. 3.). 가장의 무게에 극단 선택…… 중년 남성들이 위태롭다.

e-나라지표(2016). 사망원인별 사망률 추이.

Helliwell, J. F., Layard, R., & Sachs, J. (2016). *World happiness report 2016*. New York: UN Sustainable Development Solutions Network.

Larsen, A. S., & Olson, D. H. (2004). Spiritual beliefs and marriage: A national survey based on ENRICH. *The Family Psychologist, 20*(2), 4-8.

Maslow, A. H. (1987). *Motivation and personality* (3rd ed.). Boston. MA: Addison-Wesley.

OECD (2015). OECD Social Expenditure Database.

OECD (2016). Better Life Index 2016.

Olson, D. H., & DeFrain, J. (2006). *Marriage and family-intimacy, diversity and strengths*. McGraw-Hill Company.

Vaillant, G. (2011). **행복의 완성-하버드대학교 '인생성장 보고서' 그 두 번째 이야기**. (김한영 역). 서울: 흐름.

http://worldhappiness.report/ed/2016

http://www.yonhapnews.co.kr 연합뉴스

https://amnesty.or.kr/resource 세계인권선언

제2장

현대 사회와 가족의 변화

이 장에서는 후기 산업사회에 접어든 현대 사회의 여러 가지 특징이 가족의 변화에 미치는 영향과 현재 한국 가족의 구체적인 변화 양상을 가족의 이념적, 구조적, 기능적 변화를 중심으로 살펴보고자 한다. 가족이념과 구조, 기능의 측면에서 다면적이고 다층적인 변화를 보이고 있는 한국 가족의 변화와 그로 인해 파생되는 문제들을 예측해 보면서 그러한 가족 문제들을 예방하고 해결하는 방안의 일환으로 가정의 건강성을 유지하는 것이 중요함을 강조하고자 한다.

1. 현대 사회와 가족의 변화

현대 사회는 후기 산업사회, 탈근대사회로 산업기술의 측면에서는 최근 정보화 시대를 넘어 정보통신기술의 융합으로 인공지능과 로봇기술, 생명과학이 주도하는 소위 4차 산업혁명으로까지 놀라운 발전을 하고 있으며 사회적으로는 탈근대, 포스트모더니즘의 사고와 행동방식으로 여러 방면에서 다양성이 커지고 있다. 현대 사회는 전통사회와는 달리 내부-준거적 체계(internally referent system)로 이전에는 관습이나 전통 아니면 자연의 명령에 따라 이루어졌던 인간 활동의 많은 부분들이 점차 사회 체계의 내적 논리 속으로 흡수되었으며 현대인이 갖는 현대성의 중요한 특징은 성찰성의 증가라고 할 수 있다(Beck, Giddens, & Lash, 2010). 현대 사회는 이처럼 개인마다 성찰성이 많아진 가운데 무엇보다 개인주의와 다원적인 가치를 추구하는 사회라고 할 수 있으며, 이러한 특징은 가족과 같이 친밀한 관계를 맺는 집단에 긍정적이면서 동시에 부정적인 영향을 미친다. 개인과 가족의 변화에 영향을 주는 현대 사회의 특징으로는 다음과 같이 살펴볼 수 있다(Olson & DeFrain, 2006).

첫째, 현대 사회는 개개인에게 스트레스가 많은 생활을 강요한다. 오늘날 현대인들은 급변하는 환경 속에서 개인 생활이나 직장 및 가족 생활의 모든 영역에서 많은 스트레스를 경험한다. 그러한 스트레스의 결과로 개인은 정신적 안녕감을 갖기가 어렵고, 개인 간의 애정과 친밀감의 유대를 형성하는 데 어려움을 겪는다. 즉, 바쁘고 경쟁적인 현대 사회의 생활은 각 개인에게 자기 자신과 중요한 타인들을 위한 시간을 부족하게 만든다.

둘째, 현대 사회에서는 여성의 경제활동 참여가 과거에 비해 증가하였다. 이것은 맞벌이가족의 증가로 이어지며, 그 결과 자녀를 위한 가정 밖의 보육시설을 이용하는 기회가 많아졌다. 이는 과거에 가족이 담당했던 자녀 양육과 보호 기능이 약화된 것으로 부모가 직접적으로 자녀를 양육하는 기회와 기간이 줄어들었음을 의미한다.

셋째, 빠르게 변화하고 경쟁적인 현대 사회에서는 과거에 비해 개인적인 행복과 사생활을 더욱 중시하고, 개인적이고 친밀한 관계에서 위안을 찾으려는 경향이 강하게 나타난다. 그 결과 부부간의 유대나 친밀감이 약한 부부는 가족관계의 불안정을 초래하여 이혼이 증가하고 있다.

넷째, 현대 사회는 과거에 비해 개인적인 욕구 충족을 강조한다. 특히 성적 욕구의 표출이나 충족을 억제했던 과거와는 달리, 개인적인 친밀감의 형태로 성적 욕구를 표현하고 충족하는 것을 중시하고 이에 대해 관대하고 허용적인 특징을 보인다. 이러한 성적 욕구의 표현이나 충족을 정당화하거나 과도하게 강조하는 사회적 분위기는 부부나 가족 같은 친밀한 관계에까지 영향을 미친다. 가령 결혼생활에서 부부의 성적 만족의 중요성이 커졌으며, 아동이나 청소년, 여성을 대상으로 한 성범죄 그리고 부부의 외도 문제 등이 증가하고 있다.

다섯째, 현대 사회는 과거에 비해 산업기술이 발전하고 경제적으로 풍요로워졌지만 사회발전의 혜택을 누리지 못하는 사회계층의 문제가 여전히 존재하며, 이는 곧 그러한 계층에 속하는 개인이나 가족의 문제와 연결된다. 그러므로 빈곤계층에 속하는 가족이나 사회에 적응하지 못하는 개인의 심리적 · 사회적 소외 문제로 인해 사회적 범죄의 발생이 증가할 수 있다. 이러한 사회적 환경은 가족 내에서도 가정폭력, 아동이나 노인 학대, 방임 등의 가족문제를 낳을 수 있다.

여섯째, 정보화 사회로 대변되는 현대 사회의 사회적 환경은 인터넷이나 휴대폰 사용을 통해 시공간을 초월하여 자유롭게 타인과 소통할 수 있다는 점에서 친밀한 개인적 관계나 가족관계를 강화시키는 긍정적인 영향을 미치기도 한다. 그러나 인터넷이나 휴대폰이 개인 시간과 사이버 공간을 소유하는 전유물로 사용된다면 정작 가족이 아닌 타인과 소통하면서 만족을 느끼고, 가족과의 대화나 관계는 단절되어 고립과 소외를 초래하며, 가족 내 세대 차이에 따른 세대갈등이 심화되는 등 가족관계에 부작용을 가져올 수 있다. 최근 스마트폰의 과다사용은 특히 부모와 자녀세대 간의 정보 격차와 소통의 부재를 가속화하는 요인이 되고 있다.

일곱째, 여성의 사회적, 경제적 활동의 증가로 현대 사회에서는 남성이 가족부양을 위해 일하고, 여성이 가정을 전담하는 식의 엄격하게 구분된 남녀의 성역할은 더 이상 의미를 갖지 못하며 직장과 가정에서 남녀 평등을 강조하는 양성평등적인 가치관을 지향하고 있다. 이러한 사회적 환경은 부부나 가족관계에서도 남녀의 성역할 구분을 재정의하며 민주적이고 평등한 관계를 지향하는 방향으로의 변화를 요구한다.

마지막으로, 현대 사회는 세계 각국의 경제가 서로 밀접한 영향을 주고받는 세계 경제의 틀 속에서 유기적인 관련을 맺고 있으므로 세계의 경제 상황은 바로 개개인의 결혼과 가족관계에 직접적으로 영향을 줄 수 있다. 가령 환율 위기나 고유가와 같은 세계 경제 상황은 곧바로 가족의 경제 상황 악화를 초래하여 결혼의 지연이나 저출산, 생활고에 따른 가족위기의 증가를 가져올 수 있다.

이상과 같이 가족관계에 영향을 미칠 수 있는 현대 사회의 환경을 고려할 때 가족의 변화를 요구하는 도전적인 사회적 상황 속에서도 현대와 미래의 가족은 계속해서 중요한 집단으로 자리할 것으로 예상된다. 왜냐하면 사회의 요구에 따라 가족이 변화할 수는 있지만 인간이 가족에 대해 갖는 기대와 의존성은 근본적으로 변하지 않기 때문이다.

오늘날 급격한 사회변동을 경험한 우리 사회에서의 가족의 변화는 이념적으로는 대표적으로 서구적 개인주의의 영향을 받은 부부 중심의 정서적 관계를 중시하는 핵가족 이념의 증가와 가부장권의 축소, 그리고 구조적으로는 1인 가구의 증가와 같은 탈가족화(de-familization) 현상과 다양한 형태의 가족의 증가 그리고 기능적으로는 전체적으로 가족기능의 축소로 나타나고 있다.

〈참고 2-1〉 여성 취업과 출산율

전반적으로 여성 취업이 증가함에 따라 출산율이 감소하는 경향이 있으나 여성의 취업률이 높은 OECD 국가에서는 합계출산율도 높은 것으로 나타났다. 그러나 한국의 경우 여성들의 교육수준이 높아짐에도 불구하고 취업률과 출산율이 모두 낮은 국가에 해당하는 것으로 나타났다. 이는 여성이 취업 후 출산과 자녀양육으로 인한 경력단절의 불이익을 받지 않도록 근로환경 및 복지정책이 보다 가족친화적일 필요가 있음을 시사한다.

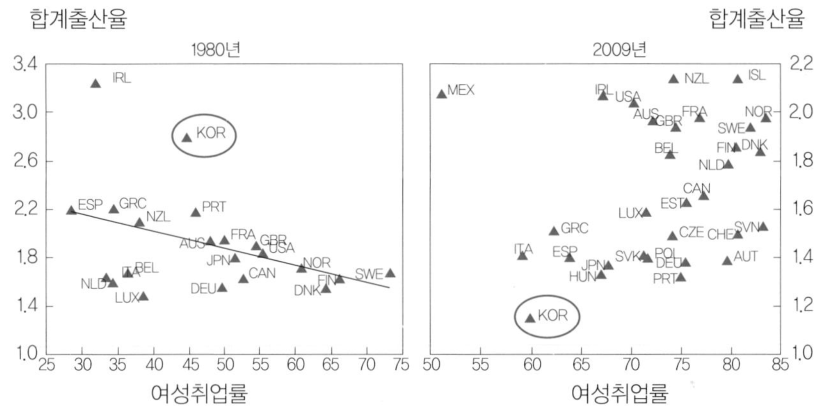

출처: OECD(2011), p. 25.

2. 한국 가족의 이념적 변화

산업화에 따른 현대 가족의 변화는 세계 어느 나라에서나 일어나는 보편적인 현상이지만, 한국의 경우 세계적으로 유례없이 빠르게 진행된 압축적인 성장과 특수한 사회정치적 변화들 때문에 가족이념이나 가족 구조나 형태, 기능에 있어서 과거와 현격한 차이를 보이며 복잡한 양상으로 변화가 나타났다.

일반적으로 가족의 변화는 크게 세 가지 측면으로 나누어 볼 수 있는데 그것은 가족에 관한 규범 혹은 가치관으로 대표되는 가족이념에서의 변화와 가족

구조와 형태상의 변화 그리고 실제적인 행동상의 변화를 보여 주는 가족 기능상의 변화를 생각할 수 있다. 그러나 이러한 세 가지 측면에서의 가족 변화가 동일한 속도로 일어나지 않으며 그러한 변화속도의 차이로 인해 많은 가족 문제가 파생되기도 한다.

먼저 한국 가족의 가족이념상의 변화를 살펴볼 때 한국인의 가족에 대한 가치관을 집약하여 나타내는 용어는 '집'이라고 할 수 있으며 집은 한국인에게 단순히 가족이 머무는 공간적 장소의 의미를 넘어서 가족의 과거와 현재 그리고 미래에 이르는 초시간적인 관념적 집단으로서의 의미를 갖는다(최재석, 2002). 1인 가구가 많아질수록 오히려 '집밥'에 대한 애정이 많아지는 것은 한국 사람에게 있어 '집'이라는 것이 물리적 공간이 아니라 정서적으로나 정신적인 안녕감을 주는 심리적 원형의 의미를 갖기 때문일 것이다. 이러한 '집'에 대한 의식이 강하고 가족중심적인 한국인의 가정생활과 가족관계를 규범적 · 심리적으로 떠받쳐 주던 전통적인 가족이념은 가족주의라고 할 수 있다.

가족주의(familism)란 사람들의 판단이나 행동, 의사결정의 기준이 개인보다는 가족에 먼저 있으며 가족의 이해나 안정을 가장 우선시하는 가족중심적 가치관을 뜻한다. 가족주의는 한국인의 가장 중요한 가치관이자 대표적인 사회적 성격으로 최재석(2002)에 의하면 가족주의란 사회의 구성 단위는 집이며, 집은 어떠한 사회집단보다 중시되며 개인은 집에서 독립하지 못하고 집안의 인간관계도 자유롭고 평등한 것이 아닌 상하의 신분 서열로 이루어지며 이러한 인간관계가 가족 외의 외부 사회에까지 확대되는 사회의 조직형태를 말한다. 이러한 가족주의는 한국인이 갖는 서열의식, 감투 지향 의식, 친소 구분 그리고 공동체로부터 개인의 미분화 등 여러 사회적 성격의 근간을 이룬다(최재석, 2002). 이러한 유교적 관념에 입각한 가족주의는 오늘날까지도 한국인의 무의식에 중요한 기본적인 사회적 행동규범으로 깊이 뿌리박혀 있다고 할 수 있다.

장경섭(2010)은 한국 사회의 가족이념을 유교적 가족이념, 도구주의 가족이념, 서정주의 가족이념, 개인주의 가족이념 등으로 명명하면서 이러한 다양한 가족이념들은 급격한 사회변동의 결과로 우발적으로 공존하고 있다고 하였다.

그에 따르면 **유교적 가족이념**은 조선 중기 이후에 확립되어 오늘날까지도 가족관계에 가장 큰 영향력을 미치고 있으며 기성세대가 젊은 세대에게 수용을 요구하는 전통적인 유교적 가족가치관에 입각한 가족이념을 말한다. **도구적 가족이념**은 가족 단위의 적응전략이 필요한 상황에서 가족을 생존, 계층이동, 성공의 수단으로 삼는 가족이념이다. **서정주의 가족이념**은 가정을 현대 산업자본주의 사회의 몰인간적 압력으로부터 벗어난 심리적 도피처이자 휴식처로 생각하며 낭만적 사랑과 가정의 정서적 관계를 강조하며 공적인 세계와 분리된 사적인 세계로서 강조하는 중산층 핵가족에서 많이 볼 수 있는 이념이다. **개인주의 가족이념**은 미시사회적 민주화와 소비지향적 개인성의 확산이 맞물려 가족의 형성과 존속이 가족원들의 개인주의적 가치와 이해를 증진시킬 수 있어야 한다는 가족가치관이다. 이러한 한국의 가족이념들은 가족원의 세대와 연령, 성별의 차이 그리고 가족이 속한 계층에 따라 다양한 가족규범에 대한 노출과 수용의 정도가 달라서 현대 한국 가족의 변화를 특정한 가족이념으로 규정짓기는 매우 어렵다고 할 수 있다(장경섭, 2010). 한국 가족의 가족이념상의 변화는 전통적인 유교적 가족가치관과 서구적 개인주의와 민주적인 가치관에 기반한 가족이념이 혼재한 양상이라고 할 수 있다.

한국 가족의 가족이념상의 변화를 보다 미시적으로 가족가치관의 변화로 요약해 본다면 오늘날 가족에 대한 가치관은 전통적인 가부장적 가족가치관에서 민주적이고 양성평등적인 가족가치관으로, 부모에 대한 효 사상의 강조에서 자녀 위주의 핵가족 중심주의의 가치관으로, 정형화된 가족을 중시하는 가치관에서 다양한 가족에 대해 허용적인 가치관으로, 관념적이며 제도적인 가족관계를 중시하는 가치관에서 실리적이며 정서적인 관계를 중시하는 탈제도적인 가족가치관으로 변화하고 있다고 할 수 있다. 그러나 이러한 가족가치관의 변화 나아가 가족이념상의 변화가 실제 가족생활에서 행동상의 변화로 직결되는 것이 아니어서 그러한 격차가 클수록 가족갈등이 심화될 가능성이 크다.

3. 한국 가족의 구조적 변화

1) 가구 구성상의 변화

지난 수십 년간 한국은 가족 구조에서 큰 변화를 보였으며 앞으로도 많은 변화가 예상된다. 가족 구조와 형태상의 변화를 살펴보기에 앞서 가족 구조와 형태에 영향을 미친 중요한 인구학적 변화를 살펴볼 필요가 있다. 최근 2015년에 이루어진 인구주택총조사결과(통계청, 2016d)에 의하면 1985년 이후 유소년인구(0~14세)는 지속적으로 감소하고 고령인구(65세 이상)는 증가하는 저출산, 고령화 현상이 지속되고 있으며 고령인구는 전체 인구의 13.2%로 우리 사회가 고령화사회(고령인구가 7% 이상인 사회)를 넘어 고령사회(고령인구가 14%이상인 사회)의 문턱에 와 있음을 보여 준다. 같은 조사에서 2015년 평균 가구원 수

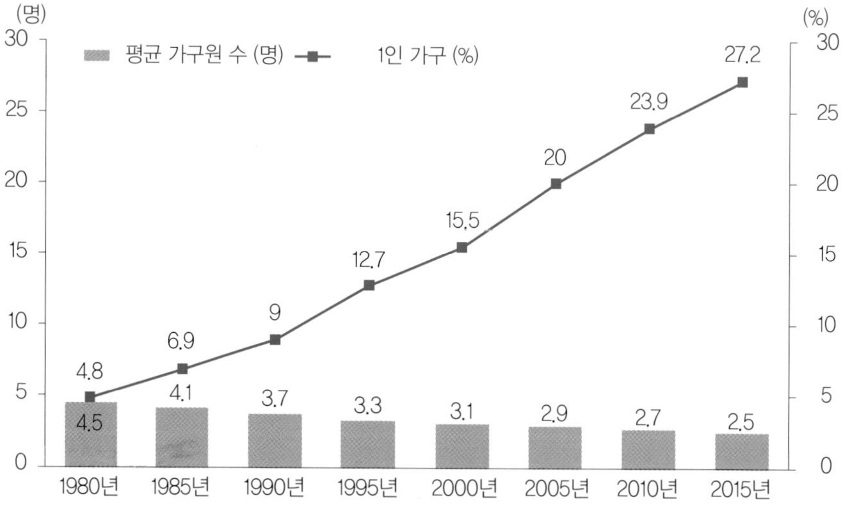

[그림 2-1] 평균 가구원 수 및 1인 가구의 변화(1980~2015년)

출처: 통계청(2016a).
통계청(2016d).

는 2.53명이며 가장 주된 가구 유형은 1인 가구(27.2%)로 나타났다([그림 2-1] 참조). 최근 '혼밥족'으로 대표되는 1인 가구의 증가는 교육이나 취업 등의 이유로 혼자 사는 미혼자들이나 독신, 그리고 이혼 후 혼자 사는 여성이나 사별하여 혼자 사는 여성노인의 증가에 기인하는 것으로 1인 가구는 계속 증가할 것으로 예상된다.

가족의 구조와 형태에 결정적인 영향을 미치는 평균 가구원의 수는 꾸준히 감소하여 2015년 기준 2.5명으로까지 줄어들어 소가족화가 계속적으로 진행되고 있다. 현재 한국의 합계출산율은 2016년 기준 1.17명으로 여전히 한 사회가 지속가능한 성장을 하기 위해 필요한 출산율 2.1명에 크게 부족한 것은 물론 OECD 국가 평균인 1.68명에도 못 미치는 초저출산국에 해당한다(통계청, 2017). 이러한 저출산 현상은 저출산이 결코 결혼과 출산을 기피하는 여성들만의 문제가 아니며 결혼과 출산, 양육 환경을 둘러싼 근본적인 사회 전반의 경제, 보육 및 교육, 주거 정책과 같은 획기적인 제도적 변화가 일어나지 않는다면 쉽게 개선되지 않을 것으로 예상된다. 〈표 2-1〉에서 보듯이, 이러한 출산율의 지속적인 감소 추세 가구원이 축소되는 소가족화 또한 계속될 추세다.

가족 형태별 가구 구성상의 변화를 〈표 2-3〉으로 살펴볼 때 2015년 혈연가구 중 가족 형태는 부부와 미혼자녀가 함께 사는 가구가 45.5%로 가장 많은 비중을 차지하며 그다음으로 부부(21.8%), 한부모+미혼자녀(15.0%) 순으로 나타

〈표 2-1〉 가구원 수의 변화(1985~2015년) (단위: %)

가구원	1985년	1995년	2005년	2015년
1인	6.9	12.7	15.5	27.2
2인	12.3	16.9	19.1	18.8
3인	16.5	20.4	20.9	21.5
4인	25.3	31.7	31.1	18.8
평균 가구원 수(명)	4.1	3.3	2.9	2.5

출처: 통계청(2016d).

〈표 2-2〉 합계출산율의 변화 및 첫 자녀 출산 시 모의 평균 연령(1970~2015년)

(단위: 명, 세)

연도	1970	1975	1980	1985	1990	1995	2000	2005	2010	2015	2016
합계출산율	4.53	3.43	2.06	1.53	1.59	1.63	1.47	1.08	1.23	1.24	1.17
첫 자녀 출산 시 모(母)의 평균 연령	·	·	·	·	·	26.5	27.7	29.1	30.1	31.2	32.4

합계출산율: 가임여성 1명이 평생 동안 낳을 것으로 예상되는 평균 출생아 수.

출처: 통계청(2016a), 통계청(2017).

〈표 2-3〉 가족 형태별 가구 구성의 변화(1995~2015년)

(단위: 천 가구, %)

	혈연가구[1]	계	부부	부부 미혼자녀[2]	한부모 미혼자녀	조부모 미혼손자녀[3]	부부 양(편)친 미혼자녀	기타
1995년	11,133	100.0	12.6	59.8	8.6	0.3	7.9	10.8
2000년	11,928	100.0	14.8	58.6	9.4	0.4	6.8	10.0
2005년	12,491	100.0	18.1	54.2	11.0	0.5	5.7	10.6
2010년	12,995	100.0	20.6	49.8	12.3	0.9	5.0	11.4
2015년	**13,693**	**100.0**	**21.8**	**45.5**	**15.0**	**0.8**	**4.2**	**12.6**
30세 미만	369	100.0	17.6	25.1	19.3	3.6	1.2	33.2
30~39세	2,279	100.0	14.3	57.3	14.7	0.3	3.8	9.6
40~49세	3,658	100.0	6.5	60.6	18.8	0.0	5.2	8.7
50~59세	3,681	100.0	17.9	50.0	16.8	0.2	4.5	10.7
60세 이상	3,705	100.0	45.7	20.8	9.4	2.3	3.5	18.2

자료: 통계청, 「인구주택총조사」 각 년도.

주: 1) 일반가구에서 비혈연가구와 1인 가구 제외

2) 부부+미혼자녀+부부미혼형제자매 포함

3) 조부 또는 조모+미혼손자녀 포함

출처: 통계청(2016e).

났다. 특징적인 변화로는 부부만 살거나 한부모+미혼자녀가 같이 사는 가족 형태는 증가하고 있는 반면, 부부+미혼자녀나 혹은 부부+양(편)친+미혼자녀의 경우는 감소하는 경향을 보였다. 가구주 연령별로는 부모와 미혼자녀 부양

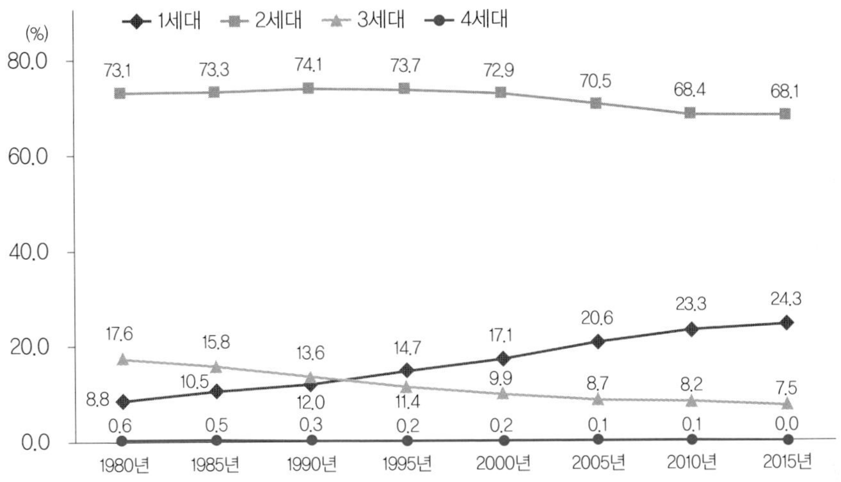

[그림 2-2] 세대 구성별 가족 유형의 변화(1980~2015년)

주) 가구: 1인 또는 2인 이상이 모여서 취사, 취침 등 생계를 같이 하는 생활 단위
출처: 통계청(2016a).
통계청(2016d).

을 동시에 책임지는 40대에서 부부+미혼자녀, 부부+양(편)친+미혼자녀로 구성된 가족 형태가 상대적으로 높게 나타났다(통계청, 2016e).

가족 유형의 변화를 세대 구성별로 살펴볼 때 [그림 2-2]에서 보는 바와 같이 2세대 가족은 1980년 73.1%에서 2015년 68.1%로 비록 감소하였지만 여전히 가장 많은 비율을 차지하는 가족 유형이다. 가장 주목되는 변화는 1980년 8.8%였던 1세대 가족이 2015년 24.3%로 대폭 증가하였고 3세대 가족은 1980년 17.6%에서 2015년 7.5%로 크게 감소한 점이다.

한편 최근 다소 감소세를 보이는 다문화가족과 관련하여 2015년 일반가구(1,911만 가구) 중 다문화가구는 30만 가구로 전체 1.6%이며, 가구원은 89만 명으로 총 인구(5.107만 명)의 1.7%를 차지한다. 가구 구성으로는 내국인(출생)이 56만 명, 결혼이민자는 14만 명, 귀화자는 15만 명으로 다문화가족 구성원에서 출생한 자녀가 가장 많다(통계청, 2016d).

2) 결혼 유형상의 변화

한국 가족의 변화를 결혼의 유형으로 살펴볼 때 2015년 기준으로(통계청, 2016b) 남녀 모두 초혼인 초혼부부는 전체 혼인의 78.7%이고 재혼이 21.3%로 재혼이 전체 결혼의 약 1/5을 차지한다. 재혼의 유형으로는 남녀 양쪽 모두 재혼이 11.5%로 가장 많으며 '남자 재혼+여자 초혼'은 3.9%, '남자 초혼+여자 재혼'은 6.0%의 순이다. 이는 이혼 증가로 인해 이혼자들 간의 재혼이 증가한 것으로 재혼자들의 90% 이상이 이혼 후 재혼한 경우였다(통계청, 2013). 지난 30여년간 증가해 온 이혼에서 주목할 만한 변화는 지난 10년간 혼인 지속기간 20년 이상 된 중·노년기 부부의 이혼이 지속적으로 증가하여 2012년 이후 혼인 지속기간 20년 이상 이혼의 비중이 가장 크며 4년 이하인 부부의 이혼이 그 다음을 차지한다는 것이다. 이러한 결혼의 유형상의 변화는 현재와 앞으로 재혼가족의 건강성과 중·노년기 이혼자 가족의 가족건강성을 유지하고 강화시키기 위한 당사자 개인들의 노력과 사회적 관심, 정책적 방안이 필요하다는 것을 시사한다. 이와 함께 비록 감소세이긴 하지만 다문화결혼은 전체 혼인의 7.4%를 그리고 다문화이혼은 전체 이혼의 10.3%(통계청, 2016b)를 차지하고 있으므로 다문화가족의 해체 예방에 대한 관심도 지속적으로 필요하다.

3) 가족생활주기상의 변화

한국 가족의 구조적 변화는 가족생활주기상의 변화로도 살펴볼 수 있는데 가족생활주기는 유자녀의 2세대 초혼 핵가족을 중심으로 하여 형성기, 확대기, 확대완료기, 축소기, 축소완료기, 해체기의 6단계로 구분할 수 있으며 가족생활주기의 조사는 여성의 결혼코호트(cohort: 동시집단)를 중심으로 나누어 볼 수 있다. 형성기는 결혼에서 첫 자녀 출생까지, 확대기는 첫 자녀 출생에서 막내자녀 출생까지, 확대 완료기는 막내 출생에서 자녀 결혼 시작까지, 축소기는 자녀 결혼 시작에서 결혼 완료까지 축소 완료기는 자녀 결혼 완료에서 남편 사망까지 해체기는 남편 사망에서 본인 사망까지를 말한다.

여성가족패널 자료를 사용하여 분석한 연구결과(진미정 외, 2014)에 의하면 최근 코호트로 올수록 가족생애주기의 절대적 시간은 연장되었으며 자녀수의 감소에 따라 확대기와 축소기의 소요 기간은 단축된 반면, 확대 완료기와 축소 완료기는 연장되는 식으로 가족생활주기가 변화하였다. 전체적으로 가족의 외형상 구조적 변화가 일어나는 확대기와 축소기는 단축되었으나 내부적으로 가족원의 발달적 변화가 일어나는 확대 완료기와 축소 완료기는 장기화됨으로써 가족원의 발달적 변화에 적응해야 할 필요성이 커졌다. 자녀 결혼이 완료되고 남편 사망까지에 이르는 축소 완료기의 증가와 남편 사망에서 부인 사망까지의 해체기의 단축은 노년에 부부가 함께 생활하는 기간이 많아진다는 점에서 노년기 부부관계가 더욱 중요해진다고 할 수 있다. 또 다른 결혼코호트 분석(김승권 외, 2012)에서도 최근으로 올수록 가족 형성기의 시기가 지연되고 있으

〈표 2-4〉 기혼여성(19~64세)의 결혼코호트별 가족주기상 주요 생애사건 발생 시 연령

주요 생애사건	결혼코호트						
	Ⅰ 1958~1964년	Ⅱ 1965~1974년	Ⅲ 1975~1984년	Ⅳ 1985~1994년	Ⅴ 1995~2004년	Ⅵ 2005~2007년	△Ⅴ~Ⅰ
부인 초혼 연령	18.36	21.73	23.22	25.03	26.35	27.87	7.99
남편 초혼 연령	23.44	26.19	26.76	28.21	29.00	30.49	5.56
첫 자녀 출생 시 부인 연령	20.51	23.05	24.34	26.28	27.68	28.59	7.17
막내 자녀 출생 시 부인 연령	29.38	28.65	27.88	29.84	30.51	29.62	1.13
첫 자녀 결혼 시 부인 연령	46.80	50.30	54.05	57.80	61.07	63.77	14.27
막내 자녀 결혼 시 부인 연령	55.66	55.90	57.59	61.35	63.85	64.75	8.19
남편 사망 시 연령	57.58	60.34	62.63	66.60	70.95	75.52	12.97
본인 사망 시 연령	66.21	71.33	74.16	77.35	80.56	84.68	18.47

출처: 진미정, 변주수, 전순범(2014), p. 14.

며, 첫째아와 막내아 사이의 출산 간격이 좁아지고, 자녀 출산 완료 후 자녀 결혼 시작시기가 연장되고 있으며 자녀들의 결혼 간격이 벌어지고 있고 남편 사망 후 부인 혼자 남게 되는 해체기가 계속 늘어나고 있는 것으로 나타났다.

4. 한국 가족의 기능적 변화

일반적으로 가족은 정서적 기능과 경제적 기능, 성적 기능 및 출산 기능, 자녀교육 및 사회화 기능, 가족돌봄의 기능 그리고 휴식 및 여가 기능을 갖는다. 최근 한국 가족에서 두드러진 가족 기능상의 변화를 살펴볼 때 전반적으로 가족의 정서적 기능은 개인주의 가치관의 우세와 맞벌이 가정의 증가, 장시간의 직장근무, 자녀들의 가정 외부 보육이나 교육으로 인해 가족이 함께할 절대적인 시간의 부족 속에서 전반적으로 약화되고 있으며 경제적 기능은 소비기능이 강화되는 식으로 변화하고 있다고 할 수 있다. 성적 기능은 부부간의 성적 만족을 추구하는 경향의 심화로 강화되었으나 출산 기능은 자녀에 대한 가치관의 변화와 양육비의 증가로 크게 약화되었으며 자녀교육 및 사회화 기능과 가족돌봄 기능은 가정에서 사회기관으로 이관되는 경향을 보인다는 점이 특징이라고 할 수 있다.

1) 정서적 기능

가족은 무엇보다 사랑과 이해, 수용, 인정, 배려, 자아존중감, 심리적 안정감 등과 같은 가족원 개인들의 심리적, 정서적 욕구를 충족시키는 정서적 기능을 갖는다. 이러한 가족의 정서적 기능은 가족이 갖는 가장 기본적이고도 중요한 기능이지만 부부나 부모-자녀 간에 가족 갈등이 심화되고 있는 오늘날 가족에서 그러한 기능이 약화되는 경향이 있다. 가령 계속적인 증가를 보이는 이혼의 주된 사유가 부부의 성격차이와 같은 정서적 문제이며 오랫동안 부부가 정서적 이혼 상태를 유지하다가 노년기에 이혼하는 비율은 급증하고 있다. 또한 한국의 아동이나 청소년들의 행복감이 낮은 국가에 해당된다는 사실은 한국의 가족이 과거보다 경제적으로는 풍족해졌으나 현실적으로 정서적 기능을 충분히 수행하지 못하고 있다고 할 수 있다.

최근 가족 갈등에 대한 연구(김유경 외, 2014)에 의하면 한국 가족은 가족관계에서 세대 갈등을 가장 많이 겪으며 다음이 부부 갈등과 형제자매 갈등 그리고 부모부양이나 손자녀돌봄 같은 가족돌봄 및 상속 갈등과 일-가족 갈등의 순으로 다양한 갈등을 겪고 있는 것으로 나타났다. 또한 가족기능상의 갈등 가령 노부모부양과 부모의 성인자녀 돌봄 갈등이나 가족에 대한 경제적 부양과 자녀돌봄 역할을 동시에 수행하는 데서 오는 일-가족 갈등과 같은 기능 간의 갈등이 발생하는 것으로 나타났다.

이처럼 한국 가족에서 정서적 기능의 약화 현상에도 불구하고 정보사회를 넘어 사물인터넷이나 인공지능을 활용하는 수준으로 산업 테크놀로지가 발달하고 더욱 경쟁적인 사회가 될수록 사람들은 오히려 편안하고 안정된 가족 안에서 느끼는 애정과 편안함, 휴식, 소속감, 자존감, 인정 받음과 같은 정서적 욕구를 충족시키고자 하는 기대가 더 커질 것으로 예측된다. 그러므로 가족의 정서적 기능은 약화된 것으로 볼 수 있으나 그 중요성과 가치는 더욱 커진다고 할 수 있다.

2) 경제적 기능

가족의 경제적 기능은 과거 전통 사회에서는 가족이 하나의 경제적 단위로 생산과 소비를 동시에 담당하는 자급자족적 단위로 기능하면서 매우 중요한 비중을 차지했다. 그러나 오늘날 가정이 더 이상 생산의 단위가 아니라 사회에서 얻은 소득을 소비하는 단위로 간주될 때 경제적 기능은 매우 약화되었다고 할 수 있다. 그러나 가족의 경제적 기능이 약화되었다고 보는 시각은 임금노동에 의한 소득만이 중요한 수입이며 가사노동과 같은 무임금노동의 경제적 가치는 간과하는 전제에 기인하는 것으로 생각해 볼 수 있다. 사실상 가사노동을 임금노동으로 환산한다면 가사노동도 중요한 생산노동이며 가족원들이 가사노동을 통해 직장에서 일을 할 수 있도록 충전하는 기능을 한다고 할 때 가족의 경제적 기능은 과거에 비해 소비적인 기능은 강해졌지만 전체적으로 약화되었다고만은 할 수 없으며 자본주의 사회에서 가정이 갖는 경제적 기능은 더욱 중요해진다고 할 수 있다.

3) 성적 기능 및 출산 기능

오늘날 가족은 부부 중심의 가치관을 기반으로 하고 있으므로 부부간의 성적 욕구를 충족시키는 것이 중요한 가족의 기능이라 할 수 있다. 그러나 과거와 달리 혼외 성을 제재하던 전통적인 가치관이나 규범의 약화로 인해 부부의 성이 중요해진 동시에 역설적으로 혼외 성을 규제하는 결혼이 갖는 통제력이 약화되면서 부부의 성이 취약해지고 있다. 이와 함께 과거 가족의 중요한 기능 가운데 하나였던 자녀 출산의 기능은 오늘날 자녀에 대한 가치관의 변화와 자녀 양육과 교육에 드는 비용의 증가와 사회적 환경의 미비로 인해 저출산 현상을 야기할 정도로 약화되고 있다. 특히 출산 기능은 현재 초저출산국가에 해당하는 한국의 경우 과거에 비해 급격히 약화된 가족 기능이라 할 수 있다. 그러나 이러한 자녀 출산 기능의 약화는 비단 여성이나 개별 가족에 책임이 있는 것은 아니며 오히려 결혼이나 출산, 보육과 교육, 일·가정 양립에 친화적이지 않은 사회구조적인 환경과 제도에 근본적인 문제의 원인이 있다. 현재 저출산 고령화 문제는 국가적으로 중요한 정책으로 다루어지고 있으나 가족의 자녀 출산 기능을 단기간에 회복하기란 쉽지 않아 보인다.

4) 자녀교육 및 사회화 기능

가족은 자녀를 출산하는 것뿐만 아니라 자녀가 도덕적, 사회적, 정서적으로 바람직하게 성장하도록 돕는 교육적 기능과 사회구성원으로서 바른 가치관과 사고방식, 책임 있는 행동을 가르쳐 건전한 시민으로 사회화시키는 기능도 담당한다. 그러나 오늘날 이러한 교육 및 사회화 기능은 자녀를 생의 초기부터 보육기관이나 유아교육기관에 보내고 학교에 입학한 이후로는 학교생활과 사교육으로 인해 가정에서 머무는 시간 자체가 부족함으로써 가정이 그 기능을 다하지 못하고 있는 실정이다. 즉, 오늘날 가족의 자녀교육과 사회화 기능은 크게 위축되고 사회의 보육시설이나 학교, 학원 같은 사교육 시장 등에 그 기능이 위임되는 식으로 변화하였다. 그리고 그러한 시설이나 학교, 학원에서의 이루어지는 교육은 인성이나 가치관 전수와 같은 인성 교육보다는 주로 학업과 관련하여 경쟁 사회에 적응하고 성공하기 위한 도구적 교육에 치중되어 있으므로 결코 가정에서 이루어지는 올바른 인성이나 도덕성을 가진 시민으로서의 성장을 돕는 교육을 기대할 수 없으며 엄밀하게는 교육기능을 담당하고 있다고 말하기도 어렵다. 가족이 함께하는 시간 자체가 계속해서 부족하게 되고 가족이 단지 가족 외부에 자녀의 교육을 맡겨버리고 비용만을 대는 역할만 맡게 된다면 가족의 교육 및 사회화의 기능은 더욱 약화되고 축소될 것이다. 그러나 가족은 자녀가 처음 만나는 사회이기에 자녀에게 전인적으로 가장 큰 영향을 미친다는 점에서 그러한 기능의 중요성과 가치는 더욱 크다고 할 수 있다.

5) 가족돌봄 기능

과거 전통적으로 가족은 어린아이나 노부모 혹은 병약한 가족원을 돌보는 기능을 담당해 왔으며 그것은 전형적으로 집안일을 하는 여성의 몫이었다. 그러나 여성의 경제활동 증가와 양성평등적인 가족가치관, 돌봄의 사회적 책임의식의 강화로 오늘날 가족의 돌봄 기능은 과거에 비해 약화되고 사회기관으로 이관되고 있으며 이는 민주적인 복지사회로 가는 과정에서 당연한 귀결일 수 있다. 과거 전통적인 가부장적 가족가치관과 가족 구조하에서 여성이 전담했던 많은 돌봄의 책임은 여성이 일을 하면서 가사와 육아도 해야 하는 상황에서 역할의 과부하 현상이 일어나게 되고 가족구성원인 개개인의 돌봄의 책임을 사회적, 국가적으로 분담을 하게 된 것이다. 보육이나 노부모 부양 문제는 더 이상 가족에게 돌봄 기능을 요구하기 어려울 것으로 예상된다. 그러나 현실적으로 사회복지가 충분히 제도화되어 있지 않으며 아직도 많은 사람들이 가족의 돌봄을 기대하고 특히 돌봄을 담당하는 여성은 자녀돌봄이나 가족원의 돌봄을 위해 경력을 단절하거나 자신을 희생하는 경우가 많이 있다. 현실적으로 우리 사회에서 가족의 돌봄 기능이 대부분 여성에 의해 수행되고 있지만 여성의 취업이 증가하는 상황에서 돌봄 기능은 약화되고 있다고 할 수 있다.

6) 휴식 및 여가 기능

가족의 휴식 및 여가 기능은 가족원들이 오늘날 소위 '피로사회'의 경쟁적이고 바쁜 사회생활에서 벗어나 휴식과 여가를 통해 활력을 재충전하며 가족 간의 유대를 강화하고 심리적 안정과 삶의 질을 높일 수 있다는 점에서 중요하며 그 중요성은 과거에 비해 더욱 커지고 있다.

그러나 현실적으로 볼 때 경제협력개발기구(OECD)가 조사한 우리나라 근로자들의 근로시간은 2015년 기준으로 연간 2,113시간으로 멕시코(2,248시간), 코스타리카(2,157시간)에 이어 3위로 OECD 평균인 1,766시간보다는 347시간이 많아서 긴 근로시간으로 가족들이 여가를 즐길 시간이 크게 부족하다. 고용노동부의 2014년 「기업체노동비용조사」에 따르면 우리나라 직장인에게는 1년에 평균 14.2일의 휴가가 주어지지만 그중 8.6일만 사용한 것으로 나타났다(헤럴드경제, 2017. 7. 2.). 부모는 부모대로 과중한 직장생활이나 경제활동으로 자녀들은 과도한 학업이나 방과 후 활동으로 바쁜 한국 가족의 현실을 고려할 때 가족의 휴식 및 여가 기능은 절대적인 시간 부족과 다양한 여가활동의 부족으로 실제적으로 그러한 기능의 수행정도는 매우 약하다고 할 수 있다.

요컨대, 가족의 기능적 변화는 가족의 이념적, 구조적 변화와 불가분의 관계를 맺는다. 현재 한국 가족은 전반적으로 정서적 기능이나 자녀교육 및 사회화 기능, 자녀출산 기능은 약화되고 있으며, 가족돌봄은 노부모 부양은 약화되었지만 손자녀돌봄 기능은 강화되는 경향이다. 또한 경제적 기능은 전통적 의미의 생산 기능은 줄었으나 노동력의 재생산 기능은 유지되고 소비 기능은 강화되고 있다고 할 수 있다. 가족의 후식 및 여가 기능은 중요성이 커지고 있으나 현실적인 기능 수행은 낮다고 할 수 있다. 그러나 가족 기능이 약화된다고 해서 기능의 중요성도 줄어든다는 의미는 아니며 약화된 가족 기능에 대한 사람들의 기대나 요구, 중요성은 오히려 더 높아질 수 있다는 점에서 약화되는 가족 기능을 보완하고 회복시키기 위해서는 다각적인 노력이 필요하다.

생각해볼문제

1. 가족의 변화에 영향을 준 현대 사회의 중요한 특징에 대해 생각해 봅시다.
2. 한국 가족의 이념적, 구조적, 기능적 변화에서 가장 큰 변화와 그로 인한 문제점과 해결방안에 대해 토론해 봅시다.

〈참고 2-2〉 남성부양자 모델과 출산율

한국과 일본의 노동시장 관례와 직장환경은 모성근로를 제한하며, 낮은 출산율에 기여한다

남성부양자 모델(male-breadwinner model)은 책임성과 시간에서 분명한 할당을 포함한다. 여성은 집에서 자녀들을 돌보는 데 시간을 소비하고 남성은 가족을 위한 임금을 벌 수 있는 직장에서 시간을 소비한다. 일본과 한국에서 남성부양자 개념은 장기고용 관련 노동시장체계를 양분화시키는 결과를 초래한다. 정규직 근로자는 노사교섭의 결과로 보호받지만 비정규직 근로자는 보호받지 못하며 근무조건 또한 좋지 않다. 일본의 경우 일본 노동인구의 약 75%, 남성근로자들의 85% 이상이 정규직인 반면, 비정규직의 65%가 여성근로자들이다. 한국의 경우 전체 노동력의 52%가 정규직이며 남성근로자들의 62% 이상이 여성근로자들의 38%가 정규직이다. (중략) 일본의 정규직 근로자들은 종종 오버타임에 대한 급여를 요구하거나 유급휴가를 전부 다 쓰는 것을 주저한다. 이러한 근무패턴은 그들의 시간 중 일부를 자녀양육에 쓰고 싶어 하는 여성 근로자들에게(물론 남성근로자들에게도) 매력적이지 못하다. (중략) 일본과 한국의 많은 고용주들은 여성들이 그들의 교육수준과 상과없이 비록 사회정책이 일을 계속하고 싶어하는 여성들 편에 있어도 결혼이나 혹은 출산 시 (일시적이라도) 일을 그만두길 바란다. 고용주들은 여성근로자들과 그들의 직업적 전망에 투자하기를 꺼린다. 이것은 다소 잘못된 흐름이다. 자신의 경력을 추구하는 여성근로자들은 이미 남성근로자에 비해 더 제한된 인센티브를 받고 있기 때문에 만약에 그들이 남성보다 승진이 더 제한된다고 인지하면 출산시점에 회사를 더 그만두려 할 것이다.

(중략) 게나가 아이들의 양육을 위해 잠시 일을 그만두있다가 다시 일터로 복귀한 자녀가 있는 여성(mother returners)들은 주로 시간제 고용이나 비정규직 고용으로 일하게 되며 한번 비정규직으로 일하게 되면 정규직 고용으로 들어가기 힘들다. 정규직과 비정규직의 급여의 차는 크다. 여성 비정규직 근로자의 경우 남성 정규직 근로자보다 33% 더 적게 번다. 이러한 조건 아래, 자신의 경력을 추구하려는 여성이 종종 아이를 낳지 않기로 결심하는 것과 잠재적인 유자녀 여성 복귀자(mother returners)들이 가족수입이 허락한다면 그들의 능력이나 하는 일에 비해 낮은 임금을 받는 일을 하기보다는 집에 있기를 결정하는 것은 놀라운 일이 아니다.

출처: OECD Korea Policy Center (2008).

〈참고 2-3〉 제3차 가족실태조사(2015) 주요 결과

ㅁ 가족형성 가치관에 대한 세대 간 인식 차

: 연령이 낮아질수록 국제결혼, 입양 등 다양한 방식의 가족형성에 대한 수용수준이 높아짐

ㅁ 양성평등적 성역할 태도

: 남녀의 동등한 가족 내 역할에 대한 동의 수준은 높아진 반면 남녀역할 구분에 대한 동의 수준은 낮아짐

ㅁ 부부간 소통부족 및 부부관계 만족도 하락

: 응답자의 65.4%가 하루 평균 부부간 의사소통 '1시간 미만', 부부의 의사사통 만족도가 높을수록 부부관계 만족도도 높음

ㅁ '경제적 부담'으로 출산 기피

– 20대와 30대 각각 37.5%, 33.2% '사회적 여건 향상 시 추가 출산 의향'

ㅁ 자녀 돌봄의 사각지대 존재

: 초등학생 자녀 1/3 이상이 방과 후 '나홀로 아동', 한부모가족 자녀의 경우, 63.7%로 돌봄 공백

ㅁ 자녀돌봄 및 가사노동에서 높은 여성의 참여율과 남성의 참여 증가

ㅁ 가족의 범위에 대한 인식에서 성별 차이

: 남성은 부모–자녀–배우자 순인 반면, 여성은 자녀–부모–배우자 순

ㅁ 수동적인 부부 갈등해결 방식

: 부부 갈등해결 방식으로 '그냥 참는다'가 45.9%로 가장 많음

ㅁ 중년 부부의 낮은 결혼만족도

: 50대 부부의 만족도 비율이 가장 낮으며 여성은 남성에 비해 만족은 낮고 불만족은 높음

ㅁ 부족한 가족과의 여가시간

: 평일 30분에서 1시간 미만이 가장 많으며 가족여가 시간 부족의 주된 이유는 '일이 바빠서'

ㅁ 가족돌봄에서 가장 많은 '경제적 어려움'

: 가족돌봄의 어려움은 경제적 어려움 > 정신적 스트레스 > 신체적 고단함의 순

ㅁ 가족정책에 대한 수요

– (일 · 가정 양립 부문): '보육지원 확대' > '초과 근무시간의 단축' > '재택 · 원격근무, 시간제 근무 등 유연근무제 확산'

– (남성의 가사 및 육아 참여 부문): '남성의 가사육아 분담 인식 확대' > '장시간 근로관행 개선' > '가족친화적인 기업문화 확산'

– (작은 결혼식 활성화): '결혼문화 개선에 대한 홍보캠페인 전개' > '작은 결혼식을 위한 결혼상품의 합리적 가격제 시행 > '작은 결혼식을 위한 다양한 정보 제공'

출처: 여성가족부(2016). 2015년 가족실태조사.

참고문헌

권태환, 홍두승, 설동훈(2014). **사회학의 이해**. 서울: 다산.

김승권,김유경, 김혜련, 박종서, 손창균, 최영준, 김연우,이가은, 윤아름(2012). **2012년 전국 출산력 및 가족보건 · 복지실태조사**. 서울: 한국보건사회연구원.

김유경, 이진숙, 이재림, 김가희(2014). **가족의 갈등과 대응방안 연구–가족관계 갈등과 가족기능 갈등을 중심으로**. 서울: 한국보건사회연구원.

여성가족부(2016). 2016. 2. 4. 보도자료. 2015년 가족실태조사.

장경섭(2010). **가족 · 생애 · 정치경제–압축적 근대성의 미시적 기초**. 경기: 창비.

주재선(2016). **2016년 여성가족패널조사**. 서울: 한국여성정책연구원.

진미정, 변주수, 전순범(2014). 한국가족생애주기의 변화: 1987년 공세권 연구와의 비교. **가족과 문화, 26**(4), 1–24.

최재석(2002). **한국인의 사회적 성격**. 서울: 현음사.

통계청(2013). 2013. 12. 10. 보도자료. 우리나라의 이혼 · 재혼 현황–지난 30년간 이혼 재혼자료 분석.

통계청(2016a). 2016. 3. 23. 보도자료. 2015 한국의 사회지표.

통계청(2016b). 2016. 4. 7. 보도자료. 2015년 혼인 · 이혼 통계.

통계청(2016c). 2016. 8. 24. 보도자료. 2015년 출생통계.

통계청(2016d). 2016. 9. 7. 보도자료. 2015년 인구주택총조사 전수집계결과.

통계청(2016e). 2016. 12. 13. 보도자료. 2016 일 · 가정양립 지표.

통계청(2017). 2017. 2. 22. 보도자료. 2016년 출생 · 사망통계 잠정 결과.

헤럴드경제(2017. 7. 2.). '쉬면 죄책감 88%가 휴가지서 업무 챙겨.' newsheraldcorp.com

Beck, U., Giddens, A., & Lash, S. (2010). **성찰적 근대화**(*Reflexive Modernization: Politics, Tradition and Aesthetics in the Modern Social Order*). (임현진 역). 서울: 한울.

OECD Korea Policy Center (2008). *Babies & Bosses* – **직장과 가정생활의 조화를 위한 OECD 국가정책 종합 보고서**.

OECD (2011). *A framework for growth and social cohesion in Korea*. OECD.

Olson, D.H., & DeFrain, J. (2006). *Marriage and Family-intimacy, diversity and strengths*. McGrow-Hill company.

http://www.oecd.org/korea/48225033.pdf.

제3장

건강가정의 이론적 접근

이 장에서는 건강가정을 설명할 수 있는 여러 이론 및 모델, 시각을 소개한다. 이론으로는 가족발달이론과 가족체계이론, 상징적 상호작용론, 여권주의를 소개하고 모델로는 가족역동성 모델을 시각으로는 가족 강점 시각과 가정경제적 접근을 소개한다. 각 이론이나 시각에서의 전제와 주요 개념들을 살펴보고 건강가정에 적용해 보면서 건강가정에 주는 시사점을 이해하는 데 초점을 둔다. 각각의 이론이나 시각들이 건강가정의 개념을 정의하는 데 중요한 시사점을 주며, 특히 가족 강점 시각은 건강가족의 개념을 이해하는 데 기본적인 토대를 제공하고 있다.

1. 가족발달이론

1) 가족발달이론의 배경

가족발달이론은 1930년대 미국 농업실험부의 연구 보고서에서 '가족생활주기(family life cycle)'와 '가족 발달(family development)'이라는 용어가 처음 사용된 이래 듀발(Duvall)과 힐(Hill) 등의 학자를 중심으로 결혼과 가족에서의 변화 과정을 설명하기 위하여 고안되었다(유계숙, 최연실, 성미애 편역, 1999). 가족발달이론의 주요 개념으로는 규범(norm), 지위(status), 역할(role), 단계(stage), 사건(event), 가족경력(family career), 전이(transitions), 타이밍(timing) 등이 있다. 이때 **규범**이란 사회집단의 성원들이 보편적으로 수용하는 행동에 대한 기대이며 학습된 반응이다. **지위**란 가족 내에서의 위치이며, **역할**은 각 지위에 부여되는 규범을 말한다. **단계**란 가족생활을 구분하는 데 있어서 이전과 이후의 기간이 뚜렷이 구분되는 질적 변화를 수반하는 기간이며, **사건**은 특정 시점에서 발생하는 질적 변화를 의미한다. **가족경력**이란 일련의 가족 발달 단계에 따라 연속적으로 이어지는 역할을 말한다. **전이**는 한 가족이 질적으로 구분되는 한 단계에서 다음 단계로 옮겨 갈 때 일어나는 것으로, 결혼과 같이 두 단계 사이에서 질적 변화를 구분하는 사건을 전이적 사건이라 한다. 그리고 **타이밍**이란 개인이나 가족이 특정 시점에서 특정한 사건을 경험하기를 사회로부터 기대받고 그러한 기대에 따르는가의 여부를 말한다(정현숙, 유계숙, 2001).

이러한 주요 개념들을 포괄하고 있는 가족생활주기 개념은 가족발달이론에서 가장 대표적인 개념으로 가족원들이 다양한 가족생활주기 단계로 옮겨 감에 따라 경험하는 다양한 역할과 발달과업들을 어떻게 내처하는가에 일차적인 관심을 둔다. 대표적으로 듀발은 전통적인 8단계의 가족생활주기와 발달과업을 〈표 3-1〉과 같이 제시하였다. 그러나 가족생활주기 단계 구분은 학자에 따라 다소 차이가 있다.

〈표 3-1〉 듀발의 전통적인 가족생활주기 단계와 발달과업

가족생활주기 단계	가족 내 지위	가족 발달과업
1. 신혼기	남편 아내	• 상호 만족스러운 결혼관계의 수립 • 임신에 대한 적응 • 친족관계 적응
2. 첫 자녀 출산기	아내/모 남편/부 자녀	• 임신과 출산 및 그에 대한 적응 • 부모와 어린 자녀에게 만족스러운 가정 형성
3. 학령 전 자녀기	아내/모 남편/부 딸/형제 아들/형제	• 학령 전 자녀의 욕구에 적응 • 에너지 소모와 부모의 사생활 부족에 대처
4. 학동기 아동기	아내/모 남편/부 딸/형제 아들/형제	• 지역사회에 적응 • 자녀의 교육적 성취 격려
5. 청소년 자녀기	아내/모 남편/부 딸/형제 아들/형제	• 자유와 책임감 사이의 균형 • 탈부모기 이후 관심사 개발
6. 자녀 독립기	아내/모/조모 남편/부/조부 딸/형제/이모나 고모 아들/형제/삼촌이나 외삼촌	• 청년기에서 성인기로 자녀가 독립 • 지원적인 가정 기지로서의 유지
7. 중년기 부모기	아내/모/조모 남편/부/조부	• 부부관계에 재초점화 • 노년 세대, 젊은 세대와 친족관계 유지
8. 노년기 부모기	사별여성/사별남성 아내/모/조모 남편/부/조부	• 배우자 사별과 독신생활에의 대처 • 집을 팖 • 퇴직에 적응

출처: Olson & DeFrain (2006), p. 76.

2) 가족생활주기의 개념과 발달과업

(1) 가족생활주기의 개념

가족생활주기는 자녀의 출생과 성장, 독립, 은퇴 등과 같이 시간의 흐름에 따라 가정생활이 변화하는 일련의 과정을 의미한다. 가족생활주기를 분류하면 가정 형성기, 확대기, 확대 완료기, 축소기, 축소 완료기로 나눌 수 있다([그림 3-1] 참조).

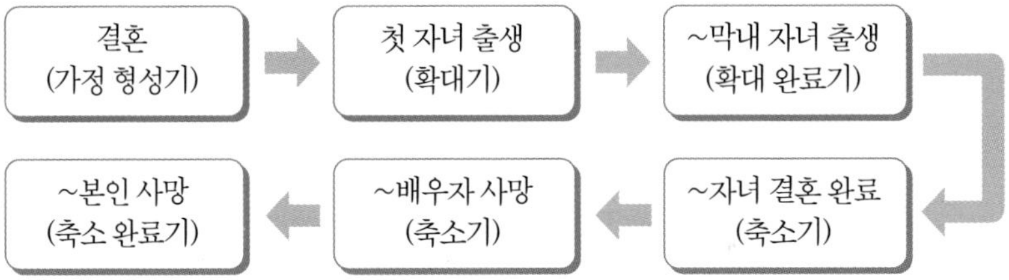

[그림 3-1] 가족생활주기

출처: 조희금 등(2016)에서 수정.

가족생활주기에 대한 네 가지의 기본적인 가정은 다음과 같다. 첫째, 가족은 변화한다. 둘째, 가족이 변화함에 따라 가족원의 욕구와 발달과업이 달라진다. 셋째, 대부분의 가족은 유사한 가족발달 단계를 거치며 그에 따른 욕구의 변화를 비슷하게 경험한다. 넷째, 각 단계는 앞뒤 단계와 연관성을 갖고 있다. 많은 가족은 이러한 네 가지의 기본적인 가정에서 크게 벗어나지 않기 때문에 가족생활주기는 여전히 많은 가족의 행동을 예측하는 데 중요하게 사용되고 있다. 즉, 가족생활주기는 가족원의 변화하는 발달적 욕구에 따른 연속적인 단계이며, 가족의 궁극적인 목표와 방향을 보여 준다.

(2) 가족생활주기별 발달과업

가족이 다양한 단계와 사건을 거치는 과정에서 성취해야만 하는 일을 발달과업(developmental task)이라고 한다. 즉, 가족은 각 가족생활주기 단계에서 요구되는 역할 기대와 책임을 완수하는 것을 배운다. 일반적으로 가족생활주기 단계를 규정하는 중요한 기준은 맏자녀의 연령이며, 남녀가 결혼해서 자녀를 출산하는 가족을 중심으로 하는 가족생활주기에 따른 발달과업은 다음과 같다.

① 가정 형성기(신혼기)

가정 형성기는 가정생활을 시작하는 단계로, 이때는 이후의 가족생활에 대한 계획을 수립해야 한다. 이 시기에는 결혼을 통해 서로 다른 가정에서 각기 성장한 개인이 하나의 새로운 가족을 이루어 인생의 파트너로서 서로 관계를 맺고 친밀감을 형성하며 양가와 새로운 친족관계를 형성하는 것이 중요하다. 또한 부부로서의 관계를 정립하고 가사와 양육 역할에 대한 분담 계획과 자녀 출산 계획을 세우고 두 사람이 합의하는 것이 중요한 과제다.

② 가정 확대기

- **자녀 출산 및 미취학 아동기**: 자녀 출산과 함께 부모로서의 역할에 적응하며 부부 두 사람의 관계에서 자녀를 포함한 가족생활로의 전환이 필요하다. 증가된 가사노동과 자녀양육에 대해 부부가 분담하고 역할을 조정해야 한다. 또한 이후에 증가하게 될 가계 지출과 주택 마련에 대한 경제적인 계획을 수립해야 한다.
- **초등교육기**: 이 시기에는 자녀 성장에 효과적으로 대비하여야 한다. 즉, 자녀가 학교 생활에 적응하도록 준비시키고 학습할 분위기를 조성해 주며, 모든 가족구성원이 가사를 분담하고 가족 일에 대한 책임을 공유하도록 한다. 그리고 부모로서 좋은 역할모델이 될 수 있도록 자녀와 함께하는 시간을 많이 가져야 한다.
- **중 · 고등교육기**: 이 시기의 부모는 자아정체성을 탐색하면서 독립심이 커지는 청소년 자녀와 원만한 관계를 유지하면서 청소년 자녀의 심리적 성

장과 진로지도에 신경을 써야 한다. 또한 자녀가 성장함에 따라 주거 공간을 재구성해 주고, 자녀의 적성과 진로에 관심을 갖고 함께 자녀의 장래에 대해 계획한다. 교육비가 급증하므로 이에 대한 장기적인 경제 계획도 필요하다. 지나친 자녀 중심의 가족생활로 부부간의 관계가 주변적이 되거나 소홀해지고 부모로서의 권위가 손상되는 일이 없도록 부부가 협력할 필요가 있다.

③ 가정 축소기

- **자녀 독립기**: 자녀의 결혼과 은퇴 이후의 생활에 대한 경제적 준비를 하고 자녀의 배우자와의 관계를 정립하며 조부모로서의 역할을 준비한다. 자녀 독립 후 남게 되는 부부관계를 재조정하며 노화에 따른 신체적 · 심리적 변화와 관련하여 건강관리에 힘쓴다.
- **은퇴기**: 이전에 세웠던 은퇴 이후의 경제생활과 주거생활에 대한 계획을 실행하며 늘어난 여가시간에 적응한다. 배우자 사망에 따른 독신생활을 예상하며 자신의 죽음에 대해서도 생각해 보고 준비한다. 계속해서 자녀 및 손자녀와의 관계가 원만하게 유지되도록 노력하며 노년기의 건강관리에도 힘쓴다.

참고로 한국의 가족생활주기는 〈표 3-2〉에서 보는 바와 같이 한국인의 평균수명이 높아짐에 따라 결혼에서 본인 사망에 이르는 전체 가족생활주기의 소요 기간이 과거에 비해 길어졌다. 또한 자녀수의 감소로 인해 결혼에서 첫 자녀 출생이나 막내 출생까지의 확대기에 소요되는 기간은 크게 단축된 반면, 첫 자녀가 결혼을 하기 전까지의 확대 완료기와 자녀를 결혼시키고서 부부만이 생활하는 축소 완료기는 연장되었다. 이러한 가족생활주기상의 변화는 부부관계 및 부모-자녀관계와 같은 가족관계상의 역동과 가정경제의 조정과 같은 가족생활 전반에 중요한 영향을 미친다.

〈표 3-2〉 한국 가족생활주기의 변화: 결혼코호트별 가족생활주기 단계 평균 소요 기간

가족주기의 단계별 기간	결혼코호트					
	I 1958~ 1964년	II 1965~ 1974년	III 1975~ 1984년	IV 1985~ 1994년	V 1995~ 2004년	VI 2005~ 2007년
전체 기간 (결혼~본인 사망)	47.85	49.60	50.95	52.32	54.20	56.82
1. 형성기 (결혼~첫자녀 출생)	2.52	1.57	1.40	1.41	1.45	0.87
2. 확대기 (첫자녀 출생~막내 출생)	8.87	5.60	3.54	3.55	2.78	0.98
3. 확대 완료기 (막내출생~자녀 결혼 시작)	17.42	21.65	26.17	27.96	30.56	34.15
4. 축소기 (자녀 결혼 시작~결혼 완료)	8.87	5.60	3.54	3.55	2.78	0.98
5. 축소 완료기 (자녀 결혼 완료~남편 사망)	1.92	4.44	5.05	5.26	7.11	10.82
6. 해체기 (남편 사망~본인 사망)	8.68	10.99	11.53	10.75	9.61	9.17
개인 생애 중 가족 생애 비율	72.27	69.54	68.70	67.67	67.28	67.10

출처: 진미정, 변주수, 전순범(2014), p. 11.

3) 가족생활주기와 건강가정의 관계

가족발달이론은 시간의 흐름에 따라 개인과 가족에서의 발달과 변화과정에 초점을 둔다는 점, 가족을 정태적이고 변화하지 않는 집단이 아닌 역동적인 체계로 접근한다는 점, 그리고 가족의 발달단계마다 발생할 수 있는 긴장의 원천과 스트레스를 예측하고 각 단계의 가족이 성취해야 할 목표로서 발달과업을 제시했다는 점에서 유용하다고 할 수 있다.

이러한 가족발달이론은 건강가정 개념과 건강가정을 위한 사업 내용에 중요한 시사점을 준다. 즉, 건강가정의 개념에 시간의 차원, 즉 발달단계의 개념을

도입하여 각 발달단계에 따라 발생하는 문제나 스트레스를 예상하고, 단계에 맞는 발달과업을 잘 수행하며 중요한 변화 시점에서 그에 잘 대처하는 잠재력을 가진 가정이 건강가정임을 재확인시켜 준다.

그러나 전통적인 가족생활주기는 전형적인 중산층 핵가족의 단계를 모델로 하였기 때문에 오늘날처럼 이혼이나 재혼, 무자녀 부부, 동거부부, 한부모가족, 다문화가족 등 복잡해지고 다양해진 가족에는 더 이상 적용하지 못한다는 점에서 한계를 갖는다. 그러므로 다양한 가족을 대상으로 한 정책 수립에서 가족발달이론의 대표적인 개념인 가족생활주기를 다양한 가족 형태에 맞게 재구성하고 단계마다 가족들이 겪는 스트레스와 발달과업을 제시할 필요가 있다. 그리고 가족 형태별로 다양한 가족생활주기 단계를 겪고 있는 가족들을 지원하기 위한 교육, 상담, 문화사업 등 건강가정 사업 서비스의 내용이 마련되어야 할 것이다.

2. 가족체계이론

1) 가족체계이론의 발생

결혼과 가족을 이해하는 가장 보편화된 개념적인 틀은 가족체계이론이다. 이 이론에서는 가족을 상호 연관된 가족원들의 계속적인 체계로 간주한다. 가족체계이론에 따르면 특정 가족원에게 일어나는 모든 일은 가족원 전체에게 영향을 미친다. 가족원은 서로 연관되어 있으며 하나의 집단으로 작동하므로 그 집단을 가족체계(family system)라고 한다. 가족을 체계로 기술하는 접근은 이론이나 임상에서 특히 관계상의 문제를 가진 부부와 가족을 상남하는 가족치료사들에게 매우 대중화되어 있다. 선구적인 가족치료자 휘태커(Whitaker)는 극단적으로 '세상에 개인이란 없다. 단지 가족의 부분만이 있을 뿐이다'라고 말하기도 했다

(Olson & DeFrain, 2006). 즉, 개인은 불가분 가족에 묶여 있는 것이다. 사람들이 생각하고 행동하는 방식은 가족 배경에 의해 깊은 영향을 받으며, 한 개인을 이해하고자 할 경우 그 가족을 살펴보면 가장 잘 이해할 수 있다고 본 것이다.

가족체계이론은 일반체계이론(general system theory)에서 파생되었다. 일반체계이론은 1960년대에 버틀란피(Bertalanffy)가 발전시킨 것으로, 가족치료자들은 일반체계이론의 개념들을 결혼과 체계로서의 가족에 적용시켰다. 다양한 영역에서 광범위하게 사용되는 일반체계이론은 모든 생물과 무생물 체계 유형에 적용될 수 있는 원리와 개념의 집합체다. 체계란 하나의 단일체나 유기체를 형성하기 위해 관련된 것들의 일련의 배열이며 상호작용하는 부분으로 만들어진 전체다.

2) 가족체계이론의 기본 개념

가족치료자들은 수년간 문제가 있는 개인들을 상담하면서 개인만을 치료해서는 아동의 행동에서 장기적인 변화를 가져올 수 없다는 것을 발견하고 가족체계이론을 구축하였다. 문제 아동은 치료자와 치료 작업을 하면 다소 기능상의 향상을 보이지만 가족이 변하지 않으면 다시 문제행동으로 되돌아가곤 했다. 이와 같이 가족체계는 아동의 문제에 강력한 영향을 준다는 것을 알게 된 가족치료자들은 아동에게 문제가 있을 때는 종종 가족체계 자체에 문제가 있다는 것도 알게 되었다. 즉, 그들은 양친가정에 문제 아동이 있을 경우 그 가정에는 부부의 결혼생활에 문제가 있어 자녀인 아동에게 영향을 미친다는 것을 발견하였다.

이처럼 가족치료자들이 중요한 이론으로 사용해 온 가족체계이론의 기본 개념으로는 다중체계의 수준, 경계, 전체성과 같은 일반체계이론에서의 개념과 상호의존성, 등결과성, 피드백, 가족 항상성과 같은 가족체계이론에서의 개념들을 포함시켜 볼 수 있다.

(1) 다중체계의 수준

가족체계이론의 주창자들은 일반체계이론에서 발달된 개념과 용어들을 확장시켰고, 가족치료자들은 이러한 개념들을 임상에서 사용하였다. 일반체계이론의 몇몇 개념은 특히 가족체계와 관련이 있는데, 그중 다중체계 수준(multiple system levels)은 체계들이 다른 체계들 안에 끼워져 있다는 것이다. 어떤 체계에 초점을 둘 때는 보통 상위체계(suprasystem, 보다 큰 체계)와 하위체계(subsystem, 보다 작은 체계)가 포함된다. 예를 들어, 부부체계에 초점을 둔다면 상위체계는 가족이고, 하위체계는 부부를 구성하는 두 명의 개인이다. 그리고 핵가족에 초점을 둔다면 상위체계는 확대가족이고, 하위체계는 부부나 부모-자녀가 될 것이다.

인간체계는 중심이 같은 일련의 원들로 특징 지을 수 있다. [그림 3-2]에서

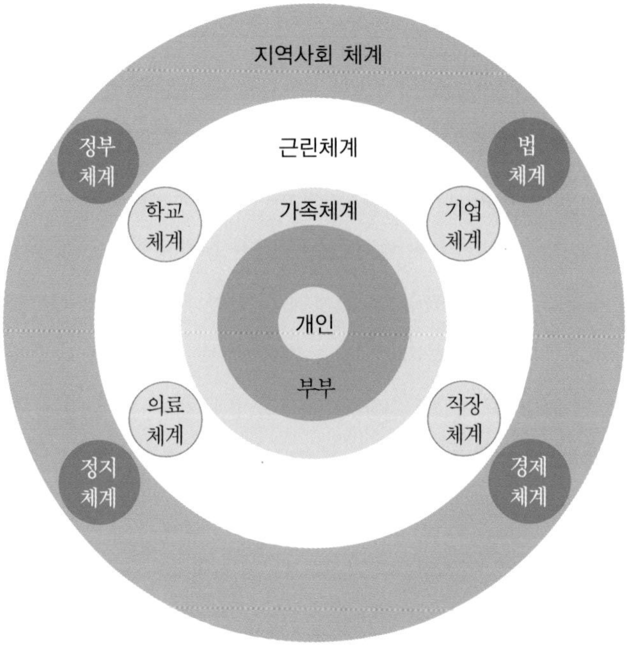

[그림 3-2] 인간체계의 생태학적 접근

출처: Olson & DeFrain (2006), p. 66.

중앙에 있는 가장 작은 원은 개인일 수 있으며, 이를 둘러싼 원들은 부부 또는 가족, 지역의 이웃, 도시, 국가, 대륙, 세계 등일 수 있다.

모든 인간체계에 대해 생각하는 것은 생태학적 접근으로 간주될 수 있다. 생태학은 체계 내의 모든 유기체가 어떻게 모든 중심이 같은 원들로 서로 연결되어 있는가에 대해 연구하는 학문이다. [그림 3-2]에서 보듯이, 모든 동심원은 서로 연결되어 있으며, 각 원 안의 사람들은 다른 원의 사람들에게 서로 영향을 미친다. 이것이 바로 인간 생태계를 만드는 것이다.

개인을 둘러싼 다중체계의 수준을 가족을 중심으로 살펴볼 때(Rigazio-DiGilio et al., 2005) 가족체계는 가족공동체와 연결되고, 가족공동체는 다시 사회구조로 둘러싸여 있으며, 사회구조는 보다 추상적인 문화적 구성들로 둘러싸여 있는 것으로 생각해 볼 수 있다. [그림 3-3]에서 보듯이 가족체계와 가족

[그림 3-3] 인간과 사회체계의 발달을 매개하는 가족체계

출처: Rigazio-DiGilio et al. (2005), p. 6.

공동체, 사회구조와 문화적 구성의 네 가지 수준에서의 모든 요소는 상호작용하면서 가족체계를 통하여 개인이 자신과 타인에 대해 갖는 의미를 형성하는 데 작용한다.

가족체계론적 관점에서 다중체계들은 구분상 내용이 다를 수는 있으나 개인이나 가족은 상위의 다중체계들로 둘러싸여 있으며, 각 체계들은 서로 상호작용하면서 영향을 주고받는다고 할 수 있다.

(2) 경계

체계들은 서로 연결되어 있으며, 경계에 따라 다른 체계와 분리된다. 경계(boundary)는 상호 연관된 체계들의 위계를 의미하며, 각 체계는 크고 작은 체계와 눈에 보이지 않는 경계들로 나뉜다(Goldenberg & Goldenberg, 2003). 가족의 경우 가족과 보다 큰 친족체계 간에, 그리고 부모와 자녀 간에 경계가 있다. 한편, 경계는 다른 체계와 구분되는 부분이다. 가족의 경계는 한 체계와 다른 체계를 구분하며, 한 체계 안에 속하는 사람과 속하지 않는 사람을 결정한다. 또 투과성의 정도에 따라 개방체계와 폐쇄체계로 구분되며, 세대 간 경계에 따라 부모체계와 형제자매 체계 등으로 구분된다. 개방체계의 경우 투과성이 높아 경계 구분이 분명하지 않고 외부 체계와의 상호 교류가 활발한 반면, 폐쇄체계의 경우는 경계 구분이 분명하고 외부 체계와의 상호 교류가 없다. 가족은 이러한 경계를 성공적으로 다루기 위해 규칙이나 의례를 만든다.

(3) 전체성

일반체계이론에서 나온 또 다른 개념은 전체성(wholeness)이다. 전체성이란 전체는 부분의 합 그 이상이라는 의미다. 가족체계론적 접근에서 볼 때 가족은 개개 가족원의 총합 그 이상이다. 이는 개개 가족원이 가족 밖에서는 나르게 행동하기 때문에 개인으로서 각각을 안다고 해서 그 가족을 알 수는 없다는 의미다. 역으로 전체로서의 가족을 안다고 해서 그 가족에 속한 개인의 행동을 예측하기도 어렵다.

(4) 상호의존성

상호의존성(interdependency)이란 각 가족구성원의 행동은 다른 모든 가족구성원에게 영향을 미친다는 것이다(유계숙, 최연실, 성미애 편역, 2003). 한 사람의 행동이 반드시 문제가 된 사건의 원인은 아니며 상대방의 행동에 영향을 받아 다시 문제가 반복된다. 따라서 가족 내에서 일어나는 관계나 문제행동은 당사자들 상호 간에 책임이 있다는 점에서 순환적으로 일어난다고 할 수 있다.

(5) 등결과성

등결과성(equifinality)이란 다양한 시작이 하나의 동일한 결과를 가져올 수 있다는 것이다. 예를 들어, 자원봉사 활동, 민주적이고 평등한 부부관계, 경제적 안정 등의 다양한 방법을 통해 건강가정이라는 동일한 결과를 얻을 수 있다.

(6) 피드백

피드백(feedback)은 가족체계의 변형과정을 감시하고, 수용된 표준 내에 있는지를 알기 위해 끊임없이 산출을 평가하는 과정이다. 예를 들어, 매번 온 가족이 함께 여행을 가던 가족이 자녀를 두고 부부만 여행을 다녀왔을 경우, 부부는 그 여행이 가족관계 향상에 도움이 되었는지 점검해 볼 수 있다.

(7) 가족 항상성

가족 항상성(family homeostasis)이란 가족체계의 형태나 구조를 바꾸려고 노력하면 할수록 가족체계는 그에 저항하여 변화하지 않고 남아 있으려는 경향을 말한다. 예를 들어, 한부모가정으로 생활하다가 재혼한 남성과 그 자녀가 재혼가정에서도 여전히 한부모로서의 단독적인 의사결정 행동이나 밀착된 부모-자녀관계 패턴을 유지하려 하면서 재혼가족으로의 변화에 저항하는 태도를 보이는 경우다.

3) 가족체계이론과 건강가정과의 관계

가족체계이론에서는 가족을 개인 간의 관계, 즉 부부, 부모, 형제, 부자, 모자, 부녀, 모녀관계 등과 같은 상호 의존적인 하위체계들로 구성된 체계로 간주하며, 사회와 가족과의 관계는 가족은 개인의 삶에서 중요한 미시체계이면서 사회라는 거시체계와 상호 영향을 주고받는다는 점을 강조한다. 이러한 가족체계이론의 관점에서 건강가정이란 가족 내 각각의 하위체계들의 역할과 기능이 안정적이며 하위체계들의 관계가 병리적이지 않고 건강하며 상호 영향을 주고받는 상호의존적인 가족으로, 사회의 변화와 요구에 적절하게 대응하지만 동시에 가정의 건강성을 통해 사회에 긍정적인 영향을 미치는 가족이라고 할 수 있다.

건강가정에 대한 가족체계이론의 관점은 가정의 건강성을 위해서는 가족원 개개인이 자신에게 필요한 신체적, 심리적, 사회적 능력을 개발하고 개인 자신이 속한 하위체계의 기능과 역할을 수행하며 하위체계 간의 상호 독립과 상호 의존의 균형을 맞추면서 동시에 가족 전체의 안녕과 건강성을 유지해야 한다는 것을 강조한다. 또한 직장이나 사회와 같은 가족을 둘러싼 외부 체계들과 개개 가정은 상호 영향을 주고받으므로 건강가정이 사회에 긍정적인 영향을 미치듯이 가정의 건강성을 높이기 위해서는 직장이나 사회의 외부적 지원이 필요함을 시사한다. 가령 건강가정을 위해 맞벌이 가족 부부가 가사와 육아, 여가를 위한 가족시간을 갖고자 해도 직장에서나 사회 정책적으로 지원되고 제도화되지 않고서는 현실적으로 건강가정을 실현하기 어렵다고 할 수 있다. 가족체계이론의 관점은 개인, 가족, 사회가 모두 서로 상호작용을 하며 상호의존적이며 상호영향을 주는 공동체적 운명을 가진 유기체와 같다는 점을 재확인시키며 개인과 가정의 문제가 사회에 미치는 영향, 그리고 변화된 사회가 개인과 가족에게 요구하는 것과 미치는 영향에 대해 다각적으로 인식하게 해 준다. 요컨대, 가족체계이론에서 볼 때 가족의 건강성은 지역사회와 사회 전체의 건강성과 연결되어 있으며 역으로 지역사회나 사회 전체의 건강성이 개인과 개개 가정의 건강성과도 연결되어 있다고 할 수 있다.

3. 가족역동성 모델

1) 가족역동성 모델의 내용

가족체계이론에서의 주요 개념에 근거하여 올슨(Olson)과 그의 동료들은 순환모델(circumplex model)을 개발하였는데 이를 흔히 가족체계 모델 혹은 가족역동성 모델이라고 한다. 이후에 연구자들은 이 순환모델이 결혼과 가족에서의 관계 역동을 명료하게 보여 준다는 의미에서 '부부와 가족의 지도(Couple and Family Map)'라고 명명했다(Olson & Gorall, 2003). 여기서는 가족역동성 모델로 부르고자 한다.

가족역동성 모델에서는 건강가족적 관점에서도 중요시되는 가족체계의 세 가지 차원으로 가족 응집성, 융통성 그리고 의사소통을 든다(Olson & DeFrain, 2006). 가족역동성 모델은 가족 응집성과 가족 융통성의 두 차원을 축으로 하는 네 가지 수준을 조합하여 총 열여섯 가지의 부부 및 가족관계 유형을 제시한다([그림 3-4] 참조). 여기서 가족 응집성은 가족관계에서 독립성과 친밀감을 유지하면서 분리와 연결의 극단 사이의 역동적인 균형을 의미하며, 가족 융통성은 안정과 변화 사이의 역동적인 균형을 의미한다. 모델의 그림에서는 표시되지 않는 의사소통은 변화가 필요할 때 가족 응집성과 가족 융통성 수준에서 변화를 만들어 내는 촉진적인 차원이다. 즉, 의사소통은 응집성과 융통성에서 극단에 있는 가족들이 균형을 잡을 수 있도록 도와준다. 만일 가족이 좋은 의사소통

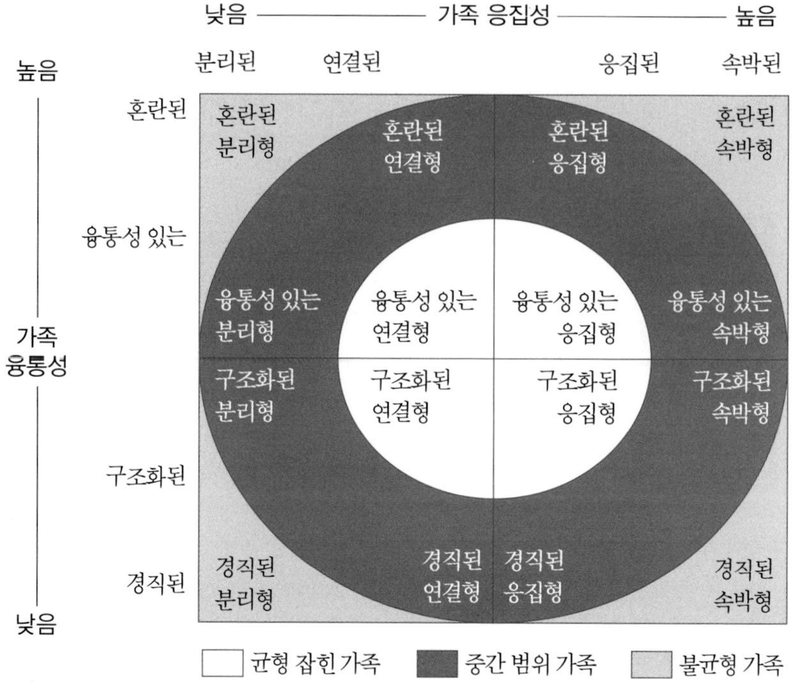

[그림 3-4] 가족체계도(부부와 가족의 지도)

출처: Olson & DeFrain (2006), p. 88.

기술을 가졌다면, 그들은 응집력 있는 구조를 유지하고 변화에 잘 적응하며 당면한 문제가 무엇이든 해결하기 쉽다. 이 모델에서 제시되는 열여섯 가지의 가족관계는 크게 세 가지 가족체계 유형, 즉 균형 잡힌 가족, 중간 범위 가족, 불균형 가족으로 구분된다.

2) 가족 응집성, 가족 융통성 및 의사소통

(1) 가족 응집성

가족 응집성(family cohesion)이란 가족이 얼마나 서로 간에 정서적 유대감이 강한지에 대한 것으로 가족원 간의 정서적 친밀감을 말한다. 가족 응집성의 본질은 분리와 연결 간의 균형이라 할 수 있다. 가족 응집성은 낮은 정도에서 높은 정도까지 모두 네 가지 차원이 있다(〈표 3-3〉 참조). 여기서 균형 잡힌 수준은 연결된 관계(connected relationships)와 응집력 있는 관계(cohesive relationships)다. 연결된 관계는 가족관계보다 개인에 더 중점을 두는 반면, 응집력 있는 관계는 개인보다 가족관계에 더 중점을 둔다. 분리된 관계(disengaged relationships)는 가족 간의 친밀감이 없고 개인적인 독립성과 분리성을 강조한다. 속박된 관계(enmeshed relationships)는 가족원 간의 친밀감과 충성심, 의존성 같은 유대를 강조한다. 그러나 지나치게 속박된 관계는 상대방에게 불가능하거나 이상적인 기대를 요구하거나 혹은 개인적 발달을 질식시키

〈표 3-3〉 가족 응집성의 수준

특징	분리된(불균형)	연결된(균형)	응집력 있는(균형)	속박된(불균형)
분리성과 연결성	높은 분리성	연결성보다 분리성이 높음	분리성보다 연결성이 높음	매우 연결됨
나-우리 균형	우선적으로 '나'	'우리'보다는 '나'	'나'보다는 '우리'	우선적으로 '우리'
친밀성	낮은 친밀성	낮거나 중간 정도의 친밀성	중간이나 높은 정도의 친밀성	매우 높은 친밀성
충성심	충성심의 부족	다소 충성심 가짐	상당히 충성심 가짐	높은 충성심
활동	주로 가족과 분리된 활동	공유하기보다는 분리된 활동	분리되기보다는 공유된 활동	주로 가족과 공유된 활동
의존성-독립성	독립성이 높음	의존성보다는 독립성이 많음	독립성보다는 의존성이 많음	의존성이 높음

출처: Olson & DeFrain (2006), p. 82.

는 등 문제를 초래할 수 있으며, 지나치게 분리된 관계는 가족원들이 자신에게만 몰두함으로써 다른 가족원과의 친밀한 관계를 발달시키거나 유지하는 데 어려움을 가져올 수 있다. 따라서 건강한 가족은 개개 가족원이 개인으로서의 '나'와 가족으로서의 '우리' 사이의 균형을 맞추며 자신의 개성과 가족 간의 친밀성을 유지하는 가족이라 할 수 있다.

〈참고 3-1〉 가족 응집성의 다양성

나는 내 일을 하고, 당신은 당신 일을 합니다.
나는 당신의 기대에 부응하기 위해 이 세상에 있지 않습니다.
당신은 나의 기대에 부응하기 위해 이 세상에 있지 않습니다.
당신은 당신이고, 나는 나입니다.
그리고 우리가 우연히 마주친다면 좋겠지만,
그렇지 않다면 어쩔 수 없지요.

—페리 길리스(Ferry Gillies)

우리는 모두 함께 우리의 일을 합니다.
나는 당신의 욕구와 기대를 충족시키기 위해 여기에 있고
당신은 나의 욕구와 기대를 충족시키기 위해 여기에 있습니다.
우리는 만나야 하고 그렇다면 아름다운 일이죠.
나는 다른 어떤 길이 있다는 것을 상상할 수 없습니다.

—프리츠 펄스(Fritz Perls)

함께 노래하고 춤추며 즐거워하되, 너희는 서로 혼자이도록 하라.
기타의 줄들이 한 가락을 울려내면서도 줄은 하나하나 혼자이듯이.
마음을 주되, 상대방에게 아주 맡기지는 말라.
생명의 손만이 너희 마음을 지닐 수 있나니.
함께 서되, 너무 가까이 서지는 말라.
사원의 기둥들도 따로 떨어져 서 있으며,
참나무와 삼나무도 서로의 그늘 속에선 자랄 수 없나니.

—칼릴 지브란(Kahlil Gibran)

(2) 가족 융통성

가족 융통성(family flexibility)이란 가족이 외부의 변화에 얼마나 잘 적응할 수 있는가를 보여 주는 것으로 가족 적응성이라고도 하는데 가족체계가 안정성과 변화 간에 균형을 이루는 능력이다. 일반체계이론에서는 체계가 성장과 변화에 개방적일 때 개방체계(open system) 혹은 형태발생적 체계(morphogenic system)라 일컬으며, 체계가 변화를 피하고 현상을 유지하려는 경향을 가질 때 폐쇄체계, 즉 형태정태적 체계(morphostatic system)라 한다(Goldenberg & Goldenberg, 2003). 요컨대, 가족 융통성은 가족이 변화에 직면하거나 가족발달주기상 스트레스에 대응하는 과정에서 지도력이나 역할관계, 관계 규칙상에서 일어나는 변화의 정도를 말한다(Olson & Gorall, 2003).

가족 융통성도 가족 응집성처럼 네 가지 차원으로 나누어지는데(〈표 3-4〉 참조), 극단적인 유형은 경직된(rigid) 체계와 혼란스러운(chaotic) 체계다. 균형 잡힌 체계는 구조화된(structured) 체계와 융통성 있는(flexible) 체계로, 이 체계들은 가족생활주기에 따른 변화에 보다 잘 적응할 수 있다. 구조화된 체계와 융통성 있는 체계는 중간 정도의 변화 수준을 보이며, 지도력은 때로 공유되고 훈육은 민주적이며 역할은 안정적이다. 융통성 있는 체계의 경우 구조화된 체계

〈표 3-4〉 가족 융통성의 수준

특징	경직된(불균형)	구조화된(균형)	융통성 있는(균형)	혼란스러운(불균형)
지도력	권위주의적인	때로 공유된	자주 공유된	지도력의 부족
훈육	엄격한 훈육	다소 민주적인	민주적인	관대한 훈육
타협	제한된 논의	조직화된 논의	개방적인 논의	끝없는 논의
역할	매우 안정적인 역할	안정적인 역할	역할 공유	획기적인 역할 전환
규칙	규칙 변경이 없음	규칙 변경이 거의 없음	다소 규칙 변경이 있음	빈번한 규칙 변경
변화	거의 변화가 없음	다소 변화	적당한 변화	상당한 변화

출처: Olson & DeFrain (2006), p. 85.

에서보다 변화가 더 많다. 가족 융통성이 극단에 있는 경직된 체계나 혼란스러운 체계의 경우, 가족은 자주 극단적인 지위에 놓이게 되므로 불균형적이 되고 문제가 된다. 경직된 관계에서 지도력은 권위주의적이며, 그로 인해 훈육은 엄격하고 역할들은 매우 안정적이다. 혼란스러운 관계에서는 지도력이 부재하기 때문에 변화가 매우 많다. 훈육은 변덕스럽고 일관성이 없는데 그 이유는 부분적으로 가족 역할에서 급작스러운 변화가 있기 때문이다.

예를 들어, 실업과 같은 스트레스 상황에 부딪힌 가족이 그것을 성공적으로 극복할 것인가 혹은 극복하지 못할 것인가를 예측할 수 있는 중요한 차원이 바로 그 상황에서 가족들이 얼마나 유연하게 가족 역할을 바꿀 수 있는가 하는 융통성의 차원이라고 할 수 있다.

(3) 가족 의사소통

일반체계이론의 기본적인 원리 중 하나는 체계에서는 피드백, 즉 의사소통이 필수적이라는 것이다. 가족체계는 중요한 정보가 가족구성원 간에 정기적으로 교환될 때 더 잘 기능할 수 있다. 바로 그러한 교환이 의사소통이다. 일반체계이론에서는 정보 피드백 고리가 정적(positive) 피드백일 수도 있고, 부적(negative) 피드백일 수도 있다고 본다(Goldenberg & Goldenberg, 2003). 가족체계에서 정적 피드백이 변화를 만들기 위한 것이라면 부적 피드백은 변화를 최소화하고 현상을 유지하기 위한 것이다. 가족체계에서 피드백의 개념은 곧 의사소통으로 의사소통은 부부나 가족 간의 마찰을 완화시켜 주는 윤활유의 역할을 한다. 가족의 의사소통 기술이 좋을수록 부부와 가족관계는 더 강해진다. 가족 의사소통 기술을 측정할 때는 경청 기술, 말하는 기술, 자기 개방, 명료성, 주제에 초점 맞추기 그리고 존경과 존중심의 여섯 가지 차원이 고려된다(〈표 3-5〉 참조).

〈표 3-5〉 가족 의사소통의 수준

특징	낮다	높다	매우 높다
경청 기술	경청 기술의 부족	경청은 하지만 피드백은 제한적임	좋은 경청 기술로 피드백을 줌
말하는 기술	가끔 다른 사람을 위해 말함	다른 사람보다 자신을 위해 말함	다른 사람보다 주로 자신을 위해 말함
자기 개방	낮은 감정 공유	중간 수준의 감정 공유	높은 감정 공유
명료성	불일치한 메시지	분명한 메시지	매우 분명한 메시지
주제에 초점 맞추기	주제에 대해 거의 이야기하지 않음	가끔 주제에 맞춰 이야기함	거의 주제에 맞춰 이야기함
존경과 존중심	낮거나 보통	보통이거나 높음	높음

출처: Olson & DeFrain (2006), p. 86.

3) 가족역동성 모델과 건강가정의 관계

앞서 언급했듯이 가족역동성 모델에서 건강가정의 중요한 세 가지 요소는 바로 가족의 응집력, 융통성 그리고 의사소통이며, 이들 요소가 가족관계의 역동을 결정한다고 강조한다. 그리고 중요한 점은 이러한 가족 역동이 만들어 내는 부부 및 가족관계의 유형들은 고정불변하는 것이 아니라 시간에 따른 가족생활주기에 따라 변할 수 있다는 점이다. 이러한 모델의 관점에서 본다면 건강가정은 가족 응집력과 융통성에서 균형 잡히고 좋은 의사소통 기술을 가진 가정이다. 그리고 건강가정은 한 시점에서 계속 유지되는 것이 아니라 동일한 가족이라도 가족발달주기 같은 시간적 변화에 따라 가족의 건강성이 낮아지거나 높아지는 시점이 있다.

가족역동성 모델에서 보더라도 건강가정의 개념은 건강한 가정과 건강하지 않은 가정의 이분법으로 구분될 수 없으며, 가족체계의 중요 요소들 간의 역동적 변화에 따라 가족의 건강성이 변할 수 있다. 따라서 모든 형태의 가족은 건강성이 매우 높은 차원에서 낮은 차원까지 가족건강성의 변화를 경험하게 된다고 할 수 있다. 결국 건강가정이란 가정을 구성하는 가족들이 다양한 측면에서 노력하는 정도에 따라 어떤 시점에서든 어느 가정이나 실현하고 도달할 수 있는 개념으로 받아들여질 수 있다.

4. 상징적 상호작용론적 접근

1) 상징적 상호작용론의 기본 전제

상징적 상호작용론은 사회학자인 쿨리(Cooley)와 미드(Mead), 그리고 블루머(Blumer)에 의해 발전된 가족연구에 큰 영향력을 미치는 이론 중의 하나다. 상징적 상호작용론은 거대한 사회 구조나 제도에 초점을 맞추는 것이 아니라 사람들이 서로 얼굴을 맞대고 상호작용할 때 일어나는 일상적인 커뮤니케이션에 초점을 두고 사람들이 부여하는 행동의 의미와 해석을 중시한다. 상징적 상호작용론에서는 개인을 사회에서 요구하거나 문화적으로 규정된 규범에 따라 행동하는 사회의 산물이 아니라, 자기의 주관에 따라 대상과 상황을 규정하고 거기에 의미를 부여함으로써 자기의 세계를 능동적으로 이끌어 가는 주체로 본다(권태환, 홍두승, 설동훈, 2014). 상징적 상호작용론에서 가족이란 '상호작용하는 인성들의 총체'(A unity of interacting personalities)라는 버제스(Burgess)의 말로 요약할 수 있으며 이는 가족의 본래적이고 고유한 특성이 일상적으로 친밀한 사람들간의 대면적인 상호작용이라는 점을 강조한다.

상징적 상호작용론의 기본 전제는 다음과 같이 요약될 수 있다(Smith & Hamon, 2012).

- 사람들은 자신이 부여하는 의미에 따라 사물이나 상황에 반응한다. 달리 말하면 사람들은 상징적 환경에서 살며 그러한 상징에 대한 자신들의 정

의에 따라 사물 혹은 상황에 반응한다. 가령 담배가 어떤 사람에게는 안정과 즐거움을 주는 상징인 반면 다른 사람에게는 죽음을 주는 막대기의 상징일 수 있다. 그래서 안정을 주는 상징으로 담배를 생각하는 사람은 담배를 피지만 그렇지 않은 사람은 담배를 거부할 것이다.

- 우리는 다른 사람과의 상호작용을 통해 의미에 대해 배운다. 사람들은 상징이 긍정적인지 부정적인지에 대해 가치판단을 하며 이러한 가치에 근거해 상징에 반응한다. 그러므로 이때 사람들은 행위자이자 동시에 반응자라고 할 수 있다.
- 일단 개인이 자아 감각(sense of self)을 발달시키면 이것은 미래 행동에 대한 동기화가 된다. 인간은 성찰적이기 때문에 자신들이 경험한 것에 대해 항상 성찰하며 이것은 미래 행동에 대한 지침으로 사용된다. 이러한 과정은 자아 감각뿐만 아니라 다른 사람들이 개인을 어떻게 보는가의 감각도 포함한다.
- 개인은 사회에 의해 영향을 받는다. 개인은 자신의 자아개념, 가치관, 상징 그리고 신념뿐만 아니라 그들이 살고 있는 사회의 문화적 규범과 가치에 의해 영향을 받는다.
- 사람들은 문화 내에서 일어나는 일상적인 상호작용을 통해 사회의 규칙과 가치를 배운다. 한 사회에서 생활에 대해 가장 잘 배울 수 있는 방법은 그 사회의 사람들과 함께 생활해 보는 것으로 그들의 일상적인 생활경험을 통해 그 사회의 규칙과 가치를 알 수 있다.

2) 상징적 상호작용론의 주요 개념

상징적 상호작용론에서의 주요 개념으로는 상징, 상호작용, 의미, 제스처, 사회적 규범, 의례, 역할, 거울에 비친 자기 등을 들 수 있다.

(1) 상징

상징(symbol)이란 사회적 상호작용의 산물이다. 어떤 상황에서 상징의 의미는 다른 상황에서의 상징의 의미와 같지 않을 수 있다. 상징이 어떻게 정의되는가는 상황의 맥락 혹은 현재 환경에 근거하고 있으며 이러한 환경에서 타인과 상호작용을 통해 배울 수 있다.

(2) 상호작용

상호작용(interaction)은 특정한 유형의 의사소통이 일어나서 서로가 그 상황에 반응하고 그 결과 각자의 행동을 수정하게 되는 두 명 이상의 개인 간의 사회적 행동으로 이때 의사소통은 언어적이거나 비언어적일 수 있다.

(3) 의미

의미(meaning)는 사회적 상호작용을 통해 학습되고 처리되는 개인이 부여하는 가치를 말한다. 의미는 인간 행동의 중심 요소로 사람들은 사회적 관계를 통해 의미를 공유하고 공유된 의미를 바탕으로 자신에게 기대되는 역할을 수행하게 된다.

(4) 제스처

제스처(gesture)는 비언어적 의사소통의 예로 그 밖의 무언가를 나타내는 행위다. 가령 엄지와 검지를 맞대는 것은 어떤 일이 OK 라는 것을 나타낸다. 이러한 제스처는 주변에 해석하거나 반응해 줄 사람이 없다면 무의미한 것이다. 그러므로 제스처를 통해 상호작용을 하는 것은 사회화의 필수적인 부분이다.

(5) 사회적 규범

사회적 규범(social norm)은 개인이 주어진 상황에서 어떻게 행동할 것인가에 대한 타인의 기대로 정의할 수 있다. 만일 타인과의 상호작용이 상징과 제스추어가 무엇을 의미하는지 가르친다면 이것은 또한 상호작용이 적절한 사회적 규범인지를 가르친다는 것을 의미한다.

(6) 의례

의례(ritual)는 일상생활이나 혹은 특별한 기념일에 행하는 사람들 간에 합의된 정교화된 절차를 의미한다. 어느 가족이나 일상생활이나 기념일이나 특별한 날에 행하는 고유한 의례를 갖고 있으며 의례는 사회적 규범이나 가족 규범을 사회화하는 의미 있는 행위로 개인이 상황에 적절한 행동을 하도록 기대하는 기능을 갖는다.

(7) 역할

역할(role)은 특정한 상황에서 개인에게 기대되는 사회적 규범 양식이라고 할 수 있다. 특정한 사회적 상황에서 개인의 행동에 영향을 미치는 것은 개인 자신이 정의한 역할이며 개인의 사회적 역할은 개인의 사회적 지위에 부여된 일련의 기대라고 할 수 있다.

(8) 상황 정의

상황 정의(definition of situation)는 개인이 특정 상황에 대하여 정의하는 것으로 동일한 특정 상황은 그것을 주관적으로 지각하는 사람에 따라 다른 방식으로 정의될 수 있다. 만일 한 사람에게는 객관적으로 존재하지 않는 상황이라고 해도 다른 사람이 그 상황을 주관적으로 실재하는 것으로 해석한다면 그 상황은 그 결과에 있어 실재하는 것일 수 있다.

(9) 거울에 비친 자기

거울에 비친 자기(looking-glass self)란 개인은 다른 사람들에게 자신이 어떻게 보이는가를 생각하며 또한 다른 사람들이 자신에 대해 어떻게 생각하는지를 판단하여 이것을 통합하여 자신에 대한 자아개념을 만든다는 것으로 쿨리(Cooley)가 주창한 개념으로 영상자아라고도 한다. 이러한 자아개념의 학습 과정은 일차 집단이라고 하는 소집단에서 다른 사람과의 대면적인 상호작용을 통해 대부분 이루어진다.

3) 건강가정에의 적용

상징적 상호작용론은 가족원들 간의 의사소통과 같은 상호작용, 그리고 그에 대한 가족원 각자의 주관적 지각, 가족원의 역할, 사회화와 같은 내적인 과정들을 설명하는 데 유용한 틀을 제공한다. 상징적 상호작용론적 관점에서 가족은 자녀가 부모와의 의미 있는 상징적 상호작용을 통해 자아개념을 획득하고 사회성원으로 사회화된다는 점에서 매우 중요한 일차적인 집단이다. 개인은 가족과의 언어적, 비언어적인 상징적 상호작용을 통해 역할기대와 문화적 규범을 획득하며 같은 상황이라도 개인의 주관적 관점에 따라 다르게 해석될 수 있다는 것을 배울 수 있다. 한 개인의 신념이나 태도, 가치, 행동을 결정하는 데 중요한 준거기준이 되는 집단을 준거집단(reference group)이라 하는데 가족은 개인이 출생하여 성장하는 동안 사회화를 담당하며 개인의 신념이나 태도, 행동, 역할기대와 수행의 준거기준이 된다는 점에서 중요한 준거집단이라 할 수 있으며 원가족에서 학습된 건강한 상호작용은 이후 자녀가 성장해서 이루는 가족의 좋은 모델이 될 수 있다.

상징적 상호작용론적 개념을 적용할 때 건강가정이란 가족원 개개인이 언어적, 비언어적으로 긍정적인 의사소통을 하며 상징적 상호작용을 통해 긍정적인 자아개념과 인성을 함양하고, 가족원간에 의미를 공유하며 공유된 역할 기대에 적합한 역할을 수행하며 개인과 가족이 함께 성장하는 가정이라고 할 수 있을 것이다.

오늘날 가족은 언어적, 비언어적 의사소통의 부족과 역할기대와 이해에서의 불일치, 가족 내에서의 긍정적인 자아개념 함양의 부족이나 사회화 기능의 부족으로 인해 이혼, 가정불화, 세대차, 상이한 역할기대나 상황 정의로 인한 갈등 등 많은 문제가 발생되고 있다. 이러한 점에서 상징적 상호작용론적 관점에서 가정의 건강성을 높이기 위해서는 가족이 대화나 문자, 제스처 등 언어적, 비언어적 상징을 사용한 긍정적인 상호작용을 통하여 가족원 간에 서로 행동의 의미를 정확히 전달하고 해석하며 가족과 관련된 여러 가지 일의 의미를 가족이 공유하려는 노력이 필요하다. 또한 가족 내 역할에 대해 서로 명확히 기대하고 합의하는 것이 중요하다고 할 수 있다.

5. 가족 강점 시각

1) 가족 강점 시각의 등장 배경

20세기 이후 가족이론가들은 가족을 설명하기 위해 사회학이나 인류학, 경제학 등 여러 학문 분야에서 이론이나 개념을 빌려 왔으나 오늘날 가족에 대한 그 어떤 이론이나 신생 이론도 21세기 세계 도처의 가족을 설명할 수 없었다. 이는 현대 가족이 갖는 독특성과 다양성 때문일 수도 있으나 가족의 건강성보다는 문제와 위기에 대해 우려하는 사회적, 학문적 상황에 기인하기도 한다. 가족 강점 시각은 가족 문제보다 가족건강성에 초점을 맞춤으로써 현대 사회에서 삶이 갖는 본래적인 어려움들 가운데서도 어떻게 가족이 성공하는지에 대해 이해하고자 한다. 가족 강점 시각은 가족건강성 시각이라고도 할 수 있는데 이는 세계 도처에서 수행된 연구에 기반을 둔 긍정적이고 낙관적인 인생과 가족에 대한 세계관이자 지향이라고 할 수 있다.

가족 강점은 가족건강성(family strengths)이라고도 할 수 있는데 이는 행복한 부부관계, 결혼 그리고 가족생활을 발전시키고 유지하는 데 필수 요소로 가족 강점 시각은 어떠한 가족이나 강점을 갖고 있다는 전제하에 가족이 왜 실패하느냐 하는 것보다 어떻게 성공하느냐에, 즉 가족 강점에 더 초점을 둔다(DeFrain & Stinnett, 2002). 이러한 시각은 강점을 가진, 즉 건강한 가족은 성공적인 가족생활을 원하는 다른 가족들에게 모델이 될 수 있다는 생각에서 출발하였으며 가족 강점 시각의 한 가지 장점은 사람들이 가족에서 발견하는 것의 초점을 바꾼다는 것이다. 만일 사람들이 자신의 가족의 문제를 찾는 데만 집중한다면 문제만 발견할 것이다. 가족상담가들은 가족문제를 치료하는데 가족 강점 시각이 유용하다는 것을 알게 되었다(Marsh, 2003). 많은 전문가들은 단지 가족문제를 해결하는 것으로는 충분치 않으며 어려움을 겪는 가족이 지향하는 목표로서 건강한 가족 모델이 필요하다는 것을 알게 되었다. 실제 교육이나 상담 현장에서도 많은 전문가들은 가족의 강점, 건강성을 확인하는 것이 가족원들의 사기를 진작시킨다는 것을 목격했다.

가족 강점에 대해 미국과 세계 27개국에서 이루어진 연구에서 DeFrain과 Stinnett(2002)은 건강한 가족들의 여섯 가지 공통적인 특성으로 헌신, 긍정적인 의사소통, 정신적 안녕, 감사와 애정, 함께 하는 즐거운 시간, 스트레스와 위기에 대처하는 능력을 제시하였다. 이러한 가족 강점들은 상호 연관되어 있고 어느 정도 중첩되기도 하며 상호작용하는데 가령, 감사와 애정은 가족이 서로 함께 하는 시간을 더 많이 갖게 하며 가족이 함께 하는 시간이 많아지면 긍정적인 대화를 더 많이 하게 된다. 대화를 많이 하면 가족에 대한 헌신이 커지고 헌신은 가족과 함께 하는 시간을 증가시키게 된다. 정신적 안녕은 위기를 헤쳐 나가는 자신감을 주며 위기에 대처하는 능력은 가족이 서로에게 더욱 감사하게 한다. 이처럼 여섯 가지의 가족 강점은 서로 긴밀하게 연결되어 있다.

가족 강점 시각의 연구자들에 의하면 이러한 가족의 강점이 가족에 국한되지 않고 공동체 강점과 문화적 강점과 상호작용하며 강화되고 전체적으로 통합될 수 있다는 점을 제시한다. 즉, 건강한 가족은 지역사회의 건강성(community strengths)에 기여하며 건강한 공동체는 건강한 가족의 발달을 증진시킬 수 있으며 건강한 공동체는 건강한 문화를 창출하는 데 기여할 수 있으며 문화의 건강성은 다시금 공동체의 건강성에 영향을 미친다는 것이다(DeFrain & Asay, 2007). 가족 강점 시각은 체계적으로 정립된 이론이라기보다는 연구에 근거한 삶과 가족에 대한 긍정적이고 낙관적인 세계관이라고 할 수 있으며 이러한 관점은 가족 문제를 무시하는 것이 아니라 가족 문제를 가족으로서 능력을 시험하고 가족원 간의 유대를 재확인시키는 수단으로 긍정적으로 본다.

〈참고 3-2〉 가족건강성을 높이는 행동의 예

1. 배우자에게서 좋아하는 점을 열 가지씩 적는다.

(당장 열 가지가 떠오르지 않으면 다섯 가지라도) 구체적으로 적어야 한다. "당신은 참 잘생겼다."는 말보다 "환하게 웃을 때가 좋다."가 낫다. "비록 당신이 뚱뚱해도 좋아할 것이다."라는 복합적 메시지는 사용하지 않는 것이 좋다. 상대방이 이룬 성취에만 초점을 맞추어서도 안 된다. 사람들이 한 일도 중요하지만, (인내심이 많다, 사랑스럽다, 함께 있기에 편안하다 등의) 상대방의 됨됨이도 중요하다. 각자 적은 것을 배우자와 함께 읽는다. 자녀, 부모, 친척들과 함께 해도 좋고, 이러한 방법을 독창적으로 활용해도 좋다. 한 젊은 여성은 아버지의 긍정적 성격을 아버지가 좋아했던 사진에 새겨 넣었다.

2. 가정을 긍정적이고 즐거운 환경으로 만든다.

이렇게 할 수 있는 한 가지 방법은 부정적이고 비판적인 말을 긍정적인 말로 바꾸는 것이다. "이 멍청아! 식탁에 물을 쏟으면 어떻게 해!"라는 말보다 "이런! 식탁이 엉망이 되었구나. 어서 걸레를 가져 와, 함께 닦자." 하고 말하는 것이 좋다. 남편에게도 "애비가 되어가지고 철이 없기는 아이와 똑같아." 하고 말하지 말고, "아이들과 함께 놀아주는 것도 좋지만, 때로는 아버지의 권위도 보여 주면 얼마나 좋겠어요." 하고 말하는 것이 낫다. 어떤 부정적인 진술이라도 긍정적인 진술로 바꿀 수 있다.

3. 상황을 재정의해 본다.

우리 자신이나 타인에게서 발견되는 단점에서도 긍정적인 면을 찾을 수 있다. 예를 들어, 인색하다고 비난받는 사람도 어떻게 보면 알뜰한 사람이라고 볼 수 있다. 배우자나 자녀에게서 미워하는 특징을 두세 가지 선택한다. 그다음 긍정적인 말로 바꾸어 본다. 여기에 몇 가지 예가 있다.

헤프다
돈을 많이 쓴다 …… 대 …… 남에게 잘 베푼다

말이 많다
밤낮 지껄인다 …… 대 …… 감정을 나누기를 좋아한다

지배적이다
무엇이든 자기 마음대로다 …… 대 …… 리더십이 강하다

규칙을 지키지 않는다
항상 제멋대로다 …… 대 …… 창조적이다

4. 감사를 표할 때 이를 고맙게 받아들임으로써 감사표현을 촉진한다.
칭찬을 해 줄 때 똑같이 칭찬거리를 찾아서 해 주어야 한다는 것은 아니다. 때로는 "고맙다"는 말로도 충분하다. 아니면 "그렇게 봐주시니 고마워요."라고 하거나 "당신은 남의 장점을 잘 보는군요."라고 말해도 좋다. 이렇게 상대방의 칭찬을 수용해야 상대방의 기분을 좋게 하고 앞으로도 칭찬을 잘할 수 있도록 독려하게 된다.

5. 배우자나 자녀에게 하루에 하나씩 칭찬을 한다.
이것을 매일의 목표로 삼는다. 어떤 사람은 차트를 만들어 매일 칭찬한 목록을 정리해 두기도 한다. 감사와 애정의 표현이 습관화되면 차트가 필요 없다.

6. 생일날 사랑의 편지를 쓴다.
매년 배우자와 자녀들의 생일에 편지를 써서 준다. 그 편지에서 지난날 함께 했던 일에 대한 추억을 나눌 수도 있고 특별히 자랑스러웠던 것을 적을 수도 있다. 가족들이 한 일이나 당신이 좋아하는 장점들을 써볼 수도 있다. 편지는 받는 사람의 자기존중감을 높여 주고 건강한 관계를 형성하는 데 도움을 준다.

출처: Stinnett, N., Beam, J., & Beam, A. (2004), p. 105.

2) 가족 강점 시각의 기본 명제

가족 강점 시각은 오늘날 가족이 당면한 문제가 특정한 가족이론으로 설명되지 않으며 과거에 비해 가족의 형태가 다양화되고 가족의 기능이 전반적으로 쇠퇴하는 변화를 보이고 있는 시점에서 가족을 문제적인 시각으로 보기보다는 다양한 가족들이 어떻게 가족 차원에서 문제에 대처하고 궁극적으로 어떻게 사람들이 행복한 가족생활을 영위할 수 있는가에 대한 근원적인 대답을 찾는다. 이러한 점에서 인간의 행복과 성장에 관심을 두는 긍정심리학과 철학적 전제가 유사하다고 할 수 있다. 건강가족 관점에서의 기본적인 구체적인 전제는 다음과 같이 건강가족 연구에서 도출된 명제들로 이해할 수 있다.

건강가족 연구에서 도출된 명제들[1)]

- 가족은 현저한 다양성이 있음에도 인류 문화의 기본적인 토대를 이룬다. 건강가족은 건강한 공동체의 발전에 중요하며 건강한 공동체는 건강한 가족을 육성한다.
- 모든 가족은 강점을 갖고 있다. 모든 가족은 도전과 함께 잠재적인 성장 영역을 갖고 있다. 만일 어느 가족에서 문제만 보려 한다면 문제들만 보게 될 것이다. 그러나 강점들도 보려 한다면 강점을 발견하게 될 것이다.
- 가족의 건강성은 가족의 구조에 관한 것이 아니라 가족의 기능에 관한 것이다. 흔히 가족에 대해 말할 때 가족의 내적 기능보다는 가족의 유형이나 가족의 외형적인 구조에 초점을 맞추는 오류를 저지르기 쉽다. 그러나 사실은 건강한 한부모 가족, 건강한 재혼가족, 건강한 핵가족, 건강한 확대가족, 건강한 동성애 가족, 건강한 양친가족 등 많은 건강가족이 있다.
- 건강한 결혼은 많은 건강한 가족의 중심을 이룬다. 좋은 부부관계는 잘 지

1) 이 부분은 DeFrain & Asay (2007), pp. 5-6에서 발췌하였다.

내는 많은 유자녀 가족의 건강성의 중요한 원천이다. 부모들은 가족의 모든 성원들을 위해 긍정적인 부부관계를 육성하는 방법을 찾을 필요가 있다.

- 건강한 가족은 훌륭한 자녀들을 배출하는 경향이 있다. 훌륭한 자녀들을 돌보는 최적의 장소는 건강한 가족이다.
- 만일 건강한 가족에서 자녀로 성장했다면 아마도 성인이 되었을 때 자신의 가족을 건강가족으로 만들기 쉬울 것이다. 그러나 불행히도 심각한 문제가 있는 가정에서 성장하였다 해도 성인이 되어서 건강한 가족을 만드는 것 또한 충분히 가능한 일이다.
- 돈과 가족 건강성과의 관계는 미약하다. 가족이 재정적으로 적정한 상황이 되면 그 이상 수입을 늘리기 위한 노력을 하는 것이 반드시 가족의 삶의 질이나 행복, 가족원 간의 관계의 강도를 증가시키지는 않는다.
- 가족의 건강성은 시간에 따라 변한다. 부부가 함께 생활하기 시작했을 때 종종 서로에게 적응하는 데 상당한 어려움을 겪으며 이러한 어려움들은 매우 예측 가능하다. 서로에게 적응한다는 것은 쉬운 일이 아니다. 처음에 불안정한 많은 부부들도 건강하고 행복한 가족을 만들어 갈 수 있다.
- 건강성은 때로 도전에 대한 반응으로 개발된다. 부부와 가족의 건강성은 삶의 일상적인 스트레스와 우리 모두가 조만간 직면하게 되는 심각한 위기에 의해 시험당한다.
- 건강한 가족들은 자신들의 건강성에 대해 많이 생각하지 않는 경향이 있으며 그들은 그냥 건강하게 지낸다. 그러나 가족의 건강성에 대해 주의 깊게 살펴보고 어떻게 가족원들이 건강성을 잘 활용하는지 면밀하게 논의해 보는 것은 유용하다.
- 사람들과 마찬가지로 건강한 가족들도 완벽하지는 않다. 심지어 매우 건강한 가족들에서조차도 서로에게 고슴도치처럼 굴 때가 있다. 즉, 서로에게 까칠하게 대하고 무례하게 굴며 서로 갈등을 일삼기 좋아하는 모습을 보인다. 그러나 그러한 가운데서도 온정과 지지를 위해 서로에게 바싹 다

가가려는 상당한 욕구를 갖는다. 건강한 가족은 항상 성장과 변화의 과정 속에서 계속해서 진보하는 예술 작품이다.

- 사람들, 공동체 그리고 모든 국가를 통합하고자 할 때 가족을 강화하는 목표로 통합하는 것이 강력한 전략이 될 수 있다.
- 인간은 안전하고 편안하며 행복하고 사랑을 받을 권리와 책임을 갖는다.

〈표 3-6〉 건강가족의 여섯 가지 특성과 하위 요소

건강가족의 특성	하위 요소
헌신	신뢰 정직 의존성 믿음
긍정적 의사소통	감정의 공유 칭찬하기 비난을 피하기 타협할 줄 알기 의견 불일치에 대해 수용하기
정신적 안녕	희망 신앙 유머 열정 윤리적 가치관 공유 인류애
감사와 애정	상호 돌봄 우정 개성에 대한 존중
함께하는 즐거운 시간	많은 양의 시간 속의 질적인 시간 가족원의 친구들과 잘 지내는 것 단순히 즐거운 시간 보내기

스트레스와 위기에 대한 대처 능력	적응성 위기를 도전과 기회로 봄 위기를 통해 함께 성장함 변화에 대한 개방성 탄력성

출처: Olson & DeFrain (2006), p. 70.

3) 가족 강점 시각과 건강가정

건강가정의 개념이 가족 강점 시각에서 출현하였다는 앞서의 등장 배경을 고려하면 건강가정은 곧 가족 강점 시각을 대표하는 핵심 개념이라고 할 수 있다. 또한 모든 가족은 나름대로 강점을 가지고 있다거나 양친의 핵가족 이외에 많은 다양한 유형의 건강가정이 있을 수 있으며 가족 유형의 다양성에도 불구하고 건강가정들이 공통성을 갖는다는 가족 강점 시각의 전제는 건강가정에 대한 이론적 토대를 제공하며 건강가정이란 어떤 가정인가에 대한 이해를 돕는다. 아울러 급격하고 다층적인 변화를 겪고 있는 가족의 현실을 위기나 문제로 보는 것이 아니라 다양한 가족마다 갖고 있는 고유한 강점, 건강성을 찾으려 한다는 점은 가족에 대한 문제지향적 시각과 비관적인 전망에서 벗어나 행복하고 건강한 가족을 이루기 위해 진정으로 필요한 것은 무엇인가? 하는 근본적이고도 철학적인 문제를 제기하며 구체적으로 건강가정을 이루는 요인들을 탐색하는 실천적인 시도를 한다는 점에서 중요한 의미를 갖는다.

그러나 가족 강점 시각이 보다 이론적 체계를 갖추기 위해서는 계속적인 연구가 진행될 필요가 있다. 즉, 건강가정을 이루는 요인이 모든 문화에 통용될 수 없으며 가족 내에서 이루어지는 심리적, 행동적 차원만 중요한 것이 아니라 사회문화적 영향과 지역사회 및 가족 유형의 특성도 중요하므로 이를 고려한 건강가정의 정의와 구성 요인들에 대한 실제적인 연구가 이루어질 필요가 있다.

6. 여권주의적 접근

1) 여권주의의 발달

여권주의는 여권 운동에 뿌리를 두고 있는 이론으로 여성으로서 누려야 할 권리, 기회 그리고 정체성에 초점을 둔 이념으로 남성중심의 사회제도나 문화에서 여성이 받는 차별과 불평등 문제에 관심을 갖는다. 스미스와 해먼(Smith & Hamon, 2012)에 의하면 초창기 여권주의는 남성 위주의 교육이나, 취업 그리고 정치 참여에서의 여성의 동등한 권리를 주장하였으며 1960년대와 1970년대 근대적인 여성주의는 다소 다른 강조점을 갖는 여권주의들이 등장하였다. 즉, 자유주의, 마르크스주의, 급진주의, 사회주의 여권주의와 문화적 여권주의다.

자유주의 여권주의는 특히 여성이 직업상의 지위에서 여성이 예속되는 것에 대해 반발하였으며 여성이 사회에서 중요한 역할을 성취하는 능력을 제한하는 법과 관행에 도전하는 것이 중요하다는 것을 강조한다. **마르크스주의 여권주의**는 여성이 재생산 역할과 가사노동에서 착취를 당한다는 점에 초점을 두었으며 여성은 이러한 착취로 인해 사회에서 이등 시민(second class) 취급을 받는다고 하였다. 마르크스주의 여권주의는 여성이 자녀 출산에 책임이 있는 한 이러한 억압은 계속될 것이라고 믿었다. **급진주의 여권주의**는 남성 지배를 사회의 문제로 강조하였는데, 특히 남성의 권력과 권위가 여성에게 억압적이라고 보았다. 급진주의에서는 개인은 남성적 특성이나 여성적 특성으로 제한받아서는 안 되며 남성성과 여성성이 결합된 양성성을 향해 매진해야 한다고 주장하였다. 급진주의에서 가족은 남성 지배인 가부장제가 여성을 억압하는 원천으로 간주되었다. **사회주의 여권주의**는 계급 억압과 특히 가족에서 나타나는 가부장제를 비판하면서 여성의 해방에 초점을 두었다. **문화적 여권주의**는 본질적으로 여성적이라고 간주되어 온 그러한 특징들을 남성적인 것의 반대로 차별하기보다는 존중하고 가치를 부여하는 것에 초점을 두었다. 즉, 이러한 여권주의는 현재 평가절하된 여성적 특성에 평등성을 부여하기 위해서는 남성과 여성의 차이를 인정하고 축하해야 한다고 믿는다.

1980년대에 들어서 이러한 다양한 여권주의 간의 구분은 사라지고 여권주의자들은 사회와 가족에서 여성의 제2계급 지위와 관련된 쟁점들과 출산권, 직장에서의 차별, 그리고 어떻게 젠더화된 사회가 여성의 사회화에 영향을 미치는가에 초점을 두기 시작했다. 1990년대 이후 여권주의자들은 억압에 대한 사회적, 개인적 관점을 통합하고 있는데 이러한 시각은 사회적 억압의 결과로 개인적으로 경험하는 많은 억압의 형태에 초점을 둔다. 가령 젠더 외에 계급, 인종, 민족, 성적 지향, 종교, 신체적 능력에 기초한 다양한 억압에 관심을 둔다.

최근 여권주의 가족이론에서는 가정은 남성이 지배하고 여성을 차별하는 사회적 불평등이 재현되는 장소로 여성의 권리를 쟁취하기 위해 노력해야 하는 장소로 간주된다. 여권주의자들은 특히 생물학적 성별 구분에 기초한 가족 역할, 즉 성별 분업을 당연시하는 구조기능주의의 관점을 반박한다. 구조기능주의에서는 가족의 역할은 성별에 따라 자연스럽게 구분되어야 한다고 주장하며 남성은 생계를 책임지고 기본적인 필요를 제공하는 도구적인 역할을 여성은 가족원을 보살피는 표현적 역할을 할 때 가장 기능적이라고 한다. 이러한 주장에 대해 여권주의 가족학자들은 하나의 결혼은 사실상 그의 결혼과 그녀의 결혼(His marriage & Her marriage)의 두 개의 결혼으로 남성 입장에서 경험하는 결혼이 여성이 경험하는 결혼보다 낫다고 하였다(Bernard, 1972).

여권주의 가족이론가들은 어떻게 남성이 가족 권력을 의식적, 무의식적으로 지배하는지를 분석하였으며 남성의 권력이 지배적이었을 때 남성은 결혼에서 여성에 비해 더 많은 이득을 보며 그 결과 두 가지 형태의 결혼이 나타난다고 하였다. 여권주의 가족이론가들은 남성 권력과 지배는 사회화의 결과라는 것을 인식하고 구조기능주의에서 주장하는 남성 권력은 자연스러우며 불가피하다는 개념에 도전했다. 여권주의 가족이론가들은 어떻게 가족이 사회제도와 정치, 광범위한 사회적 규범체계의 영향을 받는지를 검토했다.

2) 여권주의 이론의 기본 가정

여권주의 이론에는 강조점을 달리하는 다양한 주장들이 있으나 일반적으로 다음과 같은 기본 가정이 있다(Smith & Hamon, 2012).

- **여성의 경험은 가족을 이해하는 데 중심적이다:** 여권주의 이론가들은 젠더를 사회조직의 중심 원리이며 모든 제도의 일상생활에서 사람들이 행하는 중요한 것으로 분석한다. 이때 사회적으로 억압되고 드러나지 않은 여성의 경험을 젠더 시각에서 탐구해야 한다고 본다.
- **젠더는 사회적으로 구성된 개념이다:** 성이 생물학적 구분이라면 젠더는 '남성'과 '여성'을 만드는 사회적 과정과 상호작용을 통해 만들어진 남성성과 여성성의 사회적인 의미의 성이라고 할 수 있다. 여권주의 이론가들은 성역할은 생물학이 아니라 사회에 의해 규정된다는 점을 지적한다.
- **사회적, 역사적 맥락들이 중요하다:** 여성과 가족을 이해하기 위해서는 그들이 살고 상황들을 이해하는 것이 중요하다. 여성의 경험에 미치는 다양한 수준의 영향력을 이해하기 위해서는 사회적, 역사적, 문화적으로 여성과 남성에 대해 어떻게 규정하고 있는가를 이해해야 한다.
- **다양한 형태의 가족이 있다:** 여권주의 이론에서는 핵가족에 대한 전통적인 관점은 오늘날 가족을 묘사하는 데 부적합하다고 전제한다. 맞벌이가족, 이혼가족. 동거커플, 한부모, 다문화가족, 동성가족, 재혼가족 등 다양한 가족들이 증가하는 현실에서 핵가족의 정의로 가족을 제한하는 것은 여성의 역할을 종속적인 지위에 한정시키며 다양한 가족 형태 속에서의 여성의 경험을 무시하는 것이다.
- **성 불평등을 개선하기 위해서는 사회적 변화를 실천적으로 추구해야 한다:** 여권

주의 이론의 한 가지 목표는 현상유지에 도전하는 행동가적인 지향이다. 여권주의자들은 권리를 빼앗기거나 권리가 없는 사람들의 역량강화를 추구한다. 이들은 사람들이 차이와 다양성을 수용할 수 있도록 하기 위해 다양한 가족 형태를 인정하고 성차별주의에 도전하며 여성과 아이들의 권리를 침해하는 사회적 현상에 문제를 제기한다. 여권주의 이론가들은 단순히 젠더 편견을 밝히는 것뿐만 아니라 사회와 경제, 교육 그리고 가족에서 현존하는 젠더 관계를 변화시키기 위해 활동한다.

- **인간에 대한 객관적이고 편견 없는 관찰은 없다:** 여권주의 이론에서는 사람들이 관찰하는 것은 사회적 실재에 의해 영향을 받는다고 보며 따라서 개인적인 것이라고 하는 것은 객관적이지 않고 주관적인 것이며 이는 개인적인 것이 곧 정치적인 것이라고 생각한다. 여권주의 이론가들은 인간에 대한 중립적인 관찰이란 없으며 만일 사회적 실재가 젠더적 관점에서 구성된다면 우리들의 현실에 대한 관점도 즉, 우리가 사실이라고 믿는 것도 사회적으로 구성된 것으로 본다. 여권주의 이론가들은 가족이 하나의 단일한 전체로 취급되어서는 안 된다고 보며 이제까지 억압받았거나 무시된 가족 내의 목소리들을 밝히는 데 주력한다.

3) 주요 개념

여권주의에서 강조하는 주요 개념은 다음과 같다.

(1) 성

성(sex)은 태어날 때 유전적으로 정의되어 개인에게 생물학적으로 부여된 명칭을 발한다.

(2) 젠더

젠더(gender)는 개인의 성별 특히 성별에 기초하여 기대되는 역할과 행동에 대해 귀속되는 사회적 의미와 행동을 말한다. 젠더화된 행동은 사회화의 결과로 유전적 성향이 아닌 문화의 결과로 학습된다.

(3) 범주화

범주화(categorization)는 개인의 성에 따라 행동과 역할에 명칭을 적용하는 과정으로 가령 어떤 행동이나 역할, 어휘 그리고 상징들은 남성적 혹은 여성적인 것으로 간주된다.

(4) 계층화

계층화(stratification)는 서로 다른 범주에 가치를 부여하는 것을 말한다. 범주에 사회적 가치를 부여하는 것은 사회적 상황 내에서 그러한 범주들의 위계를 정한다. 가령 친절한 것보다 공격적인 특성에 더 높은 가치를 부여한다면 친절한 행동을 하도록 사회화된 여성들의 경우 공격성의 특성이 중시되는 조직이나 사회에서 중요한 임원이 되기 어렵다.

(5) 특권

특권(privilege)은 사회에서 더 많은 권력과 중요성을 가진 사람에게 주어지는 사회적 지위를 말한다. 여권주의자들은 이전에 주변화되고 억압받은 사람들이 권리를 회복하도록 하는 데 관심을 둔다.

(6) 사회적 해체

사회적 해체(social deconstruction)는 현실에 대한 관점이 어떻게 사회적으로 구성되었는지, 특히 젠더화된 의미가 어떻게 발달되었는지를 분석하는 것을 말하는 것으로, 즉 어떻게 사회가 성별에 따라 행동과 역할을 범주화하고 가치를 부여했는지를 분석하는 것이다.

(7) 사회적 담론

사회적 담론(social discourse)은 젠더화된 기대와 행동에 대해 사회적 해체로 이끄는 대화를 말한다.

4) 건강가정에의 적용

일반적으로 가정은 남성과 여성의 이성간의 결혼에서 시작되며 행복하고 건강한 가정이 되려면 양성 모두가 평등하고 서로를 존중하는 민주적인 관계가 토대를 이루어야 한다. 그러나 한국 가족의 경우 여성의 경제활동 참여가 높아지고 있으나 여전히 가정 내에서는 가사나 양육, 가족돌봄이 거의 여성의 책임으로 부담되는 성별 분업이 당연시되고 있으며 중요한 의사결정이나 제도상의 많은 권한이 남성에게 있는 유교적 가부장적 문화가 아직도 우세하다. 사회적으로도 여성은 남성에 비해 차별을 받고 있는데 실제로 양성평등의 수준을 나타내는 성 격차 지수(Gender Gap Index)는 한국의 경우 144개국 중 116위(중앙일보, 2016. 10. 26.)이다.

여권주의 관점에서 건강가정이란 가족구성원인 남성과 여성 모두 가족 내에서 성별 차이로 인한 부당한 대우나 억압, 차별을 받지 않고 양성이 평등하게 의사결정과 영향력을 행사하며 민주적인 소통을 하는 가운데 서로 일과 가정을 양립하며 협력하는 가정이라고 할 수 있다. 여권주의 관점에서 건강가정이란 한 마디로 요약한다면 양성이 평등한 가족이라고 할 수 있으며 평등한 가족이 될 때 남녀 가족원 모두 신체적, 심리적으로 건강하고 건강한 가족관계를 맺을 수 있다고 본다. 여권주의적 관점은 가족과 사회에서의 성불평등과 억압, 사회적인 성차별 문제를 지적하고 여성의 관점, 젠더적 관점과 양성평등을 추구한다는 점에서 현재 가족정책이나 복지정책이 성불평등한 현실과 제도의 문제점을 개선하고 가족문화나 근로, 남녀의 일 · 가정 양립, 출산과 양육, 가사, 가족돌봄 등의 영역에서 양성평등을 지향하도록 하는 데 중요한 이론적 토대를 제공한다.

〈참고 3-3〉 한국의 성 격차 지수와 양성평등

한국 성 격차 지수 144개국 중 116위, WEF "양성평등 2186년에나……"

2016년 성(性) 격차 지수에서 한국이 144개국 중 116위로 최하위권을 차지했다. 세계경제포럼(WEF)이 25일(현지 시간) 홈페이지를 통해 공개한 「2016 세계 성 격차 보고서」에 따르면 전 세계 144개 국가를 대상으로 경제 · 교육 · 건강 · 정치참여 등 네 개 분야에서 남녀 간 격차를 평가 · 분석한 결과 한국은 지난해 115위보다 한 단계 더 떨어진 116위였다. 특히 한국은 경제 분야에서의 불평등이 123위로 교육(102위), 건강(76위), 정치참여(92위) 등보다 더 심각했다.
성 격차 지수가 가장 낮은, 즉 양성평등이 잘 실현되고 있는 국가는 아이슬란드였다. 그리고 핀란드, 노르웨이, 스웨덴, 르완다, 아일랜드, 필리핀, 슬로베니아, 뉴질랜드, 니카라과 등이 뒤를 이었으며 중국은 99위, 일본은 111위였다. 올해의 성별 격차는 세계 평균 68%였으며, 특히 올해 경제 격차는 59%로 2008년 이후 최악 수준이다.WEF는 이런 이유로 2186년까지 남녀 성별 격차가 좁히지 않을 거라고 전망했다. WEF는 교육과 건강 분야의 양성평등이 어느 정도 이루어졌고 정치참여도 꾸준한 상승세를 보이고 있기 때문에 경제 분야의 격차 해소가 양성평등의 주요 과제라고 분석했다.

출처: 중앙일보(2016. 10. 26.).

7. 경제적 관점: 가정생산이론

1) 가정생산이론

건강가정과 시간자원 배분의 문제는 무엇보다 시간자원은 누구에게나 제한되어 있으며 효율적 자원 배분은 가정의 건강성과 밀접한 관련이 있다는 측면에서 중요하다. 「건강가정기본법」 제7조 가족원의 가치 추구에서는 가족구성원은 부양, 자녀양육, 가사노동 등 가정생활의 운영에 함께 참여해야 하고 서로 존중하며 신뢰해야 한다고 규정하면서 가정 내 시간 배분의 중요성을 강조하고 있다.

베커(Becker)는 비시장 시간으로 대표되는 가정시간의 생산성에 대한 이론을 발표하면서, 가정에서의 시간은 생산에 기여하는 시간이며 가정은 시간과 시장 재화(주로 구입된)를 투입하여 가족구성원의 욕구를 충족시켜 주는 최종 생산물(commodity), 즉 맛있는 음식과 깨끗한 방 그리고 세탁된 옷 등을 생산하는 기본 단위라고 보았다(Becker, 1993). 그는 가정에서 구매한 재화가 소비되기까지는 시간이 필요하다는 점을 명시함으로써 '구매는 곧 소비'라는 전통적인 신고전학파 소비행동이론의 모순을 지적하였다. 가계는 소비활동만 하는 것이 아니라 시장에서 구입한 재화와 용역에 인적 자본과 시간을 투입하여 최종 소비재를 '생산'함으로써 궁극적인 만족을 얻는다고 주장한다.

가정생산이론에서는 총효용이 최종 생산물들(Z_1, Z_2 …… Z_m)을 통해서 온다고 보았는데, 그 최종 생산물이란 바로 단순한 소비가 아니라 시간을 투입하여 얻을 수 있다는 것이다. 즉, 세탁된 옷(Z_1), 쌀로 지은 밥(Z_2) 등 수많은 최종 생산물은 단순히 옷이나 쌀을 구입하는 데서 효용이 오는 것이 아니라 누군가의 시간이 투입되어 나온 산출물에서 효용이 온다는 것으로 다음과 같은 수식으로 설명할 수 있다.

$U=u(Z_1, Z_2 \cdots\cdots, Z_m)$	
U: 효용	Z_m: 최종 생산물

2) 가정시간의 경제적 가치

가정시간에 대한 경제적 가치의 산출방법은 객관적인 방법과 주관적인 방법으로 나눌 수 있다. 전자의 방법으로는 종합적 대체비용법, 전문가 대체비용법, 기회비용법이 있고, 후자의 방법으로는 주관적 평가방법과 요구임금법이 있다. 일반적으로 종합적 대체비용법이 많이 사용되나 〈표 3-7〉과 같이 각 방법에 따른 장단점이 있어 어느 하나가 통용되고 있지는 못한 상황이다.

〈표 3-7〉 가사노동의 경제적 가치 산정 방법

종합적 대체비용법	정의	주부의 노동을 다른 사람이 대체했을 경우 그 화폐 가치를 환산하는 방법
	산정방식	한 달 가정노동 가치 = 가정부의 시간당 임금 × 1일 가사노동 시간 × 한 달 날짜
전문가 대체비용법	정의	가사노동 영역에 속하는 각 작업을 분류한 후 그에 해당하는 직업노동의 임금률을 적용
	산정방식	분류된 가사 작업 × 각 작업의 전문가 임금률 × 한 달 날짜
기회비용법	정의	주부가 가사노동에 투입됨으로써 상실하게 되는 유급 노동임금을 적용하는 방법
	산정방식	학력별 평균 임금
주관적 평가방법	정의	자신의 가사노동 가치가 얼마인가를 주관적으로 평가하는 방법
	산정방식	'당신의 가사노동 가치는 얼마라고 생각하십니까?'라고 물어 그 응답된 액수를 가사노동 가치로 평가

요구임금법	정의	자신이 얼마의 임금을 받으면 시장노동을 할 의향이 있는가를 물어서 그 요구하는 임금을 바로 가사노동의 가치로 산정하는 방식
	산정방식	비취업 주부들이 가사노동보다는 시장노동 쪽을 선택하는 경우 최소한의 임금을 의미하는 것으로 가사노동의 가치를 말해 준다(시장시간이 0시간일 때의 자신의 임금).

〈참고 3-4〉 보상 없는 '그림자 노동', 가사노동

여성이 무보수로 봉사하는 가사노동은 연봉으로 환산하면 얼마나 될까? 2001년 한국여성정책연구원 김태홍, 문유경 연구팀은 전업주부 가사노동 가치를 월평균 85만6천 원~102만6천 원으로 평가했다. 통계청의 생활시간 조사와 가장 보편적으로 사용되는 기회비용법을 이용해 전업주부의 노동가치를 연간 70조9천억 원으로 산정했다. 이러한 평가액은 전체 국내총생산(GDP)의 14.9% 수준이며, 임금총액의 30~35% 수준인 것으로 분석됐다.

이어 한국여성정책연구원은 2008년 〈전업주부, 연봉을 찾아라〉라는 프로그램을 만든 적이 있다. 전업주부의 가사노동 가치를 현실적으로 평가하기 위한 프로그램이다. 음식 준비, 세탁 등 의류 관리, 청소, 시장 보기, 자녀나 부모 돌보기 등 37개 항목에 사용된 시간을 산정해 월급으로 환산해 주는 것이다. 12시간을 꼬박 살림에 매달리며 초등학교 1학년 딸과 세 살 아들을 키우는 37세 전업주부의 월급은 약 371만 원으로 추산됐다. 연봉으로 따지면 약 4,452만 원. 연구원은 당시 노동부가 발표한 「2006년도 전체 직종 임금」 자료에 근거해 전체 직종 평균 시간당 임금 1만 172원을 적용했다.

이에 앞서 2001년 여성부(현 여성가족부)와 통계청은 우리나라 주부의 무보수 가사노동의 가치를 산정한 적이 있었다. 정식으로 GDP에는 포함되지 않는 가사노동 가치를 체계화해 '위성계정'으로 만들었다. 이렇게 계산해 보니 1999년 가사노동 가치는 143조~169조 원으로 GDP 477조 원의 30~35%에 이르는 것으로 계산됐다. 당시 가사노동 위성계정 개발 국가는 호주, 핀란드, 스웨덴, 노르웨이, 캐나다, 미국 등 선진 6개국에 불과했고 아시아에서는 처음이었다. 여성부는 이를 대대적으로 홍보했으나 이후 이 통계는 집계된 적이 없다. 통계청 조사를 재가공해야 하는 데 비용이 만만치 않은데다 국민의 관심을 받지 못했기 때문이다.
미국의 구직 전문 사이트 '샐러리닷컴' 조사를 보면, 미국 전업주부의 연봉은 14만 3천 달러(약 1억5760만 원)를 넘는다. 주당 평균 92시간을 일하는 것으로 계산했다. 59시간 일하는 워킹맘의 평균 연봉 9만200여 달러(약 9,940만 원)를 훨씬 웃돈다. 주부 1만5천여 명의 설문조사를 토대로 계산했다.

출처: 한겨레21(2016. 11. 16.).

3) 가정생산이론과 건강가정의 관계

일반적으로 집안일, 즉 가사노동은 여성이 담당해야 하는 것으로 여겨져 왔으며 전업주부에게는 '집에서 논다'라는 표현을 사용하기도 하였다. 그러나 가정생산이론에서는 집안일을 하는 시간은 소비적인 시간이 아니라 생산적인 시간이며 최종적인 만족을 얻기 위해서는 반드시 시간이 투입되어야 함을 강조하였다. 따라서 전업주부의 가정 내에서의 노동에 대한 가치 인정은 물론이고, 부부 둘 다 시장노동시간에 할애하고 있는 맞벌이 부부들이 가정 내에서의 시간을 효율적으로 배분하지 않을 경우에는 건강가정을 이루어 가는 데에 방해요인이 될 수 있다. 가정생산이론은 개인적으로는 가정 내에서의 효율적인 시간자원 배분의 필요성을 강조하며, 사회적으로는 전업주부의 가사노동 가치에 대한 올바른 평가를 요구한다는 점에서 맞벌이 가족의 일·가정 양립을 위한 여러 정책의 필요성에 대한 이론적 배경을 제시해 준다 하겠다.

생각해볼문제

1. 각각의 이론 및 모델의 주요 개념을 적용하여 건강가정을 정의해 봅시다.
2. 개인적으로 선호하는 이론이나 모델을 하나만 선택하여 주요 개념을 사용하여 본인 가정의 건강성에 대하여 설명해 봅시다.

참고문헌

권태환, 홍두승, 설동훈(2014). **사회학의 이해**. 서울: 다산.

유계숙, 최연실, 성미애 편역(2003). **가족학이론: 관점과 쟁점**. 서울: 하우.

정현숙, 유계숙(2001). **가족관계**. 서울: 신정.

조희금, 김경신, 정민자, 송혜림, 이승미, 성미애, 이현아(2016). **건강가정론(3판)**. 서울: 신정.

중앙일보(2016. 10. 26.). 한국 성 격차 지수 144개국 중 116위, WEF "양성평등 2186년에나……".

진미정, 변주수, 전순범(2014). 한국가족생애주기의 변화: 1987년 공세권 연구와의 비교. **가족과 문화, 26**(4), 1-24.

한겨레21(2016. 11. 16.). 보상 없는 그림자 노동.

Becker, G. S. (1993). *Treatise on the family*. Cambridge, MA: Harvard Univ Press.

Bernard, J. (1972). *The future of marriage*. NH: Yale University Press.

DeFrain, J., & Asay, S. M. (2007). *Strong families around the world-strengths - based research and perspectives*. NY: The Haworth Press.

DeFrain, J., & Stinnett, N. (2002). Family strengths. In J. J. Ponzetti et al.(Eds.), *International encyclopedia of marriage and family* (2nd ed.). NY: Macmillan Reference Group.

Goldenberg, I., & Goldenberg, H. (2003). *Family therapy: An overview* (6th ed.).

Pacific Grove, CA: Brooks/Cole.

Marsh, J. C. (2003). Arguments for family strengths research. *Social Work, 48*(2), 147-149.

Olson, D. H., & DeFrain, J. (2006). *Marriage and family-intimacy, diversity and strengths*. Boston: McGrow-Hill.

Olson, D. H., & Gorall, D. M. (2003). Circumplex model of family systems. In F. Walsh (Eds.), *Natural family processes*. NY: Guilford Press.

Rigazio-DiGilio, S. A., Ivey, A. E., Kunkler-Peck, K. P., & Grady, L. T. (2005). *Community genograms using individual, family, and cultural narratives with clients*. NY: Teachers College Press.

Smith, S. R., & Hamon, R. R. (2012). *Exploring Family Theories* (3rd ed.). NY: Oxford University Press.

Stinnett, N., Beam, J., & Beam, A. (2004). **환상적인 가족 만들기** (*Fantastic Families*). (제석봉, 박경 역). 서울: 학지사.

Introduction to Healthy Families

제2부

건강가정 관련 정책과 법

제4장

건강가정정책

이 장에서는 건강가정정책과 관련하여 건강가정정책의 개념과 범주, 분류에 대해서 살펴보고, 건강가정기본계획을 바탕으로 한 정부 건강가정정책의 기본 방향과 영역, 내용 등을 중점으로 다룬다.

1. 건강가정정책의 개념

건강가정정책은 여러 측면에서 정의하기 어려운 면이 있다. 과거에는 '가족정책'이라는 용어가 일반적으로 사용되었지만, 「건강가정기본법」의 제정으로 건강가정정책이라는 용어가 가족정책과 혼용되어 사용되고 있다. 기존의 '가족'에서 '가정'이라는 명칭으로 변경되었고, 여기에 건강이라는 용어가 붙어 건강가정정책이라는 명칭이 사용되고 있는데, 이러한 용어 변경에 따라 건강가정정책과 가족정책이 서로 다른 것인가에 대한 논의가 있었던 적도 있다. 그러나 기존의 가족정책도 정의하기 어려운 측면이 있었다. 무엇보다 '가족'의 정의에 대한 일치가 불가능하고, 가족의 범주 등에 대한 명확한 규정이 힘들기 때문이다.

특히 가족정책의 대상과 관련해서는 크게 두 가지 쟁점이 있다. 하나는 가족정책의 대상이 '단위로서의 가족'인가 혹은 '개별 구성원'인가 하는 것이다. 즉, 아동이나 노인, 청소년, 여성 등의 개인을 단위로 접근할 것인가 아니면 가족을 단위로 접근할 것인가의 문제다. 개인을 단위로 할 경우 각기 독자적 범주가 있고, 대상의 경계가 비교적 분명하여 혼란의 여지가 적다. 그러나 가족을 단위로 할 경우 어디까지를 가족정책의 경계로 할 것인가에 따라 모든 대상은 가족정책이 될 수 있다. 이러한 이유로 과거 한국의 경우 아동정책, 노인정책, 여성정책 등을 모두 합해 가족(정)정책이라 일컬으면서 가족정책의 혼란을 겪기도 하였으며, 이에 따라 보건복지부에서는 한때 가족(정)복지과가 없어진 시기도 있었다. 또 하나의 쟁점은 가족정책의 대상이 위기 가족인가, 일반 가족인가 혹은 다양한 가족인가 하는 것이다. 이 쟁점은 최근의 가족 현상들을 가족해체와 위기로 볼 것인가, 아니면 가족의 변화로 볼 것인가와 그 맥락을 함께한다고 볼 수 있을 것이다.

그러나 가족정책과 건강가정정책의 궁극적인 목적, 즉 가족복지 증진을 통한 가족원의 행복감 및 안녕감 증진이라는 면에서는 차이가 없을 것이다. 한국은 보편주의적이고 명시적인 가족정책이 거의 없는 상태에서 명시적인 가족정책으로 건강가정정책이 등장하였다. 앞에서 살펴보았듯이, 가정은 가족에 비해 가족원과 더불어 외적인 조건을 포함하는 광의의 개념이다. 또한 건강가정이라는 것은 가정에 문제가 있을 경우 사후적인 대책을 통해 그것을 해결해 나가는 것이 아니라 사전적인 예방을 통해 가정의 건강성을 높일 수 있는 것을 지향하는 보편주의적 정책이라는 의미를 내포하고 있다. 이에 따라 건강가정정책은 과거 잔여적 의미의 가족복지정책에서 벗어나 사전 예방, 적극적 투자 등에 보편주의적 · 포괄적 가족정책을 표방하는 방향으로의 전환이 요구되는 시점에서 등장한 선언적인 개념으로 볼 수 있을 것이다.[1)]

〈참고 4-1〉 건강가정정책의 개념

- 가족보다는 가족원과 외적 조건을 포괄하는 가정의 의미가 강조되는 정책
- 잔여주의적인 가족정책보다 보편주의적이고 명시적인 가족정책을 강조하는 정책
- 사후적인 문제 해결보다 사전적인 예방을 더 강조하는 정책

1) 잔여주의의 개념은 윌렌스키와 르보(Wilensky & Lebaux)가 사회복지의 개념을 정의할 때 사용되어 오늘날까지도 지배적으로 사용되고 있다. 사회복지가 가족이나 시장체제를 보완하는 정도의 기능을 할 때 잔여주의적 기능이라고 하며 이때의 사회복지의 기능은 임시적이고 보충적인 역할을 할뿐이다. 그러나 제도적 관점에 의하면 가족과 시장의 실패는 일시적인 것이 아니고 피할 수도 없기 때문에 사회복지가 사회를 유지하는 데 필수적인 역할을 해야 한다고 보고 보편주의적 복지서비스 제공에 대한 입장을 취하게 된다.

2. 건강가정정책의 범주와 분류

1) 건강가정정책의 범주

건강가정정책이라고 해서 가족정책과 전혀 다른 범주를 갖는 것이 아니므로 여기에서는 캐머만(Kamerman)과 칸(Kahn)의 가족정책에 대한 다음의 세 가지 관점을 중심으로 건강가정정책을 살펴보고자 한다(Kamerman & Kahn, 1978).

(1) 사회문제 해결을 위한 사회정책 한 분야로서의 가족정책

이것은 가족정책을 현실적으로 사회정책의 한 분야로 보고 명시적인 정책만을 가족정책으로 다루고자 하는 입장이다. 명시적인 가족정책이 등장한 것은 2004년 「건강가정기본법」이 제정되면서부터로, 그 이전의 대표적인 가족정책은 인구 조절을 위한 가족계획 정도를 들 수 있다. 1970년대 정부는 가속늘에게 단산을 하면 여러 가지 혜택을 주곤 하였는데 이와 같은 가족정책은 가족을 위해서라기보다는 인구 조절이라는 인구정책의 한 분야로서 가족정책이 존재하였기 때문에 명시적인 가족정책이라 보기 어려우며 이를 진정한 가족정책이

〈참고 4-2〉 시대적으로 변천된 가족계획 구호

1960년대	덮어놓고 낳다 보면 거지꼴을 못 면한다
	3명 자녀를 3년 터울로 35세 이전에 단산하자
1970년대	딸 아들 구별 말고 둘만 낳아 잘 기르자
1980년대	잘 키운 딸 하나 열 아들 안 부럽다
	둘도 많다 하나 낳고 알뜰살뜰
1990년대	엄마 건강 아기 건강 적게 낳아 밝은 생활
2000년 이후	아빠! 하나는 싫어요. 엄마! 저도 동생을 갖고 싶어요

라 할 수도 없다. 아이러니하게도 가족계획을 통해 출산율을 조절하고자 했던 1970년대 선진국에서는 이미 이때부터 저출산 문제를 고민하던 시기였다.

(2) 다른 정책의 수단으로서의 가족정책

이것은 사회의 목표를 성취하기 위한 수단 또는 통제의 수단으로서 가족이나 가족 성원에게 특정 행위를 요구하는 정책이다. 그 예로 인구정책과 보육정책이 있다. 인구정책은 자녀출산을 억제하거나 혹은 권장하는 정책이고, 보육정책은 국가가 아동 돌봄의 책임을 공유함으로써 여성을 노동시장에 끌어들이려는 목적을 가지고 시행하는 정책이다. 여성들의 노동력이 필요한 시기에는 보육정책이 강화 혹은 강조되는 것이 대표적인 예가 될 것이다.

(3) 사회정책의 선택을 위한 관점 및 기준으로서의 가족정책

이것은 가족복지를 정책의 결정 및 결과를 평가하는 전반적인 범주로 사용하려는 정책을 말한다. 이는 가족에게 영향을 주는 정책이면 모두 가족정책이라고 할 만큼 광범위한 범위를 가진다. 그 예로 1998년 영국에서 '새 노동당, 새 영국'을 기치로 노동당이 정권을 잡았을 때 가족정책위원회, 사회적 배제위원회, 슈어 스타트(Sure Start) 위원회, 아동 · 청소년위원회, 십대임신위원회를 둔 것을 들 수 있다. 이 중 아동의 공정한 출발을 위해 만들어진 슈어스타트 정책은 가족정책뿐 아니라 사회정책의 한 기조가 되고 있다. 슈어스타트 프로그램은 4세 이하의 아동의 건강과 발달을 증진시키고, 이들을 양육하고 있는 가족과 지역사회를 돕기 위한 지역을 기반으로 한 프로그램으로, 모든 사회정책에는 공정한 출발을 위한 정책이 그 근간을 이루고 있다.

2) 건강가정정책의 분류

아직까지 건강가정정책이라는 용어가 정착되지 않은 상황이므로 건강가정정책을 분류한 경우는 많지 않다. 따라서 여기서는 고전적인 가족정책에 대한 분류로 캐머만과 칸(Kamerman & Kahn)의 분류와 영국의 가족정책학자 밀러(Millar)의 분류를 살펴보고자 한다.

(1) 캐머만과 칸: 명시적 가족정책 대 묵시적 가족정책

캐머만과 칸은 가족정책을 명시적 가족정책과 묵시적 혹은 암묵적 가족정책으로 나누고 있다. **명시적 가족정책**(explicit family policy)은 가족을 주 대상으로 하며, 정책의 목적이 주로 가족에게 맞추어져 있다. 예를 들어, 데이케어, 아동복지, 가족상담, 가족계획, 소득보조, 일부 세금급여(tax benefits), 일부 주거정책 등이 있다. **묵시적 가족정책**(implicit family policy)은 주 대상이나 목적이 가족에게 맞추어져 있지 않으나 결과적으로 가족에게 영향을 주는 정책이다. 예를 들어, 서구의 이민정책이 대표적이며 노동정책이나 교육정책 등도 간접적으로 가족에게 큰 영향을 주는 정책 중 하나다(Kamerman & Kahn, 1978).

(2) 밀러: 직접적 가족정책 대 간접적 가족정책

영국의 밀러는 자신의 저서인 『가족정책(Family Policy)』에서 가족정책을 명시적, 묵시적이라는 용어보다 직접적 가족정책과 간접적 가족정책이라는 용어를 사용하여 좀 더 쉽게 이해하고자 하였다(Millar, 2008). **직접적 가족정책**(direct family policy)은 가족 행동의 법적 통제와 가족소득 지원을 위한 정책, 가족에 대한 서비스 제공으로 분류된다. 즉, 가족 행동의 법적 통제는 결혼과 이혼 관련 법, 성적 행동, 피임과 낙태, 부모의 의무와 권리 관련 법, 아동보호 관련 법을 통해 이루어진다. 가족소득 지원을 위한 정책은 세금 수당, 가족과 아동 관련 급여, 부모의 자녀양육 관련 휴가 및 급여(parental leaves and benefits), 아동지원 강화 등의 프로그램을 통해 시행한다. 그리고 가족에 대한 서비스 제공으로는 아동양육(childcare) 서비스 및 프로그램, 주거보조, 사회 서비스, 지역사회 보호(community care)를 들고 있다. **간접적인 가족정책**(indirect family policy)

은 앞의 묵시적인 가족정책의 의미와 같다고 할 수 있다.

3. 한국 건강가정정책의 현황

앞서 살펴본 대로 한국의 가족정책은 정부가 어떠한 비전을 가지고 일관되게 추진되었다기보다는 시대적 상황에 따라 즉시적으로 문제를 해결하고자 하였으며 잔여적으로 가족서비스를 제공하는 방향으로 이루어져 왔으며, 가족문제에 관한 한 국가의 개입은 최소화하는 방향으로 일관되었다. 그러나 가족과 이를 둘러싼 사회환경의 변화는 적극적인 국가의 개입이 요구되었으며 이에 「건강가정기본법」 제정 및 건강가정기본계획 수립 등을 통해 능동적으로 대처하게 되었다.

1) 건강가정정책의 기본 방향

한국의 건강가정정책은 급격한 가족의 변화와 이에 따른 저출산 및 고령화 등의 사회문제에 능동적으로 대처하기 위해 「건강가정기본법」에 근거하여 수립된 건강가정기본계획을 근거로 시행되기에 이르렀다. 현재까지 총 3차에 걸친 건강가정기본계획이 수립되었으며, 2006~2010년에 시행된 제1차 건강가정기본계획은 '함께 가는 가족 2010'이라는 이름으로 통합적 가족정책 추진을 위한 기반을 제공하였으며, '2015 가족 행복 더하기'(2011~2015년)라는 이름으로 시행된 제2차 건강가정기본계획의 시행 성과에 근거해 보다 내실 있는 정책 실행의 근거를 제공하게 되었다. 건강가정정책의 기본 방향은 제3차 건강가정기본계획(2016~2020년)으로 살펴볼 수 있는데 그 계획은 '모든 가족이 함께 행복한 사회 구현'을 정책비전으로 하고 있으며 그 주요 내용은 다음과 같다([그림 4-1] 참조).

정책 비전

모든 가족이 함께 행복한 사회 구현

정책 목표

다양한 가족의 삶의 질 향상
남녀 모두 일 · 가정 양립 실현

정책 과제

1. 가족관계 증진을 위한 서비스 기반 조성	1-1. 맞춤형 가족교육 지원 1-2. 가족상담 활성화 1-3. 가족여가활동 확대
2. 가족 유형별 맞춤형 서비스 지원 강화	2-1. 맞벌이 가족 지원 2-2. 한부모가족 지원 2-3. 다문화가족 지원 2-4. 취약 · 위기 가족 지원
3. 정부-가족-지역사회 연계를 통한 돌봄지원 강화	3-1. 아이 키우기 좋은 여건 조성 3-2. 돌봄 부담 해소를 위한 지역사회 조성 3-3. 가족돌봄 여건 조성
4. 남성과 여성, 기업이 함께 하는 일 · 가정 양립 실천	4-1. 일 · 가정 양립 제도 정착 4-2. 남성의 일 · 가정 양립 지원 강화 4-3. 기업의 일 · 가정 양립 실천 촉진
5. 생애주기별 출산친화적 사회문화 조성	5-1. 고비용 결혼문화 개선 5-2. 임산부 배려문화 조성 5-3. 행복한 육아문화 확산 5-4. 양성평등 가족문화 조성
6. 가족환경 변화에 대응한 정책 추진체계 강화	6-1. 가족정책 법 · 제도 정비 6-2. 가족정책 전달체계 강화 6-3. 새로운 가족환경 변화에 선제적 대응

[그림 4-1] 3차 건강가정기본계획(2016~2020년)과 정책 과제

〈참고 4-3〉	제3차 기본계획의 특징

- '가족관계 증진을 위한 서비스 기반 조성' 정책 과제 신설을 통하여 보편적 가족 서비스를 주요 정책 과제로 부각
- 일 · 가정 양립을 여성만의 문제가 아닌 남성과 기업 모두가 함께 실천해야 한다는 점을 강조하여 정책 과제 발굴
- 맞벌이 가족 지원, 남성의 일 · 가정 양립 지원 강화, 임산부 보호 등 새로운 정책 수요가 증가하고 있는 분야 단위 과제 신설
- 작은 결혼 문화, 임산부 배려 문화, 소비주의적 육아문화 개선 등 생애주기별 출산친화적 사회문화 조성을 강조

2) 건강가정정책의 영역과 관련 법

(1) 영역

2011년에서 2015년까지 추진되었던 2차 건강가정기본계획을 통한 가족정책은 다음과 같은 과제를 안고 있다고 평가될 수 있다(여성가족부, 2015). 보편적인 가족정책에 대한 필요성 때문에 강화된 가족정책으로 인해 결국 취약가족(한부모가족, 다문화가족)에 대한 정책이 많이 이루어졌고, 이에 따라 보편적인 가족문제(자녀 양육, 가족관계 증진 등)에 대한 정책은 부족한 것으로 평가되었다. 여성의 경제활동 증가와 함께 맞벌이 가족이 증가하였음에도 불구하고 맞벌이 가족을 위한 정책이 미흡하여 자녀양육이나 육아 및 가사분담 등 맞벌이 가족의 어려움을 줄여 줄 수 있는 정책적 지원이 필요한 것으로 나타났다. 또한 일 · 가정 양립을 위한 다양한 제도가 도입되었으나, 여전히 현장에서 실천이 어려우며, 특히 남성의 활용도는 매우 낮았다. 따라서 장기간 근로관행, 경직적인 조직문화의 변화가 이루어지지 않은 상황에서는 일 · 가정 양립 제도가 현실적으로 정착되기 어려운 것으로 평가되었다.

이와 같은 평가를 근거로 제3차 건강가정기본계획(2016~2020)이 만들어졌다. 여기에서 확정된 영역은 ① 가족관계 증진을 위한 서비스 기반 조정, ② 가족 유형별 맞춤형 서비스 지원 강화, ③ 정부-가족-지역사회 연계를 통한 돌봄 지원 강화, ④ 남성과 여성, 기업이 함께 하는 일 · 가정 양립 실천, ⑤ 생애주기별 출산친화적 사회문화 조성, ⑥ 가족환경 변화에 대응한 정책 추진체계 강화의 여섯 가지 영역이다(여성가족부, 2015). 제1차 기본계획의 기본 틀은 유사하나 여섯 개의 영역이 다섯 개로 축소되었다. 전반적인 방향은 가족돌봄지원을 강화하는 주체로서 기존에는 정부와 가족이 주로 역할을 했다면 3차 계획에서는 지역사회와의 연계를 강조하고 있다. 또한, 가족의 유형에 따른 서비스를 지원하되 맞벌이 가족에 대한 지원을 강화하였으며, 특히 남성과 여성, 기업의 일 · 가정 양립 실천을 강조하고 있다. 또한 출산과 관련한 출산친화적 사회문화 조성이라는 건강가정기본계획의 변천 항목이 포함되었다는 것도 새로운 변화로 볼 수 있다(〈표 4-1〉 참조).

〈표 4-1〉 건강가정기본계획의 변천

1차 (2006~2010년)	2차 (2011~2015년)	3차 (2016~2020년)
1. 가족 돌봄의 사회화 2. 직장 가정의 양립 3. 다양한 가족에 대한 지원 4. 가족친화적 사회환경 조성 5. 새로운 가족관계 및 문화 조성 6. 가족정책 인프라 확충	1. 자녀돌봄 지원 강화 2. 다양한 가족의 역량강화 3. 가족친화적 사회환경 조성 4. 가족가치의 확산 5. 가족정책 인프라 강화와 전문성 제고	1. 가족관계 증진을 위한 서비스 기반 조성 2. 가족 유형별 맞춤형 서비스 지원 강화 3. 정부-가족-지역사회 연계를 통한 돌봄지원 강화 4. 남성과 여성, 기업이 함께 하는 일 · 가정 양립 실천 5. 생애주기별 출산친화적 사회문화 조성 6. 가족환경 변화에 대응한 정책 추진체계 강화

(2) 관련 법

기본적으로 「건강가정기본법」을 주축으로 「다문화가족지원법」, 「한부모가족지원법」, 「가족친화 사회환경의 조성 촉진에 관한 법률」이 직접적으로 관련되며, 그 밖에도 「저출산고령사회기본법」, 「남녀고용평등과 일가정 양립지원에 관한 법률」, 「영유아보육법」, 「노인장기요양보험법」, 「결혼중개업의 관리에 관한 법률」, '이혼숙려제도'와 관련된 「민법」 등 다양한 관련 법이 존재한다. 이러한 건강가정정책 관련 법들을 통하여 그동안 묵시적인 가족정책은 더욱 명시적이 되었고 구체적인 법률에 의해 가족친화적 환경조성과 가족의 행복추구권을 지원하는 사회가 되고 있다. 앞서 언급한 건강가정기본계획의 영역과 내용을 토대로 한 관련 법은 〈표 4-2〉와 같이 정리할 수 있다.

〈표 4-2〉 건강가정정책 관련 대표적인 법

법 률	목적 및 내용
「저출산고령사회기본법」 (2005년 제정)	저출산 고령사회정책의 기본 방향을 수립하고, 이를 통해 국가의 경쟁력을 높이고, 국민의 삶의 질을 향상시키며, 국가의 지속적인 발전에 이바지하는 것
「건강가정기본법」 (2004년 제정)	건강한 가정생활의 영위와 가족의 유지 및 발전
「다문화가족지원법」 (2008년 제정)	다문화가족 구성원이 안정적인 가족생활을 영위할 수 있도록 함으로써 이들 삶의 질 향상과 사회통합에 이바지
「한부모가족지원법」 (2007년 명칭 개정)	한부모가족이 건강하고 문화적인 생활을 영위할 수 있도록 함으로써 한부모가족의 생활안정과 복지증진에 이바지하는 것
「가족친화 사회환경의 조성 촉진에 관한 법률」 (2007년 제정)	가족친화 사회환경의 조성을 촉진함으로써 국민의 삶의 질 향상과 국가 사회의 발전에 이바지하는 것
「남녀고용평등과 일·가정 양립 지원에 관한 법률」 (2007년 명칭 개정)	고용에서 남녀의 평등한 기회와 대우를 보장하고 모성보호와 여성고용을 촉진하여 남녀고용평등을 실현함과 아울러 근로자의 일과 가정의 양립을 지원함
「민법(친족편), 가족관계의 등록 등에 관한 법률」	양성불평등한 호주제에 관한 내용을 삭제하고 가족의 범위를 새롭게 규정 등

「아이돌봄지원법」 (2012년 제정)	가정 내 자녀양육지원 서비스를 효과적으로 지원하고자 함
「양육비 이행확보 및 지원에 관한 법률」 (2014년 제정)	미성년 자녀를 직접 양육하는 부 또는 모가 미성년 자녀를 양육하지 아니하는 부 또는 모로부터 양육비를 원활히 받을 수 있도록 양육비 이행 확보 등을 지원하여 미성년 자녀의 안전한 양육환경을 조성함

〈참고 4-4〉 건강가정정책 퀴즈

※여러분은 한국의 건강가정정책에 대해 얼마나 알고 있는가?

1. 가정의 달과 부부의 날은 언제인가? 가정의 달 (　)월, 부부의 날 (　)월 (　)일

2. 산전후휴가제도는 ___일 간의 유급 휴가를 보장하는가?
   이 제도는 정액제 혹은 정률제 중 어느 것인가? (　　　　　　　　)

3. 여성의 경제활동참가율은? (　　)
   ① 30% 미만　② 30~45% 미만　③ 45~60% 미만　④ 60~70% 이상

4. 육아휴직은 (만)____세 미만의 자녀를 가진 근로자가 휴직기간을 사용할 수 있는 제도를 말한다.

5. 현행 법률의 명칭으로 맞는 것은? (　　)
   ① 모자복지법　② 모부자복지법　③ 한부모가족법　④ 한부모가족지원법

* 정답은 137쪽에

3) 건강가정정책의 구체적 내용[2)]

(1) 가족관계 증진을 위한 서비스 조성

가족해체가 증가하면서 이로 인한 사회적 비용이 급증함에 따라 가족갈등 초기에 정책적 지원을 통해 가족문제가 심각해지기 전에 사전 예방할 수 있는 조치가 필요하다고 보았다.

① 맞춤형 가족교육 지원

가족교육을 체계적으로 지원하기 위해 전문가 양성과정 운영 및 전문강사 DB 구축 등을 통한 가족교육 전문가를 양성하고 관리한다. 또한 건강가정지원센터 가족교육 기능 강화, '찾아가는 가족교육' 활성화, 다양한 매체를 활용하는 등 가족교육 접근성 높이고자 한다. 공교육 과정에서 가족교육을 확대하고 가족교육주간을 운영하는 등 가족교육의 활성화를 위한 추진 기반을 마련한다.

② 가족상담 활성화

현재 건강가정지원센터의 상담인력은 턱없이 부족한 상황이고 향후 증가할 가족상담 수요에 대응하기 위해 가족상담과 관련한 전문인력 양성과정을 도입하고, 지역사회 내 전문가 집단 연계 등을 통한 가족상담 전문성을 제고하고자 한다. 또한 건강가정지원센터 가족상담의 기능을 강화하고 '찾아가는 가족상담' 등 가족상담 서비스를 확대한다.

③ 가족여가활동 확대

지역사회 생활권 내의 가족여가 정보를 한번에 제공하는 가족여가 정보 제공 시스템 구축, 다양한 가족여가 프로그램을 제공하여 가족이 참여할 수 있는

2) 이 절은 제3차 건강가정기본계획에서 요약되었다.

프로그램을 확대한다. 남성들의 육아, 가사, 요리 체험 프로그램, 자조모임 공간 등을 제공하는 아빠캠프(가칭)를 운영하는 등 가족여가 인프라를 구축하고 활용한다.

(2) 가족 유형별 맞춤형 서비스 지원 강화

① 맞벌이 가족 지원

여성의 경제활동참가율 증가 및 맞벌이 가구의 증가 추세에 대응하여 이에 대한 대상 정책 및 서비스 지원이 필요하게 됨에 따라 맞벌이 가족을 위한 맞춤형 서비스를 강화한다. 즉, 맞벌이 가족을 위한 서비스 이용시간을 확대하고, 워킹맘 워킹대디 지원사업을 확대한다. 또한 맞벌이 학부모를 위한 상담을 활성화 하고 주간 상담이 어려운 이들을 위해 야간, 주말 상담을 실시한다. 또한 방학기간 자녀를 위한 다양한 체험 및 학습 프로그램을 제공하여 맞벌이 학부모 지원을 강화한다.

② 한부모가족 지원

한부모가족이 지속적으로 증가하고 있으나, 안정적인 자녀양육 및 자립이 쉽지 않은 현실을 감안하여 이에 대한 지원을 강화한다. 학령기 청소년 임신 시 학업 중단을 예방하기 위해 '책임교원제'를 도입하고 이와 관련한 제도를 개선한다. 미혼모 대상 '교실형 위탁교육'을 실시 등 청소년 한부모 교육 지원을 강화한다. 한부모가족의 안정적 자녀 양육 · 주거를 지원하고, 맞춤형 취업지원 강화 등 자녀양육 및 자립지원을 강화한다. 또한 양육비를 못 받아 어려움에 처한 한부모가족이 이를 받을 수 있게 하기 위한 이행지원 서비스 기반을 조성하고 한시적 양육비를 긴급지원하는 등 실제적인 도움이 되도록 하며, 이해의 실효성을 제고할 방안을 모색한다.

〈표 4-3〉 한부모가구 복지급여의 내용

구분	지급 기준	내용
한부모가족 양육비 등 지원사업	가구 단위	생활보조금
	개인 단위	아동양육비, 추가 아동양육비, 학용품비
청소년한부모 자립지원사업	가구 단위	자립촉진수당
	개인 단위	아동양육비, 검정고시학습비, 고교생학비

〈참고 4-5〉 출생신고 미혼부 지원방안

〈출생신고 미혼부 지원방안〉

–(현행) 아동 출생신고 이전까지 한부모가 아니므로 무료법률지원 불가, 주민등록번호가 없으므로 의료지원 및 보육시설 지원 불가

⇒ (개선) 미혼부의 아동 출생신고는 무료 법률지원, 주민등록번호 없이 의료지원·보육시설 지원 가능하도록 일선기관 안내 및 홍보

③ 다문화가족 지원

다문화가족의 자녀수가 증가하고 결혼이민자의 정착기간이 장기화됨에 따라 새로운 정책 수요들이 생기고 있으며 여전히 다문화가족에 대해 갖고 있는 편견을 해소할 필요가 있다. 이에 따라 결혼이민자들의 초기 정착 단계, 중·장기 적응 단계, 취업을 통한 독립 단계 등의 정착단계별 맞춤형 지원을 강화하는 방향이다. 또한 다문화가족 자녀세대 성장에 따라 이중언어를 할 수 있는 인재를 키우고, 성장 단계별 프로그램을 지원하는 등 자녀세대를 위한 지원을 확대한다. 또한 국제결혼, 가족갈등, 가정폭력 등 다문화가족의 위기상황에 대한 안전망을 강화한다. 즉, 갈등 및 위기 대응을 위한 교육, 홍보책자, 상담 매뉴얼을 제공하고 결혼이민 예정자에게 한국 입국 전 한국생활에 필요한 정보를 제공하는 현지 사전교육을 내실화하고 접근성을 강화한다. 마지막으로, 우리 사회의 다문화수용성 제고를 위한 다문화이해교육 및 인식개선 캠페인을

확산하고 다문화이해교육 온라인 교육지원 시스템을 개통 및 운영하여 홍보를 강화한다.

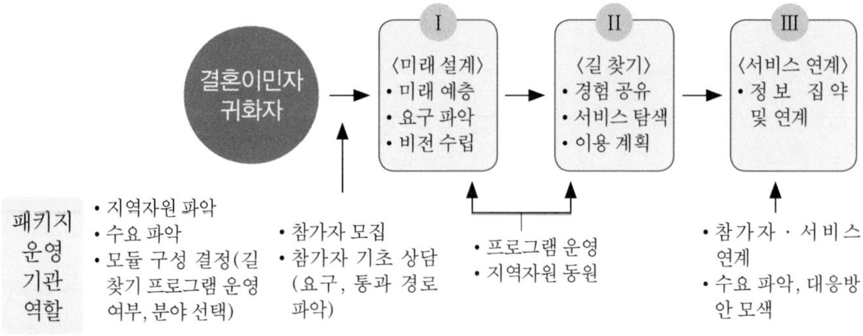

[그림 4-2] 결혼이민자 정착 단계별 지원 패키지 세부 구성

④ 취약 · 위기가족 지원

조손가족, 이혼위기가족, 긴급위기로 인한 취약 가족 등은 계속적으로 정책적 수요가 증가하고 있다. 이에 따라 조손가족의 경우 안정적 생활 지원을 위해 통합지원서비스를 확대하고 서비스 제공기관도 지속적으로 확대한다(2015년 30개소에서 2020년 226개소로 확대). 또한 조손가족 손자녀 학습 · 정서적 지원을 초등학생 대상에서 중 · 고등학생까지 확대하는 등 조손가족 지원 강화한다. 이혼 시 부모교육 · 상담 강화 등으로 이혼위기가족 기능 회복 및 아동복지 증진한다. 가정폭력 상담건수가 지속적으로 증가하고 있어 가정폭력 예방교육을 확대 및 내실화하고, 아동학대 예방 및 보호조치를 강화한다. 또한 위기가족 긴급지원 서비스 제공기관을 지속적으로 확대해 나가고(2015년 30개소에서 2020년 226개소로 확대) 위기대응 매뉴얼을 개발하고 종사자교육을 실시한다.

(3) 정부–가족–지역사회 연계를 통한 돌봄지원 강화

① 아이 키우기 좋은 여건 조성

무상보육 전면 시행으로 보편적 보육정책이 확대되었으나, 오히려 시설 및 서비스의 질에 대한 우려와 맞벌이 부모의 시설 이용이 어려워지는 등 부모의 만족도는 낮아지게 되었다. 이에 따라 국공립 어린이집 및 직장 어린이집을 확충하고 공공형 어린이집을 활성화하는 등 보육 서비스의 공공성을 강화한다. 또한 종일제, 시간제, 맞춤형 등 수요별 보육 서비스 제공, 가정양육 지원 서비스를 확대하고, 아이돌봄 서비스 내실화 등 맞춤형 보육 · 돌봄 서비스 개편한다. 어린이집 평가인증 내실화, 어린이집 운영 투명성 제고, 민간 베이비시터 교육 지원체계 구축 등 보육 · 돌봄 서비스 질을 관리한다.

〈표 4-4〉 아이돌보미 서비스 지원: 시간제/종일제

서비스 종류		이용 대상	서비스 안내
시간제	시간제(일반형) 돌봄 서비스	만 3개월 이상~ 만 12세 이하 아동	• 이용 요금은 시간당 6,500원으로 소득 수준에 따라 정부지원금이 차등 적용되며, 정부지원 시간은 연 480시간 지원 • 1회 2시간 이상 신청 원칙
	종합형 돌봄 서비스		• 이용 요금은 시간당 8,450원으로 소득 수준에 따라 정부지원금이 차등 적용되며, 돌봄 아동과 관련된 가사 서비스 제공 ※ 정부지원 시간은 시간제 서비스(일반형) 지원 시간 한도 내에서 차감

종일제	영아종일제 돌봄 서비스	만 3개월 이상~ 만 36개월 이하	• 월 200시간 기준 아동 1인당 130만 원으로 소득 수준에 따라 정부지원금이 차등 적용되며, 정부지원 시간은 월 120~200시간 지원 정부지원 시간 내에서 계약에 따라 돌봄 서비스 제공 ※ 1일 4시간 이상 사용 원칙
	보육교사형 돌봄 서비스		• 월 200시간 기준 아동 1인당 143만 원으로, 소득 수준에 따라 정부지원금이 차등 적용되며, 영아의 특성에 맞춘 전문 돌봄 프로그램으로 서비스 제공 ※ 영아종일제 서비스와 동일한 기준으로 정부지원 시간 및 지원비용 차등 지원

② 돌봄 부담 해소를 위한 지역사회 조성

기존의 보육·돌봄 서비스의 사각지대를 해소하고 긴급 돌봄 공백에 대응하기 위해서는 지역사회를 기반으로 하는 돌봄 네트워크가 형성될 필요가 있다. 이에 따라 공동육아나눔터 설치 확대, 공동육아 지역 네트워크 지원 등 자녀돌봄 지역의 인프라를 확대하고 노인그룹홈을 확대하는 등 지역사회 이웃지원망 구축을 통해 노인과 가족돌봄자들의 삶의 질을 높이고 있다.

③ 가족돌봄 여건 조성

사회적으로 돌봄의 사회화가 제도적으로 형성되어 있으나, 여전히 주된 돌봄자로서의 가족의 부담이 커, 가족돌봄자를 위한 지원이 필요하다. 이에 따라 가족돌봄 휴직 실태를 파악하고, 돌봄휴직 시 대체인력 채용 지원 서비스를 제공하는 등 가족돌봄 휴직제를 활성화한다. 가족돌봄자 맞춤형 정보 및 교육 실시, 가족돌봄자의 소진을 방지하는 프로그램 운영을 통해 가족돌봄자의 부양부담을 줄인다.

(4) 남성과 여성, 기업이 함께 하는 일 · 가정 양립 실천

① 일 · 가정 양립 제도 정착

여성의 경제활동 및 맞벌이 가족이 증가하면서 일과 가정 양립의 중요성이 증가하고 있다. 이에 따라 자동육아휴직제 도입하여 확산하거나, 육아휴직 후 복귀 프로그램 지원 등을 통해 육아 휴직 활성화 및 휴직 후 복귀 지원을 강화한다. 또한 일 · 가정 양립 관련 맞춤형 정보 및 상담 제공, 스마트 근로감독, 일家양득 캠페인 확산 등 정책 사각지대를 해소 및 사회적 인식을 개선한다.

② 남성의 일 · 가정 양립 지원 강화

맞벌이 가족의 증가로 남성의 육아 · 가사 분담 등 일 · 가정 양립이 요구되나, 사내 눈치, 인사상 불이익의 우려 등으로 실천하기 어려운 현실에 있다. 이에 따라 배우자 출산휴가를 활성화하고, '아빠의 달'을 확대하는 등 남성의 육아 참여를 위한 제도를 개선하고 생애주기별 아버지 교육의 활성화, 남성 맞춤형 정보 제공 등을 통한 남성 맞춤형 정보 · 교육을 지원한다. 또한 남성 육아 참여 확산을 위한 캠페인을 하는 등 사회적 분위기를 조성한다.

〈참고 4-6〉 남녀 고용평등과 일 · 가정 양립 지원에 관한 법률

제18조의 2(배우자 출산휴가) ① 사업주는 근로자가 배우자의 출산을 이유로 휴가를 청구하는 경우에 5일의 범위에서 3일 이상의 휴가를 주어야 한다. 이 경우 사용한 휴가기간 중 최초 3일은 유급으로 한다.

제19조(육아휴직) ① 사업주는 근로자가 만 8세 이하 또는 초등학교 2학년 이하의 자녀(입양한 자녀를 포함한다)를 양육하기 위하여 휴직(이하 '육아휴직'이라 한

다)을 신청하는 경우에 이를 허용하여야 한다. 다만, 대통령령으로 정하는 경우에는 그러하지 아니하다.
② 육아휴직의 기간은 1년 이내로 한다.
③ 사업주는 육아휴직을 이유로 해고나 그 밖의 불리한 처우를 하여서는 아니 되며, 육아휴직 기간에는 그 근로자를 해고하지 못한다. 다만, 사업을 계속할 수 없는 경우에는 그러하지 아니하다.
④ 사업주는 육아휴직을 마친 후에는 휴직 전과 같은 업무 또는 같은 수준의 임금을 지급하는 직무에 복귀시켜야 한다. 또한 제2항의 육아휴직 기간은 근속기간에 포함한다.
⑤ 기간제근로자 또는 파견근로자의 육아휴직 기간은 「기간제 및 단시간근로자 보호 등에 관한 법률」 제4조에 따른 사용기간 또는 「파견근로자보호 등에 관한 법률」 제6조에 따른 근로자파견기간에 산입하지 아니한다. 〈신설 2012. 2. 1.〉

③ 기업의 일 · 가정 양립 실천 촉진

일 · 가정 양립과 가족친화경영에 대한 사회적 공감대는 확산되고 있으나 기업의 참여는 여전히 미흡한 편이다. 이에 따라 근로시간을 단축하는 관련 법과 제도를 정비하고 '가족사랑의 날' 활성화 등을 통해 장시간 근로문화를 개선한다. 또한 공공부문 가족친화기업 인증의 의무화, 가족친화기업 성과의 홍보, 가족친화인증 인센티브의 개편 등 가족친화기업을 확대한다. 스마트워크 확산, 시간선택제 일자리 창출 · 전환 활성화 등 기업의 일하는 방식에 대한 개선도 유도한다.

〈참고 4-7〉 가족친화인증이란?

• 가족친화제도를 모범적으로 운영하는 기업 및 공공기관에 대하여 심사를 통해 인증을 부여하는 것으로, 가족친화제도란 자녀출산 및 양육지원, 유연근무제

도, 가족친화직장문화조성 등의 제도를 의미한다. 이에 대한 법적 근거로는 「가족친화 사회환경의 조성 촉진에 관한 법률」 제15조다.

• 인증 마크

가족친화 인증 마크

기본적으로 서로를 배려하며 사랑을 품고 있는 사람들이 정겹게 어울리는 모습을 형상화한 것으로서, 그러한 배려와 사랑으로 서로 조화를 이룰 때 비로소 하나의 완성된 꽃 '가족친화경영'을 피울 수 있다는 의미

밝은 다홍색은 가족의 사랑,

노란색은 기업의 배려와 열정,

초록색은 사회적 관심과 안정된 제도 상징

출처: 가족친화인증 사업 홈페이지, 여성가족부 블로그.

(5) 생애주기별 출산친화적 사회문화 조성

① 고비용 결혼문화 개선

결혼연령은 지난 15년간 꾸준히 높아져, 2014년 현재 남자는 32세, 여자는 30세 수준에 달하는 등 만혼 추세가 지속되고 있다. 이에 따라 공공시설 예식장 개방 확대, 작은결혼 관련 맞춤형 정보 제공, '작은결혼식' 모형 개발 등 '작은결혼식' 활성화를 추진한다. 또한 '작은결혼 박람회' 개최, 예비부부 대상 교육 등 고비용 결혼문화 인식을 개선한다. 그리고 소비자 피해구제 강화와, 결혼준비 서비스업 한국표준산업분류표 반영 등 결혼 관련 비합리적 거래 관행을 근절하고 관리를 강화해 나간다.

② 임산부 배려 문화 조성

임산부 배려를 위한 캠페인 등을 추진하고 있으나, 여전히 임산부 배려 수준이 낮은 상황이다. 이에 임신기 근로시간 단축제 홍보 및 교육 확산, 임산부보호 규정 준수 감독 강화 등을 통해 제도 정착을 유도한다. 임신근로자 스마트워크 활성화 등 임산부 배려 정책 발굴·확산시킨다. 직장 교육과정에 임산부 배려과정 개설·운영 등 임산부 배려를 위한 사회적 공감대를 조성한다.

〈참고 4-8〉 임산부 배려 엠블럼이 새겨진 가방고리

보건복지부는 지난 2005년 임산부를 배려하는 사회분위기를 조성하기 위해 매년 10월 10일을 '임산부의 날'로 정하고, 이듬해부터 임산부 배려 엠블럼이 새겨진 가방고리를 제작해 배포하고 있다. 가방고리는 전국 보건소와 서울메트로(1~4호선), 서울도시철도공사(5~8호선) 등에서 임산부 확인 후 무료로 받을 수 있다.

출처: 헤럴드경제(2017. 03. 15.).

③ 행복한 육아문화 확산

무상보육 및 누리과정 실시 등 자녀양육지원 확대를 통해 양육부담 경감을 위해 노력하였지만, 실제 부모가 체감하는 양육부담은 줄어들고 있지 않는 것이 현실이다. 이에 소비주의적 육아실태 현황을 파악하고, 육아문화를 개선하고 대안적 육아문화를 제시한다.

④ 양성평등 가족문화 조성

양성평등에 대한 인식수준은 높아지고 있으나, 여전히 가족생활 속에서 여성에게 대부분 육아·가사 부담이 편중되어 있다. 이에 따라 양성평등 가족문화 조성을 위한 교육·상담 서비스 확대하고 양성평등한 캠페인을 확산한다.

(6) 가족환경 변화에 대응한 정책 추진체계 강화

① 가족정책 법·제도 정비

2004년 「건강가정기본법」 제정 이후, 가족구조 변화에 따른 법적 정비가 시대를 따라가지 못하고 있어 이에 대한 정비가 요구되고 있다. 이에 따라 가족정책 관련 법·체계를 정비하고 가족정책의 성과분석 평가 및 컨설팅 강화, 건강가정사 전문성 제고 및 관리체계를 강화하는 등 가족정책 이행 강화한다.

② 가족정책 전달체계 강화

다문화가족지원센터의 설치 확대에 비하여 건강가정지원센터의 설치율이 낮은 편으로, 보편적 가족정책의 전달체계로서 건강가정지원센터·다문화가족지원센터 통합 서비스 제공기관 확대 및 지역 수요를 반영한 특화 서비스를 제공할 것이다.

③ 새로운 가족환경 변화에 선제적 대응

가족형태 다양성 수용을 위한 논의기구를 운영하여 포용적 가족관을 반영하고 새로운 가족환경 변화에 대응한 연구 및 정책개발을 추진한다.

〈참고 4-9〉 2016 일 · 가정 양립의 주요 현황

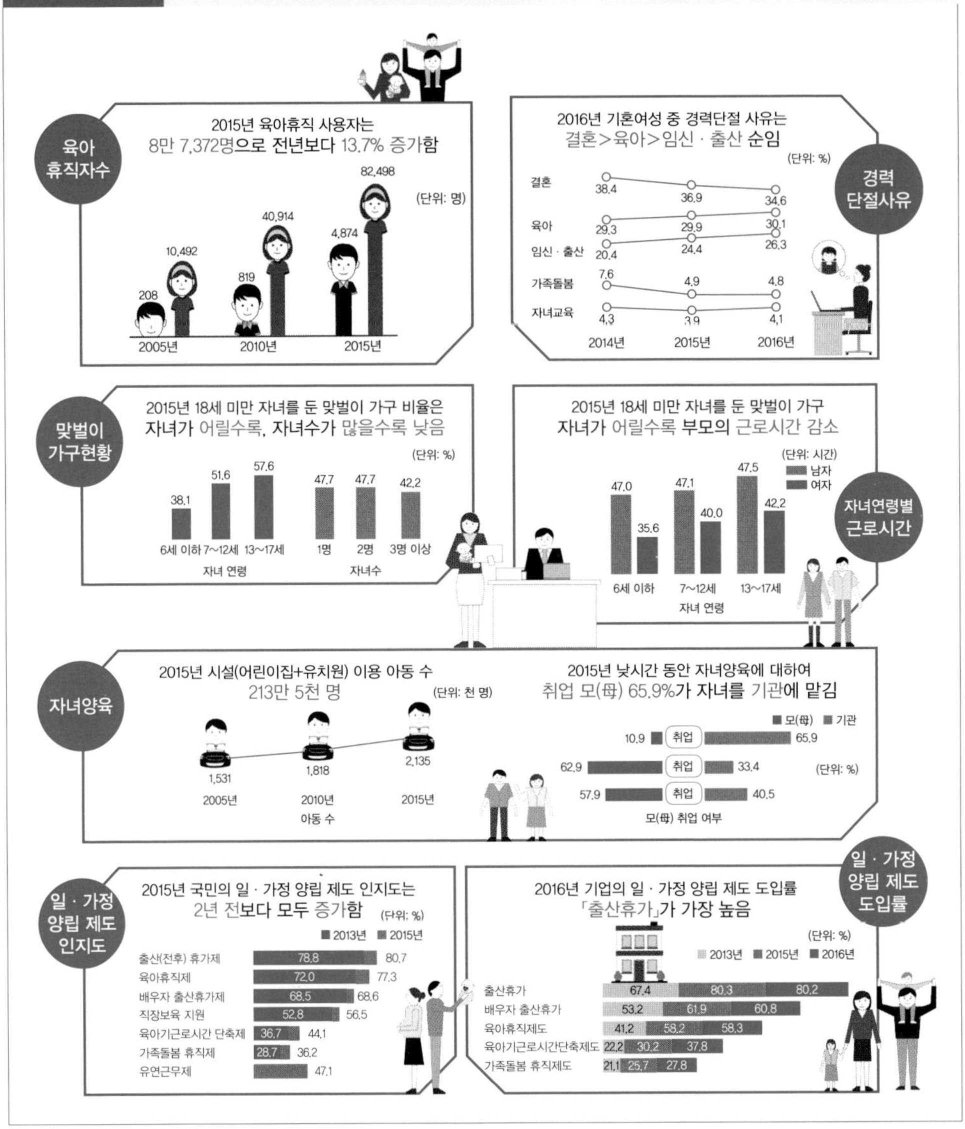

출처: 통계청(2016).

〈참고 4-10〉 육아휴직과 기업 수익

"육아휴직 늘어도 기업 수익활동에 부담 안 줘"
'일 · 가정 양립 효과' 첫 연구…… 노조 있으면 복귀율 높아

육아휴직 이용이 매출과 인건비 등 기업의 수익활동에 부정적 영향을 끼치지 않는다는 첫 연구 결과가 나왔다. 홍민기 한국노동연구원 연구위원은 6일 월간 「노동리뷰」 2월호에 게재한 「일 · 가정 양립 지원 제도의 효과」 논문에서 2005~2013년 사업체 패널 조사의 이윤 · 매출액 등 기업 재무정보와 고용보험 데이터베이스에 나타난 육아휴직자 정보를 결합해 상관관계를 산출했다. 육아휴직 이용률이 기업 이윤에 미치는 영향의 추정치는 0.032로 나타났다. 육아휴직 이용률이 1% 늘어날 때 기업 구성원 1인당 이윤이 3.2% 늘어난다는 뜻이다. 논문은 "세 추정치 모두 통계적 유의성은 약한 수준"이라며 "최소한 육아휴직 이용률이 이윤과 매출, 인건비에 미치는 부정적인 영향은 없다고 할 수 있다"고 설명했다. 기업 규모가 클수록 육아휴직 이용률이 높지만, 육아휴직을 마친 직원의 업무 복귀율에는 노조 존재 여부가 더 큰 영향을 미치는 것으로 나타났다. 홍 위원은 "일 · 가정 양립 지원 제도의 긍정적인 효과가 인사관리 부담이나 비용부담을 넘어선다는 것이므로 기업들이 좀 더 적극적으로 제도를 도입할 필요성이 있다"고 말했다.

출처: 경향신문(2017. 2. 6.).

생각해볼문제

1. 건강가정정책의 기본 방향은 무엇인지 설명하고, 그것이 구체적으로 실현된 최근 사례를 두 가지 이상 수집해 봅시다.
2. 한국의 건강가정정책의 영역과 내용을 살펴보고, 가장 우선순위가 되어야 하는 부분에 대한 자신의 생각을 다른 사람과 토론해 봅시다.

[부록 4-1] 제3차 건강가정기본계획의 주요 전망

정책 과제	주요 지표	2014년	2020년	비고
가족관계 증진을 위한 서비스 기반 조성	조이혼율	2.3%	2%	통계청, 혼인 · 이혼 통계
	부부관계 만족도	51.2점(2015년)	55점	여성가족부, 가족실태 조사
	가족교육 참여자 수	469천 명	1,000천 명	여성가족부
가족 유형별 맞춤형 서비스 지원 강화	한부모가족 자녀양육비	월 7만 원	월 15만 원	여성가족부
	정기적 양육비 지급률	5.6% (2012년)	10.0%	여성가족부, 한부모가족실태 조사
	다문화가족 자녀의 학업중단자 비율	1.9% (2012년)	1.0%	여성가족부, 다문화가족실태 조사
	다문화 수용성	51.17점 (2012년)	60점	여성가족부, 다문화수용성 조사
정부-가족-지역사회 연계를 통한 돌봄 지원 강화	공공보육시설 이용률	10.6%	20%	보건복지부, 보육통계
	직장 어린이집 설치율 (의무설치 이행률)	75%	85%	보건복지부, 고용노동부
	민간 베이비시터 교육 이수자 수	1,207명	10,000명 (누계)	여성가족부
남성-여성-기업 모두가 함께 하는 일 · 가정 양립 실천	전체 육아휴직자 대비 남성 비율	4.4%	15%	고용노동부, 고용보험 통계
	맞벌이 가구의 남편 가사노동 시간	41분	60분	통계청, 생활시간 조사
	가족친화인증 기업 · 기관	956개	2,500개	여성가족부
	임금 근로자 연간 근로시간	2,057시간	1,800시간대	고용노동부, 사업체 노동력 조사
생애주기별 출산친화적 사회문화 조성	공공시설 작은 결혼식장 이용자 수	2,369쌍	10,000쌍	여성가족부
	임산부 배려 국민 인식도	55.8%	65%	보건복지부
가족환경 변화에 대응한 정책 추진체계 강화	통합 서비스 제공기관 수	22개소	226개소	여성가족부

출처: 여성가족부(2015), p. 23.

참고문헌

「가족관계의 등록 등에 관한 법률」

「가족친화 사회환경의 조성 촉진에 관한 법률」

「건강가정기본법」

「남녀 고용 평등과 일 · 가정 양립 지원에 관한 법률」

「다문화가족지원법」

「민법」

「아이돌봄 지원법」

「저출산고령사회기본법」

「한부모가족지원법」

경향신문(2017. 2. 6.). 육아휴직 늘어도 기업 수익활동에 부담 안 줘.

여성가족부(2005). **제1차 건강가정기본계획**. 서울: 여성가족부.

여성가족부(2010). **제2차 건강가정기본계획**. 서울: 여성가족부.

여성가족부(2015). **제3차 건강가정기본계획**. 서울: 여성가족부.

통계청(2016). 2016. 12. 13. 보도자료. 2016 일 · 가정 양립 지표.

한겨레신문(2016. 12. 29.). 인구 역피라미드 시대 ⑧ 청년과 여성을 춤추게 하라.

헤럴드경제(2017. 3. 15.). 임산부 지하철 이용 쉬워질까…… "자리 양보 알림 배지 달자".

Kamerman, S. B., & Kahn, A. J. (1978). *Family policy: Government and families in fourteen countries*. Columbia University Press.

Millar, J. (2008). *The student's companion to social policy* (2nd ed.). Family Policy, Wiley Blackwell.

* 122쪽의 정답 1. 5월, 5월 21일, 2. 90일, 정률제, 3. ③, 4. 8, 5. ④

제5장

건강가정기본법

건강가정정책을 위한 가장 기본적인 틀이 되는 「건강가정기본법」은 2004년 2월 9일 법률 제7166호로 제정되어 2005년 1월 1일부터 시행되고 있다. 이 장에서는 「건강가정기본법」의 제정 배경과 특수성, 그리고 가족을 대상으로 하는 건강가정정책이 어떻게 조문별로 구체화되었는지 살펴볼 것이다. 마지막으로 이 법의 쟁점으로 남아 있는 부분을 살펴봄으로써 건강가정정책의 앞으로의 방향을 생각해 보고자 한다.

1. 건강가정기본법의 개관

1) 법 제정의 배경 및 의의

(1) 배경

「건강가정기본법」은 2004년 2월 9일에 제정되어 2005년 1월 1일부로 시행되었다. 이 법의 제정은 최근 우리 사회에서 증가한 가족의 다양한 욕구에 정부가 효과적으로 대응하지 못하고, 가족에 대한 통합적 지원 서비스가 절실히 필요한데도 그 지원이 미흡하다는 학계와 전문가들의 문제 제기에 따라 가족을 지원하는 독자적 입법을 요구하면서 이루어지게 되었다. 초창기에 '건강가정육성기본법안'과 '가족지원기본법안'의 두 가지가 함께 발의되어 논의 과정을 겪었으나 최종적으로 '건강가정육성기본법안'이 채택되었고, 육성이라는 용어의 전근대성에 대한 지적으로 '건강가정기본법'이라는 명칭이 최종 채택되었다.

(2) 의의

「건강가정기본법」의 제정을 통해 가족과 가정생활에 대한 인식의 새로운 전환과 함께 통합적 건강가정정책의 계기를 마련하게 되었다. 법 제정 이전의 건강가정정책이 문제가 발생한 이후의 사후적인 접근이었다면 법 제정 이후의 건강가정정책은 예방적이고 보편적인 대상의 가족을 정책의 대상으로 표방하면서 명시적인 가족정책이 시작되었다는 의미가 있다. 이를 통해 정부 부처의 전담부서가 설치되었고 전달체계가 갖추어지면서 건강가정정책이 정착되어 가고 있다. 특히 「건강가정기본법」의 경우 건강가정정책을 포괄하는 기본법으로서의 역할을 하여 앞으로 제정되는 법들의 근거가 되고 있다.

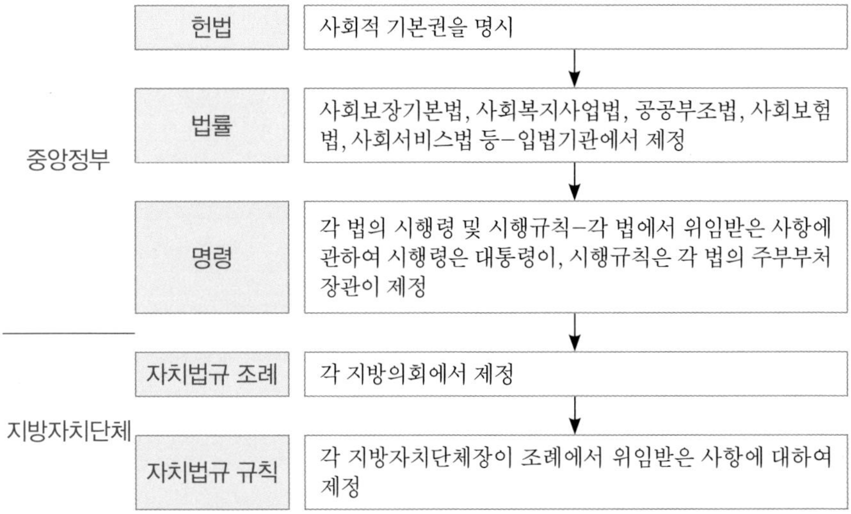

[그림 5-1] 「건강가정기본법」의 법 체계

출처: 나눔의 집(2017), p. 28.

2) 법 체계

「건강가정기본법」은 법률 제11045호로서, 여타 법의 수직적 체계에 따라 법률-명령-조례/규칙으로 이루어졌으며 시행령(명령)과 시행규칙(조례/규칙)을 갖고 있다([그림 5-1]).

「건강가정기본법」은 대체로 포괄적인 대상과 사항 장소 등을 갖기 때문에 일반법의 형태를 띤다고 볼 수 있으며 일반법은 대체로 특별법들을 통해 구체화된다.[1)] 이에 따라 건강가정지원을 위한 일반적인 사항을 규정한 「건강가정기본법」 제정 이후로 몇 가지 내용상 특별법이라 볼 수 있는 「다문화가족지원법」

1) 법 분류 방법에 따라 일반법과 특별법으로 구분해 보자면 일반법은 법의 효력이 미치는 범위가 사람, 장소 사항 등에 관해 특별한 한정이 없이 일반적으로 넓은 효력의 범위를 갖는, 일반적인 경우를 일반법이라고 하고, 특정한 사람, 장소, 사항일 지칭할 경우 특별법이라고 한다.

〈표 5-1〉 사회복지 관련 법체계하에서 본 「건강가정기본법」의 위치

사회보장기본법	공공부조	국민기초생활보장법, 의료급여법, 재해구호법
	사회보험	국민건강보험법, 산업재해보상보험법
		고용보험법, 국민연금법, 노인장기요양보험법
	사회복지 서비스	노인복지법
		아동복지법
사회복지사업법		장애인복지법
		한부모가족지원법, 다문화가족지원법
		영유아보육법 등
기타 사회복지 관련 법		건강가정기본법, 남녀고용평등법, 아이돌봄지원법, 가족친화 사회환경의 조성 촉진에 관한 법률

(2008), 「한부모가족지원법」(2007)[2], 「아이돌봄지원법」(2012), 「양육비 이행확보 및 지원에 관한 법률」(2015) 등이 제정되고 있으나 이후에도 더 구체화된 특별법들의 제정을 통해 기본법이 뒷받침되어야 할 것이다.

「건강가정기본법」은 추상적인 가족복지정책이 구체적으로 구현된 것으로, 기본적으로 건강가정 지원을 위한 가족 서비스를 제공하고 국가가 이에 개입하고 있다. 그렇다면 사회복지 관련 법체계에서 「건강가정기본법」의 위치는 일반적으로 사회복지 관련 법은 크게 「사회보장기본법」과 「사회복지사업법」으로 구분되는데, 사회복지 서비스의 경우는 「사회복지사업법」에서 구체화되고 있다.

「건강가정기본법」은 다른 여타 법의 대상인 노인이나 아동 등에 대해서처럼 가족을 위한 서비스를 제공하지만 현행 법체계에서는 「사회복지사업법」 내에 규정되어 있지 않다(〈표 5-1〉 참조). 따라서 현재는 기타 사회복지와 관련되는 법으로 볼 수 있을 것이다. 이에 해당되는 법에는 「건강가정기본법」과 더불어 「아이돌봄지원법」, 「남녀고용평등법」 등을 들 수 있다.

2) 1989년 제정된 「모자복지법」이 2002년 「모·부자복지법」으로 개정되고, 다시 2008년 「한부모가족지원법」으로 개정되었다.

2. 건강가정기본법의 주요 내용

「건강가정기본법」은 제1장 총칙을 시작으로 하여 제2장 건강가정정책, 제3장 건강가정사업 제4장 건강가정 전담조직의 내용을 담고 있다.

제1장	총칙	제1~12조
제2장	건강가정정책	제13~20조(13, 14조 삭제)
제3장	건강가정사업	제21~33조
제4장	건강가정 전담조직 등	제34~35조
제5장	보칙	제36~37조

1) 총칙(제1장)

「건강가정기본법」의 총칙은 다음과 같이 구성되어 있다.

- 제1조 (목적)
- 제2조 (기본이념)
- 제3조 (정의)
- 제4조 (국민의 권리와 의무)
- 제5조 (국가 및 지방자치단체의 책임)
- 제6조 (다른 법률과의 관계)
- 제7조 (가족가치)
- 제8조 (혼인과 출산)
- 제9조 (가족해체 예방)
- 제10조 (지역사회자원의 개발 · 활용)
- 제11조 (정보 제공)
- 제12조 (가정의 날)

「건강가정기본법」의 입법 목적은 제1조에서 밝히고 있는데, 즉 건강한 가정생활의 영위와 가족의 유지 및 발전을 위한 국민의 권리 및 의무와 국가의 책임을 명시하고 있다. 가정은 개인의 기본적인 욕구를 충족시키고, 사회통합을 위하여 기능할 수 있도록 유지 · 발전되어야 한다는 것이다(제2조). 국가와 지방자치단체가 건강가정에 대한 책임이 있음을 밝히고 있으나 국민 또한 이에 대한 노력의 책임을 밝히고 있다. 이를 위해 국가는 개인과 가족의 생활 실태를 파악하고, 건강가정 구현 및 가정문제 예방 등을 위한 서비스 욕구와 수요를 파악하기 위해 5년마다 가족실태 조사를 실시하여 그 결과를 발표하게 되어 있다(제20조). 이 법에 명시된 '건강가정'은 '가족구성원의 욕구가 충족되고 인간다운 삶이 보장되는 가정'을 말한다(제3조의 3). 가정문제의 적절한 해결방안을 강구하며 가족구성원의 복지증진에 이바지할 수 있는 지원정책을 강화함으로써 건강가정 구현에 기여하는 것을 목적으로 한다.

2) 건강가정정책(제2장)[3)]

- 제15조 (건강가정기본계획의 수립)
- 제16조 (연도별 시행계획의 수립 · 시행)
- 제17조 (시도별 시행계획의 조정 등)
- 제18조 (계획수립의 협조)
- 제19조 (교육연구의 진흥)
- 제20조 (가족실태조사)

건강가정기본계획은 2005년을 시작으로, 현재까지 총 3차의 계획이 수립되

3) 「건강가정기본법」을 시행하기 위한 주요 조직으로 2008년도 이전까지는 중앙건강가정정책위원회가 법에 명시되어 있었으나, 2008년 2월 29일 「건강가정기본법」이 일부 개정되면서 중앙건강가정정책위원회 관련 조항(제13조, 제14조)이 삭제되었다.

고 있는데, 제15조는 이에 대한 근거가 되는 조항이다. 이에 대한 연도별 시행 계획에 대한 조항(제16조), 시도에 따라 조정될 수 있다는 것(제17조) 등을 주요 내용으로 한다. 역시 매 5년마다 가족실태조사를 실시하도록 규정하고 있는데(제20조), 이 또한 2005년을 시작으로 현재 총 3차의 조사가 이루어져 건강가정 정책수립에 대한 근거를 제공하고 있다.

3) 건강가정사업(제3장)

- 제21조 (가정에 대한 지원)
- 제22조 (자녀양육 지원 강화)
- 제23조 (가족 단위 복지 증진)
- 제24조 (가족의 건강 증진)
- 제25조 (가족부양의 지원)
- 제26조 (민주적이고 양성평등한 가족관계 증진)
- 제27조 (가족 단위의 시민적 역할 증진)
- 제28조 (가정생활문화의 발전)
- 제29조 (가정의례)
- 제30조 (가정봉사원)
- 제31조 (이혼 예방 및 이혼가정 지원)
- 제32조 (건강가정교육)
- 제33조 (자원봉사활동의 지원)

국가(및 지방자치단체)가 해야 할 역할에 대해 다음과 같이 규정하고 있다.

- **가정에 대한 지원**(제21조): 가정이 원활한 기능을 수행하도록 지원하여야

한다고 규정하고 다음에 대해 지원 영역을 규정하고 있다.

- 가족구성원의 정신적 · 신체적 건강지원
- 소득보장 등 경제생활의 안정
- 안정된 주거생활
- 태아검진 및 출산 · 양육의 지원
- 직장과 가정의 양립
- 음란물 · 유흥가 · 폭력 등 위해환경으로부터의 보호
- 가정폭력으로부터의 보호
- 가정친화적 사회분위기의 조성
- 그 밖에 건강한 가정의 기능을 강화 · 지원할 수 있는 관련 사항

• **모 · 부성권 보장을 위한 육아휴직 및 유급휴가**: 임신 · 출산 · 수유 및 육아와 관련된 시책이 확산되도록 노력하여야 하며, 한부모가족, 노인단독가정, 장애인가정, 미혼모가정, 공동생활가정, 자활공동체 등 사회적 보호를 필요로 하는 가정에 대하여 적극적으로 지원하여야 한다고 의무규정을 두었다.

• **위기가족긴급지원**(제21조의 2): 국가적인 재난 혹은 위기상황에서의 가족들이 겪을 수 있는 어려움을 덜어 줄 수 있도록 하였다. 위기가족긴급지원의 종류와 내용은 아이돌봄지원, 가사돌봄지원 등 가족돌봄, 가족상담, 집단프로그램, 자조모임 운영 등 가족의 심리 · 정서지원, 법률구조, 의료지원, 복지서비스 등 연계 등이 있다.

• **자녀양육지원의 강화**(제22조): 자녀를 양육하는 가정에 대하여 자녀양육으로 인한 부담을 완화하고 아동의 행복추구권을 보장하기 위하여 보육, 방과 후 서비스, 양성이 평등한 육아휴직제 등의 정책을 적극적으로 확대 시행하여야 하며 다양한 가족형태를 고려하여 아동양육지원사업 시책(아이돌보미 서비스를 포함한다. 이하 같다)을 수립 · 시행하여야 한다. 가사노동의 가치에 대한 사회적 인식을 제고하고 이를 관련 법 · 제도 및 가족정책

에 반영하도록 노력하여야 한다.

- **가족 단위 복지증진**(제23조): 사회보험 · 공공부조 등 사회보장제도의 운용과 관련하여 보험료의 산정 · 부과, 급여 등을 운용함에 있어서 가족을 지지하는 시책을 개발 · 추진하여야 하며 경제 · 사회, 교육 · 문화, 체육, 지역사회개발 등 각 분야의 제도 · 정책 및 사업을 수립 · 추진함에 있어 가족을 우대하는 방안을 강구하여야 한다고 규정하였다.
- **가족의 건강증진**(제24조): 영 · 유아, 아동, 청소년, 중 · 장년, 노인 등 생애주기에 따르는 가족구성원의 종합적인 건강증진대책을 마련하여야 한다.
- **가족부양의 지원**(제25조): 영 · 유아 혹은 노인 등 부양지원을 요하는 가족구성원이 있는 가정에 대하여 부양부담을 완화하기 위한 시책을 적극적으로 강구하여야 하며, 질환이나 장애로 가족 내 수발을 요하는 가족구성원이 있는 가정을 적극 지원하며, 보호시설을 이용할 수 있도록 전문보호시설을 확대하여야 한다. 또한 가족구성원 중 장기요양을 필요로 하는 질병이나 사고로 간병을 요할 경우 가족간호를 위한 휴가 등의 시책을 마련하여야 한다.
- **민주적이고 양성평등한 가족관계의 증진**(제26조): 부부 및 세대 간에 가족갈등이 있는 경우 이를 예방 · 상담하고, 민주적이고 양성평등한 가족관계를 증진시킬 수 있도록 가족지원서비스를 확대하고, 다양한 가족생활교육 · 부모교육 · 가족상담 · 평등가족 홍보 등을 추진하여야 한다. 또한 가정폭력이 있는 가정의 경우 가정폭력 피해자와 피해자 가족에 대한 개입에 있어 전문가의 체계적인 개입과 서비스가 이루어지도록 노력하여야 한다.
- **가족 단위의 시민적 역할증진**(제27조): 가족의 결속력과 가족구성원의 발전을 위하여 가족이 시민으로서의 역할을 증진할 수 있는 기회와 서비스를 제공하여야 한다. 또한 가족 단위의 자원봉사 참여가 확대되도록 노력하여야 한다.
- **가정생활문화의 발전**(제28조): 건강가정의 생활문화를 고취하고 그에 대한

지원정책을 수립하여야 하며 다음 사항을 포함한다.

– 가족여가문화

– 양성평등한 가족문화

– 가족 단위 자원봉사활동

– 건강한 의식주 생활문화

– 합리적인 소비문화

– 지역사회 공동체문화 등 기타

- **가정의례**(제29조): 개인과 가정이 건전한 가정의례를 확립하고 이를 위한 지원정책을 수립하도록 하여야 한다.
- **가정봉사원**(제30조): 건강한 가정을 유지하기 위하여 필요한 경우에는 가정을 방문하여 가사 · 육아 · 산후조리 · 간병 등을 돕는 가정봉사원(이하 '가정봉사원'이라 한다)을 지원할 수 있다.
- **이혼 예방 및 이혼가정지원**(제31조): 이혼하고자 하는 부부가 이혼 전 상담을 받을 수 있게 하는 등 이혼조정을 내실화 할 수 있도록 필요한 조치를 강구하여야 하며, 이혼의 의사가 정해진 가족에 대하여 이들 가족이 자녀양육 · 재산 · 정서 등의 제반문제를 준비할 수 있도록 도움을 주는 지원서비스를 제공하도록 하여야 한다. 또한 이혼한 가족에 대하여 양육비에 대한 집행력의 실효성을 강화하고 그 적용 대상을 확대하도록 하여야 한다.
- **건강가정교육**(제32조): 건강가정교육을 실시하여야 하며 다음 내용이 포함되어야 한다.

  – 결혼준비교육

  – 부모교육

  – 가족윤리교육

  – 가족가치실현 및 가정생활 관련 교육 등
- **자원봉사활동의 지원**(제33조): 건강가정과 관련되는 자원봉사활동사업을 육성하고 장려하여야 한다.

4) 건강가정 전담조직(제4장)

- 제34조 (건강가정사업의 전담 수행)
- 제35조 (건강가정지원센터의 설치)
- 제36조 (민간단체의 지원)

건강가정 전담조직으로 중앙에는 한국건강가정진흥원이, 시·도 및 시·군·구에는 대표적으로 건강가정지원센터가 있다. 진흥원 및 각 센터에서는 센터장(진흥원은 원장)과 건강가정사업의 수행에 필요한 팀을 두고 가족들을 대상으로 직간접적 서비스를 제공한다. 법에서는 이러한 직간접적 서비스를 제공할 주요 인력으로 건강가정사를 둘 것을 규정하고 있다. 건강가정사는 대학 또는 이와 동등 이상의 학교에서 사회복지학, 가정학, 여성학 등 여성가족부령이 정하는 관련 교과목을 이수하고 졸업한 자이어야 한다(〈표 13-6〉 참조).

3. 건강가정기본법의 과제

1) 기본 이념의 문제

「건강가정기본법」의 기본 이념은 법 제2조, 즉 "가정은 개인의 기본적인 욕구를 충족시키고 사회통합을 위하여 기능할 수 있도록 유지·발전되어야 한다." 조항에 담겨 있다. 이 조항에는 개인의 기본적인 욕구 충족을 강조하는 한편, 가정의 유지를 위한 개인의 노력을 전제하고 있다. 이러한 경향은 「노인복지법」의 경로효친 사상의 고양을 통한 노인복지 증진을 꾀하고 있어 개인이나 가족 책임 우선주의의 전통을 벗어나지 않는 범위에서 제한적인 국가 책임을 인정하는 경향과 맥을 같이 한다. 우리나라 「헌법」 제36조에서는 혼인과 가족생활은 개인의 존엄과 양성평등을 기초로 성립되고 유지되어야 한다고 규정하고 있다. 이는 가정의 유지가 가족원의 행복을 전제로 되어야 한다는 것을 말한다. 만약 가정폭력과 같은 가정 유지에 치명적인 문제가 있을 경우에도 가정 유지가 목적이 될 수 있을 것인가와 같은 의문을 제기할 수 있다. 이는 가족이 개별 가족원의 욕구를 충족시키면서 사회통합 기능도 해야 한다는 절충주의적 발상으로, 자칫 개인보다 가정의 유지 · 발전이 일차적인 중요성을 갖는 것으로 해석될 소지가 있다.

2) 국가의 가정문제 개입

가정 내의 많은 문제는 상당 부분 가치 판단을 요하는 일이 많다. 그만큼 가정에서 이루어지는 어떤 선택도 옳고 그름의 문제가 아닌 개인의 가치관에 따른 선택의 연속인 것이다. 가정을 이룬다는 것, 더군다나 부모됨에 대한 선택 또한 누군가 강요에 의해서 이루어져서는 안 될 것이다. 갈등 있는 부부가 참고 산다면 자녀 입장에서는 부모 없이 자라게 하지는 않겠지만 그것이 가정 복리의 최선이었는가는 누구도 판단할 수 없다. 또 다른 예로, 낙태가 법적으로 금지되어 있는 상황에서 원치 않는 임신을 통해 아이를 낳고 키운다면, '잘못된 출산이 아동학대로 이어진다면?'이라는 질문도 해 볼 수 있다. 저출산의 문제 또한 마찬가지다. 현재와 같은 상황 속에 저출산이라는 선택을 하고 있는 가족을 문제라고 할 수 없을 것이다. 그렇다면 지금처럼 저출산을 해결해야 할 과제, 즉 문제적 시각으로 접근하는 것이 바람직할 것인가에 대해서 생각해 보지 않을 수 없다.

가족에의 명시적인 개입이 시작된 「건강가정기본법」 제8조 "모든 국민은 혼인과 출산의 사회적 중요성을 인식하여야 한다."는 조항에서는 사적인 문제에 대한 국가의 개입이라는 점에서 논란의 여지가 있다. 혼인과 출산은 지극히 개인적인 의사결정이다. 이는 국가에서 강제할 수 있는 형태의 문제가 아니라는 점을 생각해 보아야 할 것이다. 국가는 개인 혹은 가족이 어떠한 형태의 선택을 하더라도 개인과 가족의 행복을 담보할 수 있는 방향으로의 선택을 지지하도

〈참고 5-1〉 육아휴직 있어도 '그림의 떡'

고용부, 일 · 가정 양립 조사
기업 규모별 큰 격차 '여전'

'육아휴직' 제도가 있어도 사용하지 못하는 근로자들이 여전한 것으로 나타났다. 게다가 대기업일수록 제도 도입률이 높아, 기업 규모별로 격차가 컸다.

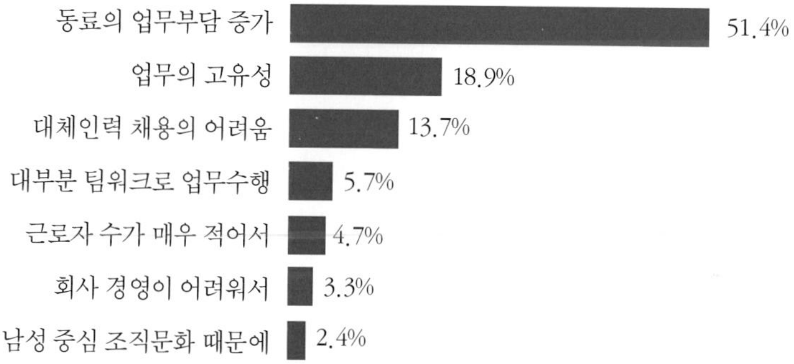

고용노동부는 29일 「2016년도 일 · 가정 양립 실태조사」 결과를 발표했다. 「남녀고용평등법」상 부모 각각 최대 1년간 사용 가능한 '육아휴직' 제도 인지도는 82.0%로 비교적 높았다. 하지만 도입률과 시행률은 각각 58.3%, 59.0%에 그쳤다. 기업 규모가 클수록 육아휴직 도입률이 높았다. 300인 이상 대규모 사업체의 육아휴직 도입률은 93.0%인 반면, 5~9인 소기업은 26.8%에 불과했다.
육아휴직을 쓰지 못하는 가장 큰 이유는 '동료의 업무부담 증가'가 51.4%로 가장 높았다. 이어 '업무의 고유성' 18.9%, '대체인력 채용의 어려움' 13.7% 등의 순으로 나타났다. 이번 조사는 상시근로자 5인 이상 사업체 1,000곳을 대상으로 7월부터 8월까지 실시했다.

출처: 내일신문(2016. 11. 30.).

록 하는 것이 국가가 해야 할 역할일 수 있다.

3) 가족정책의 실효성의 문제

「건강가정기본법」은 앞서 기술된 바, 가정의 복지 지원을 위한 기본법의 성격을 갖고 있는 법으로 특별법들이 제정됨으로써 지속적으로 뒷받침되어야 한다. 제3차 건강가정기본계획에서는 ① 가족관계 증진을 위한 서비스 기반 조정, ② 가족 유형별 맞춤형 서비스 지원 강화, ③ 정부-가족-지역사회 연계를 통한 돌봄 지원 강화, ④ 남성과 여성, 기업이 함께 하는 일 · 가정 양립 실천, ⑤ 생애주기별 출산친화적 사회문화 조성, ⑥ 가족환경 변화에 대응한 정책 추진체계 강화라는 기존의 1, 2차에서 제안되었던 영역들의 변화를 통해 앞으로의 가족정책을 제시하고 있다. 여기에서의 주요한 변화는 돌봄지원 강화와 일가정 양립, 출산 친화적 사회문화 등으로 이는 노동정책과 깊은 관련이 있다. 돌봄에 대한 부담을 가정과 국가가 함께 하겠다는 변화는 있었으나 이를 뒷받침할 제도적 뒷받침은 미비한 측면이 많다. 여성의 노동권과 모성권의 양립이라는 의미에서 가족친화제도의 강화를 위한 조항이 있으나 이를 보다 구체적으로 지원하는 조항이 없어 여전히 이에 대한 시행을 강력하게 추진하지 못하고 있다. 가족정책은 재정지원, 시간지원, 서비스 지원의 세 가지 축으로 구성된다. 특히 가족에 대한 재정적 보조에 관한 부분이 실제적이지 않다. 그러나 재정지원과 시간지원이 적극적으로 이루어지지 않는다면 서비스 지원은 정책이 의도한 만큼의 효과를 내기 어려울 것이다.

4) 쟁점이 되는 정책의 문제

첫째, 가족의 범위를 어디까지로 규정할 것인가의 문제다. 즉, 가족을 「민법」에서 규정하고 있는 혼인, 혈연, 입양으로 이루어진 가족만을 인정할 것인가,

아니면 다양한 가족 형태를 인정할 것인가, 인정한다면 어느 범위까지 인정해야 하는가의 문제다. 공동체가족, 사실혼관계에 있는 가족, 동거가족, 동성애가족 등의 가족 형태는 「건강가정기본법」에서 정의하는 가족에 해당되지 않는다는 점에서 법의 보호나 지원을 받기가 어렵다.

둘째, 건강가정정책과 가족정책의 관계, 「사회복지사업법」 내에서의 위치 등을 어떻게 정리할 것인가의 문제다. 건강가정정책은 가족정책과 유사성을 갖고 있음에도 건강가정정책이라는 용어로 사용되고 있고, 가족에게 직접적인 서비스를 제공하는 복지의 영역에 포함됨에도 「사회복지사업법」에는 규정되어 있지 않아서 여성가족부에서 관할하고 있다. 이러한 문제를 어떻게 정리해야 할 것인가에 대해서도 논란이 되고 있다. 반면 다문화가족지원센터의 경우 「사회복지사업법」에 포함되어 있어 통합서비스를 지향하고 있는 상황에서는 이에 대한 입장 정리가 이루어져야 할 것이다.

〈참고 5-2〉 韓 가족정책 정부지출 비중 1% 초반…… 주요국에 크게 못 미쳐

저출산 · 고령화에 대한 심각성이 고조되고 있는 가운데서도 우리 정부의 가족정책에 대한 지출비중이 주요국들에 비해 크게 못 미치는 것으로 나타났습니다. 한국은행 장민 조사국장은 18일 2016년 한국은행 경제전문가 초청 워크숍에서 '우리나라 고령화 현황과 과제' 발표를 하고 이같이 밝혔습니다. 보고서에 따르면 우리 정부의 아동수당과 출산 · 육아휴가수당 육아보조 등 가족정책에 대한 지출이 GDP 대비 차지하는 비중은 지난 2011년 기준 1%대 초반 수준으로 멕시코, 미국과 함께 OECD 국가 중 최저수준으로 조사됐습니다. OECD 평균은 2%대 중반이었으며, 호주와 독일, 스웨덴, 프랑스, 영국 등 주요 선진국들의 정부지출 비중이 평균을 크게 웃돌았습니다.

가족정책 정부지출[1]과 합계출산율[2]

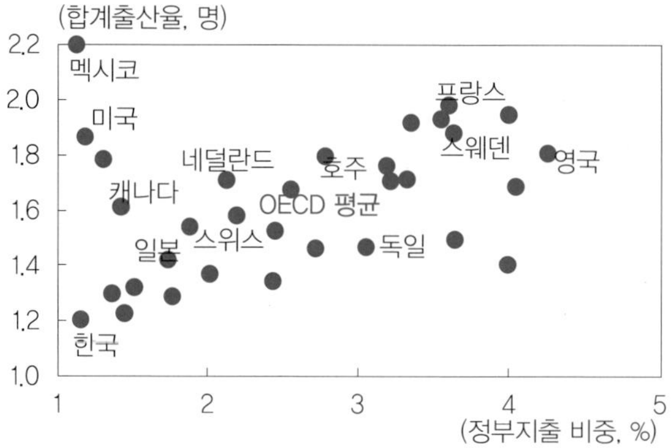

주: 1) 아동수당, 출산육아휴가수당, 육아보조 등 포함(GDP 대비 비중), 2011년 기준
2) 2014년 기준
자료: OECD 「Family Database」

출처: 한국경제 TV(2016. 11. 18.).

생각해볼문제

1. 「건강가정기본법」 제정의 시대적 배경을 설명해 봅시다.
2. 「건강가정기본법」에서 제시되고 있는 사업 내용을 열거해 봅시다.
3. 「건강가정기본법」에서 규정하고 있는 가족의 개념을 자신의 생각과 비교해 봅시다.

[부록 5-1] 전체 법에서의 「건강가정기본법」의 위치

법은 크게 두 가지 영역, 즉 공법(公法)과 사법(私法)으로 나눌 수 있다. 공법은 공인과 사인의 관계를, 사법은 사인과 사인의 관계를 다루는 것을 말한다. 여기서 공인(公人)은 국가기관(입법부, 사법부, 행정부)을 말하고, 사인(私人)은 자연인, 법인(법이 인정한 사람)을 말한다. 따라서 공법은 정부기관을 대상으로 하는 소송을 하는 법들, 즉 행정법(행정부), 형법(사법부), 헌법(입법부)이 해당된다. 그리고 사법에 속하는 것으로는 일반 자연인끼리의 소송을 다루는 민법과 사인, 즉 주식회사와 같은 법인 간의 거래 시 문제가 생길 때 하는 소송을 다루는 상법 등을 들 수 있다.

그렇다면 '사회복지 관련 법들은 어디에 속할 것인가' 하는 의문을 가질 수 있다. 언뜻 생각하기에 공법이 아닌가 하는 생각을 하게 하는데, 이는 정부가 사회복지를 주도하는 듯한 인상이 강하기 때문이다. 그러나 사회복지 관련 법들은 사회복지 수혜자와 사회복지 사업자, 즉 사인과 사인의 관계를 다루고 있기 때문에 사법임에도 국가의 개입이 강한 특수한 형태로 인식된다. 이러한 정부의 개입이 강하게 이루어지는 또 다른 예가 노동법(사용자-피용자)과 경제법(생산자-소비자)이다. 이러한 법을 '사회법'이라고 부르는데, 그 공통점은 한쪽 당사자의 힘이 불균형하여 사인과 사인의 관계임에도 국가가 강하게 개입된다는 것이다. 현대는 공법과 사법 영역의 중간적 위치에 있는 제3의 영역에 해당되는 이러한 법들(경제법, 노동법, 사회복지 관련 법 등)이 증가하고 있는 추세다.

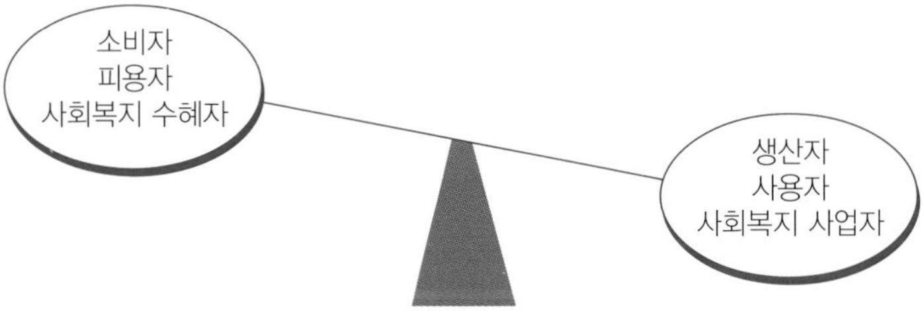

힘의 불균형 관계

참고문헌

「건강가정기본법」

「노인복지법」

「사회보장기본법」

「사회복지사업법」

「아이돌봄 지원법」

「양육비 확보 및 지원에 관한 법률」

「한부모가족지원법」

「헌법」

나눔의 집(2017). **사회복지법제론 문제집**. 서울: 나눔의 집.

내일신문(2016.11. 30.). 육아휴직 있어도 '그림의 떡'.

정지영, 송정애, 엄혜경, 조성은, 황희숙(2014). **건강가정 현장실습**. 경기: 양서원.

조희금, 송혜림, 성미애(2007). **건강가정 현장실습**. 서울: 신정.

한국경제 TV(2016. 11. 18.). 韓 가족정책 정부지출 비중 1% 초반…… 주요국에 크게 못 미쳐.

제6장

다문화가족지원법

이 장에서는 2008년 3월 21일 제정되고 2016년 일부 개정된 「다문화가족지원법」에 대하여 법 제정의 사회적 배경을 살펴보고 법의 목적과 주요 내용을 파악하는 데 초점을 둔다. 이를 위해 먼저 다문화가족의 현황과 다문화가족 증가의 영향에 대해 알아보고 「다문화가족지원법」이 갖는 의미와 과제에 대해 생각해 보고자 한다.

1. 한국 사회에서의 다문화가족

1) 다문화가족의 현황

현재 한국 사회는 국제화의 물결 속에서 국가 간의 교류가 활발해지면서 외국인 근로자와 결혼이민자, 유학생 등 다양한 국적과 문화적 배경을 가진 외국인 주민의 유입이 크게 증가하여 소위 다문화사회로의 변화를 겪고 있다.

오늘날 세계화의 영향은 이주와 관련되며 많은 국가의 사람들이 국경을 넘어 취업이나 결혼을 이유로 이주한다. 이는 전 세계적인 현상으로 우리 사회도 예외는 아니어서 외국인 근로자의 유입을 시작으로 2000년대 중반에 들어서 결혼이주여성과 한국 남성, 특히 농촌 지역의 남성으로 이루어진 다문화가족이 급증하면서 다문화사회, 다문화가족에 대한 사회적 관심과 정책적 지원이 비로소 시작되었다. 현재 우리 사회가 단순히 다문화 인구의 증가로 다문화사회로 변모하는 측면은 있으나 다문화 인식과 현실적인 실정에 있어서는 진정한 다문화사회라고 하기엔 미흡하다고 할 수 있다.

다문화가족의 현황과 관련하여 실제 거주하는 다문화 외국인 주민들에 대한 전반적인 현황을 파악해 볼 필요가 있다. 행정자치부와 통계청(2016)에 따르면 [그림 6-1]에서 보는 바와 같이, 우리나라에 거주하는 외국인 주민수는 171만 명을 넘어, 총인구 대비 3.4%에 이르는 것으로 나타났는데 2006년 이후 10년간 약 3배 이상 증가한 것이다. 2015년 기준 실제 거주하는 외국인 주민 가운데 국적 미취득자가 전체 79.7%(1,363,712명)로 대부분이며, 국적 취득자는 8.8%(149,751명), 외국인 주민 자녀가 11.5%(197,550명)이다. 외국인 주민의 거주 목적으로 볼 때 외국인 근로자와 같이 근로 목적으로 거주하는 유형은 전체의 66.4%이며 가족 형성 목적으로 거주하는 유형은 전체의 25.5%이다(〈표 6-1〉). 외국인 주민 자녀는 열 명 중 아홉 명이 초등학생 이하이고, 열 명 중 여섯 명이 미취학아동인 것으로 나타났는데 연령대는 미취학아동(만 6세 이하)이 58.8%(116,068명), 초등학생(7~12세)이 31.2%(61,625명), 중 · 고생(13~18세)이 10.0%(19,857명)이다.

일반 가구(1,911만 가구) 중 다문화가구는 30만 가구로 1.6%를 차지하며 가구원은 89만 명으로 총인구의 1.7%이다. 결혼이민자는 14만 명이며, 귀화자(국적취득자)는 15만 명으로 결혼이민자의 국적으로는 베트남이 가장 많으며 귀화자의 이전 국적은 중국이 가장 많다.

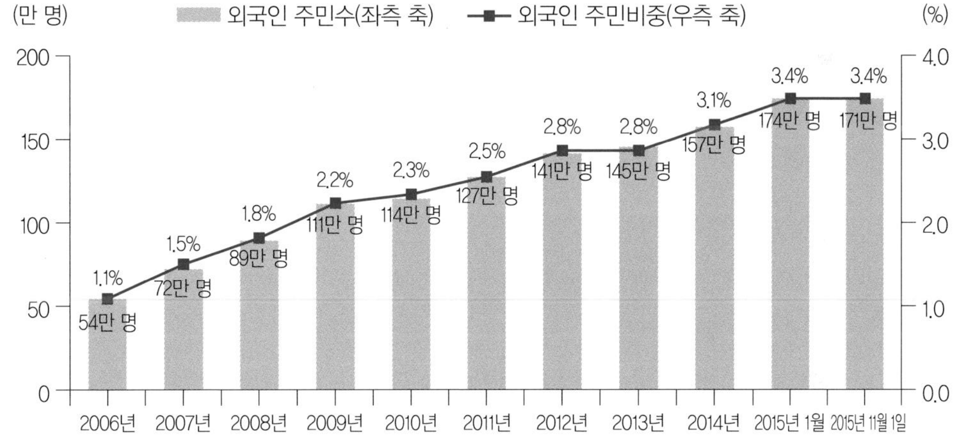

[그림 6-1] 외국인 주민수 증가 추이

출처: 행정자치부, 통계청(2016).

〈표 6-1〉 외국인 주민 현황

총인구 (A) 총인구 (A)	총인구 대비 비율 (B/A)	외국인 주민 합계 (B)	국적 미취득자						국적 취득자			외국인 주민 자녀
			계	외국인 근로자	결혼 이민자	유학생	외국 국적 동포	기타 외국인	계	혼인 귀화	기타 귀화	
51,069,375	3.4%	1,711,013	1,363,712 (79.7%)	573,378 (33.5%)	144,912 (8.5%)	82,181 (4.8%)	216,213 (12.6%)	347,028 (20.3%)	149,751 (8.8%)	93,249 (5.4%)	56,502 (3.3%)	197,550 (11.5%)

출처: 행정자치부, 통계청(2016).

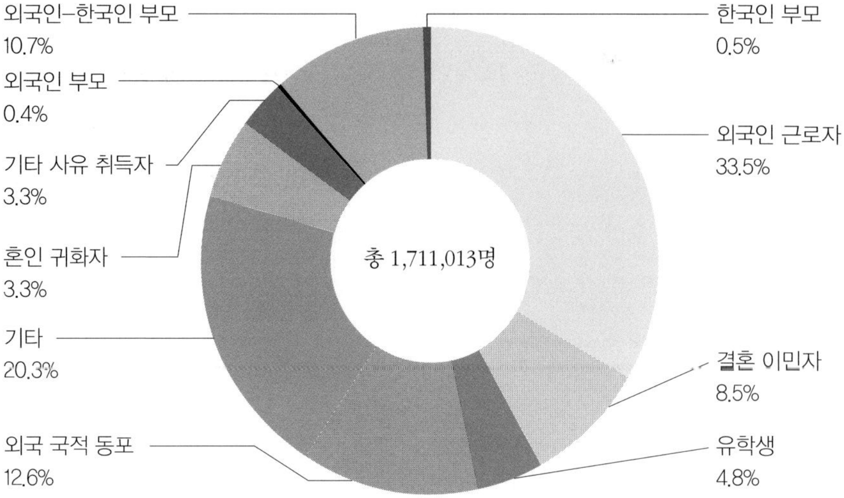

[그림 6-2] 외국인 주민의 유형별 현황

출처: 행정자치부, 통계청(2016).

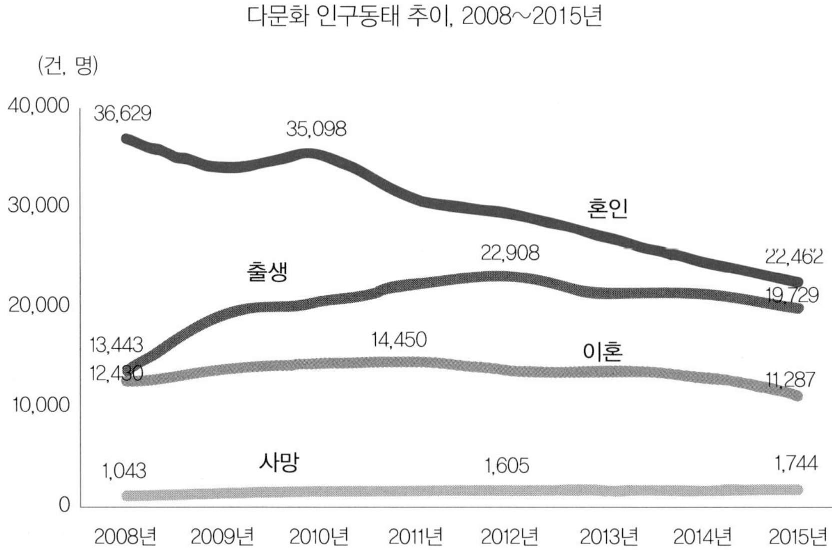

[그림 6-3] 다문화 인구동태 추이

출처: 행정자치부, 통계청(2016).

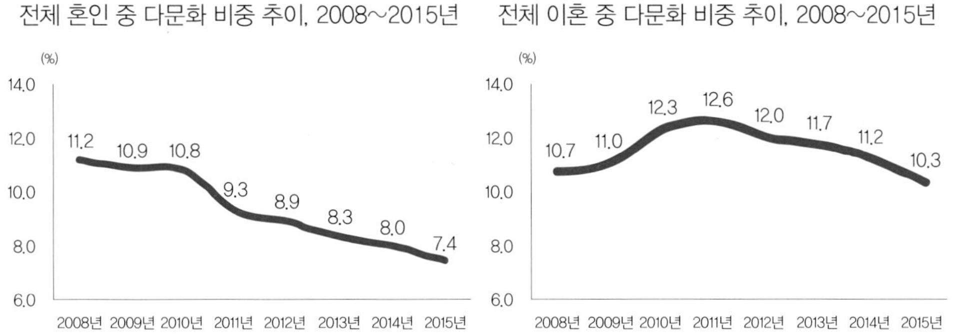

[그림 6-4] 다문화 혼인 및 이혼의 비중(2008~2015년)

출처: 통계청(2016).

외국인과의 혼인과 이혼을 살펴보면 2015년 다문화인구 동태 통계(통계청, 2016)로 살펴볼 때 2015년 기준으로 다문화 혼인과 이혼, 출생은 모두 이전보다 감소한 경향을 보이고 있다([그림 6-3]). 다문화 혼인이 전체 혼인에서 차지하는 비중은 7.4%로 2008년 이후 지속적인 감소 추세다([그림 6-4]). 다문화 혼인의 유형으로 볼 때 남녀 모두 초혼인 경우가 60.7%로 가장 많으며 다음이 남녀 모두 재혼(16.2%)의 순이다. 다문화 이혼은 전체 이혼에서 차지하는 비중은 10.3%로 이전보다 감소하였으며 결혼생활 기간 10년 미만 이혼이 전체 비중의 약 80%를 차지하였다. 다문화가족에서의 출생아는 19,729명으로 전체 출생에서 차지하는 비중은 4.5%이며 이 또한 전년보다 다소 감소하였다.

다문화 혼인에서 연령차이별 비중은 남성이 10세 이상 연상인 부부가 37.7%로 가장 많다. 다문화 혼인을 한 이주여성의 국적으로는 중국이 27.9%로 가장 많고 베트남(23.1%), 필리핀(4.7%) 순이다. 다문화 이혼은 '한국 남성 + 외국 여성'이 차지하는 이혼 비중이 48.8%로 가장 많았고, 어느 한쪽 또는 양쪽이 귀화자인 '기타'(33.5%), '외국 남성 + 한국 여성'(17.8%) 순으로 특히 귀화자를 포함한 이혼이 상당하다는 것이 주목할 만하다. 다문화 이혼을 한 부부 중 미성년 자녀가 있는 부부의 비중은 29.5%로 한국인 간 부부의 미성년 자녀가 있는 비중(50.9%)보다는 낮지만 조금씩 증가하는 추세다. 다문화 이혼을 한 부부의 이혼까지의 평균 결혼 기간은 6.9년으로 증가추세다. 다문화 이혼 중 협의 이혼 비중은 55.6%, 재판이혼은 44.4%로 한국인 부부의 협의 이혼 비중보다 협의이혼은 낮고 재판이혼은 많은 편이다. 다문화 이혼을 이주여성의 국적은 중국이 44.6%로 가장 많았고 베트남(20.9%), 필리핀(4.4%) 순이다.

다문화가족 실태 조사(여성가족부, 2013)에 의하면 다문화가족 부부의 이혼·별거 이유로는 성격차이가 가장 많으나, 그다음으로 많은 이유가 결혼이민자는 배우자의 경제적 무능력이, 한국인 배우자는 배우자의 가출이었다. 부부간의 문화적 차이에서의 갈등은 부부 모두 식습관 차이에서 가장 컸으며 언어소통상의 어려움이나 자녀양육방식, 가족행사 등 가족의례, 가사분담에서의 차이로 인한 갈등이 많았다.

이러한 현황들로 미루어 볼 때 현재 다문화 혼인과 이혼, 출생이 다소 감소추세에 있으나 다문화 부부간의 문화적 차이로 인한 갈등을 비롯하여 다문화가족에서 성장하는 미취학 자녀들의 증가, 이혼으로 인한 다문화 한부모가족의 증가, 결혼 초기 문화적 갈등에서 오는 가족갈등의 심화, 다문화의 남녀재혼이 많음으로 해서 중도입국 자녀의 증가 그리고 중·노년기 다문화가족의 증가 등에 따른 다양한 문제들이 이미 나타나고 있으며 계속해서 증가할 것으로 예상된다. 그리고 다문화가족의 경우 부부의 연령 차이가 특히 많은데, 남녀 모두가 재혼인 경우가 많다는 사실은 문화적·언어적 차이로 인한 갈등에 더하여 부부관계상의 다양한 갈등이 발생할 소지가 많으므로 다문화가족 부부를 대상으로 예방적 차원의 교육과 상담 활동이 이루어져야 할 필요가 있음을 시사한다. 또한 정착 초기 어려움을 극복한 다문화가족이 주체적으로 장기적으로 안정된 가족생활을 할 수 있도록 다문화가족의 자립역량을 강화하기 위한 지원이 이루어질 필요가 있다.

이러한 점에서 다문화가족을 지원하기 위한 정책은 보다 중장기적 관점에서 다문화가족의 다양한 배경과 개별적 특수성을 인정하면서, 다문화가족을 단순히 정책의 대상으로 일방적 지원을 하기보다는 다문화가족 스스로 능동적으로 한국 사회에 통합하려는 자발적인 노력을 활성화하는 방향으로 수립될 필요가 있다. 그리고 다문화가족에 대한 정책도 보다 광범위한 외국인 주민 정책과 다문화사회 정착을 위한 정책의 틀 안에서 다루어질 필요가 있다.

2) 다문화가족 증가의 영향

다문화가족의 증가는 몇 가지 측면에서 긍정적일 수 있다. 첫째, 단일민족과 혈연주의 의식이 강한 우리 사회에 문화적 다양성을 확장시키며, 타 문화에 대한 이해와 관용심을 증진시키는 계기를 마련해 준다. 둘째, 현실적으로 저출산이 심화되고 있는 한국 사회의 저출산 문제 해소에 일부 도움이 되며, 특히 노령화와 저출산 문제가 심각한 농촌 지역에 새로운 문화를 전달하면서 활력적인 노동력을 제공해 준다. 셋째, 결혼이민자와 그 자녀는 출신국가와 우리 사회를 이어 주는 국가 간 교류의 가교 역할을 하며, 이중언어와 다문화적 감수성을 가진 인재로서 사회적 · 국가적으로 이바지할 수 있다(보건복지가족부, 2008).

그러나 다문화가족이 증가함으로써 초래될 수 있는 부정적인 측면도 있다. 첫째, 국제결혼이 상업적 이윤 추구의 수단으로 악용되어 결혼 당사자의 인권 침해, 결혼 당사자 간의 사전 정보와 상호 이해 부족으로 인한 결혼 후의 가족 갈등, 이혼, 가정폭력, 사망사고 등 가족문제가 심화되고, 크게는 국가 이미지가 실추되는 등의 문제를 야기한다.

둘째, 대다수의 다문화가족은 언어와 문화의 차이, 경제적 어려움, 사회적 편견과 차별 등으로 인한 가족 간의 갈등과 사회적 소외를 경험하고 있다. 실제로 국제결혼 부부 당사자 간의 언어장벽과 상대방 국가의 문화에 대한 상호 이해 부족으로 인해 가정폭력이 빈번하게 발생하고, 이혼율이 증가하며 그 결과 결혼이민자 여성의 자살이나 타살에까지 이르는 심각한 상황에 이르기도 한다. 현재 다문화가족을 이루고 있는 결혼이민자나 귀화자의 대부분은 한국생활에서 언어문제로 가장 많은 어려움을 겪으며 외로움이나 경제적 어려움, 자녀양육 및 교육문제 등으로 인한 어려움을 호소하고 있다(여성가족부, 2016).

셋째, 다문화가족의 자녀들이 성장함에 따라 다문화가족의 자녀들의 적응과 교육을 지원해야 하는 문제가 발생하고 있다. 현재 미취학자녀를 둔 다문화가족의 모들은 특히 한국어를 비롯하여 부모역할 수행에 어려움을 느끼며 학령기 자녀가 있는 경우 자녀가 배우는 교과목이나 학교생활을 잘 알지 못하는 것 등으로 인해 학부모로서 어려움을 느낀다(여성가족부, 2016). 다문화가족의 자녀들도 부모의 지원이 충분치 않은 상태에서 학교 안에서의 학업적응이나 또래와의 관계에서 따돌림 등 어려움을 겪을 수 있다. 또한 재혼가족이 많은 다문화가족의 경우 재혼인 결혼이주여성이 데리고 온 중도입국 청소년들이 많아지면서 이들의 적응을 돕기 위한 다양한 지원이 증가하게 되었다. 다문화가족의 부모와 자녀들이 겪는 문제와 어려움은 곧 다문화가족의 불안정 요인으로 작용하여 가족의 안정성을 위협할 수 있다.

넷째, 다문화가족의 이혼 증가로 인한 다문화가족의 해체와 그로 인한 한부모 다문화가족의 증가가 예상된다. 다문화부부의 배우자와의 관계 만족도가 낮고 이혼사유가 성격차이가 가장 많으며 이혼 후 결혼이민자나 귀화자가 대부분 자녀를 양육한다고 할 때(여성가족부, 2016) 이혼한 한부모 다문화여성과 자녀에 대한 지원이 필요하게 된다.

마지막으로 최근에는 결혼 목적이 아닌 다른 의도에서 결혼했다가 국적 취득 후 이혼하려는 결혼이민자의 가출이나 의도적인 갈등 야기로 인해 다문화가족의 한국인 배우자와 그 가족이 피해를 입는 상황이 종종 발생되고 있으므로 보다 면밀한 가족상담이나 이혼상담 지원이 필요하다. 이처럼 다문화가족이 증가함으로써 이미 발생했거나 발생할 수 있는 부정적인 영향들로 인해 결국 다문화가족의 사회통합을 위한 사회경제적 비용부담도 증가하고 있다.

다문화가족의 증가는 우리 사회에 긍정적인 영향과 동시에 부정적인 영향을 줄 수 있다. 여성 결혼이민자의 증가로 야기된 다문화가족의 증가는 타 문화나 외국인과의 결혼에 대한 수용성이 증가해서라기보다는 사실상 우리 사회에서 고질적인 과다한 혼수비용 같은 결혼문화와 산업화 과정에서 밀려나 경제, 문화, 교육의 중심에서 소외되고 낙후된 농업과 농촌 문제, 그리고 그러한 농촌지역에 사는 미혼남성의 문제 등이 복합적으로 작용하여 만들어 낸 결과라 할 수 있다.

다문화가족의 증가와 이에 따라 발생하는 문제는 무엇보다도 정책적 개입이 없이는 계속해서 사회문제로 부상할 것이며 다문화가족의 증가로 인한 부정적인 영향을 최소화하기 위해서는 국민의 다문화 인식과 감수성이 높아지는 것과 사회경제적, 문화적으로 약자가 되는 다문화가족에 대한 합리적인 정책적인 지원, 그리고 다문화가족 자신들의 적응노력이 다함께 필요하다고 할 수 있다.

〈참고 6-1〉 교육 현장에서의 다문화 청소년

다문화 청소년 '학교 밖 2만 명' 언어 · 진로에도 관심을: 다문화 교육 정책 10년 명암

성장주기별 맞춤형 지원 불구 부모의 불안정한 신분 물려
받은 미등록 아이들은 정책 사각지대
대안교육-직업교육기관 늘리고 다문화 이해 증진책 마련해야

다문화 학생 10만 명 시대가 임박했다. 8일 교육부에 따르면 올해 국내 초 · 중 · 고등학교에 재학 중인 다문화 학생은 9만9,186명이다. 10년 전인 2006년 9,389명보다 10배 넘게 늘었다. 같은 기간 전체 학생 대비 비율도 0.12%에서 1.68%로 급증했다. 학령 인구 감소세와 다문화 유아 규모(12만 명)를 감안할 때 비중은 계속 증가할 거라는 게 당국의 전망이다. 이런 추세에 맞춰 10년간 다문화 교육정책도 꾸준히 진화해 왔다. 2006년 「다문화가정 자녀 교육 지원 대책」 발표 당시만 해도 시혜 성격의 일괄 지원에 그쳤던 교육이 지금은 학생을 포함한 다문화가족 자녀의 배경과 성장주기 등에 따라 맞춤형으로 이루어지고 있다.

지원에서 이해로

애초 국내 다문화 정책의 중심은 결혼이주여성 지원이었다. 2000년대 들어 외국인 노동자와 더불어 결혼 이민자가 급증했기 때문이다. 그러나 이들이 정착해 자녀를 낳아 기르면서 다문화 아동 · 청소년으로 주요 정책 대상이 옮겨 갔다. 요즘에는 이들의 다양성도 커졌다. 가정이 헤쳐 모이거나, 외국에서 살다가 들어오는 중도입국 청소년들이 늘면서다. 다문화 학생의 교육권은 법으로 보장되어 왔다. 2010년에는 교육과학기술부(현 교육부)가 미등록 이주노동자 자녀도 국내거주 사실만 확인되면 입학할 수 있게 「초 · 중등교육법 시행령」을 고쳤다.

초 · 중 · 고교 다문화 학생 규모 추이

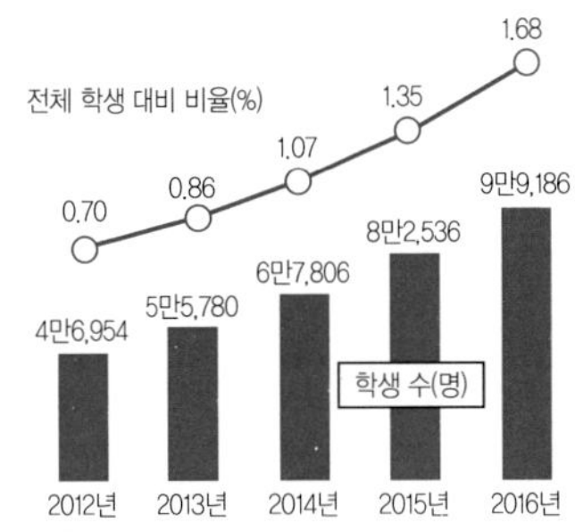

자료: 교육부.

유형별 다문화가족 학생 현황

(단위: %, 괄호 안은 학생 수)

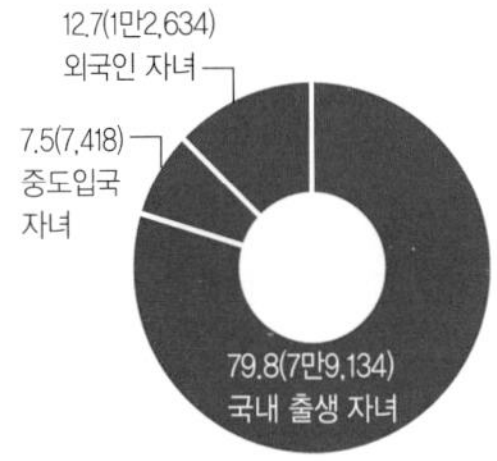

다문화가족 자녀의 학업 중단 이유

(단위: %)

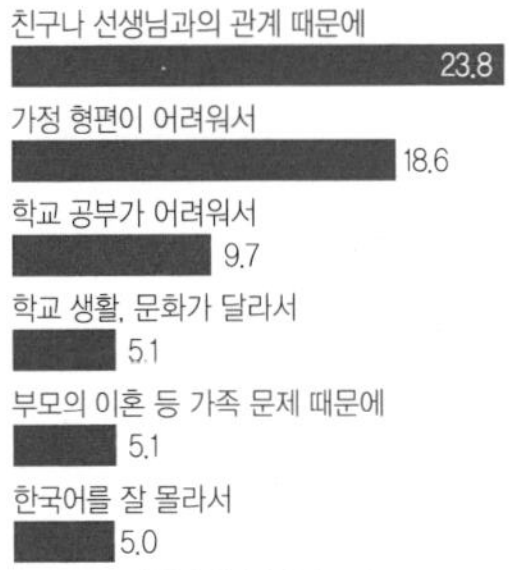

자료: 외국인 주민조사 현황, 행정자치부(2014).

2012년엔 한국어가 서툰 중도입국 청소년을 위해 정부가 일반 초 · 중 · 고교에 한국어 교육과정을 정규과목으로 운영토록 했고, 이듬해 불법체류 아동의 학습권 보장을 위한 일련의 조치가 확대 실시됨에 따라 고교를 졸업하는 20세까지는 이들을 쫓아낼 수 없게 되었다. 작년엔 중도입국 청소년이란 용어가 「청소년복지지원법」에 처음 들어가며 이들을 공식화했다. 현재 정부는 학령기 자녀의 성장주기별 맞춤형 정책을 추진 중이다. 우선 영유아기엔 언어 발달이 늦지 않도록 다문화 유치원에 보내도록 하고 있다. 시범 운영 대상을 올해 60곳으로 늘렸다. 다문화 예비학교는 공교육 진입 연령대 아동이 정규학교에 들어가기 전에 적응교육을 받게 하려는 취지로 운영되는데 한국어와 정규 수업을 병행한다. 학령기가 지났거나 학교 밖 청소년인 경우에는 레인보우스쿨에서 한국어 교육과 직업 훈련을 받게 한다. 다문화 중점학교는 일반 학생을 대상으로 다문화 이해교육 프로그램을 집중적으로 실시하는 학교다. 여전히 정부 다문화 정책에서 청소년의 위치는 주변부다. 먼저 장기 체류 이주노동자 자녀들은 미등록이라는 부모의 불안정한 체류 신분까지 물려받고 있다. 이들 중 유아교육기관이나 초 · 중 · 고교에 재학 중인 아동은 고작 10%이고, 다양한 형태로 미등록 상태에 머물고 있는 다문화 자녀가 2만 명을 상회하리라는 게 학계의 추산이다. 7,400여 명에 이르는 중도입국 청소년들 중 상당수도 정책 사각지대에 놓여 있다. 자아정체성이 확립되는 청소년기에 낯선 환경에서 다른 언어를 쓰며 살아간다는 점에서 이들은 자신이 가진 고유한 정체성을 잃고 방황하기 일쑤다. 부모의 재혼으로 한국에 들어온 청소년은 서툰 언어, 다른 문화 탓에 가족 내에서도, 학교에서도 어울리지 못하는 경우가 많다. 그러다 보니 학교 밖에 머물게 된다. 여성가족부의 실태 조사 결과 학교에 재학 중이라는 중도입국 청소년은 43.4%에 그쳤다. 언어 장벽과 학업 부진뿐 아니라 학교 현장의 기피심리도 중도입국 청소년의 공교육 진입에 장애가 된다는 지적이다.

출처: 한국일보(2016. 12. 8.).

2. 다문화가족지원법의 개관

1) 법 제정의 배경

우리 사회가 급격한 산업화의 과정에서 농촌의 미혼남성들이 결혼난을 겪으면서 동남아 지역의 여성들을 배우자로 맞이하게 되면서부터 한국인 남성과 여성결혼이민자가 이루는 다문화가족이 증가하게 되었다. 그러나 여성결혼이민자와 그 가족이 겪는 여러 가지 갈등과 부적응 문제가 사회적 문제로 등장하면서 2006년 여성결혼이민자가족의 사회통합 지원방안이 범부처 차원에서 마련되어 결혼이민자가족지원센터를 운영하게 되었다. 이후 보다 체계적인 서비스 전달체계가 필요하다는 인식하에 2008년 3월 「다문화가족지원법」이 제정되고 이에 근거해 결혼이민자가족지원센터는 다문화가족지원센터로 명칭을 변경하게 되었다. 2009년 「사회복지사업법」이 개정되면서 다문화가족지원센터는 사회복지시설로 전환되었으며 2011년 다문화가족의 범위를 확대할 필요성으로 「다문화가족지원법」이 개정되었는데 이때 '다문화가족'으로 '귀화·인지에 의한 국적취득자'와 결혼이민자 등으로 이루어진 가족도 포함하게 되었다. 2013년 8월에는 이혼 등의 사유로 해체된 다문화가족 자녀에 대한 지원 특례 규정이 마련되어 2014년 1월부터 시행되었다. 이후 무상으로 지원되는 방문교육 서비스를 개선할 필요성이 있다는 현장의 요구를 반영하여 2015년 법을 일부 개정하여 그동안 무료로 지원하던 방문교육에 대해 교육 비용을 차등 지원하는 근거를 마련하여 2016년 6월부터 시행하고 있다.

2) 다문화가족지원법의 의의

「다문화가족지원법」의 제정과 시행은 다음과 같은 몇 가지 점에서 의미 있다고 할 수 있다. 첫째, 현재 우리 사회의 중요한 가족의 한 형태로 자리하고 있으며 앞으로도 다문화가족의 자녀들이 많아지는 현실에서 다문화가족이 한국 사회에 잘 적응하고 통합될 수 있도록 사회적, 정책적 지원을 제도적으로 규정한 법적 근거를 마련하였다는 점을 꼽을 수 있다. 둘째로 다문화적 감수성이 낮은 우리 사회에서 법 제정을 통해 다문화이해의 필요성과 다문화가족의 복지증진에 대해 사회적 관심과 다문화가족지원에 대한 지역사회와 국가의 책임을 명문화하였다. 셋째로 「다문화가족지원법」은 대부분 사회적 약자에 해당하는 결혼이주여성의 가정폭력 피해를 보호하는 조항을 통해 결혼이주여성의 인권침해를 예방하는 데 기여할 수 있다. 넷째, 「다문화가족지원법」에 의거해(제12조) 전국에 다문화가족지원센터가 설치되어 다문화가족을 위한 다양한 서비스가 전달되는 사업 추진체계가 확립되고 이로 인해 다문화가족지원사업이 안정적으로 운영될 수 있었다.

3) 다문화가족지원법의 목적과 대상

「다문화가족지원법」은 법률 제14061호로 법률, 명령, 조례/규칙으로 이루어진 다른 법체계와 동일하게 시행령과 시행규칙을 가지고 있다. 「다문화가족지원법」은 특정한 지원 대상을 명시한 특별법의 성격을 가지며 이 법에 따라 다문화가족을 대상으로 「사회복지사업법」의 제2조에서 명시한 '사회복지사업'을 수행하게 된다. 따라서 다문화가족지원센터도 사회복지시설로 간주된다. 다문화가족과 관련된 법률로는 「다문화가족지원법」 이외에 「재한외국인 처우 기본법」, 「국적법」, 「결혼중개업의 관리에 관한 법률」 등이 있다.

「다문화가족지원법」은 다문화가족 구성원이 안정적인 가족생활을 영위하고 사회구성원으로서의 역할과 책임을 다할 수 있도록 함으로써 이들의 삶의 질 향상과 사회통합에 이바지함을 목적으로 한다. 그리고 이 법에 의하면 다문화가족이란 다음 각 항목의 어느 하나에 해당하는 가족(제2조)을 말한다.

- 「재한외국인 처우 기본법」 제2조 제3호의 결혼이민자와 「국적법」 제2조부터 제4조까지의 규정에 따라 대한민국 국적을 취득한 자로 이루어진 가족
- 「국적법」 제3조 및 제4조에 따라 대한민국 국적을 취득한 자와 같은 법 제2조부터 제4조까지의 규정에 따라 대한민국 국적을 취득한 자로 이루어진 가족

참고로 법에 의한 결혼이민자의 정의는 다문화가족의 구성원으로서 다음의 어느 하나에 해당하는 자를 말한다.

- 「재한외국인 처우 기본법」 제2조 제3호의 결혼이민자
- 「국적법」 제4조에 따라 귀화 허가를 받은 자
- 아동 · 청소년이란 24세 이하인 사람을 말한다.

〈참고 6-2〉 속지주의/속인주의란?

국적은 국민이 되는 자격이다. 누구 국민인가 하는 것은 국가가 법률로 정하고 있다. 이른바 국적법정주의다. 이 때문에 법률에 따라 국민의 범위도 바뀔 수밖에 없다. 출생에 의한 선천적인 국적 취득은 속인주의와 속지주의로 나뉘어 있다. 부모의 국적에 따른 혈통주의가 속인주의, 부모의 국적에 관계없이 출생한 지역에 따른 출생지주의가 속지주의다. 후천적 취득도 가능하다. 혼인 외의 출생자에 대한 친자관계에서 발생하는 인지(認知), 귀화, 국적 회복 등이 여기에 속한다.
한국 「국적법」은 속인주의 원칙 아래 속지주의를 보충하고 있다. 1998년 6월 시행된 개정 「국적법」은 부계(父系)혈통주의에서 벗어나 양계(兩系)혈통주의를 채택했다. 양계혈통주의는 부모 중 어느 한 사람이라도 그 나라 국적을 가지고 있으면 출생 자녀도 태어나면서 그 나라 국적을 얻는 제도다. 당시 도입된 제도가 복수 국적자에 대한 국적 선택 의무다. 속지주의를 선택하고 있는 나라는 대표적으로 미국, 프랑스를 들 수 있고, 속인주의를 채택하고 있는 나라는 독일, 일본 등 대부분의 나라가 그러하다.

출처: 서울신문(2016. 9. 21.).

3. 다문화가족지원법의 주요 내용

1) 총칙

「다문화가족지원법」의 총칙은 다음과 같이 구성되어 있다.

- 제1조 (목적)
- 제2조 (정의)
- 제3조 (국가와 지방자치단체의 책무)
- 제4조 (실태조사 등)
- 제5조 (다문화가족에 대한 이해 증진)
- 제6조 (생활정보 제공 및 교육 지원)
- 제7조 (평등한 가족관계의 유지를 위한 조치)
- 제8조 (가정폭력 피해자에 대한 보호 · 지원)
- 제9조 (의료 및 건강관리를 위한 지원)
- 제10조 (아동 · 청소년 보육 · 교육)
- 제11조 (다국어에 의한 서비스 제공)
- 제12조 (다문화가족지원센터의 설치 · 운영 등)
- 제13조 (다문화가족 지원 업무 관련 공무원의 교육)
- 제14조 (사실혼 배우자 및 자녀의 처우)
- 제15조 (권한의 위임과 위탁)
- 제16조 (민간단체 등의 지원)
- 제17조 (과태료)

2) 「다문화가족지원법」의 주요 내용

「다문화가족지원법」의 주요 내용을 살펴보면 다음과 같다.

- **다문화가족의 안정적 가족생활을 위한 국가와 지방자치단체의 책무**(제3조): 국가와 지방자치단체는 다문화가족 구성원이 안정적인 가족생활을 영위하고 경제 · 사회 · 문화 등 각 분야에서 사회구성원으로서의 역할과 책임을 다할 수 있도록 필요한 제도와 여건을 조성하고 이를 위한 시책을 수립 · 시행하여야 한다(제3조 제1항).
- **다문화가족 지원을 위한 기본 계획의 수립**(제3조의 2): 여성가족부장관은 다문화가족 지원을 위하여 5년마다 다문화가족정책에 관한 기본 계획을 수립하여야 한다.
- **실태조사**(제4조): ① 여성가족부장관은 다문화가족의 현황 및 실태를 파악하고 다문화가족 지원을 위한 정책수립에 활용하기 위하여 3년마다 다문화가족에 대한 실태조사를 실시하고 그 결과를 공표하여야 한다.
- **다문화가족에 대한 이해 증진**(제5조): 국가와 지방자치단체는 다문화가족에 대한 사회적 차별 및 편견을 예방하고 사회구성원이 문화적 다양성을 인정하고 존중할 수 있도록 다문화 이해교육을 실시하고 홍보 등 필요한 조치를 하여야 한다(제5조 1항).
- **생활정보 제공 및 교육 지원**(제6조): 국가와 지방자치단체는 결혼이민자 등이 대한민국에서 생활하는 데 필요한 기본적 정보(아동 · 청소년에 대한 학습 및 생활지도 관련 정보를 포함한다)를 제공하고 사회적응교육과 직업교육 · 훈련 및 언어소통 능력 향상을 위한 한국어교육 등을 받을 수 있도록 필요한 지원을 할 수 있다(제6조 1항).
- **평등한 가족관계의 유지를 위한 조치**(제7조): 국가와 지방자치단체는 다문화가족이 민주적이고 양성평등한 가족관계를 누릴 수 있도록 가족상담, 부부

교육, 부모교육, 가족생활 교육 등을 추진하여야 한다. 이 경우 문화의 차이 등을 고려한 전문적인 서비스가 제공될 수 있도록 노력하여야 한다.

- 가정폭력 피해자에 대한 보호 · 지원(제8조): 국가와 지방자치단체는 「가정폭력방지 및 피해자보호 등에 관한 법률」에 따라 다문화가족 내 가정폭력을 예방하기 위하여 노력해야 한다(제8조 1항). 결혼이민자 등이 가정폭력으로 혼인관계를 종료하는 경우 의사소통의 어려움과 법률체계 등에 관한 정보의 부족 등으로 불리한 입장에 놓이지 아니하도록 의견진술 및 사실 확인 등에 있어서 언어통역, 법률상담 및 행정지원 등 필요한 서비스를 제공할 수 있다(제8조 4항).
- 의료 및 건강관리를 위한 지원(제9조): 국가와 지방자치단체는 결혼이민자 등이 건강하게 생활할 수 있도록 영양 · 건강에 대한 교육, 산전 · 산후 도우미 파견, 건강검진 등의 의료서비스를 지원할 수 있다(제9조 1항).
- 아동 · 청소년보육 · 교육(제10조): 「영유아보육법」 제10조에 따른 어린이집의 원장 「유아교육법」 제7조에 따른 유치원의 장, 「초 · 중등교육법」 제2조에 따른 각급학교의 장, 그 밖에 대통령령으로 정하는 기관의 장은 아동 · 청소년 · 보육 · 교육을 실시함에 있어 다문화가족 구성원인 아동 · 청소년이 차별을 받지 아니하도록 필요한 조치를 하여야 한다(제10조 4항).
- 다국어에 의한 서비스 제공(제11조): 국가와 지방자치단체는 다문화가족에 대한 지원정책을 추진함에 있어 결혼이민자 등의 의사소통의 어려움을 해소하고 서비스 접근성을 제고하기 위하여 다국어에 의한 서비스 제공이 이루어지도록 노력하여야 한다.
- 다문화가족지원센터의 설치 · 운영 등(제12조): 국가와 지방자치단체는 다문화가족지원센터(이하 '지원센터'라 한다)를 설치 · 운영할 수 있다(제1항). 지원센터는 다음 각 호의 업무를 수행한다(제4항).
  - 다문화가족을 위한 교육 · 상담 등 지원사업의 실시
  - 결혼이민자 등에 대한 한국어교육

–다문화가족 지원 서비스의 정보 제공 및 홍보
–다문화가족 지원 관련 기관 · 단체와의 서비스 연계
–일자리에 관한 정보 제공 및 일자리의 알선
–다문화가족을 위한 통역 · 번역 지원사업
–그 밖에 다문화가족 지원을 위하여 필요한 사업

- **다문화가족 지원사업 전문인력 양성**(제13조의 2): 국가 또는 지방자치단체는 다문화가족지원 및 다문화 이해교육 등의 사업 추진에 필요한 전문인력을 양성하는 데 노력하여야 한다(제1항).
- **사실혼 배우자 및 자녀의 처우**(제14조): 제5조에서 제12조까지의 규정은 대한민국 국민과 사실혼 관계에서 출생한 자녀를 양육하고 있는 다문화가족 구성원에 대하여 준용한다.
- **다문화가족 자녀에 대한 적용 특례**(제14조의 2): 다문화가족이 이혼 등의 사유로 해체된 경우에도 그 구성원이었던 자녀에 대하여는 이 법을 적용한다.

〈참고 6-3〉 재한외국인과 국적 취득

「재한외국인 처우 기본법」[시행 2013. 7. 1.] [법률 제11298호, 2012. 2. 10. 타법 개정]

제2조(정의) 이 법에서 사용하는 용어의 정의는 다음과 같다.
1. '재한외국인'이란 대한민국의 국적을 가지지 아니한 자로서 대한민국에 거주할 목적을 가지고 합법적으로 체류하고 있는 자를 말한다.
2. '재한외국인에 대한 처우'란 국가 및 지방자치단체가 재한외국인을 그 법적 지위에 따라 적정하게 대우하는 것을 말한다.
3. '결혼이민자'란 대한민국 국민과 혼인한 적이 있거나 혼인관계에 있는 재한외국인을 말한다.

「국적법」[시행 2016. 12. 20.] [법률 제14407호, 2016. 12. 20. 일부 개정]

제2조(출생에 의한 국적 취득) ① 다음 각 호의 어느 하나에 해당하는 자는 출생과 동시에 대한민국 국적(國籍)을 취득한다.
1. 출생 당시에 부(父) 또는 모(母)가 대한민국의 국민인 자
2. 출생하기 전에 부가 사망한 경우에는 그 사망 당시에 부가 대한민국의 국민이었던 자
3. 부모가 모두 분명하지 아니한 경우나 국적이 없는 경우에는 대한민국에서 출생한 자
② 대한민국에서 발견된 기아(棄兒)는 대한민국에서 출생한 것으로 추정한다.
제3조(인지에 의한 국적 취득) ① 대한민국의 국민이 아닌 자(이하 '외국인'이라 한다)로서 대한민국의 국민인 부 또는 모에 의하여 인지(認知)된 자가 다음 각 호의 요건을 모두 갖추면 법무부장관에게 신고함으로써 대한민국 국적을 취득할 수 있다.
1. 대한민국의 「민법」상 미성년일 것
2. 출생 당시에 부 또는 모가 대한민국의 국민이었을 것

출처: 국가법령정보센터(http://www.law.go.kr).

4. 다문화가족지원법의 과제

「다문화가족지원법」은 다문화가족이 우리 사회의 구성원으로 통합되고 적응하는 데 필요한 지원과 복지서비스를 법적으로 규정함으로써 많은 다문화가족이 법에서 정한 기관에서 무상으로 양질의 서비스를 제공받아 조기 정착하고 적응하는 데 크게 기여하였다. 또한 국민 대상의 다문화이해교육 실시를 명문화하여 다문화사회에 대한 인식을 개선하고 다문화가족에 대한 이해를 증진시키는 데 기여하였다고 할 수 있다. 그러나 다음과 같은 몇 가지 과제도 안고 있다.

첫째, 법이 제정될 즈음 결혼이주여성의 초기 부적응과 인권침해의 문제가 많았던 현실이 반영되어 다양한 지원이 제도화된 점은 바람직하다. 그러나 다

문화가족은 여러 법과 복지사업에서 이미 사회적 약자의 범주에 포함되어 다양한 혜택을 받고 있으며 실제로 정부의 이주민 관련 정책의 절반 정도가 다문화가족 지원이었음을 감안할 때(김이선, 2012) 과다한 중복지원의 우려가 있으므로 반드시 서비스 혜택을 받아야 하는 대상에 대한 보다 엄정한 지원 기준이 적용될 필요가 있다. 둘째, 법에서의 지원 대상이 사실상 주로 결혼이주여성에 치중되어 있는데 자신의 개인적 적응 노력과 책임을 도외시하는 결혼이주여성이나 혹은 한국 사회에 적응하고 경제적으로 안정된 생활을 하며 굳이 다문화가족이라는 것을 드러내고 싶어 하지 않는 결혼이주여성을 포함한 다문화가족에게 과연 일방적인 무상의 지원이 바람직한 것인가에 대해 숙고해 볼 필요가 있다. 이것은 곧 지원의 효과성과 내국인에 대한 역차별 논란과도 관련된다는 점에서도 중요하다. 단지 다문화가족이라는 범주로 서비스를 제공할 때 오히려 과도한 서비스 의존과 이주여성 자신이 적응 노력이나 역량 개발을 위한 노력을 소홀히 하고 가정에 대한 책임보다 개인적인 경제적 활동에만 몰두하는 부작용이 현실에서 종종 나타나기 때문이다. 마지막으로 다문화가족이 해체되는 이혼 이후 다양한 성격의 다문화가족이 등장하고 있으므로 법에 포함시켜야 할 다문화가족의 정의와 범위 규정에 대한 논의와 드러나지 않는 한국 남성 배우자의 피해 사례와 같은 문제의 예방과 대처를 위해서도 법적인 보호가 필요하다고 할 수 있다.

생각해볼문제

1. 다문화가족의 증가가 개인과 사회에 미치는 긍정적 · 부정적 영향에 대해 생각해 봅시다.
2. 다문화가족을 위한 국가와 지방자치단체의 책무에 대해 「다문화가족지원법」에 나타난 주요 내용을 정리해 봅시다.
3. 현재 다문화가족 지원정책의 문제와 방향에 대해 생각해 봅시다.

참고문헌

「국적법」

「다문화가족지원법」

「사회복지사업법」

「재한외국인 처우 기본법」

김이선(2012). 지역의 다문화 양상과 정책적 함의. **2012 외국인 주민정책관계부처 협동설명회 자료집**, 4-17.

내일신문(2017. 2. 2.). 다문화 학생 10만 시대, 언어소통교육은 "중도입국 외국인학생도 한국사회 인재".

보건복지가족부(2008). **다문화가족 생애주기별 맞춤형 지원강화대책**. 서울: 보건복지가족부.

서울신문(2016. 9. 21.). [씨줄날줄] 국적 포기의 그늘.

여성가족부(2006). **결혼이민자가족 실태조사 및 중장기 지원정책방안 연구**. 서울: 여성가족부.

여성가족부(2013). **2012년 전국 다문화가족 실태조사 연구**. 서울: 여성가족부.

여성가족부(2016). **2015년 전국 다문화가족 실태조사 연구**. 서울: 여성가족부.

통계청(2016). 2016. 11. 16. 보도자료. 다문화 인구동태 통계 결과.

한국일보(2016. 12. 8.). 다문화 청소년 '학교 밖 2만 명' 언어 · 진로에도 관심을: 다문화교육 정책 10년 명암.

행정자치부, 통계청(2016). 2016. 11. 15. 보도자료. 2015년 지방자치단체 외국인주민현황.

http://www.law.go.kr 법제처 국가법령정보센터

Introduction to Healthy Families

제3부

건강가정사업의 전달체계

제7장

건강가정지원센터

이 장에서는 가족지원서비스의 중추적인 전달체계로서 설치된 건강가정지원센터의 과제와 대안을 모색해 보기 위해 근간이 되는 센터의 설치 현황과 사업 주체별 전달체계 및 역할에 대해 살펴본 후 건강가정지원센터의 영역별 필수 사업과 선택사업에 대한 구체적인 내용과 함께 성과에 대해 살펴보고자 한다.

1. 건강가정지원센터의 현황

건강가정지원센터는 2005년 시행된 「건강가정기본법」에 따라 "건강한 가정생활 영위, 가정의 유지와 발전"이라는 목표를 달성하기 위한 가족지원서비스 전달체계로 설립되었다. 현재 건강가정지원센터는 수요자 중심의 서비스 전달체계로 지역 주민의 특성을 고려한 맞춤형 가족지원서비스를 제공함으로써 가족의 안정성 강화 및 가족관계 증진에 기여한다는 사업 목적을 갖고 운영되고 있다(여성가족부, 2017b).

건강가정지원센터는 2004년도 3개소 시범사업을 시작으로 2005년 「건강가정기본법」의 시행과 함께 본격적으로 확대 설치되기 시작하여 2015년 기준 건강가정사업을 수행하는 데 필요한 조직 구성을 센터장, 가족상담팀, 가족교육팀, 가족문화팀으로 운영하는 독립형센터가 118개이며, 그중 병합형 다문화가족지원센터를 위탁받아 운영하는 독립형 건강가정지원센터는 78개소이고, 다문화가족지원센터에서 건강가정지원센터의 위탁을 받아 운영하는 다기능화센터는 전국 33개소가 운영되었다. 또한 2012년 여성가족부는 건강가정지원센터와 다문화가족지원센터의 통합에 대한 논의를 시작하고 가족지원서비스 전달체계 개선과 관련하여 통합안을 마련하여 2014년에는 10개의 통합센터가 시범운영을 하고 2016년에는 78개의 통합센터가 운영되었으며, 지방건강가정지원센터는 건강가정지원센터 83개소 중 국비지원센터가 50개소를 운영하고 건강가정 다문화가족지원센터(통합 지원센터) 78개소를 운영되었다(통합센터 78개소 중 10개소는 다문화센터에서 건강가정 사업을 통합하게 한 것이라 건강가정지원센터의 통합센터는 68개소가 됨).

2017년 현재 전국의 건강가정지원센터는 152개소로, 중앙건강가정지원센터(한가원) 1개소와 지방건강가정지원센터 151개소가 운영되고 있다.

〈표 7-1〉 건강가정지원센터 연도별 설치 현황 (단위: 개소)

구분		2004	2005	2006	2007	2008	2009	2010	2011	2012	2013~2016년
총계		3	15	47	65	81	97	136	138	148	151
지방 센터	계	3	15	47	65	81	97	136	138	148	151
	국비 지원	3	6	17	33	37	54	98	100	110	111
	전액 지방비	–	9	30	32	44	43	38	38	38	40

출처: 여성가족부(2017b), p. 10.

2. 사업 주체별 기능과 역할

1) 여성가족부

2010년 1월 보건복지가족부의 청소년 및 다문화 가족을 포함한 가족 기능을 여성가족부로 이관하는 내용의 정부조직법이 개정됨에 따라 같은 해 3월 여성가족부로 개편되었다. 여성가족부는 기존의 여성정책뿐만 아니라 청소년의 육성·복지 및 보호, 여성·아동·청소년에 대한 폭력피해 예방 및 보호, 가족과 다문화가족 정책의 수립·조정·지원 등 가족에 대한 전반적인 업무를 담당하고 있다.[1] 건강가정지원센터와 관련된 여성가족부의 업무 중 일부를 살펴보면 다음과 같다.

- 건강가정지원센터 기본 운영계획 수립
- 「건강가정기본법」 관련 법규 제정 및 정비
- 건강가정지원센터 설치 계획 수립 및 지원

1) 본 장에서 건강가정지원센터의 기능과 역할을 비롯하여 설치와 운영 그리고 건강가정사업과 관련된 내용은 여성가족부(2017b)의 건강가정지원센터 사업 안내 지침을 주로 참고, 인용하였다.

- 사업비의 교부 및 정산, 평가
- 건강가정지원센터의 관리 감독 및 지도

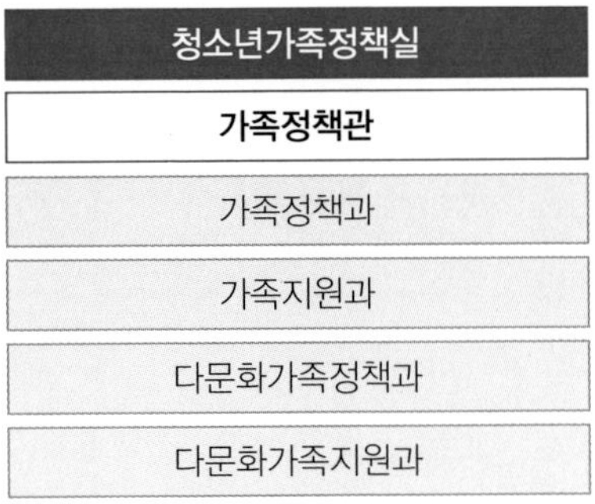

[그림 7-1] 여성가족부의 건강가정지원센터 관련 조직도

출처: 여성가족부(2017). 홈페이지 조직도.

2) 시 · 도 및 시 · 군 · 구(지방자치단체)

지방자치단체는 중앙정부인 여성가족부와 시 · 군 · 구 간의 연계 역할을 하고 있으며, 서울을 제외한 나머지 건강가정지원센터의 경우 국비와 지방비 각각 50%를 재원으로 삼고 있다. 따라서 지방자치단체의 재정 상태는 건강가정지원센터의 설치와 운영에 큰 영향을 미친다고 볼 수 있다. 시 · 도 및 시 · 군 · 구의 주요 업무는 다음과 같다.

- 중앙정부, 시 · 군 · 구 간 및 시 · 군 · 구 내 연계(시 · 도, 시 · 군 · 구)
- 「건강가정기본법」 관련 조례 등 제정 및 정비
- 시 · 도 및 시 · 군 · 구 건강가정지원센터 설치 및 지원
- 시 · 도 및 시 · 군 · 구 건강가정지원센터 사업비의 교부 및 정산
- 건강가정지원사업의 운영현황 및 사업결과 보고
- 건강가정지원사업의 운영현황 및 사업결과 보고

• 건강가정지원센터의 관리 감독 및 지도

3) 한국건강가정진흥원

한국건강가정진흥원(이하 '진흥원'이라 함)은 시 · 도 및 시 · 군 · 구 건강가정지원센터의 사업을 총괄적으로 지원하고, 이들을 평가하는 역할을 담당하고 있는 기관이다. 시 · 도 건강가정지원센터가 생기기 이전에는 직접 시 · 군 · 구 센터와의 실질적인 연계 역할이 이루어졌으나 시 · 군 · 구 센터가 전국적으로

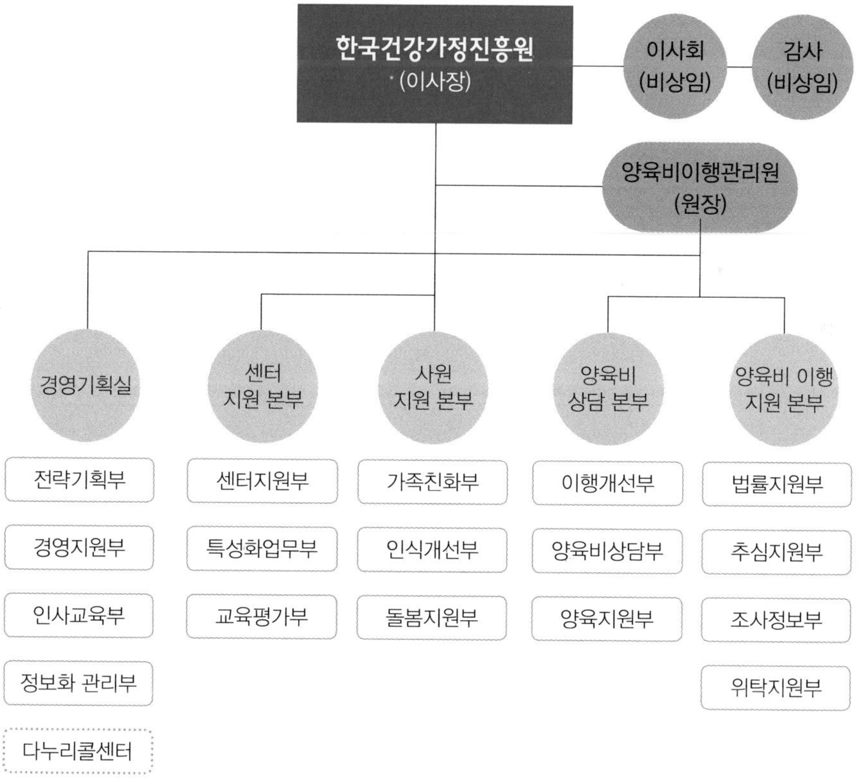

[그림 7-2] 한국건강가정진흥원의 조직도

출처: 한국건강가정진흥원(www.kihf.or.kr).

확대됨에 따라 이러한 역할이 과중해짐에 따라 현재는 다음과 같은 업무를 주로 하고 있다.

- 가족지원 프로그램의 개발 및 보급
- 주요 가족정책 관련 시범사업 실시
- 교육 · 상담 · 문화활동 등 각 분야 전문인력 양성
- 직원 전문성 및 역량강화 교육
- 시 · 도 및 시 · 군 · 구 건강가정지원센터의 사업지원 및 평가
- 통합정보시스템 관리 · 운영
- 관련 기관 네트워크 구축 및

4) 시 · 도 건강가정지원센터

시 · 도 건강가정지원센터는 시 · 군 · 구 센터가 늘어나면서 기존의 진흥원이 담당하던 역할을 분담하고 있다. 즉, 주민을 위한 일차적인 서비스 기관이 아니라 관할 시 · 군 · 구 센터의 사업을 지원 및 관리하며 그 특성에 맞는 가족지원 프로그램을 개발 · 보급하는 등 진흥원과 시 · 군 · 구 센터의 연계 역할을 담당하고 있다. 주요 업무는 다음과 같다.

- 진흥원과 시 · 군 · 구 건강가정지원센터와의 연계
- 시 · 도별 특성에 맞는 가족지원 프로그램 개발 · 보급
- 시 · 군 · 구 건강가정지원센터 사업지원 및 관리
- 시 · 도 단위의 가족실태 조사 및 주민욕구 조사
- 시 · 도 가족 관련 정보 및 데이터베이스 구축 · 보급
- 관할 시 · 도 단위 자체사업 평가, 전국 단위 건강가정지원센터 평가 지원

5) 시 · 군 · 구 건강가정지원센터

시 · 군 · 구 건강가정지원센터의 경우 진흥원이나 시 · 도 건강가정지원센터와는 달리 서비스를 필요로 하는 가족들에게 건강가정지원 서비스를 직접적으로 제공하는 기관이다. 즉, 다양한 교육, 상담, 문화 사업의 프로그램을 통해 가족의 실질적인 욕구를 파악하고 그것을 충족시킬 수 있는 기관이다. 이러한 센터는 지역사회 내의 보건소, 종합사회복지관, 인근 학교 등과의 연계를 통해 가족에게 통합적인 서비스를 제공하고 있으며, 주요 업무는 다음과 같다.

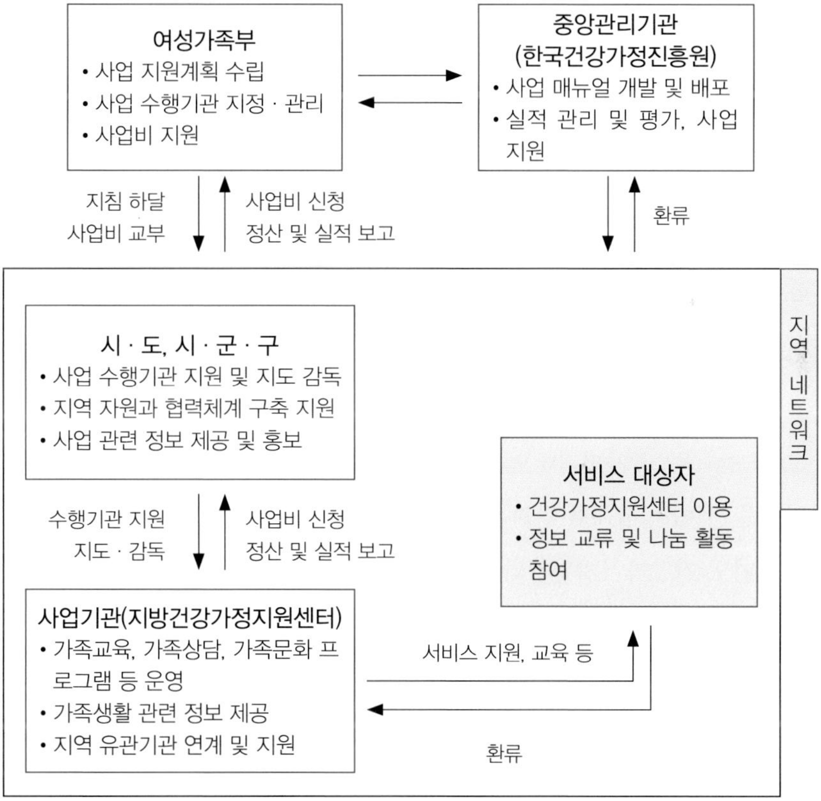

[그림 7-3] 건강가정지원센터 추진체계

출처: 여성가족부(2017b). 건강가정지원센터 사업 안내, p. 10.

- 지역사회 내 가족구성원을 위한 일차적 가족지원 서비스 제공
- 지역 단위 가족생활 교육 · 상담 · 문화사업 실시
- 지역사회 유관기관과의 연계를 통한 통합적 가족지원 서비스 제공
- 시 · 군 · 구 단위의 가족실태 조사 및 주민욕구 조사
- 지역사회 내 가족구성원을 위한 가족생활 관련 정보 제공

2017년도 건강가정지원센터 사업 안내에서는 이상과 같은 사업 주체별 역할을 도표화한 건강가정지원센터 추진체계도를 [그림 7-3]과 같이 제시하고 있다.

3. 건강가정지원센터의 설치 및 운영

1) 건강가정지원센터의 설치

"국가 및 지방자치단체는 가정문제의 예방 · 상담 및 치료, 건강가정의 유지를 위한 프로그램의 개발, 가족문화운동의 전개, 가정 관련 정보 및 자료제공 등을 위하여 건강가정지원센터(이하 '센터'라 한다)를 설치 · 운영하여야 한다." 라고 명시한 「건강가정기본법」 제35조를 근거로 하여 건강가정지원센터가 설치되었다. 센터의 설치와 관련된 몇 가지 주요 내용들을 살펴보기로 한다.

2017년도 건강가정지원센터 사업 안내(여성가족부, 2017b, pp. 19-20)에 의하면 건강가정지원센터의 설치기준은 다음과 같다.

- 지역 주민의 접근이 편리한 곳에 설치한다. 특히, 지역 주민의 접근성이 떨어지는 학교 내부, 도심 외곽 지역 등에 센터를 두지 않도록 한다.
- 공공성이 확보될 수 있도록 시 · 군 · 구청, 동사무소 등 지방자치단체 내 건물 혹은 지방자치단체가 소유 · 관리 및 확보한 공공시설 내부에 설치하

〈표 7-2〉 건강가정지원센터 설치를 위한 주요 내용

사업 목적	건강가정지원센터의 설치 · 운영을 통해 수요자 중심의 서비스 전달체계를 갖추고 지역 주민의 특성을 고려한 맞춤형 가족지원서비스를 제공함으로써 가족의 안정성 강화 및 가족관계 증진에 기여함
법적 근거	• 건강가정기본법령 –법 제34조(건강가정사업 전담 수행) –법 제35조(건강가정지원센터의 설치) 국가 및 지방자치단체는 가정문제의 예방 · 상담 및 치료, 건강가정의 유지를 위한 프로그램의 개발, 가족문화운동의 전개, 가정 관련 정보 및 자료제공 등을 위하여 건강가정지원센터(이하 '센터'라 한다)를 설치 · 운영하여야 한다. –시행령 제3조(건강가정지원센터의 조직 등) –시행규칙 제6조(건강가정지원센터의 위탁 운영)
설치자	국가 또는 지방자치단체이며, 실제 운영을 위해 중앙, 시 · 도 및 시 · 군 · 구에 건강가정지원센터를 둔다.
명칭 및 로고	가. 명칭 사용 1) 건강가정지원센터의 명칭은 '○○시 · 도 건강가정지원센터' 또는 '○○시 · 군 · 구 건강가정지원센터'로 함 2) 민간에 위탁하는 경우 위탁기관의 명칭은 혼용 금지 3) 건강가정기본법에 따른 센터가 아닌 기관은 건강가정지원센터 또는 이와 유사한 명칭 사용 금지(「건강가정기본법」 제35조의 2, 2011. 9. 15. 신설) 나. 로고 사용 1) 시 · 도 및 시 · 군 · 구 건강가정지원센터는 아래의 로고를 사용 ※건강가정지원센터(국비지원)는 간판이나 출입구 등에 '여성가족부 지원'을 방문자가 알 수 있도록 표시하여 게시 ※새로 제작할 경우 위 기준을 준수하며, 크기 조정 가능 2) 다기능화센터는 건강가정지원센터와 다문화가족지원센터의 로고 및 간판을 나란히 사용
대표 번호	각 센터는 1577-9337이 건강가정지원센터 전국 대표 번호로 정착될 수 있도록 필수 가입

출처: 여성가족부(2017b). 건강가정지원센터 사업 안내.

는 것을 원칙으로 한다.

- 별도의 사무공간을 확보하고, 건강가정지원센터의 기능을 효율적으로 수행할 수 있도록 전화상담실, 면접상담실, 교육실, 자료실 등 필요한 공간을 충분히 확보하여야 한다.
- 상담실은 전화상담실과 면접상담실을 별도로 분리하여 설치해야 하며, 이 밖에 집단상담실 등을 둘 수 있다.
- 이용자의 안전 및 편의에 적합한 규모 및 구조로 설비해야 한다.
- 화재 및 시설이용 관련 사고 등으로 인한 손해배상 책임의 이행을 위해 책임보험에 가입해야 한다.
- 건강가정지원센터 운영에 필요한 기자재 등을 비치하여야 한다.
- 센터에 관한 홍보자료, 진행 중이거나 계획 중인 사업 등의 관련 자료를 이용자들이 열람할 수 있도록 항시 비치하여야 한다.
- 건강가정지원센터 신규 설치 시 다문화가족지원센터가 설치된 지역에는 독립형 건강가정지원센터 신규 설치를 배제하고 다기능화센터를 우선 설치해야 한다. 전액 지방비로 신규 센터 설치 시 여성가족부로 설치 현황을 통보한다.

2) 건강가정지원센터의 운영

(1) 기본 방향

- 국가 및 지방자치단체는 센터를 설치 · 운영하되 필요한 경우 비영리 법인 또는 학교에 센터 운영에 관한 업무를 위탁할 수 있다.
- 국가 및 지방자치단체는 예산 범위 내에서 센터 기능의 수행에 필요한 운영비를 보조한다.
- 여성가족부장관, 시 · 도지사 및 시 · 군 · 구청장은 건강가정지원센터의 원활한 운영을 위해 사업 및 보조금 집행실적 등을 보고받아 지도 · 감독

해야 한다.

- 지방건강가정지원센터는 진흥원이 실시하는 공모사업 등에 참여하여 사업비를 지원받을 수 있다.

(2) 조직

시 · 도 건강가정지원센터는 시 · 도와 협의하여 센터장 외 교육지원팀, 사업지원팀, 홍보협력팀, 행정지원팀 등 사업수행을 위해 필요한 팀을 둘 수 있으며, 시 · 군 · 구 건강가정지원센터(독립형센터)는 센터장, 가족상담팀, 가족교육팀, 가족문화팀을 두고 그 외에 사업수행을 위해 필요한 팀을 둘 수 있다. 센터 내 조직을 변경할 필요가 있을 경우 관할 시 · 도지사 또는 관할 시 · 구청장의 사전 승인을 받은 후 변경이 가능하다. 조직도와 담당 업무표를 센터 내에 게시하여 방문자들이 알 수 있도록 하고, 지역사회 내 유관기관과의 네트워크 구축 및 정보를 교류할 수 있도록 운영위원회를 구성하여 운영한다.

(3) 종사자 수와 자격기준

종사자의 경우 진흥원은 상근 종사자가 16인 이상이어야 하며, 독립형센터는 상근 직원을 4인 이상, 다기능화센터는 2인 이상을 두어야 한다. 직영센터의 경우 직원 중 건강가정사를 2인 이상 두어야 하는데, 센터에서 근무하는 공무원이 건강가정사 자격을 갖춘 경우에는 건강가정사를 둔 것으로 본다. 또한 직영센터에서 비전임 공무원 또는 비상근 종사자를 둔 경우, 비전임 공무원 또는 비상근 종사자를 상근 종사자의 1/2인으로 본다(센터 전담업무가 아닌 업무를 중복해서 맡고 있는 경우는 비전임으로 인정한다). 센터 직원은 건강가정사의 자격이 있는 사람이어야 하며, 자격증 소지자의 비율은 건강가정지원센터의 평가 시 반영된다.

4. 건강가정지원센터의 사업

건강가정지원센터에서 시행하는 사업들은 기본적으로 현재 정부가 추진하는 가족정책의 방향과 맥을 같이한다고 할 수 있다. 그러므로 현재 건강가정지원센터 사업의 방향은 보편성, 평등성, 통합성, 포괄성, 전문성, 연계성으로 요약할 수 있다. 이러한 사업방향을 기초로 하여 건강가정지원센터의 사업은 가족기능 강화와 가족문제 예방에 목표를 두고 크게 네 가지의 사업기능, 즉 가족교육 및 상담, 가족돌봄 지원, 맞춤형 서비스 지원, 평등하고 행복한 가족친화문화 조성의 기능으로 나누어 그에 해당하는 다양한 사업을 추진하고 있다.

1) 영역별 수행사업(공통사업)

실제로 시 · 군 · 구의 지역건강가정지원센터에서 수행해야 하는 사업은 해당 연도 지침에 따라 매년 약간의 명칭 변경이 있기는 하나 기본적으로 모든 센터가 필수적으로 해야 하는 공통사업과 센터의 특성과 상황에 맞게 선택하여 할 수 있는 선택사업, 그리고 별도 지침에 의해 추진되는 사업을 포함한다. 시 · 군 · 구 건강가정지원센터에서의 사업 범주는 크게 가족돌봄 나눔, 가족교육, 가족상담, 가족문화, 지역사회 연계 등 5개 영역으로 나뉜다. 독립형센터는 5개 영역 수행사업을 모두 실시해야 하고, 다기능화센터는 가족교육, 가족문화, 가족상담, 3개 영역 필수사업을 수행하고 가족돌봄과 지역사회 연계 영역 중 1개 사업을 선택하여 실시하도록 한다.

시 · 군 · 구 건강가정지원센터의 사업은 다양한 가족지원과 이용자들의 참여를 확대하여 가족기능 지원강화를 위한 방향으로 가족이 함께하는 토요일 프로그램을 활성화하여 토요일 돌봄사업을 강화하였고 가족봉사단 및 품앗이 활동 사업을 토요일로 유도하였다.

또한 맞벌이 가정의 일 · 가정 양립 지정을 위한 프로그램을 강화하기 위해 예비 직장맘을 위한 경력 단절 예방교육 내용을 추가하였고 아버지 교육 중 일부를 직장맘 남편을 위한 특화 프로그램을 운영하는 등 아빠의 육아 참여를 확대할 수 있는 프로그램을 활성화하였다. 또한 사업의 인지도 및 홍보 효과 제고를 위한 사업 브랜드화를 위해 함께 키우고, 함께 돌보는 '우리는 모두 가족'이라는 공통 슬로건과 모두가족봉사단과 모두가족 품앗이 등과 같이 공통 브랜드를 가지고 사업을 하고 있다.

공통사업 5개 영역에 맞추어 실시하고 있으며 영역별 수행사업을 살펴보면 다음과 같다.

(1) 가족돌봄나눔 영역

가족돌봄나눔 사업이란 가족 간의 실제적 돌봄이 이루어지면서 자녀돌봄을 비롯한 가족돌봄의 스트레스를 줄이는 한편, 가족원들의 가족돌봄 역량을 강화하여 가족관계 개선 또는 향상을 도모하고 우리 가족 이외 지역 내 이웃 간 돌봄 나눔 문화를 확산하여 참여 가정과 사회의 성장과 행복이 지속될 수 있도록 지원하는 사업을 말한다(한국건강가정진흥원, 2012). 사업으로는 모두가족 봉사단과 모두가족 품앗이, 아버지-자녀가 함께하는 토요돌봄 프로그램이 있으며 3개 사업 중 선택 2개 사업을 운영하는 것을 기본으로 하고 있다.

모두가족 봉사단(가족함께 돌보기를 위한 지역봉사단)은 기존 가족봉사단의 활동 내용을 '돌봄'을 주제로 전환하여 운영하며 센터 내 또는 지역사회 돌봄 프로그램과 결합하여 운영하기도 하며 아동, 청소년을 포함한 2인 이상의 가족이 돌봄 봉사 시간을 정해 놓고 봉사활동에 참여한다. 모두가족 봉사단은 자녀돌봄에서 출발하여 노인, 장애아, 환자 등 돌봄이 필요한 다양한 대상으로 확대하고 봉사활동을 위한 교육, 자조모임도 활동 내용에 포함하고 있다.

모두가족 품앗이(자녀 함께 키우기를 위한 지역 품앗이)는 기존 구성원 간의 재능 나눔, 돌봄 나눔 활동을 넘어 지역사회와 타 공동체로 품앗이 활동을 확대하고 있으며 전업주부와 맞벌이 주부가 함께 운영하는 품앗이, 남성이 참여하는 품앗이 등 다양한 그룹을 운영하고 있다.

아버지-자녀가 함께하는 토요돌봄 프로그램은 아버지의 양육 참여 확대를 위해 유아나 초등학생을 위한 토요돌봄 프로그램을 운영하며 아이돌봄, 품앗이, 상담 등 기타 다양한 프로그램과 연계를 하고 있다.

(2) 가족교육 영역

가족교육 영역으로는 생애주기별 (조)부모교육이 있다. 생애주기별 부모교육은 가족 내에서 발생하는 문제를 예방하고 가족구성원의 역량을 강화시키기 위한 부모, 부부, 조부모, 가족 등을 대상으로 하는 생애주기별 다양한 교육으로, 예비/신혼기부부, 결혼준비교육 프로그램, 영유아기 부모교육, 청소년기 부모교육 프로그램 등 다양한 교육 프로그램이 있다. 남성 대상 교육은 일·가정 양립과 가족생활의 남성 참여 활성화를 위한 교육으로 연간 20시간 이상 필수 교육을 해야 하며 아버지 교육, 찾아가는 아버지 교육 등이 있다.

(3) 가족상담 영역

가족상담 영역은 생애주기에 따라 발생되는 가족 내 다양한 갈등과 문제의 해결을 위한 상담 사업으로 개인상담, 가족상담, 집단상담, 이혼 전후 상담을 하고 있다. 접근방법으로는 개인을 대상으로 하는 개별적 접근과 가족구성원이 함께 참여하는 가족 단위의 통합적 접근 방법을 사용하고 있다.

(4) 가족문화 영역

매주 수요일 가족이 함께 할 수 있는 프로그램으로 가족사랑의 날 프로그램을 실시하고 가족친화 프로그램으로 가족캠프, 가족축제, 가족체험 등을 실시하도록 하였다.

(5) 지역사회 연계 영역

지역사회 협의체와 유관기관 네트워크를 적극 활용하여 지역 주민의 참여를 추진하고 기관 협약을 통해 연계사업 활성화에 노력하고 있다.

〈표 7-3〉 2017년 시 · 군 · 구 건강가정지원센터 공통사업

구분 영역	시 · 구 · 구 · 센터 공통사업	설명
가족돌봄 나눔 *3가지 사업 중 2가지 선택	모두가족 봉사단	• 기존의 가족봉사단의 활동 내용을 '돌봄'을 주제로 전환하여 운영
	모두가족 품앗이	• 전업주부와 맞벌이 주부가 함께 운영하는 품앗이, 남성이 참여하는 품앗이 등 다양한 그룹 운영
	아버지-자녀가 함께하는 토요 프로그램	• 토요일 2시간, 연간 24시간 이상
가족교육	생애주기별(조)부모교육	• 예비/신혼기 부부, 결혼준비교육 프로그램 포함한 생애주기별 (조)부모교육 • 예비부부 · 부모 대상 고비용 혼례교육-연간 센터당 30명 교육
	남성 대상 교육	• 아버지 교육, 찾아가는 아버지 교육, 남성 대상 자기돌봄 교육 등 • 연간 20시간 이상
가족상담	가족(집단)상담	• 생애주기에 따라 발생되는 가족 내 다양한 갈등과 문제의 해결을 위한 상담사업 • 개인을 대상으로 하는 개별적 접근과 가족구성원이 함께 참여하는 가족 단위의 통합적 접근을 포함 • 가족 단위의 면접 상담 유도 • 연간 상담 실적이 100명 이하인 센터는 가족집단상담을 연간 2건 이상 반드시 포함
가족문화	가족사랑의 날	• 연 10회, 수요일, 연간 20시간 이상(※ 참가자 상황 등 고려 요일 변경)
	가족친화문화 프로그램	• 가족캠프, 가족축제, 가족체험활동 등
지역사회 연계	지역사회 협의체 참여, 협약 및 연계사업	• 지역사회 협의체, 유관기관 네트워크 활용 및 참여

출처: 여성가족부(2017b). 건강가정지원센터 사업 안내, pp. 42-43.

2) 건강가정지원센터의 영역별 사업 성과

2004년 건강가정사업이 시작된 이후 건강가정지원센터의 이용률은 지속적인 증가율을 보이고 있다. 일부 영역(상담 프로그램)에서 감소율이 나타나기도 했지만 전반적인 전 영역에서 센터 이용이 증가하였다. 건강가정지원센터의 영역별 사업성과를 살펴보면 다음과 같다.

(1) 가족돌봄나눔사업

가족돌봄나눔은 가족의 일시적인 돌봄 공백을 지원하기 위해서, 지역사회의 돌봄 나눔 네트워크를 구축하여 건강한 가정생활을 영위하도록 돕는 것을 목적으로 지역사회 내 돌봄이 필요한 가족들을 지원하기 위한 모두가족봉사단, 모두가족품앗이, 아버지-자녀가 함께하는 토요 돌봄 프로그램 등의 사업을 운영하여 지역사회의 돌봄역량을 강화하고 있다. 대표적인 프로그램은 다음과 같다.

〈표 7-4〉 가족돌봄나눔 대표 프로그램

프로그램 구분	프로그램 명	사업 내용
공통사업	모두가족봉사단	-기존의 가족봉사단을 '돌봄'을 주제로 전환하여 운영 -아동, 청소년을 포함한 가족 모두가 돌봄봉사활동에 참여 -자녀돌봄에서 출발하여 노인, 장애아, 환자 등 돌봄이 필요한 다양한 대상으로 확대
	모두가족품앗이	-지역 주민이 활동품앗이 그룹을 구성하여, 재능 나눔, 돌봄 나눔을 통하여 지역사회의 돌봄 기능을 확대함 -전업주부와 맞벌이 주부가 함께 운영하는 품앗이, 남성이 참여하는 품앗이 등 다양한 그룹 운영 -공동육아나눔터를 수행하는 26개 지역 가족품앗이도 공통으로 인정

	아버지-자녀가 함께하는 토요 돌봄 프로그램	-아버지의 양육참여 확대를 위해 유아나 초등학생을 위한 토요 돌봄 프로그램 운영 -아이돌봄, 품앗이, 상담 등 기타 다양한 프로그램과 연계하여 운영
자유사업	공동육아나눔터 운영	-26개 지역 70개소 정부지원사업 -공동육아나눔터 공간 운영을 통한 육아나눔을 기본으로 하여, 공간 내에서 돌봄 프로그램, 가족품앗이 사업을 진행하는 사업
	공동육아나눔터	-자체적인 공간 확보를 통해, 지역사회 내 돌봄 나눔을 실현하는 육아나눔터 운영
	자녀대상돌봄	-방학돌봄, 방과후돌봄, 임시돌봄, 학습지원, 은빛아이지키미 등 -다양한 프로그램을 통하여 자녀를 대상으로 하는 돌봄서비스 제공

출처: 한국건강가정진흥원(2016). 건강가정지원센터 연간실적 보고서.

2016년 사업실적으로 볼 때 가족돌봄나눔사업의 연간 참여 인원이 건강가정지원센터 사업 중 가장 많은 것으로 나타났다. 2016년에는 2015년과 동일하게 모두가족품앗이, 모두가족봉사단, 아버지-자녀가 함께하는 토요 돌봄 프로그램이 공통필수사업으로 진행되었고, 그 외에 공동육아나눔터, 자녀대상돌봄, 기타 돌봄 사업이 진행되었다. 자녀대상돌봄은 대표적으로 방과후돌봄, 방학돌봄, 체육활동, 토요놀이터, 농촌체험활동, 청소년봉사단 등의 프로그램이 있고, 기타 돌봄은 방학놀이터, 직업 프로그램, 가족문화체험 등이 포함되어있다.

가족돌봄나눔 영역의 세부 사업 중 가장 참여 인원이 많은 것은 공동육아나눔터 및 가족품앗이인 것으로 나타났는데, 특히 30~40대의 부모세대와 영유아 및 아동세대가 함께 참여하는 경향이 높은 것으로 나타났다.

(2) 가족교육사업

건강가정지원센터의 가족교육 사업의 목적은 가족구성원의 잠재적 강점기능을 발현시키고 역량을 강화하는 가족교육을 실시함으로써, 가족관계 내에서 발생하는 문제를 사전에 예방하고, 가족의 건강성 증진과 건강한 사회를 구현하는 데 목적을 둔다. 가족교육사업은 공통사업과 필수 사업으로 구분되며 주요 사업 내용은 다음과 같다.

가족교육사업은 크게 공통사업과 자유사업으로 구분하며 공통사업으로는 예비 · 신혼기 부부교육, 결혼준비 교육을 포함한 생애주기별 부모교육과 남성 대상교육이 있다 남성 대상교육은 아버지 교육, 찾아가는 아버지 교육, 남성 대상 자기돌봄 교육 프로그램 등의 세부 프로그램으로 나눌 수 있다. 자유사업

〈표 7-5〉 가족교육사업의 주요 사업과 내용

프로그램 구분	프로그램 명	사업 내용
공통사업	생애주기별 부모교육	–예비/신혼기 부부, 결혼준비 교육 프로그램을 포함한 생애주기별 (조)부모교육 –예비부부 · 부모 대상 고비용 혼례교육 (연간 센터당 30명 교육)
	남성 대상교육	–아버지 교육, 찾아가는 아버지 교육, 남성 대상 자기돌봄 교육 등 –연간 20시간 이상
자유사업	신혼기 가족교육	–출산준비교실 –공통사업에 포함되지 않은 신혼기 가족을 대상으로 하는 교육
	중년기 가족교육	–중년기 가족생활교육, 가족경영 아카데미, 부부관계 증진교육, 의사소통 교육 등
	노년기 가족교육	–노후준비교육, 은퇴설계교육, 노인대상 자기돌봄강화 프로그램 등
	자녀 대상교육	–독서아카데미, 창의력 교실, 진로교육, 폭력예방교육, 예절교육 등

출처: 한국건강가정진흥원(2016). 건강가정지원센터 연간실적 보고서.

으로는 공통사업에 포함하지 않는 신혼기 가족교육과 중년기 가족교육으로 중년기 가족생활교육, 가족경영 아카데미, 부부관계 증진교육 등 많은 세부 프로그램을 진행하고 있다. 이외에도 노년기 가족교육과 자녀 대상교육을 자유사업으로 구분하고 프로그램을 진행하고 있다.

2016년 가족교육사업의 가장 많은 인원이 참여한 사업으로는 부모교육이 있다. 특히 생애주기별 부모교육 중에서는, 초등 저학령기 자녀 부모교육에 가장 많은 인원이 참여하였고, 그 뒤로 영유아기 자녀 부모교육, 예비부모교육, 청소년기 자녀(중년기) 부모교육, 성인기 자녀(노년기) 부모교육, 조부모교육 순으로 나타났다. 자유사업 중에서는 노년기 가족교육이 가장 많이 참여하였고, 그 뒤로 중년기, 신혼기 가족교육 순으로 나타났다.

(3) 가족상담사업

건강가정지원센터의 가족상담사업은 생애주기에 따라 발생되는 가족 내 다양한 갈등과 문제의 해결을 위한 개인상담, 가족상담, 집단상담, 이혼 전후 상담 등을 통해 문제해결을 유도하고 개인 및 가족의 역량을 강화시킬 목적이며 주요 사업 내용으로는 다음과 같다.

건강가정지원센터의 가족상담 사업은 일반상담과 상담 프로그램으로 구분을 하고 일반상담은 부부상담, 부모-자녀상담, 그 외 가족상담, 이혼 전후 상담으로 세부 상담을 구분하고 있다. 최근 3년간의 건강가정지원센터의 가족상담 영역은 일반상담은 꾸준히 증가하고 있으나 상담 프로그램은 계속 감소하고 있는 것으로 나타났다. 일반상담에서는 가족문제 관련 상담의 비율이 가장 높으며, 특히 부부관계 갈등 상담이 일반상담 전체의 24.1%로 높은 비중을 나타냈다. 이혼 전후 상담은 일반상담의 18.4%로, 전체적으로 일반상담은 특히 부부문제와 관련된 상담이 중점적으로 이루어지고 있다고 할 수 있다.

상담 프로그램에서는 성인 대상 집단 프로그램에 가장 많은 인원이 참여하는 경향을 보였으며, 성별로 볼 때 남성은 이혼 전후 집단상담에, 여성은 성인 대상 집단상담에 더 많이 참여하는 것으로 나타났다.

〈표 7-6〉 건강가정지원센터의 가족상담사업의 주요 사업 내용

구분	상담 분류	상담 내용
일반상담	부부상담	-부부의 관계 갈등, 의사소통, 부부성격 및 가치관 차이, 외도, 배우자 의심, 부부 성문제, 경제문제 등 부부관계에서 발생하는 문제 상담
	부모-자녀상담	-부모-자녀 간 관계 갈등, 자녀양육 문제, 자녀성격 문제, 자녀 비행 · 일탈 · 따돌림 등 부모-자녀 간 발생하는 문제 상담
	그 외 가족상담	-본가와 처가의 갈등, 형제자매 갈등, 원가족 갈등 등 부부와 부모-자녀 간 외의 다른 가족들로부터 발생하는 가족문제 상담
	이혼 전후 상담	-이혼 예방을 위한 갈등해결 상담 -건강한 이혼을 위한 지원: 이혼과 관련된 부부의 심리, 정서, 경제적 문제상담, 자녀양육 문제, 합리적인 이혼 결정 등을 도움 -이혼 후의 분노, 상처 등 정서 관련 상담, 부적응 문제 지원 -이혼 후 자조모임집단 형성, 지반상담, 사회적 지지망 구축 등
상담 프로그램	가족집단상담	-비슷한 가족문제를 가지고 있는 상담 대상을 집단으로 구성하여, 집단의 역동과 상호작용을 활용하여 상담 실시 -부모-자녀관계 개선 집단상담 -이혼 전 부부 집단상담 등
	성인 대상 집단상담	-군인 대상, 노인 대상 등 특정 집단을 대상으로 하는 정서 지원 -심리검사 및 진단 -미술 및 음악, 놀이치료

출처: 한국건강가정진흥원(2016). 건강가정지원센터 연간실적 보고서.

(4) 가족문화사업

건강가정지원센터의 가족문화사업은 가족 단위의 문화서비스를 제공하고, 다양한 가족과 연령층을 고려한 여러 가지 문화 프로그램을 통해, 양성평등하고 가족친화적인 문화를 확산시키는 데 그 목적이 있다.

가족문화 영역의 가장 큰 특징은 대규모 사업운영으로 회기당 평균 인원이 가장 높다. 가족문화 영역에서 가장 많은 참여 인원을 나타낸 프로그램은 캠페인으로 연간 32.4%의 비중을 차지한다. 그다음으로는 축제 및 행사 21.1%, 가족여가문화활동 17.9%, 가족사랑의 날 14.1%, 순으로 나타났다. 특히 가족사랑의 날 프로그램은 남성과 여성 모두가 가장 많이 참여하였으며 그다음으로 가족여가문화활동, 가족친화마을 조성 순으로 참여한 것으로 나타났다.

〈표 7-7〉 건강가정지원센터의 가족문화사업의 주요 내용

프로그램 구분	프로그램 명	사업 내용
공통사업	가족사랑의 날	-매주 수요일, 가족사랑의 날을 통하여 수요일 저녁은 온 가족이 함께 지내며, 가족의 의미를 새기고 관계 회복을 위한 프로그램 진행
자유사업	가족여가문화활동	-문화 프로그램과 체험활동 등을 통한 건전한 가족여가문화의 향유 -가족캠프, 사진공모전, 주말 가족농장, 공연, 전시, 문화체험활동
	축제 및 행사	-가족과 이웃이 어울리는 지역문화의 장을 제공함으로써 가족 간의 친밀감과 유대감 증진 -5월 가정의 달 행사, 가족축제 및 행사, 가족영화제, 체육대회
	캠페인	-평등한 가족문화를 확대하고, 건강한 가족의식 확립 -건강가정 캠페인, 출산장려 캠페인, 건전한 결혼문화 조성 캠페인, 양성평등 캠페인 등
	가족친화마을 조성	-가족친화적인 지역사회 조성 -친화마을 만들기, 마을공동체 만들기

출처: 한국건강가정진흥원(2016). 건강가정지원센터 연간실적 보고서.

(5) 다양한 가족 통합서비스 사업

건강가정지원센터의 다양한 가족통합서비스 사업은 한부모가족, 조손가족, 다문화가족 등 다양한 가족을 대상으로 자녀양육지원, 관계향상교육 등의 서비스를 실시하여 가족의 취약한 기능을 보완함으로써 가족기능의 회복을 지원하는 사업이다. 2016년을 기준으로 볼 때 한부모가족 대상 서비스가 가장 많이(18.3%) 제공되었으며, 그다음으로는 맞벌이가족(9.3%)과 다문화가족(4.5%), 저소득가족(2.2%), 조손가족(1.0%) 순으로 나타났다.

3) 별도 예산에 의한 여성가족부 추진사업

건강가정지원센터에서 수행해야 하는 별도 지침에 의한 추진사업은 다음과 같다.

(1) 아이돌보미 지원사업

아이돌보미 지원사업은 부모의 다양한 자녀양육 수요를 충족시킬 수 있는 가정 내 개별 돌봄서비스 활성화를 통해 취업 부모들의 양육 부담을 경감하고 가정에서의 개별 양육을 희망하는 수요에 탄력적으로 부응하기 위해 가정으로 아이돌보미를 파견하여 가정 내 개별 돌봄서비스를 제공하는 사업이다. 2017년 기준 전국 230개 시 · 군 · 구 서비스 제공기관 214개소와 광역 거점기관 16개소가 있다. 아이돌봄서비스는 부모의 맞벌이 등의 사유로 양육공백이 발생한 가정의 만 12세 이하 아동을 대상으로 아이돌보미가 찾아가는 돌봄서비스를 제공하여 부모의 양육부담을 경감하고 시설 보육의 사각지대를 보완하고 있으며 만 12세 이하 아동에 시간 단위 돌봄을 제공하는 시간제와 생후 36개월 이하 영아를 종일 돌보는 영아종일제로 구분을 하고 있다(여성가족부, 2017d).

이용방법은 정부지원가구와 정부 미지원가구로 분류를 하며 정부지원가구는 읍 · 면 · 동 주민센터에 정부지원 신청 및 소득유형 결정 후 지역서비스 제공기관(건강가정지원센터)에 서비스 연계 신청을 하여 이용할 수 있으며 정부 미지원(본인 부담) 가정은 지원 유형 결정 없이 아이돌봄 홈페이지 가입 후 홈페이지로 서비스 연계신청을 하여 이용할 수 있다.

(2) 취약 · 위기가족 지원(가족역량강화지원) 사업

취약 · 위기가족 지원(가족역량강화지원) 사업은 「건강가정기본법」 제21조(가정에 대한 지원)과 「한부모가족지원법」 제17조(가족지원서비스)에 근거하여 취약 · 위기가족이 가진 복합적 문제 해결 및 욕구 해소를 위해 지속적인 사례관리를 통해 가족기능 회복과정, 경제적 자립 역량 강화를 도모하는 것을 목적으로 각 시 · 도별 2개 이상의 건강가정지원센터에서 사업을 수행하도록 하고 있다. 이 사업은 최저 생계비 180% 이하 취약 · 위기가족을 대상으로 가족기능이 취약한 한부모가족, 조손가족, 미혼모부자가족, 북한이탈주민 가족 등을 포함하여 가족기능 및 역량강화를 위해 지원이 필요한 저소득 취약가족을 말한다. 추진방향으로는 문제해결 능력 강화 및 자립 역량 강화에 중점을 둔 서비스 체계로 가족 기능이 약화되어 있는 가족에 지속적인 사례관리, 지원연계, 정보제공 등을 지원함으로써 가족의 결속력, 자생역량 강화를 할 수 있도록 한다. 또한 가족을 기반으로 한 사례관리 체계 수립으로 가족의 문제해결, 가족관계, 기능강화, 역량강화를 위한 욕구에 초점을 맞춘 사례관리를 진행하여 지역사회 내 자원분포 현황을 고려하여 다양한 자원과 연계할 수 있도록 연계 서비스와 직접 서비스를 혼용하여 지원하고 있다.

(3) 공동육아나눔터 및 가족 품앗이 사업

공동육아나눔터 및 가족 품앗이 사업은 「아이돌봄 지원법」 제19조(공동육아나눔터)와 「건강가정기본법」 제22조 1항(자녀양육지원의 강화)에 근거하여 운영하고 있다 .공동육아 나눔터는 부모들이 모여 육아 경험과 정보를 공유하고 소통하는 공간이자 자녀들이 장난감과 도서를 마음껏 이용할 수 있는 놀이 공간을 제공하는 것으로 우리사회에 핵가족이 증가하고 저출산 문제가 되면서 그 해결 방안 중 하나로 가족 품앗이 활대와 지역 네트워크를 통한 주민자치적 돌봄 환경 조성의 필요성에 의해 새롭게 만들어진 명칭이다. 공동육아나눔터는 아이를 키우는 부모는 누구나 이용할 수 있고 육아에 대한 정보를 나눔으로써 육아 스트레스를 해소하고 품앗이를 통해 육아 부담을 덜 수 있으며 예비부모들이 출산, 육아에 대한 도움을 받을 수 있으며 가족이 가진 여러 가지 자원을 품앗이 나눔을 통해 다른 가족에게 나누며, 지역사회가 육아에 함께 참여하고 나눌 수 있는 공동육아나눔터를 제공하여 가족친화문화 형성에 기여하는 사업이다(여성가족부, 2017c).

가족품앗이는 같은 지역, 이웃에 사는 사람들끼리 자신이 가진 노동력, 물품 등을 교환하는 전통 공동체 정신을 이어 이웃 간 육아 정보를 나누고 서로의 장점을 살려 학습, 체험, 등하교 등을 함께하여 자녀양육 부담을 덜고 자녀의 사회성 발달을 돕는 그룹활동으로 강의식, 토론식, 체험식 등 자유로운 진행 형태로 욕구와 자녀연령 등을 고려하여 그룹 형성을 하여 활동을 하게 된다. 품앗이 구성 예시로는 등하교 때 동행이 필요한 가정으로 등하교 시 돌아가며 자녀와 동행하는 등하교동행품앗이, 체험활동에 관심이 있는 가정으로 지역 또는 타지역의 자원을 이용하여 다양한 체험을 품앗이 그룹가족이 함께하는 체험활동 품앗이, 놀이와 관련한 다양한 자료를 찾아보고 또래 자녀들과 함께 할 수 있는 내용을 발굴하여 놀이를 통해 사회성 및 신체 발달을 증진시켜 주는 놀이 품앗이, 부모님들이 품앗이 자녀들에게 학습을 제공하는 학습 품앗이 등이 있다.

(4) 워킹맘 워킹대디 지원사업

워킹맘 워킹대디 지원사업은 직장 내 고충 및 가정생활정보 등 맞벌이 가정에서 느끼는 일 · 가정 양립의 어려움을 해소하고 일 · 가정생활의 이중고에 지친 워킹맘과 워킹대디의 고충을 해소하고 자녀육아 등 가정에서의 부모역할 강화 및 역할갈등을 해소하는 것을 목적으로 2015년 6개소 건강가정지원센터에서 시범사업을 시작하여 2017년 부산 연제, 울산, 경기 성남, 경기 시흥, 충남 당진, 경북 구미 등 6개소 건강가정지원센터와 건가 · 다가센터 통합서비스 운영기관을 전담기관으로 두고 사업을 운영하고 있다. 서비스 대상은 맞벌이 가정 중심의 일하는 엄마, 아빠 및 그 가족(일하는 한부모가정 포함)을 대상으로 직장과 가정생활 양립제도 활용 관련 고충상담을 제공하고 전업맘, 워킹대디, 워킹맘 및 워킹대디 간 네트워크를 구축으로 공동육아 나눔터 공간 활용을 하고 있으며 생애주기별 가족교육 및 가족관계 개선 프로그램을 운영하여 맞벌이 가족의 부모 역량강화를 위한 프로그램을 제공하고 있다(여성가족부, 2017e).

5. 건강가정지원센터 사업의 향후 과제

건강가정지원센터는 비교적 짧은 역사와 운영상의 변화에도 불구하고 많은 가족 관련 사업을 진행하면서 지역에서 센터에 대한 인지도가 높아지고 센터의 다양한 사업에 참여하는 이용자들의 수도 갈수록 증가하는 등 양적인 성장을 이루었으며 가족정책의 중요한 전달체계로서 자리매김을 하고 있다. 그러나 건강가정지원센터의 장기적인 발전을 위해서는 예산 규모의 적정성과 사업의 안정성, 그리고 질적 성장에 초점을 맞춘 사업 운영 등 여러 가지 측면에서의 개선이 이루어질 때 가능할 것이다. 따라서 추후에 보다 나은 건강가정지원센터의 발전 방안을 위해 다음과 같은 몇 가지 과제를 제언하고자 한다.

- **장기적인 관점에서의 센터 사업 계획 수립과 안정적이고 일관된 사업 운영**: 먼저, 사업의 영역과 명칭이 매년 조금씩 바뀌어 현장에서 사업 담당 인력과 업무분장에서 혼란과 갈등을 야기하며 사업의 지속성을 예측하기 어렵다. 이러한 점에서 보다 지속가능한 사업 운영을 위해 센터 사업을 장기적인 관점에서 계획을 면밀히 검토하여 수립한 후 이에 맞춰 사업영역과 내

용, 사업 명칭이 매번 변경하지 않고 핵심적인 사업들이 정착되고 안정적인 기조를 유지할 수 있어야 한다.

- 센터의 설립 목적에 가장 적합한 강점이 되는 사업 중심의 선택과 집중: 현재 건강가정지원센터는 다문화가족지원센터와의 통합 운영의 방향으로 나아가고 있으며 그 과정에서 많은 사업들이 양적으로 확대되어 산만하게 진행되고 있다. 센터의 통합 여부에 관계없이 센터가 추구하는 가치와 설립 목적에 가장 적합하고 강점이 될 수 있는 사업들을 중요도에 따라 우선순위를 정할 필요가 있다. 가령, 타 기관과 중복적이거나 행사성의 사업이나 현실적으로 장기적이거나 심층적인 효과가 크지 않다고 생각되는 사업들을 정리하여 사업 운영의 효율성을 높이는 선택과 집중이 필요하다.
- 사업 확대에 따른 적정한 예산과 인력의 확보 방안: 사업이 확대될 때 사업에 합당한 예산과 담당 실무 인력의 확보가 함께 이루어져야 한다. 매년 새로운 사업이 추가되는 추세 속에 사업의 특성과 규모에 맞는 예산 부족 속에서 인력의 보충 없이 기존의 인력이 사업을 담당하게 되는 상황에서는 업무 과중이 발생하여 실무자의 소진이나 이직률이 높아지는 결과를 초래하게 된다. 따라서 센터에서 비교적 중요한 새로운 사업을 진행하게 될 때는 그에 합당한 인력과 예산을 함께 마련해되어야 한다.
- 국가적인 가족 관련 문제 해결을 위한 센터 차원의 사업 프로그램 개발: 현재 국가적으로 중요한 저출산, 노령화, 1인 가구의 증가와 같은 문제들을 해결하기 위해 센터 차원에서 운영할 수 있는 차별화되고 특색 있는 사업들이 적극적으로 개발되어야 할 필요가 있다. 그러한 문제들은 결코 건강가정지원센터의 사업으로 해결될 수 없는 국가적, 사회적 접근이 필요한 문제들이다. 그러나 건강가정지원센터에서도 일회성 교육이나 행사를 프로그램을 지양하고 센터의 강점을 살려 새로운 관점과 방식으로 사업 프로그램을 개발한다면 국가적으로 중요한 가족문제 해결에 부분적으로나마 기여할 수 있을 것이다.

- **센터가 행복한 직장이 되기 위한 근무환경 개선과 실무자의 노력**: 건강가정지원센터가 실무자에게는 행복한 일터가 되고 이용자는 편안하게 만족스러운 도움을 받기 위한 기관이 되기 위해 담당 행정부서와 실무자의 노력이 요구된다. 행정부서에서는 근로에 합당한 보수체계를 비롯하여 대부분의 실무자가 여성인 직장인 점을 고려하여 여러 가지 측면에서 직장의 근무환경을 개선해 줌으로써 센터가 보다 안정적인 직장으로 자리매김할 수 있도록 적극 지원해야 한다. 센터의 실무자들 또한 센터가 추구하는 가치와 철학에 대해 분명히 인식하고 지역주민에게 대민 서비스를 제공하는 건강가정사로서 또한 직장인으로서 갖추어야 할 태도와 역할, 업무에 대한 책임감과 전문적인 실무역량을 강화하기 위해 계속해서 노력해야 할 것이다.
- **지역 센터의 지역맞춤형 사업의 개발과 운영**: 건강가정지원센터는 기본적으로 일률적인 사업지침에 의해 사업을 진행하고 있으나 센터가 소재한 지역의 특성과 상황은 매우 다양하므로 지역에서 사업 프로그램을 진행할 때는 반드시 지역사회의 특성과 지역 주민의 요구에 적합한 지역 맞춤형의 독창적인 사업을 개발하여 융통성 있게 운영할 필요가 있다. 그리고 그렇게 개발, 운영된 사업은 효과검증을 통해 지속가능하게 진행되도록 해야 할 것이다.
- **가족 단위의 사업에서 제외되는 다양한 배경의 1인 가구 개인들을 위한 사업의 개발**: 건강가정지원센터가 비록 가족 단위의 사업을 지향하고 있으나 사업대상에서 제외되는 개인들에 대한 사업 프로그램을 개발할 필요가 있다. 즉, 오늘날 탈가족화의 추세 속에서 급증하는, 취약계층뿐만 아니라 혼자 살지만 건강하고 경제적으로도 안정되었지만 사회적 연결을 원하고 지역사회에 기여하고자 하는 다양한 배경의 1인 가구의 개인들을 대상으로 필요한 상담이나 이들을 지역공동체에 다양한 방식으로 연결시켜 주는 교육이나 문화 프로그램이 개발되고 운영될 필요가 있다.

- **사업의 효과 검증과 사업 평가에서의 개선:** 현재 건강가정지원센터에서 운영되는 사업 프로그램에 대한 효과와 사업의 성과는 거의 대부분 설문지나 서류로 그리고 사업 결과를 수치화한 정량적 평가로 이루어지고 있다. 그러나 센터 사업이 양적으로 확대되고 정량적으로 평가된다고 해서 그 결과가 반드시 사업의 질적 향상으로 이어진다고는 할 수 없다. 그러므로 사업의 질적 향상을 위해 현장의 상황과 요구를 반영하여 사업의 효과나 성과에 대한 평가지표에서의 문제점을 확인하고 적합한 성과지표가 마련되어야 할 것이다.

생각해볼문제

1. 한국건강가정지흥원, 시 · 도, 시 · 군 · 구 건강가정지원센터의 역할을 구분해 봅시다.
2. 시 · 군 · 구 건강가정지원센터의 공통사업과 선택사업의 예를 들어 봅시다.
3. 건강가정지원센터에서 실시되는 사업을 살펴보고, 개선점과 방향성에 대해 토론해 봅시다.

참고문헌

「건강가정기본법」

「건강가정기본법」 제22조 1항 자녀양육지원의 강화.

「아이돌봄 지원법」 제19조 공동육아나눔터.

「한부모가족지원법」 제17조 가족지원서비스.

여성가족부(2017a). 가족역량강화 지원사업 안내. 서울: 여성가족부.

여성가족부(2017b). 건강가정지원센터 사업 안내. 서울: 여성가족부.

여성가족부(2017c). 공동육아나눔터 지원사업 안내. 서울: 여성가족부.

여성가족부(2017d). 아이돌봄 지원사업 안내. 서울: 여성가족부.

여성가족부(2017e). 워킹맘 워킹대디 지원사업 안내. 서울: 여성가족부.

이만수, 김익균(2008). 건강가정론. 서울: 동문사.

한국건강가정진흥원(2012). 건강가정지원센터 가족돌봄 나눔사업 운영안 개발. 서울: 한국건강가정진흥원.

한국건강가정진흥원(2016). 2016 건강가정지원센터 연간실적 보고서. 서울: 한국건강가정진흥원.

www.kihf.or.kr 한국건강가정진흥원

제8장

다문화가족지원센터

이 장에서는 「다문화가족지원법」 제12조에 근거해 설치된 다문화가족지원사업의 전달체계인 다문화가족지원센터에 대하여 현황과 사업 주체별 기능과 역할, 운영과 조직 그리고 사업 내용을 살펴보고자 한다. 여성가족부의 다문화가족지원사업 안내 지침(여성가족부, 2017)을 중심으로 센터에서 수행해야 하는 사업의 구체적인 내용 파악을 통해 센터 업무에 대한 이해를 돕고자 한다.

1. 다문화가족지원센터의 현황

다문화가족지원센터는 결혼이민자, 귀화자와 대한민국 국적 취득자로 이루어진 다문화가족을 지원하기 위해 2008년 제정된 「다문화가족지원법」 제12조에 근거하여 설치, 운영되고 있는 시 · 군 · 구 단위 센터를 말한다. 다문화가족지원센터의 목적은 다문화가족이 안정적인 가족생활을 영위하고 사회구성원으로서의 역할과 책임을 다할 수 있도록 종합적인 서비스를 제공하여 한국 사회에 조기 적응하고 사회경제적으로 자립할 수 있도록 지원하는 데 있다.

다문화가족지원센터는 〈표 8-1〉에서 보듯이 2016년 기준 총 217개소가 설치 · 운영되었으며 2017년에는 건강가정지원센터와 통합하여 운영되는 다문화가족지원센터가 101개소, 단독으로 운영되는 다문화가족지원센터가 118개소로 총 219개소가 운영되고 있다. 센터를 이용할 수 있는 사람은 결혼이민자(혼인귀화자 포함), 일반귀화자, 배우자, 시부모, 자녀(중도입국자녀 포함), 친인척, 외국인근로자, 외국인유학생, 북한이탈주민 등 다문화와 관련된 사람들이

〈표 8-1〉 유형별 다문화가족지원센터 현황 (단위: 개소 수)

유형		계	서울	부산	대구	인천	광주	대전	울산	세종	경기	강원	충북	충남	전북	전남	경북	경남	제주
		217	24	9	7	9	4	5	5	1	30	18	12	14	14	21	23	19	2
다문화가족 지원센터 (일반형)	가형	32	6	1	1	2	-	-	-	-	8	-	-	2	5	1	1	4	1
	나형	83	9	6	-	-	-	3	2	-	8	7	8	4	6	9	13	7	1
통합서비스 운영기관 (확대형)	가형	25	5	–	–	3	2	–	–	–	5	2	1	2	3	–	2	–	–
	나형	71	4	2	6	4	2	2	3	1	9	5	3	6	-	10	7	7	–
지방비(통합센터 3개소 포함)		6	–	–	–	–	–	–	–	–	–	4	–	–	–	1	–	1	–

* 국비기준 가형 57개소, 나형 154개소(통합서비스 운영센터 포함(96개소)/신규 센터 설치지역 확정 시 센터 수 변경 예정

출처: 여성가족부(2017), p. 19.

해당된다.[1)]

다문화가족지원센터 사업의 추진체계는 담당 정부부처가 여성가족부이고 중앙관리기관은 여성가족부 산하 특수법인인 한국건강가정진흥원으로 중앙관리기관에서는 다문화가족지원센터에서 시행하는 사업에 대한 프로그램 및 매뉴얼을 개발, 보급하고 인력을 양성하며 사업 관리 및 평가를 지원한다. 다문화가족지원센터는 센터 설치 지역을 전국 16개 광역으로 구분하여 총 16개의 거점센터를 두고 있는데 이러한 거점센터는 센터와 관련기관 간의 네트워크 구축이나 관할 지역의 지역적 특성에 적합한 서비스의 개발 및 지원을 지원한다.

현재 시 · 군 · 구 단위 센터는 일반형과 확대형의 두 가지 유형으로 운영되고 있는데 일반형은 다문화가족지원사업만을 독자적으로 수행하는 센터이며 확대형은 다문화가족지원사업과 기타 법령(「건강가정기본법」, 「한부모가족지원법」 등)에 의한 가족사업, 대표적으로 건강가정사업을 함께 수행하는 건강가정 · 다문화가족지원 통합서비스를 운영하는 센터다. 2017년 1월 기준 101개소가 이에 해당한다. 센터는 기본 운영비의 규모에 따라 가형과 나형으로 분류되며 가형 센터의 운영비가 더 많다.

2. 사업 주체별 기능과 역할

다문화가족지원센터의 사업 추진체계는 다문화가족지원사업을 총괄하는 여성가족부를 중심으로 전국의 다문화가족지원센터와 사업을 관리하는 한국건강가정진흥원, 전국 16개 광역의 거점센터, 그리고 지역의 다문화가족지원센터로 이루어져 있으며 각각의 기능과 역할은 다음과 같다.

---

1) 이 장에서 다문화가족지원센터와 관련된 내용은 2017년 여성가족부의 다문화가족사업 안내 지침을 참고하였다.

1) 여성가족부

여성가족부는 가족정책을 담당하는 중앙 부서로 여성이나 청소년, 맞벌이가족, 한부모가족, 가정폭력피해 여성과 아동 지원에 더하여 다양한 다문화가족 지원 정책을 수립하고 다문화가족지원사업의 방향을 설정하고 예산을 지원한다. 한국건강가정진흥원을 통해 다문화가족지원센터의 운영과 평가, 관리를 지원하는 업무를 총괄하며 다문화가족지원센터와 관련된 주요 업무는 다음과 같다.

- 다문화가족지원사업 총괄
- 센터 지정 및 운영 관련 사업 안내
- 시 · 도별 국비 배정 및 센터 설치 시 시 · 군 선정
- 센터 관리 및 거점센터 지정 및 관리

2) 시 · 도 및 시 · 군 · 구(지방자치단체)

시 · 도 및 시 · 군 · 구의 지방자치단체는 중앙정부와 함께 다문화가족지원센터의 예산을 지원하고 있으며 예산지원을 포함하여 예산 집행에 대한 감독과 지역 특성에 맞는 사업을 지원한다는 점에서 다문화가족지원센터의 운영에 중요한 역할을 담당한다고 할 수 있다. 시 · 도 및 시 · 군 · 구의 주요 업무는 다음과 같다.

(1) 시 · 도

- 광역 단위 지역협의체 구성 및 운영
- 센터 지정 및 예산 지원
- 관할시 · 군 · 구 사업수요 파악 및 배분

- 지역특성화사업 개발 및 지원

(2) 시 · 군 · 구
- 기초 단위 지역협의체 구성 및 운영
- 센터 지정 관리 및 지도 · 감독
- 예산 지원 및 집행 감독
- 사업수요 파악 및 지원

3) 한국건강가정진흥원

한국건강가정진흥원은 2015년 출범한 여성가족부 산하 특수법인으로 건강가정지원센터와 다문화가족지원센터를 포함한 가족정책전달체계와 관련된 업무를 담당하는데 전국 다문화가족지원센터에서 시행하는 사업을 관리하며 주요 업무는 다음과 같다.

- 전국 다문화가족지원센터 사업에 대한 프로그램 및 매뉴얼 개발 · 보급
- 직원 사업별 전문인력 양성
- 실적 관리 및 홍보
- 현장 및 평가지원

4) 거점센터

거점센터는 다문화가족지원센터가 설치된 지역을 전국 16개 광역으로 구분하여 각각의 광역을 대표하는 센터로 지정된 센터를 말하는데 주요 업무는 지역센터들 간의 네트워크와 센터와 관련 기관 간의 네트워크를 구축하고 방문교육지도사 교육이나 관할지역 센터들의 사업지원 등의 업무를 수행한다. 주

요 업무는 다음과 같다.

- 한국 건강가정진흥원과 권역 내 센터와의 연계 역할
- 권역 내 센터 사업지원 및 관리
- 권역 내 센터 · 관련 기관 간 네트워크 구축 · 운영
- 시 · 도별 특성에 맞는 다문화가족지원 프로그램 개발 · 보급

5) 지역다문화가족지원센터

「다문화가족지원법」 제12조 제1항과 제2항에 의해 설치, 운영되는 시 · 군 · 구 단위의 센터로 센터 단독으로 사업을 수행하는 경우 일반형이라 하며, 건강가정지원센터와 통합하여 건강가정 · 다문화가족지원 통합서비스를 제공하는 경우 확대형이라 한다. 지역다문화가족지원센터의 주요 업무는 다음과 같다.

- 다문화가족지원 서비스 제공
- 다문화가족 자조집단 육성 지원
- 멘토링 등 자원봉사 연계
- 지역사회 협력 네트워크 구축

이상의 다문화가족지원사업 주체들이 포함된 다문화가족지원사업의 추진체계도는 [그림 8-1]과 같다.

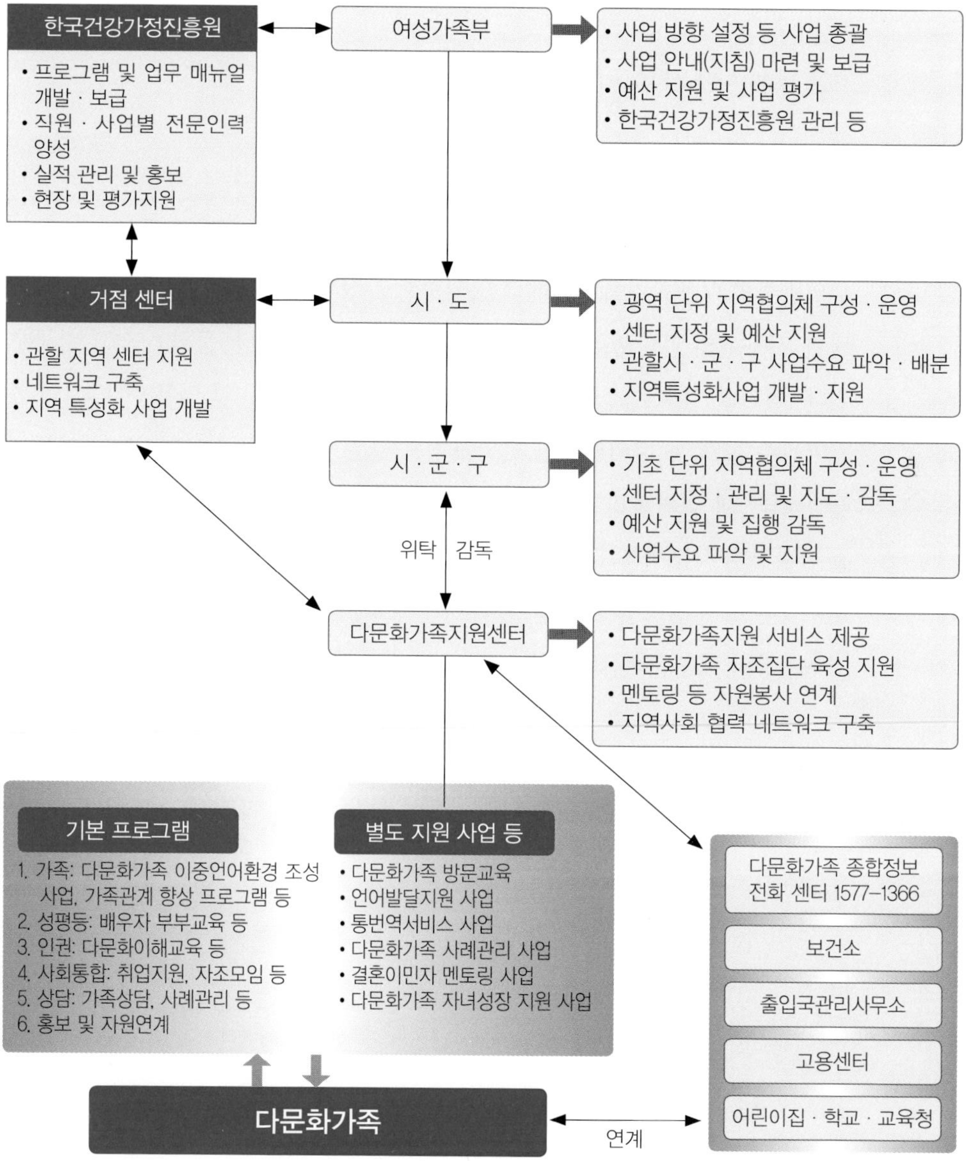

[그림 8-1] 다문화가족지원센터 사업 추진체계

출처: 여성가족부(2017), p. 11.

3. 다문화가족지원센터의 운영

1) 다문화가족지원센터의 조직

일반형의 다문화가족지원센터를 기준으로 살펴볼 때 센터는 센터장과 팀장, 팀원, 사무원의 인력으로 구성되며 기본적으로 교육, 상담, 문화 사업으로 구분된다. 직위별 업무로 센터장은 센터 총괄과 센터 내 직원 간 업무분장, 지역 유관기관과 협력 등 대외활동을 담당하며 팀장은 맡은 부서의 센터 사업 업무총괄과 센터 내 직원관리를 담당하고 팀원은 센터사업 운영과 센터의 회원관리를 담당하며 사무원은 센터 행정 및 회계를 담당한다. 실제로 센터의 조직과 업무분장은 지역 센터의 규모와 상황, 특성에 따라 다소 다를 수 있으며 기본적인 업무분장의 예는 [그림 8-2]와 같다.

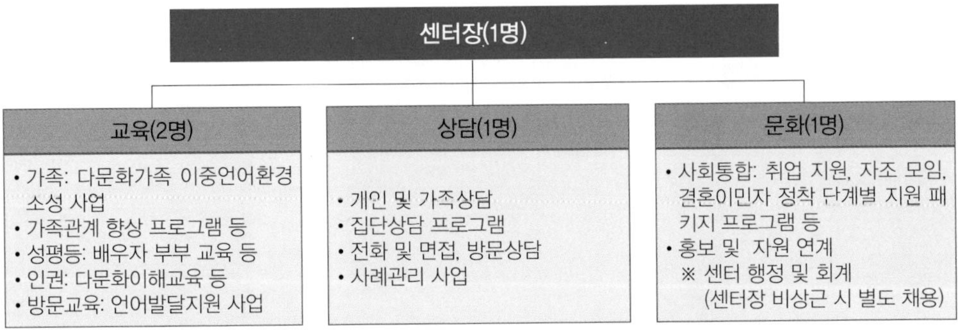

※ 직원 중 1명을 반드시 취업지원 담당자로 지정하여야 함.
※ 건가 · 다가 통합 서비스 운영기관에서는 결혼이민자 정착 단계별 지원 패키지 프로그램 담당자 1인을 지정하여야 함.

[그림 8-2] 다문화가족지원센터의 업무분장 예시

출처: 여성가족부(2017), p. 31.

2) 시설기준

다문화가족지원센터의 입지는 시설의 적정한 분포와 보건 · 위생 · 급수 · 안전 · 환경 및 교통편의 등을 고려한 쾌적한 환경에 설치해야 하며 무엇보다 이용자들의 접근성이 고려되어야 한다. 센터가 갖추어야 할 시설로는 사무실(최소한 전용공간 45m^2 이상), 상담실, 교육장, 언어발달교실(16m^2 이상), 비상재해 대피시설 등을 갖추어야 한다.

3) 종사자 자격기준

다문화가족지원센터에서 근무할 수 있는 센터장과 팀장, 팀원, 사무원 종사자의 자격기준은 다음과 같다.

① **센터장**

–관련 학과 석사학위 취득자로 관련 사업 2년 이상 실무경력자
–관련 학과 학사학위 취득자로 관련 사업 4년 이상 실무경력자
–관련 사업 6년 이상 실무경력자(비상근센터장의 경우 관련 분야 6년 이상 실무경력자)
–단, 시 · 군 · 구가 직영하는 경우 5급 이상의 공무원

* 관련 학과: 사회복지학, 가정학, 여성학, 청소년학, 노년학, 보육학, 교육학, 상담학, 다문화학 등

* 관련 사업: 가족 관련 업무(다문화가족지원, 사회복지, 가족지원, 가족상담, 여성가족부 관련 기관 근무 등) 종사 경력

② **팀장**

–관련 학과 석사학위 취득자로서, 관련 사업 1년 이상 실무경력자

–관련 학과 석사학위 취득자로서, 관련 사업 1년 이상 실무경력자
–건강가정사 또는 사회복지사 자격요건을 갖춘 자로서 관련 사업 3년 이상 실무경력자
–관련 사업 5년 이상 실무경력자
–단, 시 · 군 · 구가 직영하는 경우 6급 이상의 공무원

③ **팀원**
–관련 학과 학사학위 이상 소지자(졸업예정자 포함)
–건강가정사 또는 사회복지사 자격요건을 갖춘 자로서, 관련 사업 1년 이상 실무경력자
–관련 사업 2년 이상 실무경력자
–단, 시 · 군 · 구가 직영하는 경우 7급 이상의 공무원

③ **상담전문인력**
–가족상담 관련 석사학위 소지자
–가족상담 관련 학사학위 소지자로서 상담경력 2년 이상 실무경력자
* 가족상담 관련 학과: 가족상담(치료)학, 가족(복지)학, (임상)심리학, 교육학, 사회복지학

④ **사무원**
–컴퓨터활용 능력, 경리, 회계 등 전문자격증 소지자 또는 해당 분야 실무경력이 1년 이상인 자

⑤ **별도예산 지원 사업 종사자**
• 다문화가족사례관리사(2017년부터 다문화가족생활지도사와 통합하여 운영)
  –관련 학과 석사학위 소지자

–관련 학과 학사학위 소지자로서, 관련 사업 또는 다문화가족지원센터 2년 이상 실무경력자

• 다문화가족자녀 언어발달지도사

–언어치료학과, 언어병리학과 등 언어 발달·촉진학과 학사학위 이상 소지자

–유아교육학과, 아동학과, 아동복지학과 등 유아교육 및 아동학과 학사학위 이상 소지자

–한국어교육과, 외국어로서의 한국어학과, 국어교육학과 학사학위 이상 소지자

• 통번역 전담인력

–(전문) 통번역지원사: 한국체류기간 2년 이상, 한국어능력시험(TOPIK) 4급 이상

–통번역지원사(보): 한국 체류기간 2년 이상, 한국어능력시험(TOPIK) 3급 이상

• 이중언어코치

–결혼이민자, 한국 거주기간 2년 이상, 한국어능력시험(TOPIK 4급 이상), 대졸 이상의 학력(4개 요건 모두 충족해야 함)

* 대졸 학력 소지자 확보 어려운 경우 지자체장과 협의 후 채용 가능

4. 다문화가족지원센터의 기본 사업

다문화가족지원센터의 사업의 내용은 「다문화가족지원법」 제12조에 명시된 다문화가족지원센터가 수행해야 할 업무에 근거해 있는데 법에서 정한 사업의 내용은 다음과 같다.

- 다문화가족을 위한 교육 · 상담 등 지원사업의 실시
- 결혼이민자 등에 대한 한국어교육
- 다문화가족 지원서비스 정보제공 및 홍보
- 다문화가족 지원 관련 기관 · 단체와의 서비스 연계
- 일자리에 관한 정보제공 및 일자리의 알선
- 다문화가족을 위한 통역 · 번역 지원사업
- 그 밖에 다문화가족 지원을 위하여 필요한 사업

이러한 법에서 정한 업무를 기본으로 다문화가족지원센터 사업이 구성되며 구체적인 사업의 내용은 매년 조금씩 변화가 있으나 큰 틀에 있어서는 법에서 정한 사업을 기준으로 한다. 다문화가족지원센터의 사업은 크게 기본 사업과 별도 지원 사업으로 구분되며 기본 사업으로는 가족, 성평등, 인권, 사회통합, 상담 영역의 사업이 있으며 별도 지원 사업으로는 다문화가족 방문교육사업, 다문화가족 자녀 언어발달지원사업, 결혼이민자 통번역서비스 사업, 다문화가족 사례관리사업, 결혼이민자 멘토링 사업, 다문화가족 자녀성장 지원사업 등이 있다.

〈표 8-2〉 다문화가족지원센터의 기본 사업과 별도 지원 사업의 내용

다문화가족지원센터 사업 구분	사업 영역
기본 사업	가족 성평등 인권 사회통합 상담 홍보 및 자원 연계

별도 지원 사업	다문화가족 방문사업 다문화가족 자녀 언어발달지원사업 결혼이민자 통번역서비스 사업 다문화가족 사례관리사업 결혼이민자 멘토링 사업 다문화가족 자녀성장 지원사업

출처: 여성가족부(2017).

먼저 다문화가족지원센터의 기본 사업에 대해 살펴볼 때 기본 사업의 영역은 크게 여섯 가지로 가족, 성평등, 인권, 사회통합, 상담 그리고 홍보 및 자원연계가 있다. 각 사업 영역에서는 모든 지역센터가 공통적으로 수행해야 할 필수적인 사업이 있는데 **가족 영역**의 경우 다문화가족 이중언어환경조성 프로그램과 다문화가족 학령기 자녀입학 및 입시 정보 제공이며 **성평등 영역**의 경우 배우자 부부교육이 있다. **인권 영역**의 경우 다문화이해교육과 인권감수성 향상 교육이 공통필수 사업이며 **사회통합**의 경우 취업기초소양교육과 구직자 발굴 시 e 새일 시스템과 연계된 워크넷 등록 및 새일센터로 적극 연계 및 새일센터의 결혼이민자 대상 직업교육훈련 개설 시 적극 협조가 해당된다. **상담**의 경우 가족상담을 필수로 해야 하며 **홍보 및 자원연계 영역**에서는 지역사회 홍보와 지역사회 네트워크 그리고 홈페이지 운영이 필수적이다. 센터의 기본 사업의 각 영역별 구체적인 내용은 〈표 8-3〉과 같다.

〈표 8-3〉 다문화가족지원센터 기본 사업의 주요 내용

사업 영역	공통 필수	선택(예시)	비고
가족	• 다문화가족 이중언어환경 조성 프로그램 • 다문화가족 학령기 자녀입학 및 입시 정보 제공	• 가족의사소통 프로그램 • 가족관계 향상 프로그램 • 결혼과 가족의 이해 • 가족의 의미와 역할 • 아버지 교육	연간 필수 24시간 선택 26시간 이상 (이중언어코치 배치 센터는 공통 필수 중 이중언어

		• 부모–자녀 관계 및 자긍심 향상 프로그램 • 자녀교육 프로그램 • 부모역할 교육, 자녀 건강지도 등	환경 조성 프로그램 160시간 이상
성평등	배우자 부부교육	• 이주여성 대상 프로그램 • 이주여성과 한국인 배우자 대상 프로그램 등	10시간 이상 실시
인권	• 다문화이해교육 • 인권감수성 향상교육	• 다문화가족 관련 법과 제도 • 이주민과 인권 등	10시간 이상 실시
사회통합	• 취업기초소양교육 • 구직자 발굴 시 e 새일 시스템과 연계된 워크넷 등록 및 새일센터로 적극 연계 • 새일센터의 결혼이민자 대상 직업교육훈련 개설 시 적극 협조(교육과정 걸계, 모집 등)		e 새일 시스템과 연계된 워크넷 등록 및 새일센터로 연계(10건 이상)
	• 다문화가족 나눔봉사단 소양교육(4시간 이상) • 다문화가족 나눔봉사단 활동	• 한국 사회 적응교육 • 소비자 경제교육 • 학업지원반 운영 및 연계 • 다문화가족 자조모임 • 다문화인식개선 • 결혼이민자 멘토링 프로그램 • 결혼이민자 정착 단계를 지원 패키지 등 미래설계 프로그램 중 선택	15시간 이상 실시(봉사자 소양교육 필수 4시간 포함)
상담	가족상담	• 개인상담 • 집단상담 • 사례관리 • 위기가족 긴급지원 • 외부상담기관 연계 등	연간 80회기 이상
홍보 및 자원 연계	• 지역사회 홍보 • 지역사회 네트워크 • 홈페이지 운영 등		센터 홈페이지 프로그램 안내 게시판에 익월 프로그램에 대한 안내글 게시(매월 30일까지)

출처: 여성가족부(2017).

5. 다문화가족지원센터 별도 지원 사업

다문화가족지원센터는 다문화가족을 위한 교육, 문화, 상담의 기본 사업 외에 별도의 사업비로 운영되는 별도 지원 사업이 있으며 이러한 사업은 기본 사업만큼 중요한 사업이라고 할 수 있다. 별도 지원 사업은 매년 사업의 범주나 세부 내용에서 일부 변화가 있기는 대부분 지난 수년간 안정적으로 지속되고 있으며 앞으로도 사업의 주요 범주와 내용이 변하지는 않을 것으로 예상된다.

2017년의 사업안내지침을 중심으로 볼 때 별도 지원 사업에는 다문화가족 방문사업, 다문화가족 자녀 언어발달지원사업, 결혼이민자 통번역서비스 사업, 다문화가족 사례관리사업, 결혼이민자 멘토링 사업, 다문화가족 자녀성장 지원사업이 있다. 이 가운데 다문화가족 사례관리사업과 자녀성장 지원사업은 그 중요성과 비중이 커지고 있다.

1) 다문화가족 방문교육사업

다문화가족 방문교육사업은 지리적 접근성과 취업, 자녀출산이나 육아 등의 어려움으로 센터를 이용하기 어려운 다문화가족을 위해 방문교육 지도사를 파견하여 그들에게 한국어교육서비스와 부모교육서비스 그리고 자녀생활서비스를 제공하는 사업이다. 한국어서비스와 부모교육서비스는 무상으로 제공되며 자녀생활서비스는 본인부담금이 차등적용된다. 한국어교육서비스의 대상은 입국 5년 이하 결혼이민자, 중도입국자녀(만 24세 이하로 외국에서 성장 후 국내로 입국한 다문화가족 자녀로 한정)다. 부모교육서비스는 언어 및 문화차이 등으로 자녀양육에 어려움을 겪고 있는 결혼이민자에게 부모교육을 제공하며 자녀생활서비스는 학업이나 자아, 정서, 사회성 발달에서 어려움을 겪는 다문화가족 자녀에게 제공되는 서비스다.

〈표 8-4〉 다문화가족 방문교육 사업 프로그램 세부 내용

<table>
<tr><th>항목</th><th colspan="2">내용</th></tr>
<tr><td rowspan="2">방문교육 서비스</td><td>–한국어교육 서비스
–부모교육 서비스</td><td>무상</td></tr>
<tr><td>–자녀생활 서비스</td><td>본인부담금 차등 적용</td></tr>
<tr><td>내 용</td><td colspan="2">• 생활언어를 익히고 문화를 이해할 수 있도록 체계적 · 단계별 한국어교육 서비스 제공
• 언어 · 문화차이 등으로 자녀양육에 어려움을 겪고 있는 결혼이민에게 부모교육 서비스 제공
• 학업성취가 낮고, 자아 · 정서 · 사회성 발달에서 어려움을 겪고 있는 다문화가족 자녀에게 자녀생활 서비스 제공</td></tr>
<tr><td>대 상</td><td colspan="2">• 방문 한국어교육 서비스: 입국 5년 이하 결혼이민자, 중도입국 자녀(만 24세 이하, 1993. 1. 1. 이후 출생자)
※ 단, 입국 5년 이상이 경과한 경우라도 임신 · 출산 · 취업 등 타당한 사유가 있는 경우 지자체 장과 협의하에 서비스 지원 가능
※ 중도입국 자녀는 외국에서 성장 후 국내로 입국한 다문화가족 자녀로 한정함
• 방문 부모교육 서비스: 생애주기별 각 1회 지원(최대 15개월, 총 3회 지원)
① 임신 · 출산 · 영아기(임신 중~생후 12개월 이하)
② 유아기(12개월 초과~48개월 이하)
③ 아동기(48개월 초과~만 12세 이하)
• 자녀생활 서비스: 만 3~만 12세 이하 다문화가족 자녀, 중도입국 자녀
※ 서비스 지원이 어렵다고 판단되는 장애아동의 경우, 외부 전문기관으로 연계
※ 대기자가 많은 지역의 경우, 만 5세 이상 우선 지원</td></tr>
</table>

출처: 여성가족부(2017), p. 139.

2) 다문화가족 자녀 언어발달지원사업

다문화가족 자녀 언어발달지원사업은 언어 발달과 의사소통에 어려움을 갖는 다문화가족 자녀에게 체계적이고 전문적인 언어 발달 지원을 통해 자녀들의 원만한 언어 발달을 돕기 위한 사업이다. 사업의 주요 내용은 크게 세 가지

로 다문화가족 자녀의 언어평가, 언어교육, 부모상담 및 교육으로 대상 아동에게 적합한 평가도구를 활용하여 아동의 언어 발달 정도를 평가하는 것과 언어 발달 평가에 근거해 교육이 필요한 아동에게 어휘, 구문, 대화, 사회적 의사소통능력, 읽기 및 이야기하기 등의 발달촉진을 위한 언어교육을 실시하는 것 그리고 언어발달지원서비스를 받는 부모들을 대상으로 상담과 교육을 지원해주는 것이다.

이 사업의 대상자는 언어평가 및 언어교육이 필요한 다문화가족 자녀(만 12세 이하)로 국민기초생활보장 수급자나 한부모가정, 조손가정, 도서 벽지 지역 거주가정, 다문화 유치원에 재원 중인 아동 등 어려움을 갖는 다문화가정의 자녀가 우선선정 대상이 된다. 이러한 서비스는 다문화가족 방문교육서비스와 중복지원이 되지 않는다. 이 서비스의 대상은 다문화가족뿐만 아니라 외국인가족, 북한이탈주민가족도 신청할 수 있다. 서비스의 장소는 센터 내부의 언어발달교실이나 혹은 외부 기관에서 이루어진다.

언어교육 서비스는 주 2회 회당 40분 수업으로 이루어지며 수업은 개별수업과 모둠수업의 형태로 이루어지며 언어발달지원서비스를 받는 대상자 부모에 대한 상담은 일대일로 가정 내 언어촉진을 주제로 한 부모교육은 2인 이상의 다수 부모를 대상으로 진행된다.

이 사업을 담당하는 인력은 다문화 언어발달지도사로 다문화 언어발달지도사는 다문화가족지원센터 인력과는 다른 기준으로 채용되며 자격기준은 언어치료학과, 언어병리학과 등 언어 관련 학과 학사학위 이상 소지자이거나 유아교육 및 아동학과 학사학위 이상 소지자, 한국어교육과, 외국어로서의 한국어학과, 국어교육학과 학사학위 이상 소지자들이 지원할 수 있다. 참고로 다문화 언어발달지도사로 신규 선발된 사람의 경우 신규 양성교육을 이수하고 이론과 실습, 과제 등에서 일정 기준을 충족하였을 때 지도사 활동 자격을 부여한다.

3) 결혼이민자 통번역서비스 사업

결혼이민자 통번역서비스 사업은 입국 초기 결혼이민자의 정착 단계에서 경험하는 의사소통 문제를 해결하기 위해 통번역서비스 지원을 통해 조기적응을 돕고 통번역 인력채용 등 사회적 일자리 확대로 결혼이민자의 자립능력 및 주체적 역량 강화를 도모하기 위한 목적을 갖는 사업이다. 서비스가 제공되는 언어는 결혼이민자 주요 출신국 언어로 베트남어, 중국어, 필리핀어(영어, 타갈로그어), 몽골어, 태국어, 러시아어, 인도네시아어, 캄보디아어, 일본어, 네팔어 등 센터별로 1~4개 언어가 지원되며 해당지역 센터에서 지원되지 않는 언어는 인근 다문화가족지원센터로 연계 지원한다. 통번역지원사의 자격은 한국 체류기간 2년 이상으로 일정 수준의 한국어 능력을 갖추고 출신국 언어로 통번역이

〈참고 8-1〉 다문화가족지원포털 다누리

출처: 다문화가족지원포털 다누리(http://www.liveinkorea.kr).

가능한 결혼이민자이어야 한다. 서비스의 내용으로는 가족생활이나 문화적 차이 등으로 의사소통이 어려운 결혼이민자에 대해 통번역서비스를 제공하는 것으로 입국 초기 상담, 교육 및 프로그램 안내와 가족 간 의사소통 지원 및 위기대응을 위한 통번역, 보육 및 교육 기관 관련 통번역, 행정 및 사법 기관, 병원 진료 등에 필요한 통역 파견, 센터 내 교육 및 프로그램 진행 업무와 관련된 통번역 등이 포함된다.

4) 다문화가족 사례관리사업

다문화가족 사례관리사업은 다문화가족의 다양한 문제해결 및 욕구 해소를 위한 심리, 정서적 안정 및 자립역량 강화를 위한 맞춤형 종합서비스를 제공하는 데 주된 목적이 있다. 이 사례관리사업의 대상자는 다문화가족지원센터 회원의 가족이 해당되는데 다문화가족뿐만 아니라 외국인가족(외국인근로자, 외국인유학생, 재외동포, 난민 등), 북한이탈주민이 포함된다.

사례관리 서비스의 유형은 크게 세 가지로 위기 관리가구, 일반형 관리가구, 통합형 관리가구로 나뉜다. 위기 관리가구의 경우 가정폭력이나 이혼, 자살, 재난 등의 위기를 경험한 개인이나 가족이 대상이며 일반형 관리가구의 경우 기본 가족역량은 있으나 정보 부족이나 소통 부족 등으로 다양한 사회서비스를 이용하지 못하는 가족이 해당된다. 통합형 관리가구는 가족의 문제와 욕구가 심각하고 복합적이어서 지역사회의 자원이나 타 기관과의 연계가 필요한 통합적 접근을 요하는 개인 및 가족이 그 대상이 된다.

사업의 운영은 사례관리사가 담당하며 사례관리사의 자격기준은 관련 학과(사회복지학, 상담학, 가족복지학 등 사례관리 관련 학과) 석사학위 이상 소지자이거나 관련 학과 학사학위 소지자로서 관련 사업 또는 다문화지원센터 2년 이상 실무경력자다. 서비스의 진행은 크게 서비스 대상자 선정→욕구사정 및 실행계획 수립→사례관리 서비스 활동 및 네트워크 활동→종결 및 사후 관리의 순으로 이루어진다.

5) 결혼이민자 멘토링 사업

결혼이민자 멘토링 사업은 초기 정착 단계의 결혼이민자에게 한국에 정착하여 잘 적응하며 살고 있는 결혼이민자가 정서적 지지와 돌봄 등 일대일 멘토링 서비스를 제공하여 안정적 정착과 사회통합을 도모하기 위한 사업이다. 멘토가 되는 결혼이민자는 국내 거주 1년 이상인 결혼이민자(귀화자 포함)로 한국어 구사가 가능하며 모범적인 가정생활을 유지하고 있는 사람이어야 한다.

6) 다문화가족 자녀성장 지원사업

다문화가족 자녀성장 지원사업은 다문화가족 자녀에 대한 정체성 회복과 사회성과 리더십 개발을 위한 프로그램을 제공하여 다문화가족 자녀의 건강한 성장 지원 및 부모-자녀관계 향상을 도모하기 위한 목적을 갖는다. 사업의 대상은 다문화가족 학령기 자녀 및 부모, 중도입국 청소년 등이며 사업의 주요 내용은 부모-자녀관계 향상 프로그램, 사회성 발달 프로그램, 미래설계 프로그램, 위기사례 지원 프로그램 그리고 지역 내 청소년상담복지센터나 청소년 수련시설 프로그램과의 연계 등이다. 이 사업의 운영은 센터 내 상담 업무 담당자 등 기존인력이 담당한다. 다문화가족의 청소년기 자녀들의 수가 증가함에 따라 이러한 사업이 더욱 강화될 것으로 예상된다([그림 8-3] 참조).

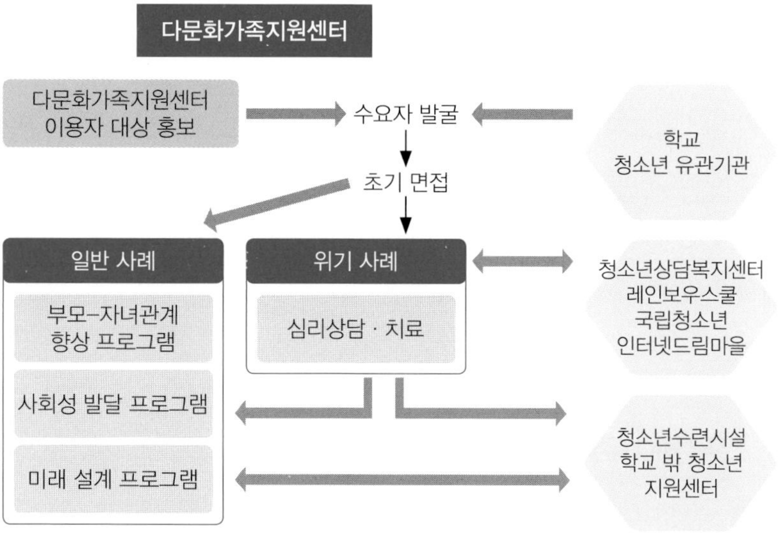

[그림 8-3] 다문화가족 자녀성장 지원사업 운영체계

출처: 여성가족부(2017), p. 265.

7) 한국어교육

다문화가족지원센터는 한국어교육 운영기관으로서 자격을 갖춘 기관으로 국고보조금을 받아 한국어교육을 제공하고 있다. 한국어교육의 대상자는 결혼이민자와 중도입국 자녀로 센터에서 실시하는 정규 한국어교육 과정을 이수한 이민자에게는 사회통합 프로그램 이수자와 동일한 인센티브, 즉 귀화신청 시 필기시험 및 면접심사 면제, 국적취득 심사 대기시간 단축 등의 혜택을 부여한다. 정규 한국어 교육과정은 1단계에서 4단계 총 4개 과정의 한국어교육으로 각 단계별 100시간으로 구성되어 있다. 한국어교육 강사의 자격기준은 법무부 사회통합 프로그램 강사 자격과 동일하며 한국어교원 3급 이상 자격소지자나 한국어교원 양성과정(필수이수시간 120시간) 이수자로 이민자 대상 한국어교육 경력 500시간 이상 확인 가능자 또는 초등학교 정교사(2급) 자격 이상 소지자로 교사 2년 이상 경력자이며 한국어교원 양성과정 이수자 등이 해당된다.

이제까지 이 장에서는 2017년 다문화사업안내지침을 중심으로 다문화가족지원센터의 사업을 살펴보았다. 다문화가족지원센터의 사업은 매년 현장의 요구와 사업의 필요성에 따라 다소의 변화가 있을 수 있으나 제3차 건강가정기본계획(2016~2020)의 틀 안에서 사업의 방향은 크게 바뀌지 않을 것으로 예상된다. 제3차 건강가정기본계획에서의 다문화가족지원 사업과제는 〈참고 8-2〉에 나와 있다.

6. 다문화가족지원센터의 향후 과제

다문화가족지원센터는 다문화가족을 위한 다양한 서비스를 전달하는 기관으로서의 역할을 안정적으로 해 오고 있다. 결혼이민자나 귀화자들에게 센터에서 이루어지는 한국어교육이나 한국 사회 적응교육, 가족상담이나 교육, 취업관련 서비스와 가정방문을 통해 한국어교육이나 자녀생활 및 학습지원 서비스 등을 제공하여 이들과 다문화가족이 조기 정착하고 적응하는 데 다문화가족지원센터가 매우 중요한 역할을 하였다고 할 수 있다. 그러나 향후 센터의 사업이나 역할과 관련하여 몇 가지 과제를 제시하면 다음과 같다.

- **중 · 노년기 다문화가족 대상 사업의 필요**: 결혼이주여성 유입의 감소로 다문화가족이 감소하고 다문화가족의 부모와 자녀들이 성장에 따라 결혼 초기 한국 사회 적응이 어느 정도 이루어진 중 · 노년기 다문화가족을 대상으로 한 사업이 필요하다.
- **다문화가족에 대한 중복지원 지양**: 다문화가족에 대한 지원은 정부부처 간에 여전히 중복적인 부분이 있으므로 반드시 지원이 필요한 것인지 지원대상의 적용기준을 보다 엄정히 하여 센터의 서비스 수혜가 필요한 다문화가족에게 지원이 이루어져야 한다. 객관적 기준에 의해 사회적 소외계

층인 다문화가족이나 도움을 요청하는 다문화가족에 대하여는 사업의 우선순위가 정해져야 하지만 다문화가족이라는 이유만으로 사업의 편의를 위해 사업 대상에 포함시키는 일은 지양할 필요가 있다.

- **센터에서의 취업 관련 교육 지양 및 수혜자 비용부담 서비스 제공:** 비록 결혼이민자나 귀화자들의 입장에서 일자리 교육이나 취업 알선에 대한 요구가 많다 하더라도 이 부분에서 센터 업무에서의 비중은 줄일 필요가 있다. 다문화가족지원센터와 고용과 관련된 기관에서의 지원이 중복되지 않도록 하여야 할 뿐만 아니라 다문화가족지원센터라고 해서 모든 영역의 서비스를 지원해야 하는 것은 아니기 때문이며 필요한 서비스의 경우 일정한 경제 수준이 되는 경우 수혜자 비용부담의 원칙이 지속적으로 적용되어야 한다.
- **다문화사업에 대한 성인지적 관점 제고:** 다문화가족지원센터의 사업의 대상자나 참여자는 거의 대부분 결혼이주여성들이지만 지원서비스 전달방식에서 실무자의 성인지적인 태도나 사업 프로그램 운영방식에서의 성별영향평가에 대해서는 논의조차 되지 않고 있다(김영주 외, 2009). 그러므로 여성 중심으로 이루어지는 센터의 다문화사업에서 실무자의 성인지적 관점과 다문화사업에 대한 성별영향평가에 대한 분석이 이루어질 필요가 있다.
- **지역 맞춤형 다문화사업의 개발 및 운영:** 다문화가족지원센터의 업무지침은 사업수행의 표준적인 기준을 제시한다는 점에서 필요하지만 센터가 위치한 지역적인 특성의 편차가 크므로 다문화사업 프로그램이 지역의 상황에 맞도록 융통성 있는 사업운영이 이루어질 필요가 있다.
- **센터 내 효율적인 인력 관리와 지속가능한 사업의 선정:** 다문화가족지원센터의 인력은 사업에 따라 다양하게 구성되어 있으며 매년 센터 사업내용의 변경으로 인해 실무자들 간에 업무분장이나 보수, 역할 등의 문제로 인해 갈등이나 긴장관계가 발생하기도 한다. 센터 업무의 안정성과 효율성을

위해 센터 인력 조직 구조에 대한 개선과 보다 장기적이고 지속가능한 사업의 분류와 선정 및 개발이 필요하다.

〈참고 8-2〉 제3차 건강가정기본계획의 다문화가족지원 사업과제(2016~2020)

▶결혼이민자 정착 단계별 서비스 지원
- 결혼이민자 정착 종합지원패키지 보급
- 다문화가족을 위한 정보제공 강화
- 결혼이민자 교육·취업 지원 강화
- 결혼이민자 사회참여 기회 확대

▶다문화가족 자녀지원 강화
- 다문화가족 자녀 대상 맞춤형 프로그램 개발 추진
- 다문화가족 자녀 인재 육성 방안 추진
- 다문화가족 자녀의 건강한 성장 지원

▶다문화가족 안전망 강화
- 다문화가족 갈등 예방을 위한 교육·상담 제공
- 폭력피해 이주여성 상담·보호 강화
- 이주민의 한국 정착을 지원할 수 있도록 국가 간 협력 강화
- 결혼중개업 관리 내실화를 위한 제도 개선

▶다문화사회 수용성 제고
- 다문화 인식 제고를 위한 홍보 강화
- 다문화수용성 제고를 위한 대상별 다문화이해교육 강화
- 다문화이해교육 온라인 교육지원시스템 개통 및 운영

출처: 여성가족부(2015).

[부록 8-1] 다문화 사례관리의 예[2)]

사례 기록지

대상자	***	담당자	○○○
사례관리 대상자로 선정한 이유	대상자는 남편과 이혼소송 중에 남편이 사망하여 남편의 재산상속과 시어머니 재산상속을 포기하였고 대상자는 생계를 위하여 안정적인 일을 하고 싶으나 여섯 살, 세 살 두 자녀의 양육문제와 대상자 본인의 특별한 병으로 인한 건강문제로 안정적인 직장을 구할 수가 없음을 호소함. 대상자는 경제문제, 자녀 양육문제, 의사소통, 취업 등 여러 가지 문제를 복합적으로 겪고 있는 것으로 센터 사례회의에서 사례관리 대상자로 선정됨 ▶가족사항(생략) ▶주거환경(생략) ▶경제환경 및 취업 관련 사항(생략) ▶심리상태(생략) ▶사례 요약(생략)		

접촉횟수	총 ○회 (기관방문 ○회. 가정방문 ○회, 내소상담 ○회, 전화상담 ○회)
의뢰 경위	자발적 요청 ☑ 직접 사례 발굴 □ 기관 내 의뢰 □ 타 기관 의뢰 □ 비공식 지지체계 의뢰 □ 기타 □
대상자의 욕구	안전 □ 건강(질환장애 및 중독) □ 일상생활 유지 □ 가족관계(친인척 · 부부 · 자녀문제) □ 사회적 관계(사회문제) □ 경제 ☑ 교육 ☑ 직업 ☑ 생활환경 및 권익보장 ☑
목표합의 도출과정	① 상속절차를 위해 대한법률구조공단 변호사들의 법률자문 상담 ② 경제적인 부담 절감 및 안정적인 생활을 위해 모자원 입소 ③ 두 자녀의 발달 및 교육개선을 위해 드림스타트의 사회복지사와 상담 ④ 두 자녀의 언어 능력 향상을 위한 언어 발달 프로그램 참여 ⑤ 대상자의 취업을 위한 취업성공패키지 참여 ⑥ 대상자의 국적 취득을 위한 한국어 교육 프로그램 참여

2) 실제 센터에서 이루어진 사례관리를 해당 센터 기관장의 허가를 얻어 제시하였다.

<table>
<tr><td>목표
(단기/장기)</td><td>단기(1~3개월): 상속절차를 위해 무료 법률상담, 모자원 입소, 두 자녀의 발달상태 모니터링 및 교육개선을 위해 드림스타트와 상담
장기(6~12개월): 지속적인 사례관리를 통한 취업성공 패키지 참여, 대상자의 국적 취득을 위해 한국어 교육 프로그램 참여, LH 전세임대주택 신청</td></tr>
<tr><td>대상자의 성장배경, 가족관계</td><td>내용 생략</td></tr>
<tr><td>대상자의 가계도와 생태도</td><td>

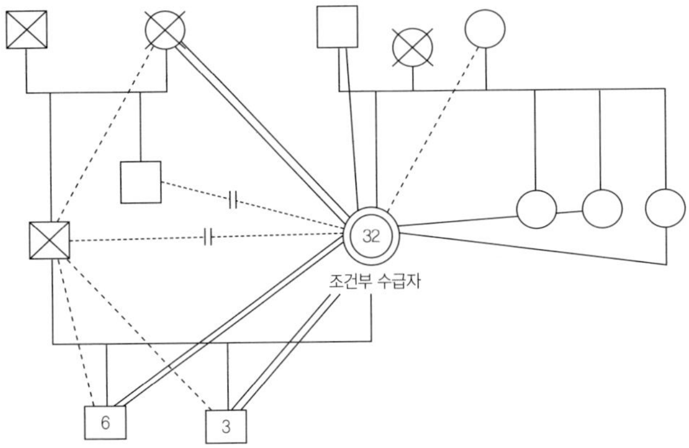

〈 가계도 〉

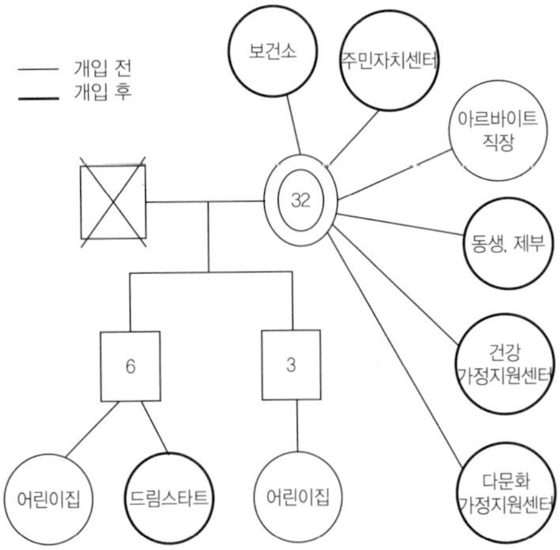

〈 생태도 〉

</td></tr>
</table>

<table>
<tr><td>대상자의 강점과 자원</td><td colspan="5">① 자립하고자 하는 의욕이 강함
② 자녀 양육에 대한 책임의식이 강함
③ 생활력이 강함
④ 동생 부부에게 의지하며 의견을 잘 따름
⑤ 사례관리사를 신뢰함</td></tr>
<tr><td>장애물 사정</td><td colspan="5">① 뇌 계통의 관련된 지병이 있음
② 공식적 · 비공식적 지지체계가 부족함
③ 결혼생활의 좋은 경험 부족으로 한국 사람에 대한 경계심과 불신
④ 기관 이용 및 정보수집의 어려움과 한국어 의사소통의 어려움</td></tr>
<tr><td rowspan="13">개입계획표
(실행기관, 기간,
빈도, 기대되는
변화 등)</td><td>개입목표</td><td>실행기관</td><td>방법</td><td>빈도</td><td>기대효과</td></tr>
<tr><td rowspan="4">기초생활 지원</td><td>주민자치센터</td><td>기초생활수급 신청</td><td>1회</td><td>기초생계비 지원으로 경제적 생활 안정</td></tr>
<tr><td rowspan="2">보건소</td><td>기저귀 지원</td><td>9개월</td><td rowspan="3">자녀들의 건강과 양육 환경 개선</td></tr>
<tr><td>영양플러스</td><td>1년 이상</td></tr>
<tr><td>건강가정지원센터</td><td>유모차 렌털 지원</td><td>2년</td></tr>
<tr><td rowspan="3">교육지원</td><td>다문화가족지원센터</td><td>사회통합 직장인반</td><td>주1회</td><td>대상자의 한국어 능력 향상</td></tr>
<tr><td>어린이집</td><td>방과 후 활동</td><td>주2회</td><td>자녀들의 교육개선</td></tr>
<tr><td>다문화가족지원센터</td><td>언어 발달 프로그램 연계</td><td>주2회</td><td>대상자 자녀들의 언어 발달 능력 향상</td></tr>
<tr><td rowspan="2">심리안정 지원</td><td>드림스타트</td><td>심리상태 모니터링</td><td>1년 이상</td><td>자녀들의 심리 · 정서적 안정 도모</td></tr>
<tr><td>다문화가족지원센터</td><td>지속적 사례관리</td><td>수시</td><td>지지체계 형성</td></tr>
<tr><td rowspan="2">주거생활 지원</td><td>모자시설</td><td>모자시설 입소</td><td>2년</td><td>가족의 생활 안정</td></tr>
<tr><td>한국토지주택공사</td><td>LH 전세임대주택 신청</td><td>2년</td><td>가족의 생활 안정</td></tr>
<tr><td>취업지원</td><td>고용노동부</td><td>취업성공패키지</td><td>1년</td><td>대상자의 안정적인 직업</td></tr>
</table>

과정 요약	▶ 사례 현황(구체적인 내용 생략) 1. 가구 특성: 2. 건강상태: 3. 주거실태: 4. 고용실태: 5. 소득 및 재산: ▶ 사정 및 개입 1. 사정: 면접 상담을 통해 욕구 파악 ① 기초생활 지원 ② 교육 지원 ③ 주거생활 ④ 취업 2. 개입 (○○○○년 2~6월) * 개입계획표를 토대로 개입 목표과 서비스 제공의 구체적인 내용을 날짜별로 기록 예) 생활환경 및 권익보장: 상속절차를 위해 대한 법률구조공단 연계 (2/4) 이하 내용 생략
전체적 변화와 성장	–자립심과 적응력 향상: 개입 초기 혼자서 행정적인 일을 처리하거나 행정기관에 방문하는 것을 어려워하고 센터에 의지하였으나 개입 후 현재 주민센터 및 보건소, 병원, 은행 등의 이용을 혼자서 할 정도로 자립적으로 변함 –자녀 건강과 양육비용의 경제적 부담 경감: 아이들의 기저귀 지원과 입원 치료비, 영양플러스, 어린이집 추가비용 면제, 언어치료 지원 등으로 경제적 · 심리적 부담감이 다소 경감되었음 –한국어 학습동기 강화: 사례 대상자가 한국에서 6년간 생활하였으나 한국어가 미숙하였고 한국어 학습의 필요성을 느끼지 못하였다가 한국어 능력의 필요성을 인식하고 학습 의욕이 높아짐 –안정적인 취업 위한 방법 모색: 안정적인 직업을 위한 취업 프로그램에 참여 의지가 높아짐 –한국인과 서비스 기관에 대한 신뢰 형성: 한국생활에서 한국인에 대한 신뢰가 없었으나 사례관리를 통해 지원받으면서 한국인과 센터의 서비스에 대해 신뢰함 –공식적인 지지체계망의 확대: 보건소, 주민센터, 다문화가족지원센터, 건강가정지원센터, 고용노동부 취업교육기관, 지역 내 복지기관과 연계됨
담당자 견해	내용 생략

참고문헌

김영주, 황정연, 김경희(2009). 지역정책에서의 성주류화 실행 모델: 충남 다문화정책을 중심으로. 서울: 한국여성정책연구원.

여성가족부(2015). 제3차 건강가정기본계획. 서울: 여성가족부.

여성가족부(2017). 2017 다문화가족지원사업 안내. 서울: 여성가족부.

http://www.liveinkorea.kr 다문화가족지원포털 다누리

제9장

가족을 대상으로 하는 가족서비스 전달체계

이 장에서는 가족을 대상으로 하는 전달체계 중 공적 전달체계에 대해 살펴보고자 한다. 대표적으로 건강가정지원센터와 다문화가족지원센터를 들 수 있는데, 두 센터에 대해서는 제7장과 제8장에서 자세히 살펴보았으며 현재 두 센터의 통합이 진행되는 과정에 있으므로 이에 대한 내용을 부분적으로 다루고, 그밖에 한부모가족지원센터와 사회복지관, 기타 기관들을 살펴보고자 한다.

1. 건강가정 · 다문화가족지원 통합서비스센터

가족을 대상으로 하는 대표적인 전달체계는 건강가정사업을 전달하는 건강가정지원센터와 다문화가족지원센터를 들 수 있다. 두 센터는 사회 및 가족변화에 대응할 수 있는 가족서비스 전달체계로 자리매김하면서 다양한 가족들의 서비스 욕구를 해결하는 데 기여해 왔다(주정, 2014). 초기에는 건강가정지원센터에서 다양한 가족의 한 유형으로 다문화가족을 대상으로 하는 사업을 진행하였으나 이후에 다문화가족지원센터가 생기면서 다문화가족 사업이 이관되었고 다문화가족에 대한 사회의 인식이 점차 제고되면서 다문화가족을 별도의 가족사업 대상으로 지원하는 것이 타당한가에 대해 문제가 제기됨에 따라 정책 전달의 효율성을 높이기 위해 전달체계 개편에 대한 논의가 이루어졌다.

이에 따라 가족지원서비스의 통합에 대한 논의를 거쳐 2014년도 양 센터의 통합서비스 시범사업을 시작으로 2016년도부터는 본격적으로 통합서비스를 실시하였다. 통합서비스센터는 가족의 유형별로 이원화되어 있는 가족지원서비스를 가족의 유형에 상관없이 보편적이고 포괄적인 서비스를 한 곳에서 제공하는 데 목적이 있다. 2017년 기준 전국 센터 중 101개의 센터가 통합 서비스를 제공하고 있으나 아직까지 많은 건강가정지원센터와 다문화가족지원센터는 별도의 서비스를 제공하고 있는 실정이다.

〈표 9-1〉 건강가정 · 다문화가족 통합서비스센터 설치 현황 (단위: 개소)

구분	계	서울	부산	대구	인천	광주	대전	울산	세종	경기	강원	충북	충남	전북	전남	경북	경남	제주
2014년	9	1	1	1	–	1	–	–	–	1	–	–	1	–	1	1	1	–
2015년	22	3	3	3	1	1	1	-	-	2	1	1	2	–	1	2	1	–
2016년	78	7	3	5	7	4	2	1	1	6	5	2	7	3	9	9	7	–
2017년	101	10	3	6	7	4	2	3	1	14	9	4	8	3	10	9	8	–

출처: 여성가족부(2017b), p. 4.

건강가정 · 다문화가족지원 통합서비스센터는 가족관계, 가족돌봄, 가족생활, 가족과 함께하는 지역공동체 등을 제공하며, 4개 영역의 사업을 모두 수행해야 한다(〈표 9-2〉 참조). 또한 건강가정 · 다문화가족지원 통합서비스센터는 추가 사업으로 워킹맘 워킹대디 등 맞벌이 가정의 일 · 가정 양립 지원, 지역 수

〈표 9-2〉 건강가정 · 다문화가족 통합서비스센터의 영역별 기본 사업

영역	기본사업	비고
가족관계	• 부모 역할 지원(임신출산(부모) 지원, 영유아기 부모지원, 학부모지원, 혼례가치교육) • 노년기 부부 지원 • 아버지 역할 지원 • 부부갈등해결 지원 • 이혼위기가족 지원 • 다문화가족관계 향상 지원 • 다문화가족 이중언어가족환경 조성 • 다문화가족 자녀성장 지원	교육, 상담(정보제공 및 초기 상담), 문화 프로그램 등
가족돌봄	• 가족역량강화 지원 • 긴급돌봄 지원 • 자녀돌봄 지원 • 다문화가족자녀성장 지원 • 다문화가족 방문서비스	교육, 상담(정보 제공+초기상담 → 전문상담) 돌보미 파견, 사례관리 등
가족생활	• 맞벌이 가정 일 · 가정 양립 지원 • 다문화가족 초기 정착 지원 • 다문화가족생활 지원 • 결혼이민자 통번역 지원	교육, 상담, 정보 제공, 문화 프로그램 등
가족과 함께하는 지역공동체	• 가족봉사단(다문화가족나눔봉사단) • 가족품앗이 • 공동육아나눔터 • 아버지 모임 • 가족사랑의 날 • 결혼이민자 취업지원 • 결혼이민자 정착 단계별 지원 패키지	모임, 활동, 문화 프로그램 등

* 필수 사업: 밑줄의 9개 사업.

* 사업 영역별 기본 사업 외의 건가 또는 다가사업, 지역특성화사업 등 운영 가능.

출처: 여성가족부(2017b), p. 52.

요를 반영한 취약 · 위기가족 지원, 다문화가족자녀성장 지원을 위한 사업을 실시하여야 한다.

2. 한부모가족지원센터(미혼모부자지원기관)

한부모가족이 전체 가구에서 차지하는 비율이 2000년에는 14,312천 가구로 총 가구의 7.9%였으나 2010년에는 9.2%, 2015년에는 9.5%를 차지하고 있다. 한부모가족이 되는 원인으로는 2000년에는 사별이 44.7% 이혼 12.9%, 기타 9.8% 등이었으나 2010년에는 사별이 29.7%, 이혼 32.8%, 미혼 11.6%, 2016년에는 이혼 77.1%, 사별 15.8%로 나타나 이혼으로 인한 한부모가족의 증가가 두드러진다(여성가족부, 2015). 한부모와 그들의 자녀들이 가족 및 사회복지정책의 대상이 되는 이유는 생활에서 충족되지 못하는 기본적인 욕구와 그로 인해서 발생하는 여러 문제들이 향후의 생활의 여러 측면에 유기적으로 얽혀 파생되는 2차적인 문제들이 있기 때문이다(장명선, 이영호, 2016). 한부모가족은 일반적으로 경제적 어려움을 겪는 것으로 나타나는데 한부모가족 중 저소득 한부모가족이 차지하는 비율은 2010년 11.62%, 2012년에는 12.97%, 2014년에는 12.89% 등으로 지속적으로 증가하고 있어 한부모가족의 경제적 어려움

〈표 9-3〉 저소득 한부모가족 현황(「한부모가족지원법」 대상) (단위: 세대, 명)

연도별	계		모자가족		부자가족		조손가족	
	세대	세대원	세대	세대원	세대	세대원	세대	세대원
2010년	185,211	482,200	140,806	366,983	41,253	107,884	3,152	7,333
2013년	222,593	591,818	168,275	450,860	48,902	129,745	5,416	11,213
2016년	231,411	565,648	175,281	431,538	51,104	124,372	5,026	9,738

전체: 한부모가족지원법 대상 + 국민기초생활보장법 대상 + 국가보훈법 대상(2011년까지)
한부모가족지원법 대상 + 국민기초생활보장법 대상(2012년부터)

출처: 여성가족부(2017a), p. 17.

이 심화되고 있는 것으로 보인다(여성가족부, 2017a).

이에 따라 한부모가족을 대상으로 한 특별한 욕구에 대응하기 위해 미혼모부자를 대상으로 권역별로 한부모가족지원센터가 설치 운영되고 있다. 2009년 미혼모·부자 거점기관 지원 운영(6개소). 권역별 미혼모부자 지원기관(미혼모·부자 거점기관) 운영 확대(6개소→17개소)되어 현재에 이르고 있다. 지역에 따라 한부모가족지원센터가 있는 경우도 있고(서울, 부산, 대구, 경남) 건강가정지원센터나 기타 복지기관에서 미혼모부자지원사업을 담당하고 있는 경우도 있다.

〈표 9-4〉 서울특별시 한부모가족지원센터 사업*

한부모가족자립지원 정보 제공	• 한부모가족을 위한 다양하고 종합적인 정보 매뉴얼 및 상담을 제공하여 한부모가족지원에 대한 정보의 접근성 향상 도모
한부모가족 권익증진사업	• 한부모가족의 법적·사회적 권익보호를 위한 양육비 이행 정보 및 법률상담기관 동행서비스 제공, 부자가족 프로그램 현황 조사, 부자가족 생활욕구 파악을 위한 간담회, 부자가족지원 프로그램 개발 및 자료집 발간
한부모가족 주거지원사업	• 한부모가족의 주거 정보 제공 및 주거자금 마련 부담감 완화를 위한 주거지원사업
한부모자립 지원 생활밀착형서비스 '한부모생활 코디네이터'	• 한부모생활코디네이터 1:1 연계 및 정기교류를 통한 한부모가족지원 사회·정책 정보 공유 및 정서적 지지를 통한 자립 지원
한부모학습지원사업 (좋은 부모 지원)	• 좋은부모 미래설계교육, 부모교육, 휴먼라이브러리, 검정고시 교과수업, EBS 온라인·모바일 교육
한부모가족 역량강화사업	• 1박 2일 역량강화 캠프를 통한 가족구성원 상호작용, 연대감 향상 및 한부모 당사자 간 교류 증진, 한부모가족 리더 양성 및 네트워크 구축, 리더 전문교육·정기모임, 다문화 및 미혼 한부모가족 당사자 조직 역량강화 지원
후원 및 한부모가족 특별지원	• 후원자 개발 및 관리, 후원금품 수령 및 배분, 희망꽃배달 지원, 미혼모자녀 백일·돌 사진 촬영 지원, 맘카서비스 지원, 문화공연 지원, 괌리프레시 여행 지원, 결연 후원

나눔으로 행복 찾기	• 자원봉사자 관리, 자원봉사자 교육, 자원봉사자 활동, 가족봉사단 조직 및 발대식, 가족봉사단 교육, 가족봉사단 활동 및 평가
한부모가족 인식 개선 공모전	• 한부모가족에 대한 관심과 가족의 다양성을 일깨워 주는 기회를 제공하기 위해 공모전 실시 • 한부모가족 캠페인 '한부모가족과 함께하는 세상 만들기' • 한부모가족에 대한 긍정적인 인식 확산을 위해 온 · 오프라인 캠페인 실시
찾아가는 한부모가족 이해교육	• 다양한 형태의 가족인 한부모가족에 대한 긍정적인 인식 개선을 제고하기 위해 교육 실시
한부모가족복지시설 지원	• 시설운영 컨설팅, 평가지원 및 정보 제공, 한부모가족복지시설 종사자 교육, 종사자 워크숍, 기타 정보공유 및 협력, 시설의 정책개선을 위한 활동 및 정책제언의 장 마련
시설입소자 상담치료지원사업	• 서울시 한부모가족복지시설 입소자 가족을 대상으로 전문상담기관에 연계하여 심리검사, 개인상담, 집단상담 및 치료지원

* 그 밖에 온라인 네트워크 구축 및 홍보, 미혼모부자 거점기관 운영, 한부모가족 모두 함께 대축제, 네트워크 구축 및 연계 지원 사업 등이 있음.

출처: 서울특별시 한부모가족지원센터 홈페이지에서 정리(http://www.seoulhanbumo.or.kr). 2017년 9월 기준.

3. 사회복지관

사회복지관은 지역사회 내에서 일정한 시설과 전문인력을 갖추고 지역사회의 인적 · 물적 자원을 동원하여 지역사회복지를 중심으로 종합적인 사회복지사업을 수행하는 시설이다.

사회복지관은 지역사회의 특성과 지역 주민의 복지 욕구에 대한 조사결과를 바탕으로 사업 내용을 자율적으로 결정하되, 〈표 9-5〉의 분야별 사업 및 내용 중 해당 사회복지관의 실정에 적합한 프로그램을 선정하여 수행하도록 되어 있다(보건복지부, 2017).

〈표 9-5〉 사회복지관 기능별 사업과 내용

기능	사업 분야	사업 및 내용
사례관리 기능	사례발굴	지역 내 보호가 필요한 대상자 및 위기 개입 대상자를 발굴하여 개입계획 수립
	사례개입	지역내 보호가 필요한 대상자 및 위기 개입 대상자의 문제와 욕구에 대한 맞춤형 서비스가 제공될 수 있도록 사례개입
	서비스 연계	사례개입에 필요한 지역 내 민간 및 공공의 가용자원과 서비스에 대한 정보제공 및 연계, 의뢰
서비스 제공기능	가족기능 강화	1. 가족관계증진사업, 2. 가족기능보완사업, 3. 가정문제해결, 치료사업, 4. 부양가족지원사업, 5. 다문화가족, 북한이탈주민 등 지역 내 이용자 특성을 반영한 사업
	지역사회보호	1. 급식서비스, 2.보건의료서비스, 3. 경제적 지원, 4. 일상생활지원, 5.정서서비스, 6.일시보호서비스, 7.재가복지봉사서비스
	교육문화	1.아동청소년사회교육, 2.성인기능교실, 3. 노인 여가 문화, 4. 문화복지사업
	자활지원 등 기타	1.직업기능훈련, 2. 취업알선, 3.직업능력개발, 4. 그 밖의 특화사업
지역조직화 기능	복지 네트워크 구축	지역사회연계사업, 지역욕구조사, 실습지도
	주민조직화	주민복지증진사업, 주민조직화 사업, 주민교육
	자원개발 및 관리	자원봉사자 개발, 관리, 후원자 개발 관리

출처: 보건복지부(2017), pp. 14-15.

그중 가족을 대상으로 하는 사업으로는 가족기능강화 분야가 해당이 되며, 구체적 사업 영역으로는 가족관계증진사업, 가족기능보완사업, 가정문제해결・치료사업, 부양가족지원사업, 다문화가정, 북한이탈주민 등 지역 내 이용자 특성을 반영한 사업을 들 수 있다(〈표 9-6〉 참조).

〈표 9-6〉 사회복지관 가족기능 강화 사업

기능	사업 분야	내용
서비스 제공 기능	가족 기능 강화	• 가족관계 증진사업 가족원 간의 의사소통을 원활히 하고 각자의 역할을 수행함으로써 이상적인 가족관계를 유지함과 동시에 가족의 능력을 개발 · 강화하는 사업 • 가족기능 보완사업 사회구조 변화로 부족한 가족기능, 특히 부모의 역할을 보완하기 위하여 주로 아동 · 청소년을 대상으로 실시되는 사업 • 가정문제 해결 · 치료사업 문제가 발생한 가족에 대한 진단 · 치료 · 사회복귀 지원사업 • 부양가족 지원사업 보호대상 가족을 돌보는 가족원의 부양부담을 줄여 주고 관련 정보를 공유하는 등 부양가족 대상 지원 사업 • 다문화가정, 북한이탈주민 등 지역 내 이용자 특성을 반영한 사업

출처: 보건복지부(2017), p. 17.

- **가족관계 증진사업**: 가족 간의 의사소통을 원활히 하고 각자의 역할을 수행함으로써 이상적인 가족관계를 유지함과 동시에 가족의 능력을 개발 · 강화하는 사업으로 교육 및 훈련 프로그램, 상담 및 검사 등이 포함된다.
- **가족기능 보완사업**: 사회구조 변화로 부족한 가족기능, 특히 부모의 역할을 보완하기 위하여 주로 아동 · 청소년을 대상으로 실시되는 사업으로 아동 · 청소년 대상 방과 후 보호 및 보육 · 교육, 진로탐색 및 지도, 사회성 향상 집단 프로그램, 학교사회사업이 있다. 이러한 사업의 아동 대상 프로그램에서는 방과 후 아동보호 및 보육 서비스를 실시하고 있고, 청소년 대상 프로그램에서는 공부방 및 도서관 운영(학습 및 독서 지도 포함), 사회성 향상, 감성교육, 심성 발달 프로그램, 진로 탐색 및 지도, 학교사회사업 서비스를 실시하고 있다.

- **가정문제 해결 · 치료사업**: 문제가 발생한 가족에 대한 진단 · 치료 · 사회복귀를 지원하는 것으로, 신체 및 정신장애인 교육 · 특수치료 · 사회적응 프로그램, 청소년 및 위기가정, 폭력 · 학대가정 개입 등 신체적 장애 관련 프로그램과 정신적 장애 관련 프로그램, 청소년 프로그램, 위기가정 문제 프로그램, 폭력 · 학대 프로그램이 시행되고 있다.
- **부양가족 지원사업**: 보호 대상 가족을 돌보는 가족원의 부양부담을 줄여 주고 관련 정보를 공유하는 등 부양가족을 지원하는 사업으로 치매노인 및 장애인, 만성질환자 등 부양가족 지원 치매노인 가족 지원, 장애인 가족 지원, 만성질환자 부양가족모임, 장애아동 부모상담, 그 밖에 부양가족 지원사업 등이 있다. 그 밖에도 그 지역의 특성에 따라 다문화가정, 북한이탈주민 등 지역 내 이용자 특성을 반영한 사업들도 이루어지고 있다.

사회복지기관인 사회복지관은 가족을 대상으로 하는 서비스의 경우 건강가정지원센터와 유사한 서비스를 전달하는 기관으로서 이들 두 기관은 서로의 장단점이 있기 때문에 서로 유기적으로 연계되어 서비스를 제공하는 것이 효율적일 것이다. 사회복지관의 경우 사업 내용상 포괄성이 있으며 다양한 가족을 모두 아우르는 장점이 있다. 또한 복지관은 상대적으로 인지도가 더 높은 편이며, 건강가정지원센터의 경우 저소득층이 이용 대상이라는 사회적 인식이 없고 가족관계나 문화사업, 교육 사업 등을 수행함에 있어서 우선사업 대상자들을 우선적으로 선발해야 한다는 지침이 없어 대상자들의 접근성이 좀 더 높은 편이다. 또한 기존의 약점으로 지적되었던 단독 건물이 아니라 협소하다거나 통합적 서비스 지원체계가 미비하다는 점, 보수적 가족관점이 강하다는 점 등이 지적되었으나(조현순, 정은, 2007) 이러한 점은 개선이 되고 있다.

4. 기타 가족서비스 제공 기관

1) 위기가정지원센터

위기가정지원센터는 직접 서비스를 제공하는 기관은 아니나 중요한 가족기능의 하나인 경제적인 기능을 지원해 주는 센터다. 위기가정은 실제 위기를 겪고 있지만 공공복지제도의 지원 기준에 부합하지 않거나 여러 가지 이유로 복지서비스를 받지 못하는 가정을 말하며, 기준 중위소득 80% 이하 가구(생계·주거비 항목에 한해 생계급여 수급자는 제외)가 해당 대상이 된다. 지원은 위기가정 지원금과 사례관리비로 나누어지며 주로 생계비나 주거비, 의료비, 재난 피해비 등이 대상이 된다(중앙위기가정지원센터 홈페이지). 위기가정지원센터에서 서비스를 제공하는 대상 가정은 다음과 같다.

- 공과금 체납, 재해, 퇴거 위기로 주거가 불안한 가정
- 실직, 질병, 재해 등으로 인한 소득중단 또는 급격한 감소로 생계가 곤란한 가정
- 의료비 체납 또는 경제적 어려움으로 치료를 받지 못하는 가정
- 제도적 지원을 받지 못하여 가족 해체 또는 생존의 위협에 노출된 가정
- 기타 사례판정 결과 긴급지원이 필요하다고 인정한 가정

2) 가정위탁지원센터

가정위탁이란 것은 친부모의 사정으로 친가정에서 아동을 양육할 수 없는 경우, 일정기간 위탁가정을 제공하여 보호하고 양육하는 아동복지제도다. 선진국에서는 대규모 보육시설보다는 가정위탁양육을 더 초점을 맞추고 있다.

보호 대상 아동을 보호·양육하기를 희망하는 가정에 위탁 양육함으로써 가정적인 분위기에서 건전한 사회인으로 성장할 수 있도록 지원하는 것으로 좀 더 아동 중심으로 복지 서비스를 지향하는 장점이 있다. 보호 대상 아동에 대한 구체적인 내용과 법적 근거는 다음과 같다.

- 보호 대상 아동 발생 시 가정보호를 우선하도록 하며, 특히 만 2세 미만 영아의 경우 가정보호 우선 실시 필요
- 보호 대상 아동을 보호·양육하기를 희망하는 가정에 위탁 양육함으로써 가정적인 분위기에서 건전한 사회인으로 성장할 수 있도록 지원
- 보호 대상 아동 발생 시 가정보호를 우선하도록 하며, 특히 만 2세 미만 영아의 경우 가정보호 우선 실시 필요
- 「아동복지법」 제3조(정의), 제15조(보호조치), 제48조(가정위탁지원센터의 설치 등), 제49조(가정위탁지원센터의 업무), 제59조(비용보조)
- 「국민기초생활보장법」 제4조 제3항(급여의 기준), 제7조(급여의 종류), 제10조(생계급여를 실시할 장소), 제14조의 2(급여의 특례) 및 동법 시행령 제5조(부양받을 수 없는 경우) 등 관련 조항
- 「의료급여법」 제3조(수급권자)
- 유엔아동권리협약 정신에 기초한 '선 가정보호, 후 시설보호'
- 2005년 「아동복지법」에 가정위탁에 대한 법적 근거 마련

〈표 9-7〉 전국의 가정위탁지원센터(2017년 기준)

중앙*	서울	부산	대구	인천	광주	대전	울산	세종	경기	강원	충북	충남	전북	전남	경북	경남	제주
1	1	1	1	1	1	1	1	–	2	1	1	1	1	1	1	1	1

* 중앙을 제외한 센터는 지역가정위탁지원센터.

출처: 중앙가정위탁지원센터 홈페이지.

3) 위스타트 센터/사업

위스타트(We Start) 운동은 사회구성원이 나서서 가난한 가정의 아이들에게 공정한 복지(welfare)와 교육(education)의 기회를 제공함으로써 가난의 대물림을 끊고 삶의 출발(start)을 돕자는 시민운동이다. 위스타트에서 'We'는 복지(welfare)와 교육(education)의 머리글자를 딴 것이다. 이는 2004년 중앙일보를 주축으로 한 위스타트(We Start) 운동본부가 발족되면서 시작되었던 것이 국가에서 관심을 갖게 되어 본격화되었다. 2006년 서울, 경기, 강원도의 3개 광역시 · 도에서 12개 마을(센터)로 운영되었던 것이 2012년 현재 국내 28개 위스타트 센터와 2개의 해외 센터로 확대 운영되었다. 현재에는 위스타트 센터는 위스타트 마을 만들기, 교육출발선 만들기, 건강지킴이, 후견인 맺기, 희망의 집 꾸미기의 5대 사업을 중심으로 제공하고 있다.

〈참고 9-1〉 [명견만리] 선진국에서 사라지는 '보육원', 우리나라는?

우리나라에서 한 해에 버려지는 아이들은 300여 명, 보육시설에서 생활하는 아이들은 1만 4천여 명에 이른다. 버려진 아이들 60% 이상이 보육원으로 보내지는 한국과 달리, 지금 전 세계는 보육원을 없애고 있다. 아이들을 가정에서 자라게 하기 위해서다. UN 아동권리협약은 '아동은 완전하고 조화로운 인격 발달을 위하여 가족적 환경과 행복, 사랑 및 이해의 분위기 속에서 성장해야 한다'고 규정하고 있다. 아이가 행복하기 위해서는 태어난 가정에서 보호를 받아야 하고, 가족적인 환경에서 자라야 한다는 것이다.

어쩔 수 없는 선택 '보육원행'

우리나라 한부모가족 중 월수입이 130만 원에 못 미치는 저소득층은 23만 명에 이른다. 그러나 이들에게 지원되는 양육지원금은 최대 15만 원에 불과하다. 보건사회연구원 조사 결과에 따르면 자녀 1인당 대학까지 총 양육 비용은 3억 원이 넘는다. 이처럼 아이를 키우는 데 많은 비용이 들어가다 보니 돈이 없는 저소득층 가정에서는 어쩔 수 없이 아이를 보육원에 보내는 선택을 하기도 한다.

가족해체로 보육원에 가는 아이들

보육시설의 보호가 필요한 아동의 60% 이상은 미혼모가 아닌, 부모의 사망이나 이혼 때문에 발생한다. 가족해체가 가장 큰 문제인 것이다. 이렇게 보육원에서 자라난 아이들은 보통 자신의 삶에 대해 기다림, 포기, 불신 등 부정적인 감정을 갖는 것으로 나타났다. "언젠가 그 사람이 날 버리지 않을까?" "언젠간 '이혼을 하게 되지 않을까'라는 불안함이 있어요" (보육원 출신 ○○ 씨). 아이가 행복하기 위해서는 가족적인 환경에서 자라야 한다. 하지만 우리나라 보육원의 경우, 보육사 한 명이 여러 명의 아이를 돌봐야 하기 때문에 일대일 관계를 맺기 힘든 상황이다. 다른 나라들이 보육원을 없애고 있는 이유이기도 하다.

출처: KBS 뉴스(2016. 12. 15.).

생각해볼문제

1. 현재 가족문제 중 가장 심각하다고 생각되는 문제를 선택하고 가족서비스 전달체계 중 어떤 서비스를 제공하고 있는지 파악해 봅시다.
2. 1번에서 제공되고 있는 서비스가 가족 문제를 해결할 수 있는지에 토론해 봅시다.

참고문헌

「한부모가족지원법」

보건복지부(2017). **2017 사회복지관 운영 관련 업무처리 안내**. 세종: 보건복지부.

여성가족부(2015). **양육비이행지원제도 개선 전문가 간담회 자료집**. 서울: 여성가족부.

여성가족부(2017a). **2017년 한부모가족사업 안내**. 서울: 여성가족부.

여성가족부(2017b). **2017년도 건강가정 · 다문화가족센터 통합서비스 사업 안내**. 서울: 여성가족부.

윤종희(2015). 건강가정지원을 위한 보편적 복지와 선별적 복지에 관한 문헌 고찰: 조기가족-개입을 위한 제언. **한국가정관리학회지, 33**(3), 49-66.

장명선, 이영호(2016). 한부모가족의 자녀양육에 대한 정책적 요구와 방안 모색, **한국가족자원경영학회지, 20**(2), 141-163.

조현순, 정은(2007). 가족정책의 효율적 전달체계 운영을 위한 종합사회복지관의 가족복지사업과 건강가정지원센터사업의 비교연구. **한국비영리연구, 6**(3), 63-99.

주정(2014). 가족서비스 전달체계의 효율적인 개선방안에 관한 연구—건강가정지원센터와 다문화가족지원센터의 통합개편에 관해서. **젠더와 문화, 7**(2), 245-285.

KBS 뉴스(2016. 12. 15.). [명견만리] 선진국에서 사라지는 '보육원', 우리나라는?

http://18997472.or.kr 중앙위기가정지원센터

http://www.fostercare.or.kr 중앙가정위탁지원센터

http://www.seoulhanbumo.or.kr 서울특별시 한부모가족지원센터

Introduction to Healthy Families

제4부

건강가정사업의 실제

제10장

건강가정사업의 실무 (I): 지역사회 분석과 요구도 조사

이 장은 건강가정지원센터에서 실제적으로 수행되는 실무적인 영역에 대해 다루고 있다. 이에 대해서는 제7장 '건강가정지원센터'에서도 일부 다루고 있지만, 실제 건강가정사로서 현장에서 실무를 담당하게 되면 사전에 숙지해야 할 내용이라고 생각하여 별도의 장으로 마련하였다. 이 장에서는 구체적으로 지역사회 분석과 더불어 건강가정사업에 대한 요구도 조사 방법에 대하여 다루고 있다.

1. 건강가정사업을 위한 지역사회 분석

1991년 시행된 지방자치제도는 지역을 기반으로 건강가정사업에 대한 서비스를 시행할 수 있는 기초가 되었다. 지방자치는 국가와 지방단체와의 관계에서 단체자치의 요소를, 지방자치단체와 주민과의 관계에서 주민자치의 요소를 아울러 가지고 있다(박현식, 김준경, 김광병, 구재관, 정지웅, 2016). 1995년 지방자치단체의 장을 지역 주민이 직접 선출함으로써 본격적인 지방자치 시대가 개막됨에 따라 정부예산 편성부터 복지재정 분권을 실시하게 되었다. 이전의 복지서비스 제공이 지역 특성과 지역 주민의 욕구를 고려하지 않고 지역사회를 기반으로 정부에 의해 주도되었던 측면이 있었다면 그 이후로는 지역 주민이 지역사회복지의 수혜자이자 주체가 될 수 있었다. 이에 따라 지방 간 격차의 문제, 신·구도심 간의 갈등과 같은 지방 갈등의 문제가 새롭게 대두된 측면도 있지만, 건강가정지원센터 및 가족서비스 전달체계 설립에 기여한 것도 사실이다.

지역의 건강가정지원센터에서 이루어지는 건강가정사업이 성공적으로 수행되기 위해서는 무엇보다 센터가 위치한 지역사회의 특성과 상황을 파악하는 것이 무엇보다 중요하다고 할 수 있다.

1) 지역사회 분석의 필요성

센터가 속한 지역사회가 어떤 특성을 갖는가는 건강가정사업 및 서비스 내용을 결정하는 중요한 요소 중의 하나다. 로스(Ross, 1967)에 의한 지역사회의 전통적인 분류에 따르면, 지역사회는 지리적인 지역사회(geographic community)와 기능적인 지역사회(functional community)로 나눌 수 있다. 그러나 현대에는 지역사회에 대하여 지역성과 기능성(공동의 관심과 기능)이 모두 강조된다. 건강가정지원센터는 전국의 다양한 지역에 분포되어 있으며, 건강가정지원센터가 위치한 지역사회는 단순한 지리적 특징뿐만 아니라 인구학적 특징, 산업 구성, 재정 상태 등 다양한 기능적 특징에서도 큰 차이를 보인다.[1] 이러한 지역사회의 차이는 그 지역의 서비스 내용을 달라지게 하므로 고려되어야 할 사항이 된다. 그밖에도 인구사회학적인 특성, 즉 성비나 아동 및 노인 인구의 비율, 외국인 비율 결혼이민자 비율, 국민기초생활보장제도 수급자 비율, 군인 가족 비율 등은 지역에 따라 차이가 날 수 있다. 그러므로 건강가정지원센터는 동일한 종류의 사업을 한다 하더라도 각 센터가 속한 지역적 특성에 따라 제공되는 서비스의 내용이 달라져야 한다. 지역사회의 지리적 · 기능적 특성은 기관의 사업 및 서비스 내용을 결정할 수 있으므로 지역사회는 면밀하게 분석되어야 할 필요가 있다.

〈참고 10-1〉 지역사회의 특성에 맞는 사업 사례

군 관사 공동육아나눔터 확대로 군인 가족 자녀양육 지원

여성가족부는 전방 및 격오지 근무 군 장병들의 안정적 복무여건 조성과 군인가족의 양육지원을 위해 '정부 3.0' 부처 간 및 민관 협업으로 군 관사 공동육아나눔터 확대를 추진하고 있다. (중략) 여성가족부는 군 관사 공동육아나눔터 새단장(리모델링) 사업을 지원하고 있는 롯데그룹과 함께 추가로 2개소를 개소해, 올해 안에 군 관사 공동육아나눔터를 총 12개소로 확대할 예정이다.

출처: 정책브리핑(2016. 11. 16.).

1) 재정 자립도를 예로 들면, 건강가정지원센터가 가장 많이 분포되어 있는 서울특별시의 경우 재정 자립도가 가장 높은 강남구(64.5)나 중구(63.1), 서초구(58.0)와 재정 자립도가 낮은 노원구(17.6)나 은평구(22.6), 강북구(22.7)가 다른 접근이 필요하고, 경기도의 경우도 재정 자립도가 높은 성남시(63.0)나 용인시(58.9), 수원시(55.8)와 상대적으로 낮은 동두천(17.9), 양평군(21.6)이나 연천군(22.3)은 경제적으로 큰 폭의 차이가 난다(지방재정 365 사이트, 2016년 기준).

2) 지역사회 사정 방법

지역사회 사정(community assessment)이란 지역사회가 처한 상황을 사실대로 파악하는 것이다. 즉, 지역사회를 구성하는 요소와 욕구, 문제를 유발하는 요인과 활용 가능한 자원을 중심으로 조사하는 것을 말한다(최옥채, 2006). 즉, 지역사회 사정은 욕구와 자원을 일치시키는 과정이다. 아무리 욕구가 있어도 자원이 없으면 그 욕구를 충족시킬 수 없기 때문이다. 이는 그 지역사회의 문제와 약점, 강점과 자원 등을 이해하며 문제에 영향을 주는 환경을 파악하여 문제를 해결해 나가는 과정의 첫걸음이 된다. 사정된 결과에 따라 센터의 중점 사업이 결정되어야 하며 타 기관과의 차별성을 모색해야 할 것이다.

지역사회 사정의 유형은 사정의 목적, 영역, 초점 등에 따라 다양하게 구분될 수 있으며, 대표적인 유형으로는 포괄적 사정, 문제중심 사정, 하위체계 사정, 자원 사정, 협력 사정이 있다(Hardcastle et al., 1997; 오정수, 류진석, 2008에서 재인용).

(1) 포괄적 사정

지역사회에 대한 포괄적 사정(comprehensive assessment)은 철저한 방법론에 기초하여 1차 자료의 생성과 함께 전체 지역사회를 포함하는 사정을 의미한다.

(2) 문제중심 사정

문제중심 사정(problem-oriented assessment)은 전체 지역사회와 관련되지만 지역사회의 중요 문제에 초점을 둔 사정을 의미한다. 예를 들면, 그 지역사회의 가장 큰 이슈와 현안을 주로 하여 특정 문제를 중심으로 지역사회를 사정하는 것을 의미한다.

〈참고 10-2〉 경기도, 세월호 희생자 가족에 일대일 돌봄서비스 지원

경기도 합동대책 본부가 세월호 침몰사고로 어려움을 겪고 있는 희생자 가족을 위해 경기도 가족돌봄지원센터를 운영하며 1:1 돌봄서비스를 지원하고 있다. 8일 대책 본부에 따르면 가족돌봄서비스는 세월호 사고로 인해 갑자기 보호자의 공백이 발생한 희생자 가족의 가정에 돌보미를 파견 양육돌봄 · 노인돌봄 · 가사돌봄 · 동행 서비스 · 병원돌봄 등을 지원하는 사업으로 여성가족부가 국비를 지원하고 경기도가 운영한다. 지원 대상은 안산 지역 328가구 330명, 안산 외 지역 28가구 33명 등 총 356가구 363명으로 안산시에 거주하는 희생자 가족은 안산건강가정지원센터를 중심으로 안산 외 지역은 31개 시 · 군 건강가정지원센터에서 합동으로 1:1 가족지원전담팀을 지원하고 있다.

출처: 머니투데이(2014. 5. 8.).

(3) 하위체계 사정

하위체계 사정(subsystem assessment)은 전체 지역사회를 사정하는 것이 아니라 지역의 특정 부분이나 일면을 조사하는 것을 의미한다. 예를 들어, 강남구 구룡마을은 강남구라는 가장 비싼 지역에 남아 있는 빈곤 지역이다. 이 지역은 강남구가 갖고 있는 지역사회의 특성과는 다른 특성을 갖고 있고 다른 방식으로 접근되어야 할 것이다. 같은 지역사회의 하위체계를 중심으로 사정하는 것을 의미한다.

〈참고 10-3〉 하위체계 사정 관련 신문기사

아직도 땔감은 '연탄 · 가스통'…… 개발 확정에도 방식 등 두고 대립 불씨 여전

서울 강남구 개포동 구룡마을은 1,200여 세대의 판잣집이 불규칙하게 배치된 서울시 내 마지막 판자촌이다. 빛바랜 사진처럼 1950~1960년대 저개발국의 모습이 그대로 남은 도시 속 외딴 섬마을. 입구부터 길은 울퉁불퉁하고 곳곳에 널부러진

고물과 쓰레기가 방문객을 맞이한다. 일상에서 보기 힘들어진 연탄이 이곳에선 여전히 겨울 필수품이다. 지지부진하던 개발계획이 막바지로 치달았지만 아직도 주민들의 생계는 막막하다. 올해도 구룡마을의 겨울은 춥고 길다.

• 길 하나로 나뉜 외딴섬 구룡마을

구룡마을로 향하는 마지막 길목인 왕복 8차선 양재대로는 두 세상을 가르는 국경이다. 고개만 돌려도 부의 상징 타워팰리스가 있고 눈앞에는 또 다른 고급아파트 래미안 블레스티지 공사가 한창이다. 버스로 10분만 나가도 강남 번화가지만 불과 20여m 남짓한 길을 건너면 이곳이 진정 서울이 맞나 싶은 낯선 풍경이 펼쳐진다.

구룡마을은 비좁은 길을 사이에 두고 여러 가구가 모여 산다.

출처: 머니S(2016. 12. 9.).

(4) 자원 사정

자원 사정(resource assessment)은 지역사회에서 이용할 수 있는 네 가지 영역, 즉 권력, 전문기술, 재정, 서비스라는 자원 영역에 대한 사정을 우선적으로 함으로써 기관을 이용하는 클라이언트의 욕구보다는 이용 가능한 자원의 본질, 운용과 질에 초점을 두는 것을 의미한다. 따라서 실제적으로 어떤 서비스가 이용 가능한지, 어떤 서비스가 가장 잘 이용되고 있고 그 이유는 무엇인지 등에 대한 이해를 높이기 위해 자원 목록을 개발하는 것이 필요하다.

(5) 협력 사정

협력 사정(collaborative assessment)은 지역사회 참여자들이 서로 협력적인 파트너로 조사계획이나 참여관찰, 분석 등에 관계되면서 지역사회에 대한 사정을 수행하는 과정을 의미한다.

3) 지역사회의 현황 파악

실무자가 파악해야 하는 지역사회의 현황은 일반적인 것에서 시작하여 구체적인 것으로 들어갈 수 있다. 일반적 사항은 앞에서 밝힌 지역사회의 인구, 사회경제 등의 특성부터 시작하여 구체적 사항, 즉 그 기관에서 중점적으로 다루고 있는 지역사회 및 가족의 문제로 좁혀지게 된다. 일반적인 현황에 포함되는 내용은 다음과 같다.

- 인구학적 현황
  - 인구 수, 세대 수, 성별 비율, 외국인 비율
  - 연령별 경제활동인구(예: 경제활동인구를 통한 맞벌이 비율)
  - 연령별 비경제활동인구(예: 유아 및 아동, 청소년, 노인 인구의 비율)
  - 국민기초생활보장제도 수급자 현황
  - 장애인 현황(예: 장애아 가족을 위한 프로그램 산정 시)
- 주요 기관 현황
  - 초 · 중 · 고등학교, 학원, 어린이집 등 교육 및 보육 기관 정보
  - 파출소, 구청, 주민자체센터, 보건소, 정신보건센터 등의 공공기관
  - 공식/비공식 사회복지기관 현황
  - 민간 사회단체
  - 기타 공공기관 정보
- 지역사회의 주요 문제
  - 지역 주민이 생각하는/당면한 중요한 문제
  - 공공기관에서 파악하고 있는 중요한 문제
  - 지역의 주요 인사 및 전문가들이 파악하고 있는 문제

〈표 10-1〉 건강가정지원센터와 다문화가족지원센터의 자원연계 기관 예시

공공 기관		민간 기관
행정/교육 기관	복지 기관	
• 보건소 • 병원 • 경찰서 • 소방서 • 법원 • 출입국관리소 • 시청/군청 • 주민센터 • 교육지원청 • 교도소 • 선거관리위원회 • 한국산업인력공단 • 국민연금공단 • 국민건강보험공단 • 어린이집 • 초 · 중 · 고등학교 • 대학교 • 평생학습관	• 사회복지관 • 지역아동센터 • 청소년문화의 집 • 사회복지사협회 • 자원봉사센터 • 여성인력개발센터 • 지역자활센터 • 고용복지플러스센터 • 범죄피해자지원센터 • 청소년상담복지센터 • 복지재단 • 외국인력지원센터 • 모이세 이주여성의 집 • 아동(노인)보호전문기관 • 드림스타트센터 • We센터 • 여성새로일하기센터 • 성폭력상담소 • 여성의전화 • 급식관리지원센터	• 대기업/중소기업 • 자동차운전전문학원 • 인터넷뉴스/지역신문 • 은행 • 교회 • 백화점/대형마트 • 국제로타리클럽/국제라이온스협회 • 녹색어머니회 • 어린이집연합회 • 여성단체협의회 • 가정법률 상담소

〈참고 10-4〉 센터에서 지역 문제 해결을 돕는 예

어떤 경우 지역사회에 거주하는 많은 가족들이 겪는 문제를 해결하기 위해 정부의 지원을 통해서가 아니라, 자발적으로 이 문제를 해결하기 위해 센터가 만들어지기도 한다. 가령 평택의 쌍용차 해고노동자와 가족들을 위한 '와락센터'를 예로 들 수 있다. 주요한 가족원의 실직이나 사망은 가족의 역동을 바꾸고 가족에게 영향을 미칠 수 있는 큰 스트레스 원으로 작용한다. 이때 동일한 문제를 겪고 있는 가족들을 위해 이러한 센터는 가족원들이 가족원들의 강점을 통해 위기를 극복할 수 있도록 돕는 역할을 할 수 있다.

- 지지 자원 체계
  - 기관의 사업 및 프로그램 수행 시 도움이 될 만한 기관 및 장소
  - 기관의 사업 및 프로그램 수행 시 도움이 될 만한 인력
  - 협조 가능한 공공 및 민간 기관
  - 지역사회가 갖고 있는 강점(혹은 약점)
- 문화적 · 역사적 현황
  - 지역사회의 문화 유적지, 문화재 관련 정보
  - 지리적 현황(면적, 도로, 길 등의 정보, 주요 건물)
  - 해당 지역의 역사

4) 지역사회 중심 프로그램

건강가정지원센터의 프로그램은 센터가 위치한 지역사회를 기반으로 센터가 제공하는 프로그램이 대부분이지만 지역 주민이 자발적인 참여를 통해 지역 주민의 공동체적 기능을 회복하고 사회적 자본 활용을 통해 가족문제를 해결해 가는 프로그램들이 있다. 이와 관련한 대표적인 사업이 공동육아나눔터 사업을 들 수 있을 것이다. 아이를 낳고 키우는 것이 한 가정의 문제에만 국한되는 것이 아니라 마을, 지역사회가 돌봄의 단위가 되어 아이를 키워야 한다는 철학에서 1990년대 초 · 중반 육아문제를 공동육아로 해결하고자 하는 일부의 시도가 있었다(대표적인 사례는 성미산 마을 공동체). 건강가정지원센터의 경우 이러한 최근의 지역사회의 요구를 기반으로 한 공동육아나눔터나 경기도의 경우 경기육아나눔터 등의 사업을 진행하고 있다. 이러한 사업들은 사례로 볼 수 있다. 이러한 사업은 가족의 육아문제를 해결할 뿐 아니라 지역의 일자리 창출을 통해 일자리 문제를 해결할 수도 있는 대안이 되기도 하였다.

(1) 사례 1: 공동육아나눔터

동대문구 건강가정지원센터는 지역 주민의 요구도를 반영하고 회원의 인적 자원을 활용한 프로그램이 부재하여 가족품앗이 재능 나눔으로 지역 내 기부 문화를 확산하고자 공동육아 나눔터 프로그램을 실시하였다.

〈표 10-2〉 지역사회 중심 건강가정사업 (1): 공동육아나눔터

프로그램 명	재능나눔 릴레이 'MOM 교실'
사업 목표	• 가족품앗이 재능나눔을 통한 자존감 상승 • 지역사회와 함께 하는 센터로 지역사회에 긍정적인 인식 효과 • 지역 주민 소통 및 자녀들의 안전한 놀이공간 제공
사업 대상	• 유형: 자녀가 있는 가정, 기존 센터 이용자(가족품앗이, 공동육아나눔터 회원) • 종류: 일반가정, 다문화가정, 한부모가정, 저소득가정, 맞벌이 가정 등 • 특성: 인적, 물적 자원 나눔이 가능한 가정
사업 내용	재능나눔 릴레이를 통해 총 6회기의 프로그램을 통해 공동육아나눔터를 운영함

출처: 한국건강가정진흥원(2015).

(2) 사례 2: 워킹맘 워킹대디를 위한 프로그램

구미시 건강가정지원센터는 경상북도와 구미시가 맞벌이 가구의 비율이 세 번째로 높은 지역이라는 지역의 특색을 반영한 프로그램을 실시하였다.

〈표 10-3〉 지역사회 중심 건강가정사업 (2): 워킹맘 워킹대디 프로그램

프로그램 명	직장도 좋아! 가정도 좋아!
사업 목적	• 워킹맘과 워킹대디의 교육 · 문화 참여 확대 및 일 · 가정 양립 문화 조성 • 가족-지역-기업이 함께 하는 가족친화 문화 확산에 기여한다. • 맞벌이 가정의 교육 참여권 확대
사업 대상	• 구미 시민 중 가족교육 및 문화 프로그램의 접근성이 낮은 맞벌이 가정 (기업, 기관 및 지역사회의 워킹맘 워킹대디 소속 단체 우선)

사업 내용	• LG 디스플레이 기관을 대상으로 총 3회기의 교육과 돌봄 영역의 프로그램을 실시한다. • LG 실트론 기관을 대상으로 총 10회기의 교육과 돌봄 영역의 프로그램을 실시한다. • 기타 기관을 대상으로 총 8회기의 교육 및 문화 프로그램을 실시한다. • 온가족놀이축제 및 정보박람회에서 부족했던 정보와 자녀와 놀이로 온 가족이 소통할 수 있는 장을 마련한다.

출처: 한국건강가정진흥원(2016), pp. 7-9에서 요약.

2. 건강가정사업을 위한 요구도 조사

일반적으로 가족이 가진 욕구는 공통적인 부분도 있지만 각 가족의 특성이나 건강가정지원센터가 속한 지역적 특성과 상황에 따라 다른 욕구를 가질 수 있다. 또한 시대와 상황이 변화함에 따라 가족들의 욕구도 변하게 된다. 이에 따라 과거에 성공적인 프로그램도 가족의 요구에 따라 달라질 수 있다. 실제로 현장에서 실무자들이 여러 자료를 토대로 사업 및 프로그램을 계획하더라도 주민들의 욕구를 잘못 판단하여 성공적이지 못한 프로그램을 운영하게 되는 경우가 있는데 이런 경우에는 사회적으로 할당된 자원을 낭비할 뿐만 아니라 지역사회 내의 문제를 해결하지 못하는 문제를 낳게 된다. 따라서 이러한 결과를 막기 위해 적절하고 정확한 요구도 조사가 필요하다.

1) 요구도 조사의 목적 및 내용

(1) 목적[2)]

요구도 조사는 욕구 조사라고도 하는데 일반적으로 센터가 속해 있는 지역

2) 서인해, 공계순(2004)에서 요약하였다.

사회 주민들이 어떤 욕구를 갖고 있으며, 이에 따라 어떤 서비스가 필요한지를 결정하기 위한 목적으로 수행된다. 요구도 조사 목적에 크게 4가지 정도의 목적으로 생각해 볼 수 있다.

〈표 10-4〉 요구도 조사 목적에 따른 조사설계와 결과 활용

요구도 조사 목적	조사결과 활용 수준
욕구 자료 수집	개념적 활용
홍보 및 교육	↑
자원 배분	↕
프로그램 개발	↓
프로그램 결과평가	제도적 활용

출처: 서인해, 공계순(2004), p. 47.

- **욕구 자료 수집**: 지역사회나 주민들이 갖는 문제의 심각성을 파악하고 문제와 관련된 기초 자료를 축적하기 위한 것
- **홍보 및 교육**: 관심을 가지는 문제 및 욕구에 대해서 홍보, 교육의 목적으로 진행되는 것
- **재원 신청 및 배분**: 재원을 필요로 하는 측은 재원 신청의 실증적 근거로서, 재원을 제공하는 측에서는 자원 배분의 합리화의 필요성 때문에 이루어지는 것
- **프로그램 개발 및 평가의 목적**: 요구도 조사의 역할이 프로그램 평가의 역할과 맞물려 순환적으로 이루어지며 프로그램 결과 평가 후 프로그램의 문제점을 찾고 프로그램이 수정, 디자인 되는 경우, 또한 새로운 욕구가 감지되었을 때 새로운 프로그램 개발을 위한 과정 목적으로 이루어지는 것

욕구 자료 수집을 위한 요구도 조사는 실태조사와 유사하게 진행이 되지만 실태조사가 지역사회 혹은 서비스 대상자의 일반적인 내용을 포괄적으로 수집

하는 반면에, 욕구조사는 욕구와 관련된 내용, 즉 욕구의 심각성과 지역의 일반적 자원 및 서비스 환경, 그리고 욕구를 가진 사람들의 일반적 특징, 서비스 환경과 문제점 등과 같은 내용들을 중점적으로 조사한다는 점에서 차이가 있다.

이러한 요구도 조사는 조사하는 주체에 따라 사용 여부가 달라질 수 있다. 조사가 통계청이나 기타 공공기관 혹은 다른 사회복지기관에서 이루어졌다면 이를 활용할 수 있겠지만 대체적으로 그 기관이 알고자 하는 정보가 구체적으로 조사되어 있는 경우는 드물다. 따라서 필요한 정보에 대해서는 기관에서 자체적으로 수집하게 되는 경우가 많다. 그러나 직접적인 조사를 수행하는 것은 비용과 시간이 많이 드는 과정이므로 최대한 다른 기관에서 조사한 자료를 활용하고, 추가적으로 이를 수행하는 것이 좋다.

(2) 내용

요구도 조사에는 기본적으로 인구·사회적 특성과 사업 및 프로그램의 요구도에 대한 사항이 포함된다. 일반적으로 인간의 욕구를 파악하기 위해 매슬로(Maslow)의 5단계 욕구 분류나 브래드쇼(Bradshaw)의 분류가 많이 인용되고 있다. 매슬로에 의하면 인간의 욕구는 5단계에 걸쳐 상위욕구와 하위욕구가 있으며, 하위욕구가 충족되지 않을 경우 상위욕구를 추구하지 않는 경향이 있다. 이러한 욕구를 건강가정사업에 적용하면 [그림 10-1]과 같이 생각해 볼 수 있다. 이는 하나의 예시로 건강가정사는 각각의 단계에 해당하는 주민의 욕구를 충족시킬 수 있도록 사업을 기획하고 개발할 수 있다.

매슬로의 욕구 5단계설을 건강가정사업에 적용시켜 본다면 1단계의 경우 저소득층 밀집 지역에서 영양이 불균형한 아동이나 노인이 있는 경우 혹은 이들의 건강이나 고용이나 소득의 문제를 갖고 있는 가족의 경우 대체적으로 다른 기관으로의 의뢰(referral)나 연계가 필요하다. 2단계의 경우 아동보호에 대한 욕구를 예로 든다면, 한국에서는 안전에 대한 의식이 선진국에 비해 약하기 때문에 끊임없이 안전사고에 대한 문제가 발생한다. 자녀가 어릴 때 보육시설이

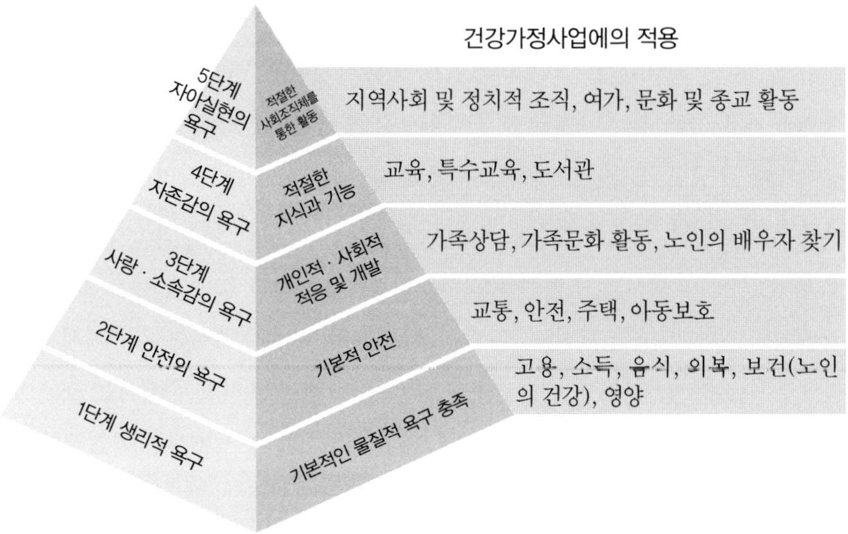

[그림 10-1] 매슬로의 욕구 5단계와 건강가정사업

출처: 서인해, 공계순(2004), p. 42에서 재구성.

나 교육기관에서 부모가 데리고 올 때나 자동차에 아동을 동반했을 때 반드시 뒷자석에도 카시트를 하도록 하는 교육이 이에 해당될 수 있다. 3단계의 경우 가족에 대한 많은 프로그램들이 있을 수 있는데 가족상담이나 문화 활동들, 구체적으로 결혼을 위한 배우자 찾기 프로그램 등이 있을 수 있다. 4단계는 적절한 지식과 기능을 제공하는 것으로 가족을 대상으로 한 각종 교육 프로그램이 이에 해당될 수 있다. 마지막 5단계에서는 자아실현의 욕구로 많은 가족들은 자신들이 속한 지역사회의 활동을 통한 대사회적인 일을 하고자 하는 욕구가 있을 수 있다.

브래드쇼의 욕구 분류를 살펴보면, 먼저 **규범적 욕구**(normative needs)는 전문가나 기존 자료에서 제시한 목표기준에 바탕을 둔 욕구를 의미한다. 이는 지역사회 내에서 표출되지 않은 욕구라 하더라도 건강가정사가 개발할 수 있는 영역의 욕구에 해당한다. 예를 들어, 지역사회 내에서 영양권장량을 충족시키지 못하고 있는 영유아를 위한 프로그램 개발이나 교통이나 안전을 위한 욕구 등이 해당될 수 있다. **인지된 욕구**(perceived needs)는 객관적인 욕구라기보다는 사람들 각자가 느낀 주관적인 욕구로 볼 수 있다. 마지막으로 **표출된 욕구**(expressed needs)는 인지된 욕구가 구체적인 행동으로 표현된 것으로 길이 없던 곳에 사람들이 많이 다닐 경우 길이 만들어지는 현상을 보면 그것을 사람들이 표출한 욕구로 보는 것이다. 이는 건강가정사업에서 가장 일반적으로 사용할 수 있는 욕구라고 볼 수 있다.

요구도 조사에서 기본적으로 포함되는 인구·사회적 특성과 사업 및 프로그램 요구도에 대한 사항 이외에 주민들이 기대하거나 이용하고 싶어 하는 서비스에 대한 부분으로 다음과 같은 내용을 고려해 볼 수 있다(오정수, 류진석, 2008에서 재구성).

- 가족과 관련된 사회문제 해결을 위해 제공되어야 하는 서비스에 관한 문항
- 지역사회 내의 가족원들이 확인된 문제를 해결하기 위해 느끼는 서비스의 필요성에 관한 문항
- 가족문제를 해결하기 위해 지역사회 구성원이 이용할 수 있는 서비스 관련 문항
- 이러한 서비스가 가족에게 접근 가능하게 되어 있는지를 파악할 수 있는 문항
- 이러한 서비스를 받지 못하고 있는 구성원을 구분할 수 있는 문항
- 부가적으로 제공되어야 하는 서비스 관련 문항

2) 요구도 조사 방법

앞에서 제시되었듯이, 요구도 조사 방법은 크게 직접적으로 조사를 하는 방법(설문지, 인터뷰, 공청회 등)과 간접적으로 다른 기관에서 사용한 2차 자료를 사용하는 방법으로 나눌 수 있다. 운영이 안정화된 건강가정지원센터의 경우

기존의 요구도 조사 자료를 참고하여 개선된 방향으로 요구도 조사를 할 수 있다. 그러나 개소한 지 얼마 되지 않은 센터의 경우, 지역사회에 관한 다양한 통계자료와 타 센터의 요구도 조사 내용을 참고하여 지역사회 주민의 특성과 요구를 고려한 요구도 조사를 실시해야 한다.

(1) 직접 조사하는 방법

직접 조사하는 방법에는 대표적으로 설문지 조사가 있다. 이는 직접적으로 건강가정지원센터에서 필요한 부분을 설문지를 이용해 조사하는 것이다. 센터가 속한 지역 주민의 전반적인 욕구를 알아보기 위해서는 전체를 대상으로 조사할 수도 있지만, 시간과 비용 문제도 있으므로 직접적으로 센터에서 해결하고자 하는 문제가 있을 경우는 표적인구(target population)만을 대상으로 조사할 수도 있다. 예를 들어, 신혼기 부부를 위한 프로그램을 개발한다고 하면 이들만을 대상으로 조사를 하는 방법이다. 또한 설문지 조사 대상을 지역 주민으로 할 수도 있지만 실제로 이와 유사한 서비스를 제공하고 있거나 가족문제를 다루고 있는 기관 담당자 또는 관련 전문가들을 인터뷰하는 것도 좋은 방법이다. 이들은 해당 문제에 대해 가장 많은 생각과 고민을 했던 사람들이므로 이들이 좋은 자료를 제공하는 경우가 많다.

〈참고 10-5〉 요구도 조사 방법

그림과 같은 방법을 통해 사람들이 많이 다니는 곳에서 사람들의 욕구나 선호도를 간단히 알아볼 수 있다. 또한 기관에서 강조하기 위한 주제나 내용에 대해 사람들의 주목을 끌기 위해 사용되면 좋은 방법이다. 이를 통해 기관에서 하고자 하는 사업에 대해 잠재적 이용자들이 자신의 욕구를 자유롭게 표현할 수 있으며, 기관의 사업에 대한 홍보 방법으로도 활용할 수 있어 효과적이다.

(2) 기존의 자료를 활용하는 방법

간접적으로 다른 기관에서 사용한 2차 자료를 사용하는 방법에는 정부의 대규모 가족 관련 조사나 각 기관이 속한 지자체의 조사, 그리고 유사 서비스를 제공하는 복지기관의 조사를 활용하는 방법이 있다. 구체적으로 살펴보면 다음과 같다.

- **정부의 대규모 가족 관련 조사**: 기존에 조사된 자료를 활용하는 방법으로 정부에서 조사한 자료를 가장 기초적으로 참조하고, 그 밖에 시 · 도청, 구청 등에서 조사된 자료들을 활용하는 것이다. 가령, 여성가족부나 보건복지부와 같은 정부기관에서 실시한 대규모의 가족실태조사 자료나 통계청의 한국의 사회지표 중에서 가족 관련 영역, 가계조사, 국민생활시간조사, 고령자 통계 등이 해당될 수 있을 것이다.
- **기관이 속한 지자체의 조사**: 앞의 자료는 개괄적인 가족의 경향을 살펴볼 수 있지만 대규모 조사이니만큼 건강가정지원센터에서 알고자 하는 내용을 구체적으로 조사하기가 어렵고, 매년 조사가 이루어지는 것이 아니라면 빠르게 변화하는 가족의 욕구를 잘 반영하지 못할 수도 있다. 또한 전국 조사로는 지역마다 나타나는 지역 주민의 특성을 민감하게 파악하기 어려운 경향이 있다. 이에 따라 조금 더 구체적인 내용을 위해서는 센터가 속해 있는 시 · 도청, 구청, 주민자치센터 등의 협조를 받아 관련 자료들을 수집하고 이를 활용하는 것이 좋을 것이다.
- **유사 서비스 제공 복지기관**: 건강가정지원센터가 속한 지역사회에는 이미 가족을 대상으로 서비스를 제공하는 공식적 · 비공식적 기관이 존재한다. 그들이 유사한 서비스를 제공하든 아니든 해당 지역에 대한 기초조사나 가족 관련 자료 조사를 이미 실시한 경우가 있을 것이다. 이는 시간과 비용을 줄일 수 있는 가장 좋은 방법이지만 기관에서 이러한 자료의 공개를 꺼린다면 특정 자료를 얻기가 무척 어려울 수 있다. 또한 기관의 특성이

달라 이용자에 대해 서로 다른 관점으로 접근할 가능성이 있으므로 신중하게 접근해야 할 것이다.

- 기타: 그 밖에도 가족 정책 및 프로그램, 서비스 등 관련 연구논문을 참조하거나 외국의 가족 서비스 동향 등을 알 수 있는 저널, 신문 등을 통한 정보 또한 도움이 될 수 있다. 더불어 실제로 해당 지역사회에 나가 관찰을 하거나 이용자들과의 대화나 다른 기관의 사례, 모임 등에서의 의견도 도움이 될 것이다.

(3) 지역사회 공청회

지역사회 내의 주민들을 대상으로 공개적인 모임을 개최하여 다양한 집단의 의견을 들어 보는 방법이다. 물론 가족 관련 이슈와 욕구의 파악에서도 이러한 방법을 활용할 수 있다. 이는 다양한 집단과 계층의 사람들이 참여하게 됨으로써 특정 주제나 요구 사항에 대해 파악할 수 있게 된다. 이러한 요구조사의 장점은 상대적으로 적은 비용을 들여 다양한 집단의 욕구와 요구 사항을 파악할 수 있다는 점과 구조화된 설문지에서 파악될 수 없는 사항들을 파악할 수 있다는 점이다. 그러나 다양한 집단의 사람들이 참여하지 않을 경우 일부 집단의 의견만이 반영될 수 있는 가능성이 있으며 형식적으로 흐를 수도 있다는 단점이 있다.

생각해볼문제

1. 자신이 사는 지역사회의 가족 서비스 제공기관과 협력기관의 지역사회 지도를 만들어 봅시다.
2. 지역사회가 갖고 있는 문제를 해결할 수 있는 건강가정사업은 무엇인지 파악하고 이에 대한 서비스를 제공하고 있는 해당 지역사회의 기관을 찾아봅시다.
3. 건강가정을 위한 요구도 조사 방법의 장단점을 파악하여 이를 활용할 수 있는 방법을 생각해 봅시다.

[부록 10-1] 설문지를 통한 요구도 조사의 예시

가족실태 및 가족지원 서비스에 대한 욕구 조사

사전 문항

1. 귀하는 건강가정지원센터를 이용해 본 적이 있으십니까?
① 예, 이용해 본 적이 있습니다. (☞ 2로 이동)
② 아니요, 이용해 본 적이 없습니다.

2. 귀하가 현재 이용하고 계시는 건강가정지원센터 명은 무엇입니까?
(   ) 건강가정지원센터 (예: 수원시건강가정지원센터)

A. 건강가정지원센터 및 사업에 대한 의견

1. 귀하는 건강가정지원센터를 **어떤 경로**로 알게 되었습니까? (중복 응답 가능)
① 센터 유인물/홍보 ② 현수막 ③ 홈페이지
④ 가족 및 이웃주민 권유 ⑤ 직원, 공무원 (시청, 주민센터 직원)
⑥ 지역 언론 (센문, 케이블 TV) ⑦ 직접 알아봄
⑧ 관련 기관 소개 (어린이집, 복지관, 교회, 학교 등)
⑨ 기타 (   )

2. 귀하는 건강가정지원센터의 서비스와 관련된 정보를 쉽게 얻을 수 있었습니까?

전혀 그렇지 않다	------	보통	------	매우 그렇다
①	②	③	④	⑤

3. 건강가정지원센터 프로그램에 **참여한 횟수**는 어떠합니까?

참여 횟수				
① 1~2회	② 3~5회	③ 6~9회	④ 10~15회	⑤ 16회 이상

4. 건강가정지원센터를 이용해 온 기간은 대략 어느 정도입니까?

① 1개월 이내 ② 1개월 이상~3개월 미만 ③ 3개월 이상~6개월 미만

④ 6개월 이상~1년 미만 ⑤ 1년 이상

5. **참여하신 경험이 있으시다면, 참여하신 모든 프로그램에** ∨를 하시고, 참여하신 **프로그램의 만족도**는 어떠합니까? (참여하지 않은 프로그램에 대해서는 응답하지 않으셔도 됩니다.)

건강가정지원센터 프로그램		참여 여부	매우 불만족 –보통 – 매우 만족				
가족돌봄나눔	모두가족 봉사단('가족 함께 돌보기'를 위한 지역 봉사단)		①	②	③	④	⑤
	모두가족 품앗이('자녀 함께 키우기'를 위한 지역 품앗이)		①	②	③	④	⑤
	아버지–자녀가 함께하는 돌봄 프로그램		①	②	③	④	⑤
가족교육	예비/신혼기 부부교육		①	②	③	④	⑤
	예비부모교육		①	②	③	④	⑤
	영유아기 자녀를 둔 가족교육		①	②	③	④	⑤
	청소년기 자녀를 둔 가족교육		①	②	③	④	⑤
	중년기 가족교육(예: 중년기 부부관계 향상 교육, 의사소통 교육 등)		①	②	③	④	⑤
	노년기 가족교육(예: 노년기 부부 교육, 죽음 준비 교육 등)		①	②	③	④	⑤
	(예비) 조부모 교육		①	②	③	④	⑤
	아버지 교육/남성 대상 교육		①	②	③	④	⑤
가족상담	이혼 전 · 후 상담		①	②	③	④	⑤
	개인상담		①	②	③	④	⑤
	부부상담		①	②	③	④	⑤
	자녀양육상담(부모–자녀 상담)		①	②	③	④	⑤
	그 외 가족상담(원가족, 시부모 등)		①	②	③	④	⑤
	집단상담		①	②	③	④	⑤

가족문화	가족사랑의 날(매주 수요일 가족이 함께 할 수 있는 프로그램 운영)		①	②	③	④	⑤
	가족친화문화 프로그램 (가족 축제, 가족체험활동, 캠프 등)		①	②	③	④	⑤
기타	한부모가족 프로그램		①	②	③	④	⑤
	조손가족 프로그램		①	②	③	④	⑤
	군인가족 프로그램		①	②	③	④	⑤
	북한이탈가족 프로그램		①	②	③	④	⑤
	장애가족 프로그램		①	②	③	④	⑤
	아이돌봄 지원사업		①	②	③	④	⑤

B. 귀하의 일반적 상황에 대한 질문

1. 성별	① 남 ② 여
2. 연령	(　　　)세
3. 학력	① 고등학교 졸업 이하 ② 대학교 졸업 이하 ③ 대학교 졸업 이하 ④ 대학원 졸업
4. 주택 형태	① 자가 ② 전세 ③ 반전세 ④ 월세 ⑤ 기타 (　　　)
5. 가구 월수입 (가족 합산 소득)	① 149만 원 이하 ② 150~199만 원 ③ 200~249만 원 ④ 250~299만 원 ⑤ 300~349만 원 ⑥ 350~399만 원 ⑦ 400~449만 원 ⑧ 450~499만 원 ⑨ 500~549만 원 ⑩ 550~599만 원 ⑪ 600~649만 원 ⑫ 650~699만 원 ⑬ 700~749만 원 ⑭ 750~799만 원 ⑮ 800만 원 이상 ⑯ 소득 없음
6. 혼인 상태	① 미혼 ② 기혼 ③ 이혼 ④ 사별 ⑤ 재혼 ⑥ 기타 (　　　)
7.동거 형태 (함께 사는 가족)	① 부부 ② 부부와 자녀 ③ 한부모와 자녀 ④ 부부-자녀와 조부모 ⑤ 부부-자녀와 친인척 ⑥ 조부모와 손자녀 ⑦ 형제자매 ⑧ 독신 ⑨ 부모나 조부모를 제외한 친인척과 동기 ⑩ 기타(　　)

<table>
<tr><td>8. 자녀 수
및 나이</td><td colspan="2">자녀가 있으시다면, 몇 명의 자녀를 두셨습니까? 명
자녀의 나이는 각각 몇 세입니까?
_____ 세, _____ 세, _____ 세, _____ 세,</td></tr>
<tr><td rowspan="8">9. 직업</td><td colspan="2"><u>귀하의 직업</u>은 무엇입니까? 아래 보기에서 선택해 주십시오.
<u>본인 직업</u>:
현재 기혼이시라면, 귀하의 <u>배우자의 직업</u>은 무엇입니까?
아래 보기에서 선택해 주십시오.
<u>배우자 직업</u> : ( )</td></tr>
<tr><td colspan="2">보기</td></tr>
<tr><td>① 관리자</td><td>② 전문가 및 관련 종사자</td></tr>
<tr><td>③ 사무 종사자</td><td>④ 서비스 종사자</td></tr>
<tr><td>⑤ 판매 종사자</td><td>⑥ 농림, 어업 숙련 종사자</td></tr>
<tr><td>⑦ 기능원 및 관련 기능 종사자</td><td>⑧ 장치, 기계 조작 및 조립 종사자</td></tr>
<tr><td>⑨ 단순노무 종사자</td><td>⑩ 군인</td></tr>
<tr><td>⑪ 주부</td><td>⑫ 기타 ( )</td></tr>
</table>

오랜 시간 질문에 답을 해 주셔서 감사합니다.

출처: 경기도 건강가정지원센터(2016), pp. 148-157.

참고문헌

경기도 건강가정지원센터(2016). **2016 경기도 건강가정지원센터 가족지원서비스 요구도 조사**. 경기: 경기도 건강가정지원센터.

머니투데이(2014. 5. 8.). 경기도, 세월호 희생자 가족에 일대일 돌봄서비스 지원.

머니S(2016. 12. 9.). 아직도 땔감은 '연탄 · 가스통'…… 개발 확정에도 방식 등 두고 대립 불씨 여전.

박현식, 김준경, 김광병, 구재관, 정지웅(2016). **지역사회복지론**. 경기: 양서원.

서인해, 공계순(2004). **욕구조사의 이론과 실제**. 경기: 나남.

오정수, 류진석(2008). **지역사회복지론**. 서울: 학지사.

정책브리핑(2016. 11. 16.). 군 관사 공동육아나눔터 확대로 군인가족 자녀양육 지원.

최옥채(2006). **지역사회실천론**. 경기: 푸른북.

한국건강가정진흥원(2015). **2015년도 건강가정지원센터 운영기관 우수 프로그램**. 서울: 한국건강가정진흥원.

한국건강가정진흥원(2016). **2016년도 건강가정지원센터 운영기관 우수 프로그램**. 서울: 한국건강가정진흥원.

KBS 2TV(2013. 1. 20.). 다큐멘터리 3일.

Ross, M. G. (1967). *Community Organization: Theory, Principles, and practice* (2nd ed.). NY: Harper and Row Publishers.

제11장

건강가정사업의 실무 (II): 프로그램 기획

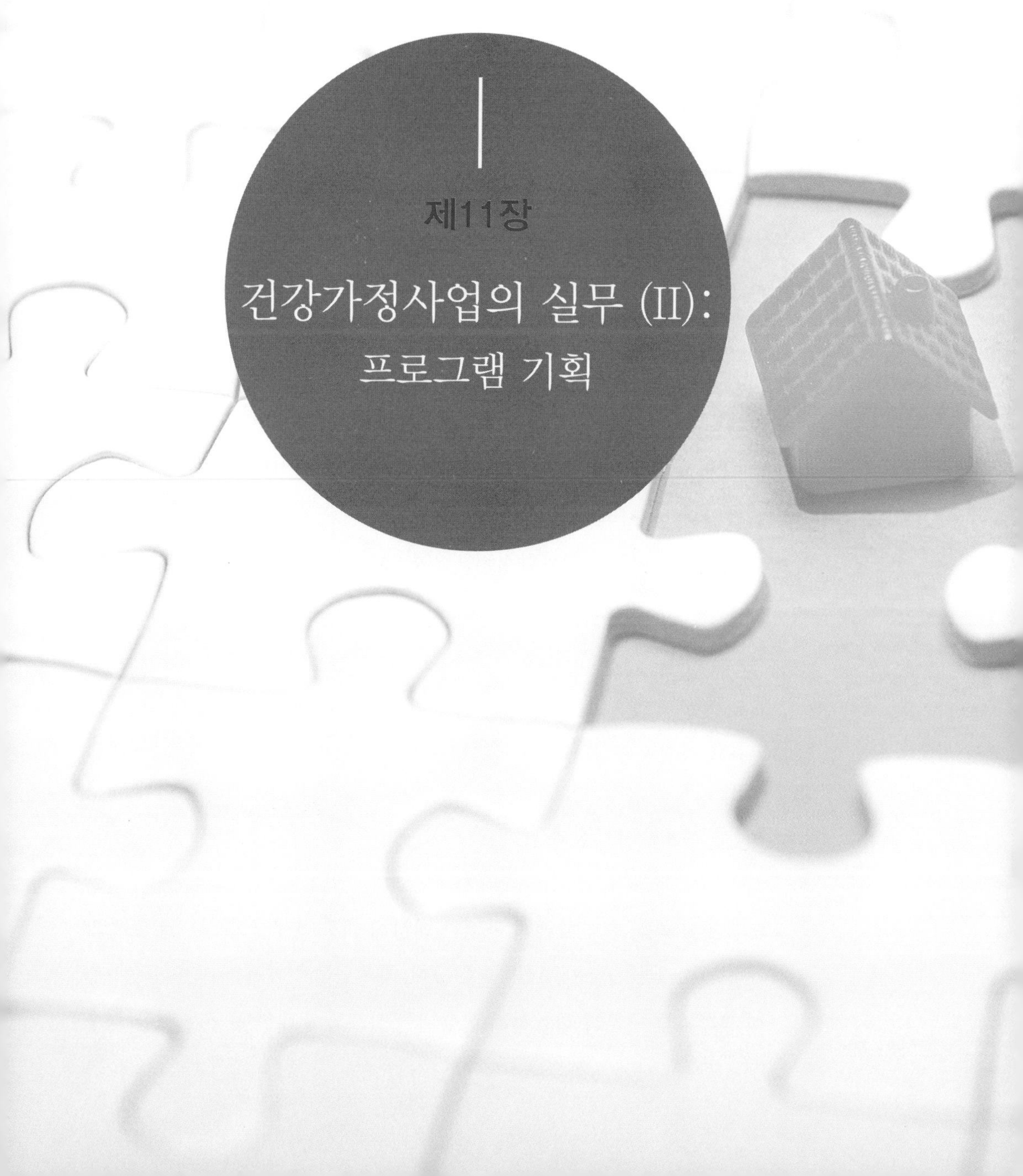

1. 프로그램 기획이란

1) 프로그램 기획의 정의

건강가정지원센터에서 실무자들이 가장 고민하는 것이 바로 센터의 사업 및 프로그램에 대한 기획과 개발일 것이다. 왜냐하면 건강가정지원센터는 사업과 프로그램을 통해 건강가정지원센터만의 고유하고 차별화된 서비스의 특징과 우수성을 잘 보여 줄 수 있기 때문이다. 프로그램은 서비스 전달을 위한 도구가 되고 욕구 충족을 위한 수단으로서 기능하기 때문에 가장 핵심적이며 중요한 부분에 해당한다. 건강가정 프로그램이란 건강가정사업의 다양한 영역, 즉 교육·상담·문화, 정보 제공, 네트워킹, 직접적 지원 등을 포함한다(조희금, 송혜림, 성미애, 2007). 그리고 프로그램 기획은 계획을 수립하는 과정 또는 적절한 수단을 통해 목표를 달성하기 위한 미래의 가치에 대한 일련의 결정을 준비하는 전반적인 과정. 따라서 건강가정 프로그램 기획은 건강가정사업에 관한 서비스 전달을 위한 사업을 구체화시키는 일련의 과정이라고 정의할 수 있다.

2) 프로그램 기획의 유형

프로그램 기획은 크게 욕구 중심 기획, 문제해결 중심 기획, 참여 기획, 자원활용 중심 기획의 유형으로 분류할 수도 있다(오정수, 류진석, 2008). 이에 대해 구체적으로 살펴보면 다음과 같다.

- **욕구 중심 기획**: 프로그램에 참여할 대상에 대한 욕구를 중심으로 프로그램을 기획하는 것을 말한다. 예를 들어, 가족원이 함께하는 시간이나 자원의 부족으로 가족과 함께하지 못했던 문화생활에 대한 욕구가 있을 경우

부부가 함께 시간을 보낼 수 있도록 하는 프로그램이나, 자녀와 친한 친구 되기 등의 프로그램을 기획할 수 있다.

〈표 11-1〉 욕구 중심 프로그램의 예: 아이들과 함께 잘 노는 법

목적	아이들에게 있어서 놀이의 중요성을 인식시키고 부모에게 아이들과 함께 잘 놀아 줄 수 있는 구체적인 방법 제시. 자녀와의 관계를 증진시키고 자녀들의 정서를 이해하고 공감할 수 있도록 함. 자녀는 부모로부터 사랑과 안정감을 느낄 수 있게 하여 건강한 가족관계를 회복 · 유지시킴
구성 내용	만들기를 통한 가족 행복 찾기, 신문을 이용한 가족놀이 세상, 희망풍선 살리기, 우리 가족 모두 시인, 온가족이 함께 하는 가족놀이 한마당

출처: 울산광역시 건강가정지원센터.

• **문제해결 중심 기획:** 목표 집단의 문제를 나열하고, 그것이 발생하는 원인을 근본적으로 해결하기 위하여 프로그램을 기획하는 것이다. 예를 들어, 많은 보육시설이 생겼지만 일시적인 돌봄 수요가 여전히 많은 것에 착안한 아이돌보미 사업이나 혹은 장애아를 돌보는 가족들의 소진 문제를 해결하기 위한 장애아가족 휴식지원 사업이 있다.

〈표 11-2〉 문제해결 중심 프로그램의 예: 수용자 가족지원 사업

목적	○○교도소에 수감 중인 수용자들에게 가족해체, 훼손 위기에 처한 배우자 및 자녀와의 관계회복을 위한 프로그램을 제공함으로써 가족관계 강화 및 유지를 도모하고, 가족과의 유대감 강화로 재범 현상을 방지하고자 한다.
구성 내용	수용자 인성교육 '가족건강성 회복 프로그램'과 수용자 가족지원을 위한 '가족사랑캠프'으로 구성됨.

출처: 한국건강가정진흥원(2015), pp. 380-383에서 요약.

• **참여 기획:** 프로그램과 관련된 사람이 함께 참여하여 프로그램을 기획하는 방법이다.

• **자원활용 중심 기획:** 관련 지역사회 및 집단이 인적 · 물적 자원을 최대로

활용할 수 있도록 프로그램을 기획하는 방법이다. 예를 들어, '아름다운 가게'처럼 중고물품을 기증받아 자원봉사자를 활용하여 그것을 판매한 후 그 수익금을 복지 시설 및 기관에 기증하는 프로그램과 같은 것이 있다. 재능기부를 통한 인적 자원을 활용하는 것도 예가 될 수 있다.

〈표 11-3〉 자원활용 중심 기획 프로그램의 예: 공동육아나눔터 상시 프로그램 '재미있는 동화나라 여행'

목적	책 읽어 주기 교육을 통해 마련된 지역 활동 리더(가족품앗이 리더)와 청소년 자원봉사자의 인적 자원을 개발 · 활용한 재능 나눔, 돌봄 나눔을 실천하여 돌봄 영역의 사각지대 해소
구성 내용	청소년 책 읽어 주기 봉사단을 모집, 교육, 운영함 재미있는 동화나라 여행을 진행함

출처: 한국건강가정진흥원(2015), pp. 58-59에서 요약.

건강가정지원센터에서는 이처럼 다양한 방법을 사용하여 필요한 사업의 목적과 특성에 맞는 프로그램을 기획할 수 있다.

2. 프로그램 기획의 과정

1) 전반적인 과정

프로그램 기획 과정에는 여러 가지 고려해야 하는 요소가 있다. 예를 들어, 프로그램의 구성 요소로 ① 참가자, ② 활동 내용, ③ 실시 방법, ④ 장비와 도구, ⑤ 실시 기간, ⑥ 환경/장소, ⑦ 프로그램 담당자, ⑧ 경비/예산, ⑨ 프로그램 평가계획 등을 고려할 수 있다(정무성, 정진모, 2001). 이러한 요소들을 고려하면서 일반적으로 프로그램이 기획되어 실행되는 과정을 살펴보면 [그림 11-1]과 같다.

1. 프로그램의 전반적인 틀 구성
(예: 문제 분석 및 욕구 측정, 프로그램 명, 목표 등 정하기)

▼

2. 세부적인 프로그램 내용 및 예산 작성

▼

3. 프로그램의 진행에 대한 전반적인 모든 준비 마치기
(예: 강사 및 장소 섭외)

▼

4. 홍보 활동
(표적집단을 구성하기 위한 홍보 활동)

▼

5. 프로그램 진행
(표적집단을 대상으로 MBTI, 심리검사, 가계도 그리기 등 진행)

▼

6. 중간평가
(피드백 받기)

▼

7. 프로그램 진행
(표적집단을 대상으로 의사소통 방법, 약속 정하기 등 진행)

▼

8. 종결 및 최종평가

[그림 11-1] 프로그램 기획의 전반적 과정

일반적으로 프로그램 기획 시 고려해야 할 체크리스트를 살펴보면 〈표 11-4〉와 같다. 건강가정지원센터에서 사업이나 프로그램을 기획할 때는 이러한 체크리스트에 제시된 내용들이 포함되도록 작성하면 좋을 것이다.

〈표 11-4〉 프로그램 기획 시 참고할 체크리스트

	구체적 내용	평가		
		상	중	하
1) 제목	(1) 대상이 명확한가?	3	2	1
	(2) 지향하고 있는 가치가 반영되었는가?	3	2	1
	(3) 프로그램 내용과 일치하는가?	3	2	1
2) 교육 욕구	(1) 욕구에 대한 객관적 근거가 있는가?	3	2	1
	(2) 교육 욕구를 반영한 프로그램인가?	3	2	1
	(3) 사회문제의 우선순위는 높은가?	3	2	1
	(4) 욕구의 지역성을 반영하였는가?	3	2	1
3) 대상자 범위	(1) 교육 프로그램에 참여할 대상의 범위가 명확하게 제시되었는가?	3	2	1
	(2) 일반집단 및 위기집단은 적합한가?	3	2	1
	(3) 표적집단 선정이 적합한가?	3	2	1
	(4) 클라이언트 집단의 수는 적절한가?	3	2	1
4) 목적	(1) 목적과 목표를 혼동하고 있지는 않은가?	3	2	1
	(2) 목적이 사회에 의미가 있는가?	3	2	1
	(3) 하위 목표 달성을 통해 궁극적 목적을 달성할 수 있는가?	3	2	1
5) 설정된 목표	(1) 구체성(specific)	3	2	1
	(2) 측정가능성(measurable)	3	2	1
	(3) 달성가능성(attainable)	3	2	1
	(4) 결과지향성(result-oriented)	3	2	1
	(5) 시간의 틀(time frame)	3	2	1
6) 전반적인 내용	(1) 포함되어야 할 내용(제목, 목표, 내용, 인적 자원, 물적 자원, 예산 등)이 잘 포함되어 있는가?	3	2	1
	(2) 장기적인 프로그램인가? (지속성)	3	2	1
	(3) 목표를 달성할 수 있도록 구성되었는가? (적합성)	3	2	1
	(4) 여러 욕구를 충족시킬 수 있는가? (포괄성)	3	2	1
	(5) 다른 기관 및 사업과의 연관성이 있는가? (통합성)	3	2	1
	(6) 특정 대상자를 소외시키고 있지는 않은가? (공평성)	3	2	1
	(7) 추진 일정이 사업 대상 및 내용, 기관의 상황을 고려하고 있는가?	3	2	1

7) 예산 및 홍보	(1) 예산은 사업의 내용과 세부 항목이 연결되어 있는가? (사업 내용은 있으나 이를 뒷받침할 예산은 없는 경우)	3	2	1
	(2) 인건비나 사업비 등이 과다(소)하게 책정되어 있지 않은가?	3	2	1
	(3) 홍보는 적절하게 이루어졌는가?	3	2	1
8) 참고문헌	(1) 본문의 인용이 정확한가?	3	2	1
	(2) 참고문헌은 인용 양식을 따르고 있는가?	3	2	1

2) 프로그램 기획의 구체적 단계

프로그램 기획의 단계는 크게 서비스 대상자 선정, 목표 설정, 개입전략 설계, 프로그램의 평가 순으로 진행된다.[1)]

(1) 서비스 대상자 선정

기획 과정이 정확하게 이루어지게 되면 서비스 대상자와 목표를 설정하게 된다. 서비스 대상자는 일반집단, 위험집단, 표적집단, 클라이언트로 구분할 수 있다.

- **일반집단**(general population): 프로그램에 영향을 미칠 수 있는 집단으로, 클라이언트가 속한 관할지역 혹은 행정지역 내에 있는 모든 사람이나 문제의 속성과 관련된 전 인구집단을 지칭한다. 일반집단은 해당 문제를 가질 수 있다고 생각되는 가장 포괄적인 대상 인구집단이다.
- **위험집단**(at-risk population): 일반집단 중 해당 문제에 대한 노출 위험이 있거나 욕구가 있는 집단으로, 일반집단 중에서 프로그램이 겨냥하고 있는 사회문제에 직접적으로 관련되어 있어 특정의 개입을 필요로 하는 사람들을 말한다.

1) 문제를 파악하고 욕구를 사정하는 것은 앞의 요구도 조사에서 자세히 다루었으므로 여기서는 생략하고자 한다.

- **표적집단**(target population): 위험집단의 하위집단으로 프로그램 대상이 되어야 하는 집단, 즉 프로그램의 영향이 미쳐야 하는 집단으로, 프로그램이 제공하는 서비스의 성격과 개입전략이 표적집단을 선정하는 데 기준이 된다.
- **클라이언트**(client): 표적집단 중 실제 프로그램에 참여하는 사람들을 말한다. 현실적으로 모든 표적집단이 서비스를 이용하기는 예산상으로 한계가 있으며 여러 상황상 어렵다고 볼 수 있다. 클라이언트 선정은 자발적인 참여를 원칙으로 하지만 상황에 따라서 적합한 자격조건을 가진 클라이언트를 선정하여 결정한다.

〈표 11-5〉는 천안시의 다문화가족을 대상으로 한 프로그램의 예로 서비스 대상자의 구분과 산출 근거를 보여 주고 있다.

〈표 11-5〉 서비스 대상자의 예

대상 구분	서비스 대상자 산출 근거	단위 수(명)
일반집단	다문화가족 중 결혼이민자가족	14만 4,385명[1)]
위험집단	천안시 다문화가족 중 결혼이민자가족	333세대[2)]
표적집단	천안시 결혼이민자가족 중 13세 이하 자녀를 둔 가족	235세대[3)]
클라이언트	표적집단 중 신청 가족에 한하여 20가정 선정	20가정

주: 1) 2008년 다문화가족 통계자료(행정안전부).
2) 2008년 천안시 다문화가족 통계자료.
3) 2008년 천안시 다문화가족의 자녀 수는 479명으로, 일반가족의 평균 자녀 수가 2명이라 보고 235세대로 가정하였다.

(2) 목표 설정

다음은 파악된 욕구나 문제를 해결하기 위한 목표를 설정하는 단계다. 이 단계에서 프로그램의 방향과 내용이 결정될 수 있으므로 예산이나 기타 대상자들의 참여도 등을 고려하여 실현 가능하고 정확히 기술하는 것이 좋다. 일반적으로 목표(goal)와 목적(objective)이라는 단어를 잘 구분하지 않고 혼용하는 경향이 있는데, 목적이 좀 더 장기적이며 포괄적으로 달성될 수 있는 것이라면 목표는 좀 더 단기적이며 구체적으로 달성되는 데 초점을 둔다. 일반적으로 건강가정사업의 계획서를 작성할 때는 사업이나 프로그램 전체의 목적을 기술하며 프로그램의 구체적인 부분에서는, 〈표 11-6〉, 〈표 11-7〉과 같이 목표를 기술하고 그 달성을 위한 하위 목표를 기술하기도 한다. 하위 목표로 기술되는 내용은 그것을 통해 상위 목표를 달성할 수 있는가를 따져 보아야 한다.

〈표 11-6〉 프로그램의 목표와 하위 목표의 예 (1)

목표 1	가족 집단 프로그램을 통하여 임파워먼트를 강화한다.
	하위 목표 1: 자신의 가족에 대하여 올바르게 이해한다. 하위 목표 2: 가족의 문제 대처 능력을 향상시킨다. 하위 목표 3: 개별 가족의 응집력을 향상시킨다.
목표 2	힘찬 가족(1기, 2기의 총 26가족)을 조직화하여 지역사회 임파워먼트의 기반을 마련한다.
	하위 목표 1: 가족을 조직화하여 연대활동의 동기를 부여한다. 하위 목표 2: 가족의 자치활동 능력을 증진한다. 하위 목표 3: 가족 간의 공동체의식을 향상시킨다.
목표 3	공공임대 아파트 지역의 가족해체를 예방한다.
	하위 목표 1: 가족해체 예방을 위한 지역사회 지원을 네트워크로 구축한다. 하위 목표 2: 건강하고 힘찬 가족문화를 확산시킨다.

출처: 서울복지재단(2006), p. 24.

〈표 11-7〉 프로그램의 목표와 하위 목표의 예 (2)

목표	목표 1	가족상담, 교육, 문화 등 가족통합 프로그램 경험을 통한 심리적 안정감 및 건강한 가족 발달 증진
	하위 목표 1	프로그램 참여율 90% 이상
	하위 목표 2	가족건강성 사전-사후검사 결과 1점 이상 향상
	하위 목표 3	회기별 만족도 4.2 이상
	목표 2	가족힐링 캠프를 통한 가족관계 및 가족인성 증진
	하위 목표 1	프로그램 참여율 90% 이상
	하위 목표 2	만족도 4.2 이상

출처: 한국건강가정진흥원(2015), p. 13. 최우수상 "맘(Mom & Mind)을 토닥토닥" 중(의정부시 건강가정지원센터)

(3) 개입전략 설계

다음 단계는 이러한 목표를 달성하기 위해서 어떠한 방법을 사용해야 하는지 개입전략을 설계하는 것이다. 이때 고려되어야 할 것은 실현 가능한 경비나 예산, 환경과 장소, 장비와 도구, 사람들의 참여 가능 여부 등이다. 이러한 것들을 최대한 고려하여 욕구를 가지고 있거나 문제를 겪고 있는 많은 사람이 참여할 수 있도록 프로그램을 기획해야 한다. 프로그램은 예상했던 것과 다른 많은 변수들(날씨, 명절이나 휴일 예정, 다른 기관의 프로그램 등)이 존재한다. 이러한 변수들을 얼마나 정확하게 예상하고 대처하느냐에 따라 프로그램의 성공 여부가 결정될 수 있을 것이다.

(4) 프로그램의 평가

마지막으로 계획된 프로그램이 수행된 후에는 이와 관련한 평가가 이루어져야 한다. 건강가정을 위한 프로그램은 할당된 예산 내에서 수행되므로 반드시 그 프로그램이 얼마나 적절하게 효과적으로 이루어졌으며 비용 대비 효율성은 어떠하였는지 참여한 사람은 만족도가 높았는지에 대해서 평가해 보아야 한다. 건강가정사업과 관련해서는 기본적으로 여성가족부와 한국건강가정진흥원이 3년마다 평가계획을 수립하여 평가를 실시한다. 이때 센터의 운영 및 사업에 대한 전반적인 평가를 하게 되는데 프로그램의 적절성 여부가 평가에 포함된다.

그러나 외부 평가가 아니더라도 센터가 내부적으로 수행한 프로그램들에 대해 자체평가를 할 필요가 있다. 프로그램 평가의 일반적 기준으로는 적절성, 효과성, 비용 효과성, 효율성, 만족성 등을 들 수 있으며 이러한 기준들은 [그림 11-2]에서 보는 바와 같이 프로그램의 기획과 평가의 과정에서 적용되어야 한다(김통원, 2009).

- 적절성(appropriateness): '프로그램 목표/원하는 성과'가 '정부예산/정책'과

클라이언트 욕구문제에 동조하는 정도

- **효과성**(effectiveness): 프로그램 성과가 프로그램 목표에 도달하는 정도
- **비용 효과성**(cost-effectiveness): 금액으로 표현된 투입과 성과의 관계
- **효율성**(efficiency): 프로그램 투입이 주어진 프로그램 산출 수준을 최소화하거나 최대화하는 정도
- **만족성**(satisfaction): 프로그램에 대한 클라이언트의 만족 정도

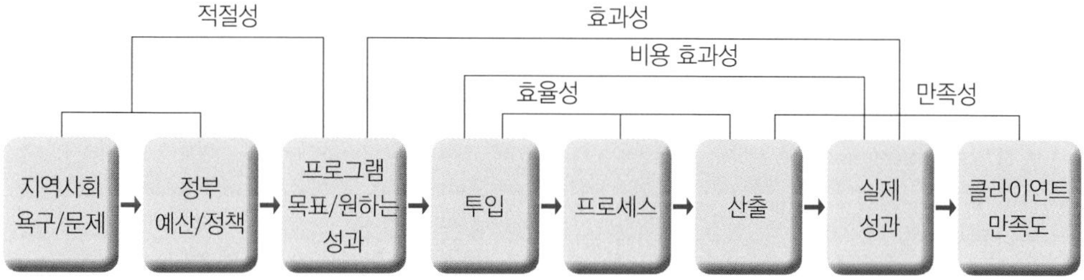

[그림 11-2] 프로그램 평가의 기준

출처: 김통원(2009), p. 116에서 재인용.

3. 건강가정사업 프로그램 개발의 예시

1) 가족교육 프로그램

- **프로그램 방향**: 가족교육은 가족구성원의 잠재적 강점기능을 발현시키고 역량을 강화함으로써, 가족관계 내에서 발생하는 문제를 사전에 예방하고, 가족의 건강성 증진과 건강한 사회를 구현할 수 있는 방향으로 계획되어야 한다. 가족교육에서 다룰 수 있는 주요 주제들은 다음의 〈표 11-8〉과 같다.

〈표 11-8〉 가족생활교육의 주요 주제와 하위 개념들

1. 가족과 사회(families in society) -가족문화의 다양성 -만남과 결혼 -친척관계 -가족생활의 비교: 인종, 지역, 종교 -성역할 -인구 변동과 가족 -역사와 가족 -직업환경과 가족 -가족에 영향을 미치는 제도들: 정부, 종교, 교육, 경제 2. 가족상호작용(internal dynamics of familie's) -협동과 갈등 -의사소통 -갈등 관리 -의사결정 -가족의 규범적 스트레스 -위기의 가족과 스트레스 -특수한 가족의 요구: 입양, 이민, 저소득, 군인, 장애가족 3. 인간 발달(Human growth and development) -신체적 발달 -정서 발달 -인지 발달 -사회 발달 -도덕 발달 -성격 발달 4. 성(Human sexuality) -출산생리학 -생물학적 결정인자 -성관계의 심리 -성적인 태도 -성적 가치와 의사결정 -가족계획	-성적 반응 -성기능 장애 -대인 관계와 성 5. 대인 관계(interpersonal relationship) -자신과 타인의 이해 -커뮤니케이션 기술 -친밀감, 사랑, 낭만성 이해 -타인에 대한 관심, 존경, 책임감 6. 가족자원 관리(family resource management) -가족목표 -가족지원 -계획 -의사결정 -실행 -가족생활주기와 가족자원 관리 7. 부모교육(parent education and guidance) -단계별 부모됨 -부모의 권리와 의무 -가족생활 주기별 부모의 역할 -부모 됨에 영향을 주는 변인들 8. 가족, 법, 정책(family, law and policy) -가족 관련 법 -결혼생활과 관련되는 법(이혼, 부양, 양육, 가족계획 등) -가족 정책(세금, 시민권, 사회 안전, 경제적 지원에 관한 법과 정책) 9. 윤리(ethics) -가치와 태도 구성 -다양한 가치와 선택 -가치체계와 가치검사 -가치 선택과 결과 -기술사회에서 가치의 해석

출처: 신라대학교 가족상담센터(엮음)(2007), p. 30.

• **프로그램 설계:** 가족교육 영역에서 건강가정지원센터에서 해야 할 공통사업은 생애주기별 부모교육과 남성대상교육이며, 자유사업은 신혼기/중년기/노년기 가족교육, 자녀대상교육을 들 수 있다. 이에 대한 프로그램을 개발할 때에는 가족생활주기의 다양한 대상을 고려한다. 그리고 각 생활주기의 각 대상은 다른 욕구를 갖고 있으므로 이들의 욕구를 파악하고 각 대상의 생활영역에 대해 다양하게 고려된 교육을 계획한다(〈표 11-8〉 참조). 특히 가족의 가치와 강점을 찾아내고 부모-자녀가 동시에 참여함으로 참여의 장벽을 없애는 교육이 중요하다.

2) 가족상담 프로그램

• **프로그램 방향:** 가족상담 프로그램은 생애주기에 따라 발생되는 가족 내 다양한 갈등과 문제의 해결을 위한 개인상담, 가족상담, 집단상담, 이혼 전후 상담 등을 통해 문제해결을 유도하고 개인 및 가족의 역량을 강화시킬 수 있도록 계획되어야 한다(한국건강가정진흥원, 2016).

• **프로그램 설계:** 가족상담 영역에서 건강가정지원센터에서 해야 할 상담은 일반상담에서 부부상담, 부모-자녀상담, 그 외 가족상담, 이혼 전후 상담이 있으며, 상담 프로그램에는 가족 집단상담, 성인 대상 집단상담이 있다. 이때 개인 단위의 상담을 지양하고 개인을 상담하되 가족문제에 대한 상담에 초점을 맞추도록 한다. 주제에 따라 개인과 집단상담의 효과성 및 효율성을 고려하여 개발한다. 상담하는 문제의 상황에 따라 연계할 수 있는 기관을 선택하여 공동의 프로그램을 개발하는 것도 고려한다.

3) 가족문화 프로그램

• **프로그램 방향:** 가족문화 프로그램은 가족 단위의 문화 서비스를 제공하고,

다양한 가족과 연령층을 고려한 여러 가지 프로그램을 통해 양성평등하고 가족친화적인 문화를 확산시킬 수 있도록 계획되어야 한다(한국건강가정진흥원, 2016).

- **프로그램 설계**: 가족문화 영역에서 건강가정지원센터에서 해야 할 공통사업에는 가족사랑의 날이, 자유사업에는 가족여가문화활동, 축제 및 행사, 캠페인, 가족친화마을조성이 있다. 다른 기관에서 제공될 수 있는 일반적인 문화 프로그램은 지양한다. 개인 단위가 아닌 가족 단위의 문화가 이루어지도록 하고 이러한 활동에 대해 인센티브를 제공하는 방법을 고려한다. 일회성의 행사나 지나치게 오락적인 성격을 띠는 행사는 가급적 지양하며 가족들이 프로그램을 통해 가족의 새로운 문화를 만들어 갈 수 있는 프로그램을 구성한다.

4) 가족돌봄나눔 프로그램

- **프로그램 방향**: 가족돌봄나눔 프로그램은 가족의 일시적인 돌봄 공백을 지원하기 위해서 지역사회의 돌봄나눔 네트워크를 구축하여 건강한 가정생활을 영위할 수 있도록 계획되어야 한다. 그리고 지역사회 내 돌봄이 필요한 가족들을 지원하기 위한 모두가족봉사단, 모두가족품앗이, 아버지-자녀가 함께하는 토요돌봄 프로그램 등의 사업을 운영하여 지역사회의 돌봄역량을 강화할 수 있도록 계획되어야 한다(한국건강가정진흥원, 2016).
- **프로그램 설계**: 가족돌봄나눔 영역에서 건강가정지원센터에서 해야 할 공통사업과 자유사업은 다음과 같다. 공통사업에서 모두가족봉사단, 모두가족품앗이, 아버지-자녀가 함께 하는 토요돌봄 프로그램, 자유사업에서 공동육아나눔터 운용, 자녀대상 돌봄이 지정되어 있다. 가족돌봄나눔의 경우 공통적으로 지향해야 하는 것은 다양한 범주의 가족들이 문화, 교육, 돌봄 등의 내용을 통해 달성되어야 할 목표가 무엇인지 분명히 해야 한다는

것이다. 단순한 놀이나 체험 또는 형식적으로 봉사를 하는 것이 아니라 프로그램을 통해 일·가정 양립이나 아버지의 양육 참여, 지역사회의 공동체성 회복 등의 궁극적인 목적이 이루어지도록 계획되어야 한다.

생각해볼문제

1. 프로그램의 개발 과정 중 고려해야 할 사항을 열거해 봅시다.
2. 조를 이루어 가장 잘된 우수 프로그램을 선정하여 그 이유를 토론해 봅시다.
3. 각 영역의 사업들 중 프로그램의 효과성을 평가하는 데 가장 적합한 방식이 무엇인지 설명해 봅시다.

[부록 11-1] 사업계획서의 예[2)]

사업계획서

<table>
<tr><td>사업 명</td><td colspan="2">아버지와 자녀가 함께하는 돌봄 프로그램</td></tr>
<tr><td>구분</td><td colspan="2">■ 필수사업 □자유사업 □시범사업 □기타</td></tr>
<tr><td>영역</td><td colspan="2">■ 가족돌봄나눔 □가족상담 □지역사회 연계
□가족교육 □가족문화 □다양한 가족 통합서비스</td></tr>
<tr><td>방법</td><td colspan="2">■ 돌봄 □교육 □상담 □문화 □정보제공 □네트워크 □기타</td></tr>
<tr><td>사업 목적</td><td colspan="2">주 5일 근무와 수업실시에 따라 일 · 가정 양립을 위한 남성의 가족생활 참여를 확대시키고자 하며, 아버지의 양육 참여를 확대하기 위해 아버지와 자녀가 함께 참여할 수 있는 프로그램을 진행한다. 긍정적인 부-자녀관계 형성을 통해 아버지 및 자녀의 삶의 질을 높이고자 한다.</td></tr>
<tr><td rowspan="4">사업 개요</td><td>추진 일정</td><td>2017년 5~7월(8회기)</td></tr>
<tr><td>장소</td><td>○○시건강가정지원센터 2층 나눔실,
E마트 ○○점 문화센터, ○○탁구클럽, ○○두부 음식점</td></tr>
<tr><td>대상 및 인원</td><td>5~10세 자녀와 아빠로 구성된 가정
12가정 24명(연 인원 200명)</td></tr>
<tr><td>주요 내용</td><td>
<table>
<tr><th>회기</th><th>일정</th><th>세부 추진 내용</th><th>대상</th></tr>
<tr><td>1</td><td>5/27(토) 13:00~18:00</td><td>과학놀이</td><td rowspan="4">8~10세
자녀와 아빠
12가정
24명</td></tr>
<tr><td>2</td><td>6/4(일) 13:00~15:30</td><td>목공놀이</td></tr>
<tr><td>3</td><td>6/4(일) 15:30~18:00</td><td>요리놀이</td></tr>
<tr><td>4</td><td>6/10(토) 13:00~17:00</td><td>신체놀이</td></tr>
<tr><td>5</td><td>7/8(토) 13:00~15:30</td><td>두부 만들기 체험</td><td rowspan="4">5~7세
자녀와 아빠
12가정
24명</td></tr>
<tr><td>6</td><td>7/8(토) 15:30~18:00</td><td>피자 만들기 체험</td></tr>
<tr><td>7</td><td>7/16(일) 13:00~15:30</td><td>신체놀이</td></tr>
<tr><td>8</td><td>7/16(일) 13:00~15:30</td><td>요리놀이</td></tr>
</table>
</td></tr>
<tr><td>기타</td><td colspan="2">프로그램 내용과 일정은 사정에 따라 변경될 수 있음</td></tr>
</table>

2) 실제 센터에서 작성되고 진행된 사업을 해당 센터 기관장의 허가를 얻어 제시하였다.

[부록 11-2] 실행 사업계획서의 예

사업 명: 아버지와 자녀가 함께하는 돌봄 프로그램

1. 필요성

사람이 태어나면서 처음으로 맺는 '가족'과의 관계는 삶의 전반에 걸쳐 영향력이 매우 크다고 할 수 있다. 현대에는 핵가족 중심의 생활이 정착되면서 과거 시절 부모 외에 집안의 어른들이나 다른 친척들 사이에서 자연히 관계를 배울 수 있었던 것과는 달리 부모 중심의 가정이 되어 부모와 관계를 맺는 일이 중요해졌고 그만큼 부모가 아이에게 끼치는 영향력 또한 과거에 비해 커졌다. 하지만 부모 양쪽의 영향력이 커졌음에도 불구하고 가정 내 자녀 양육 및 돌봄의 주체는 여전히 어머니로 인식되고 있다. 최근 정부가 일 · 가정 양립에 대한 캠페인을 추진하는 등 과거에 비해 아버지도 어머니와 같은 육아 · 돌봄의 주체라는 인식이 확산되고 있는 것을 아래 육아 휴직자 수 증가 추세를 보면 알 수 있다(통계청, 2016 일 · 가정 양립지표).

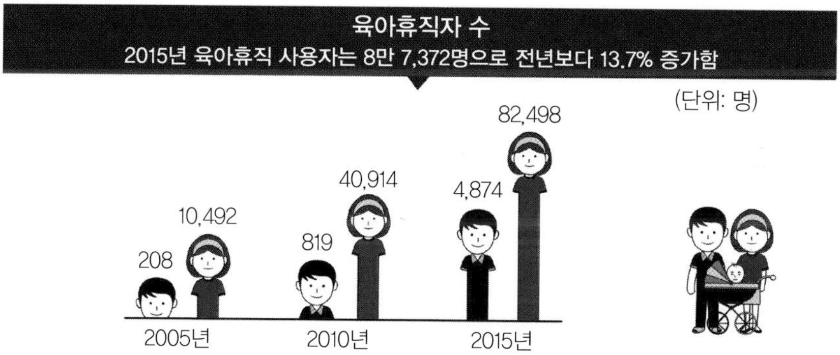

이처럼 아버지의 가족 내 돌봄 노동 참여의 필요성에 대해서 어느 정도 공감대가 형성되고 있으며, 남성의 적극적인 육아 및 가사노동 참여 등 남성의 돌봄과 아버지 역할 수행에 대한 요구 또한 증가하고 있다. 이와 같이 사회적 변화에 따라 많은 아버지들이 자녀양육에 관심을 갖고 잘 해내고 싶은 마음은 있지만 현실적으로는 자녀양육에 대한 역할 지각 부족으로 역할 수행에 어려움을 겪고 있다.

따라서 아버지와 자녀가 함께하는 다양한 활동을 통하여 가족 내 효과적인 아버지 역할 수행을 지원하고자 아버지와 자녀가 함께하는 돌봄 프로그램을 실시하고자 한다.

※ 경험적 근거

2016년 아버지와 자녀가 함께하는 돌봄 프로그램을 총 7회기로 진행하였으며 만족도 조사 결과 4.87점으로 나타나 본 프로그램에 대한 참여자들의 반응이 매우 긍정적이었다. 또한 프로그램에 대한 재참여 의사가 높고 "강사는 프로그램을 잘 진행하였다."라는 문항의 평균 점수가 4.9점으로 매우 높게 나타났으므로, 기존 강사진을 활용하여 진행한다면 참여자들의 만족도를 더욱 높일 수 있을 것으로 사료된다.

※ 전년도 사업의 반영

가정에서 아버님들이 쉽게 따라할 수 있는 여러 가지 놀이활동도 좋았지만 몸으로 직접 놀아 줄 수 있는 신체놀이를 기획하였더니 스트레스 해소에 도움이 되었다는 의견이 수렴되었다. 따라서 올해 프로그램 구성에 아버지와 자녀가 함께하는 신체활동을 구성하여 스트레스 해소 및 정서적 안정감을 주고자 한다.

2. 사업 목적 및 목표

주 5일 근무와 수업실시에 따라 일 · 가정 양립을 위한 남성의 가족생활 참여를 확대시키고자 하며, 아버지의 양육 참여를 확대하기 위해 아버지와 자녀가 함께 참여할 수 있는 프로그램을 진행한다. 긍정적인 부-자녀관계 형성을 통해 아버지 및 자녀의 삶의 질을 높이고자 한다.

■ 목표 1)

아버지와 자녀를 위한 다양한 프로그램을 제공하여 부-자간 친밀감을 증진시키고 양육에 대한 부담을 감소시킨다.

- 하위 목표: 자녀와의 신체활동을 통한 스킨십을 유도하여 아버지와 자녀의 친밀감을 자연스럽게 증진시킬 수 있도록 한다.
- 하위 목표: 자녀와의 요리활동을 체험하며 아버지가 돌봄 노동 참여를 통해 자녀양육에 대해 긍정적인 경험을 제공한다.

■ 목표 2)

아버지가 일과 가정의 균형을 이루도록 지원하여 건강한 가정생활 영위에 도움을 준다.

- 하위 목표: 평소 아버지가 가정에서 자녀와 놀아 줄 수 있는 소재의 활동을 제공하여 양육

스트레스를 완화시킬 수 있도록 한다.

- 하위 목표: 아버지들이 참여하기 평이한 주말로 일정을 계획하여 참석률을 높일 수 있도록 한다.

3. 사업 개요

1) 일시: 5~7월 (8회기)
2) 장소: ○○시 건강가정지원센터 2층 나눔실, E마트 ○○점 문화센터, ○○탁구클럽, ○○두부요리 음식점
3) 참여 대상:

가족 유형	전체 가족
가족생활주기별 형태	가족 확대기
세부 대상	5~10세 자녀와 아빠로 구성된 가정
참여 대상	세부 대상 중 프로그램 참여를 신청한 가정

4) 프로그램 개발과정 및 업무수행 흐름도

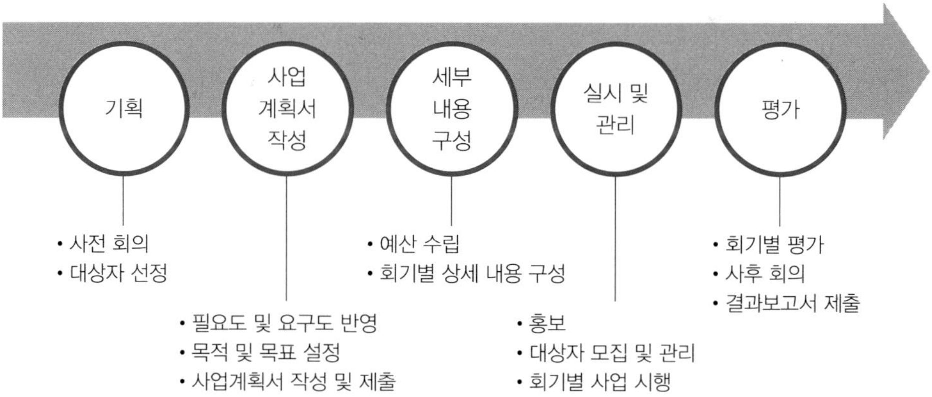

5) 세부 추진 내용

구분		일정	업무 내용	수행 방법
준비	계획서 작성	5월, 6월	–테마 설정 –사업계획서 작성	사업기획에 따른 계획서 작성
	홍보		온 · 오프라인 홍보	–홈페이지 게시 –보도자료 발송
	강사 섭외		강사 섭외	프로그램 내용에 따른 강사 섭외
	참여 접수		온라인 접수	홈페이지로 참여자 접수
진행	프로그램 진행	5/27(토)	과학놀이	빙글빙글 새장 테라리움 전구 멸치도 생선이다 오토마타 저금통 만들기
		6/4(일)	목공놀이	책꽂이 만들기
			요리놀이	초콜릿 스타 쿠키 만들기
		6/10(토)	신체놀이	탁구 놀이
		7/8(토)	두부 만들기	두부 만들기 체험
			피자 만들기	피자 만들기 체험
		7/16(일)	신체놀이	미니 축구놀이, 빌리보 놀이
			요리놀이	생크림 컵케이크 만들기
종결	평가	5~7월	만족도 조사, 평가	만족도 조사 평균
	정산		정산서 작성	프로그램 사용에 대한 집행 내역
	종결		결과보고서 작성	결과보고서 작성

6) 추진 일정

날짜 / 내용	4월	5월	6월	7월
사업계획서 작성	■			
단위 사업계획서 작성		■	■	
홍보		■	■	
참여자 모집		■	■	
행사 준비		■	■	■
참여자 확인 전화		■	■	■
준비물 점검		■	■	■
사업 진행		■	■	■
만족도 조사		■	■	■
결과 보고				■

7) 진행 인력의 구성

이름	담당 부서/직위	담당 역할	할당 시간	관련 자격증
○○○	센터장	• 전체 사업 관장	10시간	• 건강가정사
○○○	사무국장	• 사업관리	18시간	• 사회복지사 1급 • 건강가정사
○○○	사업총괄/팀장	• 총괄 • 사업진행 보조	30시간	• 사회복지사 1급 • 건강가정사
○○○	사업/팀원	• 사업기획 • 진행	72시간	• 사회복지사 2급 • 건강가정사
○○○	사무원	• 사업진행 보조	25시간	

8) 소요 예산

세목	산출 내역	사업비		
		계	보조금	자부담
총계		1,500,000원	0원	1,500,000원
체험비	187,500원*8회=1,500,000원	1,500,000원	0원	1,500,000원

4. 사업추진 전략

1) 홍보 방법

- ○○○건강가정지원센터 및 시청 홈페이지 공지
- 교차로, 사랑방 및 지역 언론사 보도자료
- SNS 및 온라인 홍보

2) 진행 방법

- 참여 대상
  - ○○시에 거주하는 가정으로 2016년 '아버지와 자녀가 함께하는 돌봄 프로그램' 미참여자를 우선으로 접수한다.
  - 참여 대상으로 선정된 가정 중 신규 가정은 정보제공 동의서를 작성하며, 이에 대한 정보는 센터 실적 및 정보 활용을 위한 경우에만 활용하도록 한다.
- 업무분장 및 지원 내용
  - 담당자는 강사 섭외 및 프로그램 진행 시에 필요한 재료들을 점검하고 참여 가정 수와 인원 수에 맞게 준비한다.
  - 강사 섭외에 따른 프로필 및 경력사항을 미리 점검하여 상부의 결재를 받도록 한다.

3) 진행상 유의점

- 프로그램 진행 시 본 센터 소개 및 프로그램 안내를 통하여 센터를 홍보한다.
- 요리시설이 필요한 프로그램의 경우 제반시설이 갖추어진 장소를 대관하여 사용할 수 있도록 준비하여 불편함을 최소화시킨다.

5. 평가계획

<table>
<tr><th rowspan="2">구분</th><th colspan="2">공정표</th><th rowspan="2">문항</th><th rowspan="2">평가 내용</th></tr>
<tr><th>수행시기</th><th>목표량</th></tr>
<tr><td rowspan="3">과정평가</td><td rowspan="3">5~7월</td><td>200명</td><td>참여자 수</td><td>–프로그램 참여자 목표달성 평가
–참여자 명단</td></tr>
<tr><td>9건 이상</td><td>홍보 여부</td><td>– 사전 홍보 계획 및 수행 여부 평가
온라인, 오프라인 등 홍보
(생활정보지, 센터 및 시청 홈페이지 등)</td></tr>
<tr><td>8회</td><td>수행평가</td><td>–프로그램 수행 여부에 따른 평가
–일정에 따른 프로그램 진행 여부</td></tr>
<tr><td rowspan="2">결과평가</td><td>5~7월</td><td>4.0점 이상</td><td>만족도 조사</td><td>–참여자들의 프로그램에 대한 만족도 조사로 평가</td></tr>
<tr><td>7월</td><td>1회</td><td>평가회의</td><td>–기획 및 전략 회의, 활동평가 회의를 통해 프로그램 전반에 대한 평가
–사업 참여 후 참여자의 만족도 등 담당자의 종합의견으로 평가</td></tr>
</table>

6. 기대 효과

- 부–자녀가 함께 하는 다양한 프로그램을 통해 가족 간 정서적 지원과 가족의 건강성을 증진시킬 수 있다.
- 아버지의 돌봄 참여 기회 확대를 통해 여성의 가족 내 돌봄 노동의 부담을 덜어 줄 수 있다.
- 관내 체험활동을 진행함으로써 가정이 자조적으로 여가활동을 즐길 수 있도록 원조한다.

참고문헌

김통원(2009). **사회복지 프로그램 기획과 평가**. 서울: 신정.

서울복지재단(2006). **힘찬 가족이 함께 만드는 푸른 세상 만들기**. 서울: 서울복지재단.

서인해, 공계순(2004). **욕구조사의 이론과 실제**. 경기: 나남.

신라대학교 가족상담센터(엮음)(2007). **행복가족 레시피: 가족생활교육 프로그램 매뉴얼**. 서울: 창지사.

오정수, 류진석(2008). **지역사회복지론**. 서울: 학지사.

정무성, 정진모(2001). **사회복지 프로그램 개발과 평가**. 경기: 양서원.

조희금, 송혜림, 성미애(2007). **건강가정 현장실습**. 서울: 신정.

한국건강가정진흥원(2015). **2015년도 건강가정지원센터 운영기관 우수 프로그램**. 서울: 한국건강가정진흥원.

한국건강가정진흥원(2016). **2016 건강가정지원센터 연간실적 보고서**. 서울: 한국건강가정진흥원.

http://ulsan.familynet.or.kr 울산광역시 건강가정지원센터 홈페이지

제12장

건강가정사업에서의 실천기술 및 사례관리

이 장에서는 모든 가족구성원들이 보다 유능하게 사회에 적응할 수 있는 기능을 배우도록 가족 중심의 접근을 지향하며, 지역사회와 가정에 기반을 두어 가족에게 개입하는 건강가정사의 기본적인 실천기술과 다양한 욕구를 가진 대상자 개인이나 가족에게 분산되어 있는 서비스 자원들을 연결시켜 가족지원서비스를 효과적으로 제공하는 건강가정사업에서의 사례관리에 대해 구체적으로 파악하고 사례관리의 예시를 통해 이해를 돕고자 한다.

1. 건강가정사업을 위한 기본 실천기술

「건강가정기본법」의 제3장 제21조에서 제33조에 명시된 다양한 건강가정사업을 진행하고 서비스를 전달하기 위해서 건강가정사가 기본적으로 갖추어야 할 실천기술은 사회복지 분야에서 요구되는 기초 실천기술과 매우 비슷하다고 할 수 있다. 건강가정사업이 지역 주민에게 효과적으로 전달되기 위해서는 무엇보다 사업 진행자인 건강가정사가 전문가로서 기본적인 실천기술을 갖추고 있어야 하며, 이때 필요한 기술로는 관계 형성 기술, 의사소통 기술, 다른 기관들과의 관계망 형성 기술 등을 들 수 있다.

1) 관계 형성 기술

건강가정사가 실제로 건강가정사업을 수행하는 데 있어서 가장 중요한 일 중의 하나는 사업 수행상 만나게 되는 많은 개인이나 가족들과 편안하고 신뢰로운 관계를 맺는 것이라 할 수 있다. 건강가정사가 서비스를 이용하는 데 관심을 갖거나 교육이나 상담, 문화 활동에 참여하려는 개인 및 그의 가족과 편안하고 신뢰로운 관계를 맺는 일은 건강가정사업을 원활하게 수행하고 사업의 성과를 높이는 데 필수적이다. 즉, 건강가정사의 관계 형성 기술은 궁극적으로 건강가정사업 서비스가 교육이나 상담 등 다양한 도움을 필요로 하는 가족에게 효과적으로 전달되게 하는 데 매우 중요하다. 건강가정사가 사업에 참여하는 가족과 상호 신뢰에 바탕을 둔 편안한 관계를 잘 맺기 위해서는 언어적 · 비언어적 의사표현에 대한 민감성과 상대방의 감정, 사고, 느낌에 공감하는 능력이 요구된다.

언어적 · 비언어적 표현에 대한 민감성이란 건강가정사가 서비스 이용을 원하는 개인이나 가족을 만나 초기에 관계를 맺을 때 그들이 보이는 언어적인 표현뿐만 아니라 얼굴 표정이나 신체의 자세나 움직임, 어투, 목소리 등과 같이 비언어적으로 표현되는 감정적인 메시지에 대해서도 민감하게 파악할 수 있는 능력이라 할 수 있다. 상대방이 언어적 · 비언어적으로 표현하는 메시지를 잘 파악할 수 있을 때 상대방의 사고와 정서 상태를 잘 이해할 수 있게 된다.

건강가정사에게는 서비스를 이용하려는 개인 및 가족이 느끼는 문제에 대한 감정이나 사고를 같이 느끼고 이해하는 공감 능력 또한 필요하다. 공감 혹은 감정이입(empathy)이란 건강가정사가 서비스를 이용하려는 개인이나 가족의 입장이 되어 그들이 느끼는 감정, 사고, 행동, 동기 등과 같은 내적 경험을 이해하는 것으로 건강가정사업 프로그램을 이용하려는 개인이나 가족과 좋은 관계를 맺는 데 필요한 기술이라 할 수 있다. 공감이 상대방의 감정을 읽으면서도 객관적으로 자신의 감정을 조절하여 상대에게 도움을 줄 수 있는 것이라 한다면(류경남, 최수정, 2006), 동정심(sympathy)은 상대방의 고통이나 문제에 대해 인간적으로 느끼는 연민과 같은 감정을 말한다. 때로 이러한 동정심의 표현은 건강가정사가 건강가정사업 대상자들과 인간적인 관계를 맺는 데 도움이 될 수 있다.

2) 의사소통 기술

건강가정사가 건강가정지원센터나 다문화가족지원센터를 이용하고자 하는 지역 주민 개인이나 가족을 대하거나 교육, 상담, 문화 사업을 통해 건강가정사업을 전달할 때, 그리고 같은 업무에 종사하는 실무자들과의 회의나 교류활동을 할 때 가장 중요하고도 필요한 기술이 바로 의사소통 기술이다. 건강가정사가 건강가정사업의 전문가로서 의사소통 기술을 잘 구사할 때 건강가정사업의 효과는 배가 된다고 할 수 있다. 의사소통 기술은 자신의 생각과 감정을 정확히 상대방에게 전달하고, 상대방이 표현하는 생각과 감정을 정확하게 수용하는 기술로 경청하는 기술, 말하는 기술, 질문하는 기술이 특히 중요하다.

(1) 경청하는 기술

경청하는 기술은 건강가정사가 서비스 대상인 개인이나 가족이 말하는 것을 주의 깊게 듣고 자유롭게 표현하도록 격려하며, 말하는 사람들로 하여금 자신이 이해받고 있다는 것을 알 수 있게 해 주는 것을 말한다. 경청을 잘하기 위해서는 구체적으로 다음과 같은 점을 주의해야 한다(엄명용, 노충래, 김용석, 2008).

- 상대방이 표면적으로 나타내는 말뿐만 아니라 그 이면에 숨겨져 있는 감정까지도 세심하게 살핀다.
- 분명하고 침착하며 흥미를 나타내는 어조를 구사한다.
- 관심과 열린 마음을 갖고 상대방의 말을 잘 듣고 있다는 것을 나타내는 몸짓(표정, 눈빛, 고개 끄덕이기 등)을 적절히 사용한다.
- 상대방이 한 말 중에서 불분명하거나 추가적인 정보가 필요하면 적절한 질문을 한다.
- 무엇을 주장하거나 의견 제시를 위한 말보다는 상대방을 더 잘 이해하기 위한 말을 한다.

(2) 말하는 기술

건강가정사가 전문가로서 지역 주민 개인이나 가족을 대상으로 서비스를 전달하거나 직장 내에서의 업무 회의나 발표, 유관기관의 관계자들과 우호적인 관계를 형성하기 위해서 특히 정확하게 자신의 의사나 업무 내용을 전달하기 위해서 말하는 기술이 필요하다. 메시지를 전달하는 입장에서 말하는 기술을 위한 준비 사항으로는 다음과 같은 사항을 고려해 볼 수 있다(엄명용 외, 2008).

- 분명하고 단순한 언어를 사용한다. 또렷하게 이야기하되 너무 빨리 말하지 않는다.
- 언어적 표현과 비언어적 표현을 일치시킨다.

- 듣는 사람이 자신의 말을 잘 따라오고 쉽게 이해할 수 있도록 길고 복잡한 메시지는 여러 부분으로 나누어서 이야기한다.
- 이야기한 후 상대방이 의견을 피력하거나 질문을 하거나 피드백을 제공할 수 있는 시간을 주어 자신의 말이 제대로 전달되었는지를 확인한다.
- 자신의 말을 어떻게 전달할 것인지를 미리 계획한다(메시지의 중간 부분은 왜곡될 가능성이 가장 높으므로 요점은 말의 맨 앞 또는 맨 뒤에 둔다).
- 자신을 분명하게 소개한다.
- 의사소통의 목적을 분명히 설명한다.
- 상대방의 불분명한 비언어적 의사소통을 확인한다.
- 자신이 듣고 이해한 것을 요약해서 정확하게 이해했는지 확인한다.
- 불분명한 언어는 확인한다.
- 질문에는 분명하게 답한다.

(3) 질문하는 기술

건강가정사가 건강가정사업 서비스를 전달하는 과정에서 서비스를 이용하는 대상자 개인이나 가족과 면담을 하면서 질문을 하는 것은 상대방의 문제와 욕구를 정확히 파악하고, 상대방이 말한 내용을 확인하며, 상대방이 미처 표현하지 못한 생각이나 감정을 더 잘 표현하도록 돕기 위한 것이다.

질문의 유형에는 개방질문과 폐쇄질문이 있다. 개방질문은 상대방이 자신의 생각이나 감정을 충분히 자유롭게 표현할 수 있도록 함으로써 많은 정보를 수집할 수 있다. 그러나 자신의 생각이나 감정을 언어로 표현하는 데 익숙하지 않거나 자신의 낮은 지적 수준에 대해 불안감을 가진 경우에는 개방질문의 사용을 조심해야 한다. 폐쇄질문은 상대방이 '예' 혹은 '아니요'의 단답형으로 답하거나 간략하게 답할 수 있게 하는 질문으로, 사실적이거나 신속한 정보를 얻고자 할 때 유용하게 사용된다. 그러나 폐쇄질문은 상대방이 제한된 응답을 하게 되므로 분위기가 경직되거나, 응답을 하는 입장에서는 추궁당하는 느낌과 자신의 생각 또는 감정이 왜곡되거나 무시되는 느낌을 받을 수 있다. 그러므로 건강가정사는 건강가정사업 서비스를 원하는 개인이나 가족을 면담하며 질문하는 과정에서 상대방의 특성과 면담 상황을 고려하면서 개방질문과 폐쇄질문을 적절하게 사용하는 기술이 필요하다. 그리고 궁극적으로 이러한 질문들을 통해 수집된 정보는 지역 주민 개인이나 가족에게 유용한 도움을 주고자 하는 것임을 건강가정사 자신이 인식하고, 건강가정사가 만나는 대상들에게 알릴 필요가 있다.

질문하는 기술에서 특히 주의할 점은 건강가정사가 원하는 일정 방향으로 응답을 유도하는 질문을 피하고, '왜'라는 질문보다는 '어떻게' '언제' '무엇'이라는 문구를 사용하여 구체적이고 분명하며 자연스러운 답을 하도록 하는 것이다. 또한 만나는 대상들이 말한 내용을 건강가정사 자신이 잘 이해했는지 확인하기 위해 질문을 하게 될 경우가 있는데, 이런 경우 솔직하게 자신이 이해하지 못했다는 것을 밝히면서 상대방이 구체적으로 의미하는 바가 무엇인지 다시 한번 말해 달라고 요청해야 한다. 이를 통해 건강가정사나 상대방 모두 상대방이 전달하려는 내용을 명료화할 수 있다.

질문하는 기술은 경청하는 기술 및 말하는 기술과 더불어 의사소통에 필요한 기술로, 특히 언어적 소통 능력이 많이 요구되는 건강가정사에게는 건강가정사업의 중요한 기본 실천기술이라 할 수 있다. 이와 더불어 의사소통을 할 때 상대방에게 예의를 갖추어 존중하는 태도가 겸비되어야 할 것이다.

3) 다른 기관들과의 관계망 형성 기술

건강가정지원센터나 다문화가족지원센터에서 근무하는 건강가정사는 기본적으로 지역 내 여러 유관기관, 예컨대 시·군·구의 건강가정지원센터 담당부처와 교육청이나 보건소, 사회복지기관, 상담기관, 경찰서, 한부모가정 복지시설 등 다양한 지역 내 유관기관과 긴밀한 관계를 맺고 협조를 이끌어 낼 수 있어야 한다. 건강가정지원센터의 경우 지역사회 내 다른 복지 관련 기관에 비해 비교적 역사가 짧은 후발 기관이므로 건강가정지원센터의 고유한 업무에 대해 소개하고 홍보하며, 지역 내 유관기관들과 경쟁관계가 아닌 협력관계에 있음을 강조할 필요가 있다.

이를 위해서 먼저 건강가정사는 자신이 담당하고 있는 건강가정지원센터에서의 사업 업무가 어떻게 유관기관과 관련이 있고, 해당 기관과 상호 협조체계를 구축하면 어떤 식으로 지역사회와 지역 주민의 삶의 질 향상에 기여하게 되며, 상호 기관 업무에 어떠한 긍정적인 시너지 효과를 가져오는지에 대해 유관기관의 담당자들에게 설득력 있게 설명하고 그들과 협력관계를 맺을 수 있어야 한다.

그러고 나서 유관기관과의 협조적인 관계가 이루어지면 각 해당 기관과의 협약서를 통하여 공식적인 협약관계를 맺는다. 협약관계를 맺은 후 건강가정지원센터를 중심으로 지역 내 유관기관 협의모임을 주선하여 지역사회 네트워크를 형성하는 정기 모임을 결성하고, 지속적으로 건강가정사업 업무와 관련된 도움과 정보를 교환하며 협조 및 지원 관계를 유지해 간다.

4) 전화상담 시 상황별 응대 기술

건강가정지원센터는 교육, 문화, 상담, 아이돌봄사업 등 프로그램 진행 시 전화를 통해 홍보 및 접수를 하는 경우가 많기 때문에 전화상담에 대한 적절한 기술이 필요하다.

특히 상담사업에서의 전화상담은 내담자와의 라포 형성에 매우 중요한 역할을 하므로 전화상담 시 다음과 같이 상황별로 응대하면 좋을 것이다.

- 내담자의 말이 너무 작아 들리지 않을 때에는 내 목소리를 낮추어 상대방이 무의식적으로 크게 말할 수 있도록 유도한다.

- 통화 도중에 전화가 끊기면, 내담자가 당황하기 마련이다. 내담자가 오해하지 않도록 먼저 전화를 걸어 전화가 끊긴 사유를 이야기하도록 한다.
- 흔히 전화가 잘 들리지 않으면 "여보세요."라는 말을 반복적으로 외치는데, "여보세요"라는 말은 상대방이 기분 나쁠 수 있으니 사용하지 않도록 한다. 상대방에게 다시 전화를 걸어주기를 정중히 요청하거나, 번호를 안다면 전화를 끊고 다시 걸도록 한다.
- 건강가정지원센터 업무 범위를 벗어나서 해결할 수 없는 내용일 때에는 정중하게 양해를 구하고 도움을 받을 수 있는 다른 기관을 안내해 준다.
- 담당자가 출장으로 부재중일 때에는 통화 가능시간을 알리고 메모를 받아 이쪽에서 전화를 거는 것이 도리에 맞다.
- 담당자가 통화 중일 때에 업무 중의 통화가 길지 않을 경우 잠시 기다릴 것인가를 물어본다.
- 메모를 받을 때 복창할 경우 한 자 한 자 정확히 발음한다. 이름을 복창할 경우, 성에는 자(字)를 붙이지 않는다.

〈참고 12-1〉 전화상담 응대에 있어 고쳐야 할 행동

- 불쾌한 음성, 무례한 표현, 빠른 말 등 무성의한 태도로 전화에 응대한다.
- 용건이 끝나자마자 바로 전화를 끊는다. "네, 알겠습니다. (전화) 딸각"
- 메모 대신 구두로 전달한다. "메모는 무슨 메모. 내 기억력이 최고야."
- 통화 중 옆 사람과 이야기한다. "이것 좀 봐 줘. 어떻게 된 건지 알 수가 없네. 네~ 잠시 기다리세요."
- 양해 없이 오래 기다리게 한다.
- 늦게 받는다.
- 항상 통화 중
- 똑같은 말을 반복하게 한다.

- 전화를 여기저기로 돌린다.
- 친절하지 않다.
- 빠른 속도로 말한다.
- 조금 기다리라고 한 뒤 돌아가지 않는다.
- 전문용어를 사용한다.
- 전화 해 준다고 한 후 깜빡 잊어버린다.
- 내담자의 말을 가로막는다.
- 내담자의 말을 듣기보다는 상담자가 일방적으로 설명한다.

2. 건강가정사업에서의 사례관리

최근 다양한 욕구를 가진 가족문제들에 대한 사례관리가 적용되는 영역이 확장되면서 각각의 가족에 대한 맞춤형 가족 사례관리의 필요성이 대두되고 있다. 건강가정지원센터에서도 취약·위기가족이 복합적 문제해결 및 욕구 해소를 위해, 그리고 가족의 기능회복과 정서적, 경제적 자립 역량강화를 도모하는 것을 목적으로 지속적인 사례관리를 하고 있다. 그러므로 사례관리에 대해 다음과 같이 구체적으로 살펴보도록 한다.

1) 사례관리의 정의

사례관리(case management)는 한 사람의 사례관리자가 복합적 욕구를 가진 클라이언트에게 다양한 서비스 자원(공급체계)을 연결시켜 클라이언트가 사회생활상의 어려움을 극복할 수 있도록 돕는 사회복지실천의 한 방법을 말한다(정순둘, 2005). 즉, 사례관리란 복지 서비스가 필요하고 다양한 욕구를 가진 대상자 개인이나 가족에게 분산되어 있는 서비스 자원들을 연결시켜 그러한 개인이나 가족이 개인적·사회적으로 잘 기능할 수 있도록 돕는 복지 서비스를 제공하는 방법이다.

2) 건강가정사업에서 사례관리의 필요성

통합적인 가족복지사업을 지향하는 건강가정사업 부문에서는 최근 가족 중심 사례관리의 중요성에 주목하고 있으며 그 이유는 다음과 같다. 첫째, 탈시설화와 지역사회 중심의 다원적인 가족 서비스가 증가하고 있다. 둘째, 사회적 지지와 관계망의 필요성이 부각되고 있다. 셋째, 과거 개인 중심에서 가족과 가족환경 중심으로 복지 서비스의 접근방법이 변화하고 있다. 넷째, 지방자치제의 실시와 더불어 가족복지 서비스의 공급 주체가 다양화되고 있어서 종전의 단편적이고 일시적인 복지 서비스로는 전문적인 건강가정사업을 제공하는 데 한계가 있다(이만수, 김익균, 2008).

건강가정사업에서 사례관리를 하는 일차적인 목적은 다층적이고 복합적인 욕구를 가진 가족에게 가장 효과적이고 효율적인 방법으로 질 좋은 서비스를 제공함으로써 대상 가족이 최적의 기능을 하도록 하기 위한 것이라 할 수 있다. 건강가정사업에서 사례관리의 의의는 다음과 같이 생각해 볼 수 있다. 첫째, 사례관리는 건강가정사업 대상 가족의 삶의 질을 개선하고 향상시킬 수 있다. 둘째, 사례관리를 통해 대상 가족의 욕구에 적합한 개별적인 서비스를 지속적으로 제공할 수 있다. 셋째, 사례관리를 통해 대상 가족에 대해 분산적이거나 중복적으로 제공되는 서비스 체계를 조정하여 보다 나은 효과적인 서비스를 제공할 수 있다. 넷째, 사례관리를 통해 대상 가족의 복지 향상을 위해 지역사회 자원을 효과적으로 개발하고 분배할 수 있다.

결론적으로 건강가정사업에서의 사례관리는 파편적이고 분산적인 서비스를 연계하고 통합하여 서비스의 중복문제를 해결하고, 지원이 필요한 가족의 독특하고 복합적인 욕구에 적합한 전문적인 서비스를 제공한다는 점에서 건강가정지원센터의 사업 방향에 잘 부합된다고 할 수 있다. 하지만 현재의 건강가정지원센터에서 하고 있는 사례관리는 가족 사례관리를 실천할 수 있는 체계와 구조가 미흡하고, 임상과 행정적 기능을 수행할 수 있는 교육과 훈련 과정을 거친 실무자가 부족한 상황에서 가족 사례관리를 진행하는 데 있어 다양한 어려움과 혼란이 초래되고 있어 가족관계 지원과 긴급 돌봄 중심으로 고유의 기능을 가지는 가족 사례관리 개념과 모형 개발, 가족 사례관리자의 명료한 직무 설정, 전문성 및 역량 개발을 위한 교육 등에 대한 합의가 필요한 시점이다.

3) 건강가정지원센터의 사례관리 구성 요소

(1) 건강가정지원센터의 가족 사례관리 대상

일반적으로 사회복지 분야에서 사례관리의 구성요소는 서비스 대상인 클라이언트, 사례관리 서비스를 제공하는 사례관리자 그리고 현존하는 서비스 체계를 말한다(정순둘, 2005). 건강가정사업에서 사례관리의 구성 요소도 내용상이와 동일하다고 할 수 있으나 서비스 대상이 개인이 아닌 가족이라는 점에서 차이가 있다고 할 수 있다. 즉, 건강가정사업에서의 사례관리 구성 요소로는 먼저 다양한 사회자원의 지원이 필요한 사례관리 대상 가족, 사례관리자(건강가정사), 서비스를 제공하는 기관이 자리한 지역사회 자원을 포함한 현존의 서비스 체계가 있다. 건강가정지원센터의 사례관리의 특징은(황성철, 곽종희, 2013) 취약·위기가족의 특성을 고려한 현장중심적 가족 사례관리에 초점을 두고 있는데 가족 사례관리는 이러한 취약·위기가족을 대상으로 지역사회 자원 활용 및 연계, 상담, 정보 제공, 평가 등을 통해 가족기능 회복과 심리 및 경제적 자립 역량을 강화하고자 한다.

또한 가족 사례관리 대상은 한부모 및 미혼모 가족, 조손가족, 다문화(북한이탈) 가족, 위기가족 등 취약·위기가족 전체인데, 기존의 지역사회 사례관리가 클라이언트 한 개인에 초점화된 것과는 달리 가족 사례관리에서는 가족구성원을 포괄하는 전체 가족을 대상으로 한다. 건강가정지원센터의 사례관리 대상은 가족구성원 가운데 주양육자를 주클라이언트로 선정하는데, 이는 사례 신청자가 주클라이언트가 되는 일반 사례관리와 다른 점이라고 할 수 있다.

〈표 12-1〉 일반 사례관리와 가족 사례관리의 차이점

		일반 사례관리	가족 사례관리
1	대상자 수	1인	복수, 가족원 수
2	대상자	클라이언트	주부양자(Ct) + 가족원 수(Ctn)
3	사례관리의 목적	클라이언트의 욕구충족과 문제해결	모든 가족원의 욕구충족, 문제해결 + 가족관계와 기능 향상, 자립 역량강화

출처: 한국건강가정진흥원(2015). 가족사례 관리 매뉴얼.

(2) 건강가정지원센터 사례관리의 구성[1)]

보통 가족 사례관리 단계는 사정(assessment), 서비스 계획(service planning), 직접 또는 간접 개입(direct or indirect intervention), 모니터링(monitoring), 검토 및 평가(reviewand evaluation)의 5단계로 구성된다고 할 수 있다(Moxeley, 1989). 이러한 단계별 접근은 일회적인 서비스가 아닌 지속적이기도 체계적으로 진행되어야 하는 가족 사례관리에서 중요하다고 할 수 있다. 특히, 다양한 욕구를 가진 가족을 대상으로 단계별 접근이 이루어져야 하는 만큼 서비스 상황을 지속적으로 모니터링할 수 있는 체계가 필요한데, 효과적인 사례관리 수행을 위해서는 구조적 체계와 수행 요소에 대한 탐색이 필요하다. 특히, 담당 부처별 및 기관별로 서비스의 중복을 방지하기 위해서라도 건강가정지원센터의 취약·위기가족지원 사업의 가족 사례관리의 방향성과 체계, 각각의 수행 요소에 대한 명료화가 긴요하며, 현장의 사례관리자들에게 구체적인 지침을 제공하는 것이 중요하다고 할 수 있다.

(3) 건강가정지원센터 가족 사례관리 과정

건강가정지원센터의 사례관리에서는 가족해체와 위기의 예방을 위해 가족원 간의 관계와 기능, 돌봄 등의 정상적인 가족생활 유지에 초점 두기 때문에,

1) 센터의 사례관리 구성 부분은 한국건강가정진흥원(2015)의 자료에서 발췌하였다.

그 대상자가 함께 생활하고 있는 가족원 모두가 된다. 특히 취약·위기가족지원사업에서는 가족 사례관리가 가족관계와 가족(특히 자녀돌봄) 기능의 향상 및 자립역량의 강화에 있기 때문에, 부부만으로 구성된 가족보다는 (조)부모와자녀로 구성된 2, 3세대 이상의 가족을 주 대상으로 한다.

건강가정지원센터의 가족 사례관리 실천 과정은 〈표 12-2〉와 같이 크게 8단계로 분류된다.

〈표 12-2〉 건강가정지원센터의 가족 사례관리의 8단계 실천 과정과 업무 내용

단계	내용	서식/척도
1. 초기 상담	대상자 기본 정보 파악 ⇒ 가족 사례관리 서비스 지원 여부 결정, 사례관리자와 위기 케이스, 부적절 케이스 선별	서비스 이용 신청서, 종합정보기록지
2. 사례관리 등록	사례관리의 의미, 주요 진행방식 등 설명 후 동의서 작성	서비스 동의서
3. 욕구 및 강점 사정	대상자의 욕구에 관한 정보수집 및 분석, 우선순위 결정	욕구 및 강점 사정지, 자기효능감/가족기능 척도
4. 서비스 계획	대상자의 욕구를 충족 및 목표를 달성을 위한 포괄적 서비스 계획	서비스 계획서
5. 서비스 제공	직접(사업비 지출) 및 간접(지역자원 연계) 서비스 제공	사례관리 과정 기록지
6. 서비스 점검	서비스 계획서대로 진행 여부의 점검, 4개월 마다 재사정 실시	욕구 및 강점 사정지, 서비스 계획서
7. 평가 및 종결	초기와 비교하여 대상자의 변화 평가 및 종결여부 결정	종결기록자 자기효능감/가족기능 척도
8. 사후 관리	종결 이후 변화 상황 및 안정화 여부를 모니터링	–

출처: 한국건강가정진흥원(2015). 가족 사례관리 매뉴얼.

① 1단계: 초기 상담

건강가정지원센터에서 가족 사례를 발굴하여 사례 가족과 접촉하게 되면, 사례관리자는 초기 상담을 통해 사례 가족과 관련된 기초적인 정보를 수집한 후 센터 자체 내부 회의를 거쳐 사례로 등록할 수 있는지 사례의 적합성 판정을 하여야 한다.

건강가정지원센터의 사례 가족으로 선정되기 위해서는, 첫째, 본 센터의 사례관리의 도입 취지(목적)와 부합 여부, 둘째, 발굴된 사례 가족의 문제가 복합적이고 다양한 문제 상황에 직면하였는가의 여부, 셋째, 대상 가족이 그들의 욕구와 문제를 해결하고자 하는 동기와 의지 여부 조건에 부합되어야 사례관리를 수행할 수 있다.

② 2단계: 사례 등록하기

초기 상담을 통해 건강가정지원센터 사례관리의 가족으로 선정된 후, 사례관리담당자가 본 센터에서 실시하는 가족 사례관리 서비스의 제공과정과 내용에 대해 사례 가족에게 설명하고, 사례 가족이 자발적으로 참여할 것에 대한 동의를 얻고 나면 사례관리 등록을 하게 된다. 이때 가족 사례관리의 담당자와 사례 가족은 함께 서비스 제공 및 사례관리의 과정운영에 동의하여야 한다. 이 단계에서는 사례관리 담당자는 가족 사례관리가 무엇인지 그 목적과 취지 및 진행과정 등이 어떻게 이루어지는지에 대해 대상 가족원에게 자세히 설명하고 서로 간의 신뢰감을 형성하여 상호 간 역할을 명료화하여야 한다.

③ 3단계: 욕구 및 강점사정

건강가정지원센터 사례관리에 있어서 욕구 및 강점사정의 단계는 사례관리자와 대상자가 함께 대상자의 욕구에 관한 정보를 수집 및 분석하고 우선순위를 정하고 종합하는 과정이다. 이 단계는 서비스 계획의 구체적인 방안에 대한 기본 틀과 투입자원을 추정하기 위한 과정으로, 이후 단계를 성공적으로 수행하기 위해 대상 가족에 대한 욕구 및 강점을 상세히 파악하여야 하므로 대상자와 가족의 진술뿐만 아니라 이웃, 주변인, 친구, 친척, 복지담당 공무원, 사회복지 관련 기관(어린이집, 지역아동센터), 학교의 담당 교사로부터 다양한 정보를 수집하여 현재 가족들이 놓여 있는 상황을 객관적으로 정확하게 파악하는 노력이 필요하다.

④ 4단계: 서비스 계획의 수립

서비스 계획 수립 단계는 건강가정지원센터의 사례관리의 중간 단계로 욕구사정을 통해 작성된 욕구 목록을 실행으로 옮기기 위한 전략을 설정하는 단계로, 실제적 수행 과정의 밑그림, 즉 설계도 역할을 한다. 따라서 가족사례 관리자와 대상 가족에게 개입 과정의 방향을 명확히 제시해 주어 혼란 없이 변화 목표를 달성해 갈 수 있도록 도와주고, 서비스의 개입이 끝난 후 그 결과를 효과적으로 평가할 수 있게 해 준다.

따라서 가족 사례관리의 목적에 초점을 두고, 이것을 정확하게 달성할 수 있는 행위들로 순서대로 정렬하여 체계화하는 과정으로, 하위 목표와 전략을 단계화하고, 사례 가족과 사례관리자의 목표달성을 위한 역할을 규정하여야 하며 대상 가족의 욕구 변화 가능성을 고려하여 융통성 있게 서비스를 계획하는 것이 중요하다.

⑤ 5단계: 서비스의 제공(실행)

서비스의 제공은 서비스 계획을 실행하는 과정, 즉 대상 가족에게 적합한 서비스와 자원을 확보하여 직간접 서비스를 제공하는 과정으로 사례 가족, 사례관리 담당자, 자원망 간의 활발한 상호작용이 일어나게 된다. 이때 대상 가족에 대한 서비스 제공이 원활이 이루어지도록, 센터 내외의 협조를 얻기 위해서는 센터장과 중간관리자(팀장)의 협조체계가 가장 중요하게 작용하게 된다.

⑥ 6단계: 서비스의 점검

서비스 점검(monitoring) 과정은 가족 사례관리의 실행 계획에 정해진 서비스와 자원이 잘 제공되어 욕구가 충족되었는지를 확인하기 위한 과정이다.

이때 사례관리자는 가족 사례관리 과정에서 서비스 제공을 실행한 후 현재까지 무슨 일이 어떻게 진행되고 있는지를 확인하고 가족이 변화하는 과정을 지속적으로 파악하며 가족구성원의 변화뿐만 아니라 대상 가족을 둘러싼 주위 환경체계의 변화와 영향에 대해서도 파악하여야 한다. 보통 서비스 제공 시작 후 4개월마다 계획서를 점검(사례회의)하는 것이 바람직하며, 자료 수집-검토-분석-해석 및 대안 마련의 과정을 거쳐 체계적으로 수행되어야 점검과정을 통해 개입을 계속 유지할 것인지, 변경할 것인지, 중단할 것인지 혹은 재사정을 통해 새로운 사정과 계획을 실행할 것인지를 결정하게 된다.

⑦ 7단계: 평가 및 종결

평가는 사례관리 과정에서 일련의 모든 과정, 즉 사례의 접수 초기부터 종결까지를 총체적으로 점검하고, 계획했던 목표가 어느 정도 어떻게 달성되었는가를 확인하는 지속적인 하나의 과정(process)이다. 또한 평가는 종결 여부를 결정짓는 과정이기도 하고 좀 더 진보된 다음 단계로 진입하기 위한 점검의 의미를 갖기도 한다.

가족 사례관리 과정에서의 평가는 사례관리 사례 가족의 욕구와 문제가 개입과 점검을 통해 목표 대비 어느 정도 개선·향상되었는지를 확인하는 과정으로 궁극적인 목적은 가족 사례관리의 사례 가족에게 더 나은 서비스를 제공하기 위한 방향으로 그 결과들을 환류하기 위해서다.

사례관리의 종결은 건강가정지원센터 사례관리를 마무리하는 과정으로 가족 사례관리를 통해 대상 가족의 변화 목표나 개입으로 기대된 변화가 달성되어 더 이상 사례관리 서비스가 필요하지 않다고 판단이 될 경우(가족의 상황이 호전되거나 목표달성)에 종결에 대한 모색이 이루어진다. 또한 대상 가족이 사망하거나 이사, 3개월 이상의 연락두절 등 상황이 변경된 경우에도 예상치 않게 사례관리의 과정은 종결될 수 있으며, 간혹 사례 가족이 사례관리 과정을 수행하기 어려울 경우 가족의 요구에 의해 종결 요청을 받기도 한다.

⑧ 8단계: 사후 관리

사후 관리는 follow-up service나 after care라는 개념으로 혼용되기도 하는데, 서비스 종결하기 위한 목적으로 수행되며 보통 종결 이후 일정 기간 동안의 사후 관리 과정을 대상자에게 설명하고 동의를 얻은 뒤 진행된다. 사후 관리 과정에서 사례관리 담당자는 대상 가족의 변화 유지에 도움이 되는 지지적 상담과 정보를 제공하여 대상 가족이 심리적 안정과 함께 지역사회에의 적응에 도움을 주도록 한다. 담당자가 직접 사후 관리를 수행하기가 힘들면, 대상 가족 관련된 서비스 제공기관을 통해서 모니터링을 실시하고 대상 가족이 어려움을 다시 호소할 경우 재개입 사정(심층상담, 욕구 재사정 등), 재사정을 통해 사례관리를 다시 제공하도록 한다.

4) 사례관리자의 역할

건강가정지원센터에서 이루어지는 사례관리에서 공통적으로 강조하는 요소는 사례관리가 효과적으로 이루어지기 위한 능력과 기술을 갖춘 사례관리자의 기능과 역할이다. Moxley(1989)에 의하면 사례관리자는 직접 서비스 기능으로서 실행자, 상담자, 안내자, 협력자, 진행자, 정보전문가, 지지자와 간접 서비스 기능으로서 중개, 연결, 조정, 옹호, 네트워크 개입, 기술적 지원과 자문 등 12가지 기능을 수행해야 한다. 국내에서도 사례관리자는 상담자, 교육자, 조정자, 옹호자가 주요 역할로 제안되었다(권진숙 외, 2016 재인용). 건강가정지원센터의 사례관리자로서 건강가정사는 무엇보다 대상 가족에게 도움을 줄 수 있는 지역사회 자원에 대해 정통해야 하며, 대상 가족이 도움을 신청하고 제공받는 절차에 대해서도 정확히 알고 있어야 한다. 또한 대상 가족에게 필요한 서비스가 지역사회 내에 존재하지 않을 경우 새로운 서비스 자원과 시스템을 개발할 수 있는 전략을 제안할 수 있어야 한다. 이러한 능력을 갖추는 것과 아울러, 사례관리자로서 건강가정사는 사례관리 대상 가족의 강점과 잠재력을 확인하고, 그들의 필요한 욕구에 지역사회 자원을 연결시킬 수 있어야 하며, 필요한 적절한 서비스가 실제로 전달되었는지를 확인하고 개입의 효과와 결과를 평가할 수 있어야 한다.

사례관리는 그 목적상 사업 대상 가족의 특성과 요구에 맞는 지역사회 서비스들을 연계하여 통합적이고 지속적으로 개개 가족에게 개별적인 서비스를 제공하고자 하는 건강가정사업의 방향과 부합된다. 이런 점에서 다양한 가족을 대상으로 한 사례관리는 매우 중요하며, 앞으로 건강가정사업에서 그 비중이 점차 강화될 것으로 예상된다.

5) 사례관리의 실제

다음은 실무에서 도움이 될 수 있도록 사례의 내용을 바탕으로 사례관리 작성 요령에 따라 작성된 종합정보 기록지와 사례관리 기록지를 예시한 것이다.

내담자: 김삼숙. 한부모 확대가정의 청소년이며 저소득으로 인한 경제적 어려움과 심리적 문제를 호소하고 있어 개입의 필요성이 있다고 판단됨

1. 가족력

조부: 경상북도 안동에서 지주의 아들로 태어났으나 기운이 기울어져 농사일을 하고 있으며 젊었을 때는 일본에 유학을 다녀왔을 정도로 인텔리였으나 조모와의 사이가 안 좋아 젊어서부터 지금까지 부부싸움이 잦고, 싸울 때마다 조모를 심하게 폭행하거나 집안 살림을 부수었다. 음주, 가무를 즐기며 지역의 유지로 비교적 건실한 생활을 하는 편이다.

조모: 70세의 나이와는 다르게 매우 건강해 보였고, 삼숙이의 옹색한 가정 살림에는 걸맞지 않게 고운 모습이었다. 현재 삼숙이의 가족을 돌보고 있지만, 삼숙이 아버지와의 사이가 안 좋아 자주 언쟁을 벌이고는 시골로 내려간다. 그러나 삼숙이의 문제로 보아서는 조모가 항상 가정에 있어야 할 것으로 보인다.

부: 삼숙이의 부는 왼쪽 편마비라는 장애가 있음에도 불구하고 행상, 취로 사업 등이 가능한 것으로 보아 일상생활 수행능력이 있다고 판단되며 다른 가족들 역시 일상생활을 하는 데에 전혀 어려움이 없는 것으로 보인다. 현재 시장에서 행상을 해 왔고, 요즘은 취로사업에 나가고 있다. 여덟 살 때 홍역과 수두를 한꺼번에 앓고 나서 장애를 입었는데 왼쪽 편마비다. 삼숙이의 생모가 실종되고 나서 지금의 계모와 재혼했다. 젊었을 때부터 술주정이 심했고, 지금은 알코올리즘 증세가 농후하다.

삼숙이는 계모가 집을 나간 것도 부의 심한 구타 때문이라고 생각하고 있다. 부는 술을 마시고 나면 삼숙이를 잘 때렸고(그래서 작은 고모집에서 1년을 살았다. 3명의 고모와 1명의 삼촌이 있지만 작은 고모 외에는 별 도움이 안 된다) 요즘도 그러하다. 작년 겨울에는 술을 먹고 와서 삼숙이와 함께 자고 있던 삼숙이의 친구를 추행했으며, 요즘엔 자고 있는 삼숙이 옆에 와서 몸을 더듬기도 한다. 그래서 삼숙이는 잠잘 때 부에 대한 노이로제 증세가 있어 항상 동생들과 꼭 붙어 자거나 청바지를 입고 잔다.

모(계모): 생모는 두 살 때 실종 사망하였고 삼숙이가 다섯 살 때 계모가 들어왔으나 남편의 술주정과 학대에 못 이겨 삼숙이와 자신이 낳은 아이들을 놔두고 가출하여 부산에 있는 언니네 집에서 기거하고 있다. 정신병이 있었으며 약물복용 후 증세가 더욱 악화되었다. 삼숙이는 계모 슬하에서 욕을 먹고, 꾸중을 듣고, 학대받거나 음식으로 이복동생에 비해 차별을 받을 때 친모에 대한 동경이나 상상을 통해 정을 그리워하기도 했으나 계모가 가출하고 중학교에 진학한 후부터는 계모에 대한 사랑과 모성애를 더 느끼고 있다.

여동생: 삼숙이의 계모가 출산한 이복동생으로 아빠를 잘 따르고 명랑한 성격으로 집안에서 공부에 열중하고 반에서 5등 내외로 잘하여서 아빠와 할머니의 사랑을 독차지하고 있다. 삼숙이는 조모와 부의 편애하는 태도에 질투를 느끼기도 하여 싸움도 하는 편이나 자기도 좋은 여동생을 둔 것으로 생각하고 있다.

> **남동생**: 삼숙이의 남동생은 집중력이 결여되어 있어서 문제행동을 종종 일으키고 학업에 별 흥미를 느끼지 못하는 것으로 보아 과잉행동장애가 의심된다.
>
> 2. 사회적 상황
>
> • 경제 상황: 수입/생활비/저축/부채/법정기준 등)
> –수입: 아버지(과거: 행상/현재: 취로사업), 할머니(도라지를 다듬는 부업)
> –부채: 계모가 전에 거주하던 동네 여러 사람들에게 빚을 지고 나가는 바람에 집을 차압당한 채 지금 살고 있는 산동네로 쫓겨 왔음
>
> • 주거 상황: 500만 원 전세방(방 2칸–2개의 방이 서로 오갈 수 있도록 뚫려 있음) 방에는 옷장, 이불장, 서랍장, 책상이 있었고 남은 공간은 2평 남짓했고 여러 가지 물품들이 어지럽게 널려 있었으며 삼숙이의 방은 창문이 없고 냉장고와 서랍장이 있다.

(1) 종합정보 기록지 작성 요령

- 접수 번호: 사례접수 번호를 기입한다.
- 접수 기준: 신규 접수는 신규, 사후 관리로 재등록된 사례는 기존에 표기한다.
- 접수 담당자: 사례접수 담당자의 성명을 기록한다.
- 사례 발굴 경로/사례 상담 장소: 사례를 발굴하게 된 경로(센터 내부/외부)와 사례 가족을 처음 만난 장소를 선택하여 기입한다.
- 면접 대상자에 대한 기본 정보: 면접자의 성명, 성별, 연령, 연락처, 주소 등을 기록한다.
- 사례 가족에 대한 기본 정보: 면접 대상자와 모든 가족원의 성명과 연령, 결혼상태, 동거 여부, 학력, 직업, 건강 상태 및 질병 명과 장애 명 등을 파악한다.
- 가족 유형: 사례관리자가 해당 항목에 기입한다.
- 경제상황: 수급 유무, 가계소득(월평균), 부채, 소득원의 종류에 대해 기입

한다.

- 가족의 근로 여건: 현재 근로상태와 근로활동의 장애 요인, 직업력과 문해 능력 등을 기록한다.
- 주거환경: 주거소유 형태와 난방 방식을 해당란에 기입한다.
- 가계도/생태도: 가계도와 생태도는 다른 사례관리자도 상황을 파악할 수 있도록 정확히 기입하도록 한다.
- 사례 가족의 도움 요청 내용: 사례 가족이 요청하는 어려움과 도움을 필요로 하는 내용을 우선순위에 따라 먼저 기록하도록 한다.
- 담당자 평가: 사례 가족의 진술과 객관적 정보를 중심으로 긴급도에 따라 기록한다.
- 사례 가족 판정: 센터의 가족 사례관리 서비스의 대상으로 적합한지를 접수 담당자의 판단에 따라 기록한다. 센터의 대상자가 아니거나 요구하는 서비스와 목적이 부합되지 않을 경우에는 '외부 기관으로 의뢰' 대상으로 분류하고, 센터의 가족 사례관리의 목적에 적합한 경우에는 긴급 · 위기 정도에 따라 단순이용자, 일반 사례관리 사례 가족, 긴급위기가족으로 나누어 해당란에 기입한다.

(2) 사례관리 과정 및 사례관리 기록지 작성

① 인테이크 과정을 통해 내담자의 기초 정보를 수집하고 사례관리를 위한 준비를 하였다.

② 내담자에 대한 가족관계, 주위 환경 등을 내담자의 가계도와 생태도를 통해 욕구 및 강점 사정을 하고 서비스 계획을 수립하였다.

③ 내담자가 호소하는 문제 및 욕구를 파악하고 지역사회 및 주위 환경의 자원망을 활용하여 서비스 제공을 하였다. 내담자가 제시하였던 문제와 사례관리 담당자가 사정한 문제들이 모두 해소되고 가족 모두 결과에 만족하여 사례관리를 종결하였다.

사례기록지

대상자 명	○○○	종교	기독교	주민번호	-

대상자 분류	아동 · 청소년(○), 노인( ), 장애인( ), 가족 구성 형태(한부모 확대가족)	
	일반수급( ), 조건부수급( ), 자활특례( ), 차상위( ), 저소득( ), 일반( )	
	의료보장	의료보호 1종( ), 2종( ), 직장의료보험( ), 지역의료보험( )
주소		

전화번호	123-345-5678	의뢰 경위	○○복지관 영세가정 결연

	관계	성명	생년월일	직업	종교	동거 여부	비고
가족 사항	조부	○○○	73세	농부			
	조모	○○○	70세	부업		○	
	부	○○○	40세	취로		○	
	계모	○○○	34세				
	제	○○○	10세			○	
	제	○○○	7세			○	

가계도와 생태도

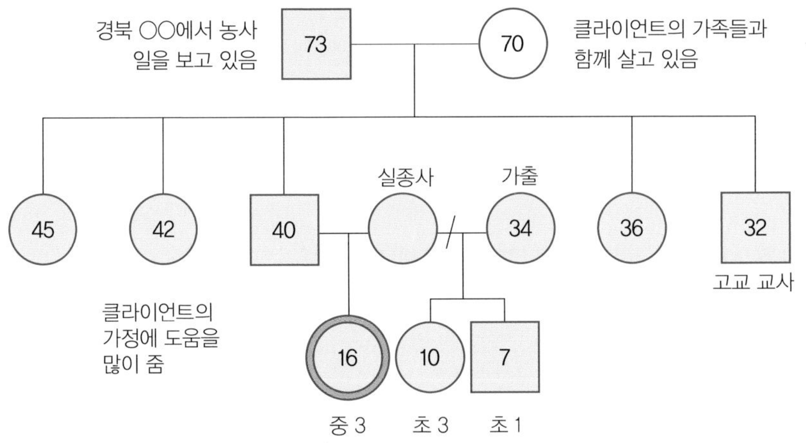

가계도

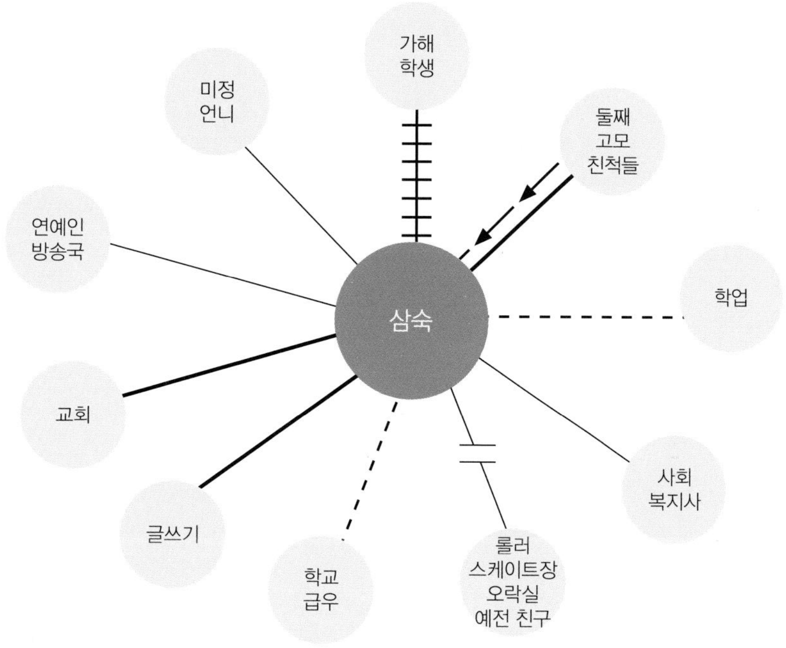

생태도

문제 및 욕구	개입 목표	서비스 실행
CT의 잦은 우울감	정기적인 상담을 통해 우울감을 해소한다.	신경정신과나 보건소를 이용하여 전반적인 심리검사 실시
		격주 내방상담 진행
CT와 동생의 학업	학업에 대한 관심과 동기를 부여한다.	무료공부방 연계
조부의 폭행 · 기물 파손	자긍심 고취와 인식 개선으로 조부의 폭력적 행동이 감소한다.	자원봉사활동(성인한글 · 일본어교실)
		인지행동치료 및 법적 책임 제재정보 제공
조모의 과도한 스트레스	조모의 스트레스를 감소, 노년 문화를 즐길 수 있도록 한다.	개인상담
		복지관의 노인대학 프로그램 참여
아버지의 경제활동	아버지의 경제활동 원조를 통해 고정적 수입원이 생긴다.	고용안정지원센터를 연계하여 직업훈련과 일자리 제공
남동생의 과잉행동	남동생의 과잉행동장애(ADHD) 여부에 따른 개입으로 과잉행동이 감소한다.	과잉행동장애 검사
		주 1회 무료 진료

주거환경 · 위생	주거환경 개선을 통해 쾌적한 주거환경을 조성한다.	가정봉사원 파견
		자활후견기관 연계하여 도배 및 독립공간을 마련을 위한 방문수리
경제적 지원	경제적 지원으로 자립의 밑거름을 마련한다.	장학금 연결
		결연후원금 연결

생각해볼문제

1. 건강가정사업에서 건강가정사에게 필요한 기본적인 실천기술에 대하여 생각해 봅시다.
2. 건강가정사업에서 사례관리의 목적과 필요성에 대해 생각해 봅시다.
3. 건강가정사업에서 사례관리가 특히 필요한 사업 대상에 대해 생각해 봅시다.

[부록 12-1] 종합정보 기록지

<table>
<tr><td colspan="2">접수 번호</td><td colspan="4">2016-1-005</td><td colspan="2">접수 담당자</td><td colspan="4"></td></tr>
<tr><td colspan="2">접수 기준</td><td colspan="4">□신규 □기존</td><td colspan="2">작성일</td><td colspan="4">년 월 일</td></tr>
<tr><td colspan="2">사례 발굴 경로</td><td colspan="10">□본인 요청 □가족 요청 □담당자 직접 발굴 □기과 내부 의뢰
□유관기관 의뢰 □주민 의뢰 □기타 ( )</td></tr>
<tr><td colspan="2">사례 발굴 장소</td><td colspan="10">□가정 □내방 □전화 □기타 ( )</td></tr>
<tr><td colspan="2">면접 대상자</td><td colspan="4"></td><td colspan="2">성 별</td><td colspan="4">□남 □여</td></tr>
<tr><td colspan="2">생년월일</td><td colspan="4">년 월 일</td><td colspan="2">전화번호</td><td colspan="4">자택:
휴대전화:</td></tr>
<tr><td colspan="2">주소</td><td colspan="10">서울시 종로구 종로동</td></tr>
<tr><td colspan="2" rowspan="4">가족 사항</td><td>관계</td><td>성명</td><td>연령</td><td>결혼 상태</td><td>동거 여부</td><td>학력</td><td>직업</td><td>건강 상태</td><td>장애 명</td><td>질병 명</td></tr>
<tr><td></td><td></td><td></td><td></td><td></td><td></td><td></td><td>□양호
□장애
□질병</td><td></td><td></td></tr>
<tr><td></td><td></td><td></td><td></td><td></td><td></td><td></td><td>□양호
□장애
□질병</td><td></td><td></td></tr>
<tr><td></td><td></td><td></td><td></td><td></td><td></td><td></td><td>□양호
□장애
□질병</td><td></td><td></td></tr>
<tr><td colspan="2">가족 유형</td><td colspan="10">□모자가족 □부자가족 □미혼모부자가족 □조손가족 □위기가족
□비다문화가족 □다문화가족 □북한이탈가족</td></tr>
<tr><td rowspan="3">경제 상황</td><td>수급 유무</td><td colspan="10">□중위소득 72% 이하 □교육급여 □주거급여
□의료급여 □생계급여 □기타 ( )</td></tr>
<tr><td>월평균 소득</td><td colspan="3">( ) 만 원</td><td>부채</td><td colspan="2">약 만 원</td><td colspan="2">총 재산</td><td colspan="2">만 원</td></tr>
<tr><td>소득원 종류</td><td colspan="10">□연금 □공공부조 □저축 □가족지원
□근로수입(주 소득원: 일용직 아르바이트) □기타 ( )
□비양육 부모로부터의 양육비 (양육비: 월 원)</td></tr>
</table>

<table>
<tr><td rowspan="2">가족의 근로 여건</td><td>현재 근로 상황</td><td></td><td>과거 직업력</td><td></td></tr>
<tr><td>근로 장애 요인</td><td></td><td>문해 능력</td><td>☑ 유 □ 무</td></tr>
<tr><td rowspan="2">주거 환경</td><td>주택 소유</td><td colspan="3">□ 월세(보증금/ 월세) □ 전세 (보증금:) □ 자가
□ 영구임대 □ 무상임대 □ 기타</td></tr>
<tr><td>난방</td><td colspan="3">□ □ ☑ □ □</td></tr>
</table>

도움 요청 내용	
담당자 평가	
사례 가족 판정	□ 단순 이용자 □ 일반 사례관리 □ 긴급위기지원 □ 외부 기관으로 의뢰

가계도
생태도

출처: 한국건강가정진흥원(2015). 가족 사례관리 매뉴얼.

[부록 12-2] 강점기반 가족기능 및 환경(점검) 체크리스트

조사일: 20　　년　월　일

조사자		(대상 가정) 등록번호	

* 가족원의 강점이면 S(Strength), 도움이 필요하면 N(Need)로 표시하세요.
* 영역별 S(Strength)가 3개 이하인 경우, 집중 사례관리 서비스 제공이 필요한 영역임.

1. 가정생활 영역

점검 항목		S	N
1	현재 살고 있는 집의 상태가 양호한 편인가?		
2	현재 살고 있는 집의 정돈상태가 양호한 편인가?		
3	현재 건강하고 균형 있는 식생활을 하고 있는가?		
4	현재 저소득층 지원을 받지 않는 경제상황인가?		
5	현재 살고 있는 집의 내부와 주변이 안전한가?		
기타			

2. 가족관계 영역

점검 항목		S	N
1	현 가족구성원 간에 서로 이해하고 있는 정도가 적절한가?		
2	문제발생 시 가족구성원들이 서로 협력하여 해결하려고 하는가?		
3	가족구성원들이 서로 친밀한가?		
4	가족구성원의 갈등이 크지 않고 적절하게 잘 해결하는가?		
5	가족구성원 간에 대화가 원만하게 이루어지는가?		
기타			

3. 양육자의 심리정서 건강상태

점검 항목		S	N
1	부모는 화가 날 때 과하지 않게 적절히 표현하는가?		
2	부모는 자신의 행복감을 표현하는가?		
3	부모는 위험이나 상실에 대한 대처 능력이 있는가?		
4	부모는 적절한 자존감을 가지고 있는가?		
5	부모는 염려될 만한 정서적 상태가 없는가?		
기타			

4. 자녀의 학교적응 영역

점검 항목		S	N
1	자녀는 학교에 정기적으로 출석하고 있는가?		
2	자녀는 학교 규칙을 잘 준수하고 있는가?		
3	자녀의 전반적 학습 능력이 적절하다고 판단되는가?		
4	자녀는 학교에서 친구들과 원활하게 관계를 맺고 있는가?		
5	자녀는 학교에서 교사와 원활하게 관계를 맺고 있는가?		
기타			

5. 양육행동 영역

점검 항목		S	N
1	부모는 자녀를 적절하게 돌보는가?		
2	부모는 자녀에 대해 안정적으로 애정을 표현하는가?		
3	부모는 자녀에게 적절한 규칙을 제시하고 그를 일관적으로 지도하는가?		
4	부모는 자녀에 대해서 적절하게 훈육하는가?		
5	부모는 자녀 연령에 적합한 기본적인 교육을 제공하는가?		
기타			

출처: 여성가족부(2017). 2017년도 건강가정지원센터 사업 안내.

참고문헌

권진숙(2004). **사례관리: 개념과 기술**. 서울: 학지사.

권진숙, 김상곤, 김성경, 김성천, 김혜성, 민소영, 박선영, 박지영, 백은령, 유명이, 유서구, 이기연, 조미숙, 조현순, 황성철(2016). **사례관리론**. 서울: 학지사.

류경남, 최수정(2006). **가족 상담 심리 용어사전**. 서울: 학지사.

엄명용, 노충래, 김용석(2008). **사회복지실천기술의 이해(2판)**. 서울: 학지사.

이기연(2010). 사례관리 주요 과정의 이해. **사례관리 전문가교육-실무자 기초과정**(한국사례관리학회 편). 서울: 학지사.

이만수, 김익균(2008). **건강가정론**. 서울: 동문사.

정순둘(2005). **사례관리 실천의 이해**. 서울: 학지사.

한국건강가정진흥원(2015). **가족 사례관리 매뉴얼**. 서울: 한국건강가정진흥원.

한국건강가정진흥원(2017). **2017년도 건강가정지원센터 사업 안내**. 서울: 한국건강가정진흥원.

황성철, 곽종희(2013). 통합사례관리 모형의 군사회복지실천 적용에 관한 연구. **한국군사회복지학**, 6(2), 125-159.

Moxley, D. P. (1989). Perceptions of case Management Services of Elderly People. *Health Social Work, 14*(3), 196-203.

제13장

건강가정 현장실습

이 장은 건강가정센터에서의 현장실습과 관련하여 현장실습의 목표와 현장실습에서 필요한 내용에 대해 소개함으로써 건강가정 현장실습의 전반적인 과정과 내용을 이해하고, 예비 건강가정사로서 현장업무에 필요한 지식과 태도를 사전에 준비하도록 하는 데 그 목적이 있다.

1. 건강가정 현장실습

건강가정 현장실습과 관련해서는 한국건강가정진흥원의 2012년도 운영 가이드북에서 제시한 내용(한국건강가정진흥원, 2012)을 중심으로 다음과 같이 살펴보고자 한다.

1) 건강가정 현장실습의 개념

건강가정 현장실습은 건강가정사가 건강가정사업에 대한 현장경험을 쌓는 과정으로 현장교육, 현장 실습 및 훈련, 실습교육 등이 있다. 즉, 학교에서 교과과정을 통해 배운 이론적 지식을 바탕으로 현장의 상황과 현장실습 지도자의 실습지도 내용을 통해 이론을 실천에 적용하는 구체적인 방법을 습득하는 기회를 가진다.

2) 건강가정 현장실습의 목적

건강가정 현장실습의 전반적인 목적은 크게 두 가지로 설명된다. 첫째, 학생이 학교에서 습득한 지식과 기술, 가치가 현장실습을 통해 전문가인 건강가정사로서 통합되는 기회를 제공한다. 둘째, 현장에서만 일어날 수 있는 새로운 학습을 가능하게 하며, 기존의 이론과 방법론을 확인하고 토의하며 수정할 수 있는 기회를 제공한다(조희금, 송혜림, 성미애, 2007).

3) 건강가정 현장실습의 주체

건강가정 현장실습의 주체는 실습을 받는 실습생과 실습을 실시해 주는 센터 또는 실습지도자, 그리고 실습이 이루어지도록 지도하는 학교로 구성된다. 각 주체의 역할을 정리하면 다음과 같다.

(1) 실습생

실습생은 그 센터에서 봉사하는 자원봉사자와 함께 센터의 직원인 건강가정사와 건강가정사업을 이용하는 이용자 중간에 위치하며, 건강가정사의 업무를 수행하는 동시에 자원봉사자의 업무를 수행할 수 있다. 자원봉사자의 업무를 수행하는 경우 실습생은 자원봉사자와는 달리 업무에 대한 사고, 분석, 비판을 함께하며, 업무 수행에 대해 실습지도자 및 실습기관의 지도 · 감독 및 평가를 받는다.

한편 건강가정지원센터에서 현장실습을 하게 되는 실습생으로서 가져야 할 자세로 몇 가지를 생각해 볼 수 있다. 먼저 실습생은 현장실무를 배우는 학생으로서 최대한 성실하고 겸손하며 책임감 있는 태도로 행동해야 한다. 아울러 학교에서 요구하는 여러 가지 실습과제와 센터에서 요구하는 업무를 충실히 이행해야 한다. 실습생이라 하더라도 학교에서 배운 이론들과 자신의 개인적인 능력을 실습 업무에 적용하여 실습과정을 자신의 능력을 충분히 발휘하는 기회로 활용할 수 있어야 한다.

다른 한편으로 실습생은 학생이자 예비 사회인, 예비 직장인이라는 자세로 적극적으로 현장실무를 습득하고, 자신에게 맡겨진 업무를 최선을 다해 완수하며, 실습 센터에서 근무하고 있는 종사자들에게 예의를 지키고 조화로운 인간관계를 맺는 것이 중요하다. 이와 함께 실습생은 실습하는 건강가정지원센터에서 정한 규칙과 질서를 존중하고, 업무와 관련된 시간과 일정을 준수해야 한다. 또한 실습하는 건강가정지원센터에서 외부로 유출하는 것을 금하는 업무와 관련된 사항에 대해서는 약속을 지켜 실습센터에 피해를 주는 일이 없도록 주의해야 한다. 무엇보다 건강가정지원센터는 대민 서비스를 제공하는 기관이므로 실습생이라 하더라도 센터에서 만나게 되는 지역 주민들에게 가능한

한 밝고 친절한 태도를 보이는 것이 중요하다.

(2) 실습지도자 및 실습기관

실습기관은 원활한 실습 진행을 위해 실습환경을 조성하고, 센터의 실습지도자가 실습 준비 및 진행 업무에 최선의 노력을 기울이도록 업무 분담 및 협조를 하도록 지원하고 있다. 실습지도자는 건강가정지원센터 팀장급 이상 또는 가족에 관한 연구 및 실무 경력 3년 이상의 자격을 갖춘 사람으로 지정하고 있다.

① 실습지도자의 업무

- 실습지도 전반에 대한 관리 및 책임
- 실습계획의 수립
- 실습지도일지 작성
- 실습생 출석관리
- 실습에 대한 슈퍼비전 제공
- 실습과제 수합 및 관리

② 실습기관의 역할

- 실습지도의 목표, 방향, 지도방침 결정
- 실습지도를 담당할 실습지도자를 선정하여 사전교육 실시
- 실습생 수용 능력(강의실, 휴게실, 시설 공간과 집기 비품 등)을 확보하고, 실습지도를 위한 사업계획 수립
- 실습지도 내용은 기초적인 이론보다는 실천을 경험할 수 있게 함
- 효율적인 실습이 되도록 해당 대학과 협조체계 유지
- 실습생에게 실습 내용, 실습기관의 특성, 실습생의 역할과 책임 등에 대한 오리엔테이션 실시

〈표 13-1〉 실습생 및 실습기관(실습지도자) 자격기준

• 실습생의 자격기준 '건강가정 현장실습' 과목을 이수하면서 건강가정사 이수 교과목 중 전공 및 관련 과목 각각 3과목 이상 이수한 자가 실습을 받는 것을 권장하나, 실습지도자의 판단에 따라 재량적으로 실습생을 선발할 수 있음 • 실습기관의 자격기준 –「건강가정기본법」 제35조에 따라 건강가정사업을 행하는 건강가정지원센터 –자격 있는 실습지도자가 있는 기관 –실습지도자에게 업무 조정 및 인센티브를 줄 수 있는 기관 • 실습지도자의 자격기준 –건강가정지원센터 팀장급 이상 또는 가족에 관한 연구 및 실무 경력 3년 이상인 자

출처: 한국건강가정진흥원(2012), p. 50.

(3) 학교

실습지도는 해당 실습기관의 실습지도자를 통하여 일차적으로 이루어지고 있으나, 건강가정 현장실습 교육은 학교에서 실시되므로 학교는 구체적인 실습과제 수행을 지도하고 실습지도자와 실습생의 관계를 조정한다.

2. 건강가정 현장실습의 운영

1) 현장실습의 관리

건강가정지원센터에서는 실습생의 현장실습의 관리를 위해 실습관리의 과정을 단계별로 파악할 필요가 있다. 실습관리의 과정을 구체적으로 살펴보면 다음과 같다(한국건강가정진흥원, 2012).

(1) 행정처리

① 실습지도 분야 결정
- 각 부서에 실습지도 협조 구함
- 부서별로 각 업무 상황과 인력을 고려하여 실습 내용과 실습생 인원 책정

② 실습생 모집
- 실습지도자는 건강가정지원센터 및 관련 기관 홈페이지 등의 매체를 통해 모집 광고
- 각 대학의 관련 학과에 모집 공문 발송

③ 실습생 면접
- 실습신청 접수기간이 종료되면 신청자들에게 면접일자 공고
- 면접은 공개 경쟁을 통한 선발의 목적이 아니며, 실습신청자와 실습지도자가 현장실습에 대한 욕구 일치를 확인하는 과정임

④ 실습생 확정
- 학생이 제출한 신청서와 면접결과를 종합하여 최종 확정 후 개별적으로 통보
- 확정된 실습생의 학교에서 실습 의뢰 공문을 받아야 하며, 이에 대한 회신 공문을 실습생의 학교로 발송해야 함
- 실습을 거절하는 경우도 통보하는 것이 바람직함

(2) 실습지도 계획서 작성

실습지도를 담당한 센터의 실습지도자가 실습목적과 실습기간, 그리고 사업영역별 실습지도 계획과 학교 및 실습생의 준비사항을 정리한 실습지도 계획

서를 작성함

(3) 오리엔테이션

- 실습과정 전반에 대한 안내, 직면하게 될 문제점과 어려움 및 적절한 행동 지침 등에 대한 교육 필요
- 실습생의 자세와 역할, 기관 소개, 프로그램 계획과 평가 등 기본적인 요소 교육

2) 현장실습의 내용과 형식

건강가정 현장실습에서 현장실습은 크게 필수적인 내용과 선택적인 내용으로 구분된다(〈표 13-2〉 참조).

〈표 13-2〉 건강가정지원센터 현장실습의 구성과 내용

구분		내용	과제물
필수	오리엔테이션	• 기관 소개 • 지역 소개 • 대상집단의 이해 • 실습생의 자세와 역할 • 실습 일정과 과제 안내	
	행정 업무	• 각종 기안서(공문, 품의서 작성 및 결재 과정 참여) • 기관 운영과 관련된 규정 검토 • 사업수행 절차(매 사업별 계획서, 실행서, 만족도 조사, 피드백 등의 절차를 체계화하는 과정 및 관련되는 문서 관찰)	관련 서식 작성 및 제출
	프로그램 보조 진행	• 가족생활 교육 프로그램 보조 진행 • 가족문화 프로그램 보조 진행 • 기타 센터의 특화사업 보조 진행	프로그램 계획서, 평가서, 과정일지, 기타 해당 자료

	실습 평가회	• 과제에 대한 슈퍼비전 • 실습생의 자세 등 전반에 대한 슈퍼비전	실습평가서
선택	선택	• 지역사회 조직사업(지역사회 자원 개발, 주민교육, 건강가정 네트워크 구축) • 지역사회 홍보 활동 • 프로그램 개발 및 평가 • 사례관리 • 타 기관 방문 및 지역 탐방	활동기록서(프로그램 계획서, 프로그램 평가서, 사례 관리 기록서, 기관방문 보고서, 지역탐방 보고서 등)

출처: 한국건강가정진흥원(2012), pp. 51-52.

3) 현장실습의 단계

건강가정의 현장실습은 총 64시간의 방문실습 중 48시간 이상은 건강가정지원센터를 통해 실습하고, 나머지 시간은 가족과 관련된 서비스 제공 기관의 실습으로도 인정되며, 실습은 센터 상황에 따라 학기 중 혹은 방학 중 실습이 가능하다. 현장실습은 방문실습 준비 단계, 방문실습 단계, 실습 종결 및 평가 단계로 구분할 수 있으며, 각 단계별 주체의 역할은 〈표 13-4〉와 같다.

〈표 13-3〉 건강가정지원센터 현장실습의 실습시간

• 여성가족부 「건강가정사 자격요건에 관한 지침」 별첨 1 '건강가정 현장실습 표준교과 개요'에 근거
  −방문실습 2학점(64시간) 이상 포함되도록 교과 구성
  −총 64시간 방문실습 중 48시간 이상은 건강가정지원센터를 통해 실습하고, 나머지 시간은 가족과 관련한 서비스 제공 기관의 실습도 인정
    *'사회복지 현장실습'은 48시간 이상 건강가정지원센터에서 실습할 경우 '건강가정 현장실습'의 동일 교과목으로 인정 가능
• 실습생은 센터의 상황에 따라 모집하며, 학기 중 실습과 방학 중 실습으로 구분하여 진행함
  −학기 중 실습: 주 1일 8시간, 6주(48시간)로 진행하는 것을 원칙으로 함(48시간 이상 가능)
  −방학 중 실습: 1일 8시간, 연속된 6일(48시간)로 진행하는 것을 원칙으로 함

출처: 한국건강가정진흥원(2012), p. 143.

〈표 13-4〉 건강가정 현장실습 단계별 역할

진행 과정	실습생	기관	학교
방문실습 준비 단계	• 센터 선택 • 방문과 면접 • 실습 전의 재학습 • 행정처리	• 행정처리 • 실습지도 계획 수립 • 오리엔테이션 • 공통교육	• 실습센터 선정 • 실습센터 배정 • 행정처리 • 오리엔테이션
방문실습 단계	• 실습업무 실시 • 실습과제의 수행 • 실습과제의 기록	• 실습생 개별면담 • 부서별 교육 • 실습업무 실시 • 실습업무 점검	• 실습 상황 점검
방문실습 종결 및 평가 단계	• 실습의 종결 • 자기평가서 작성	• 실습생 평가 • 실습지도 평가 • 행정처리	• 성적 평가 • 실습 교육 평가

출처: 조희금, 송혜림, 성미애(2007).

4) 현장실습의 기록과 평가

실습현장에서의 기록은 체계적인 실습의 효과를 극대화할 수 있는 도구다. 따라서 현장에서의 경험을 구체적으로 기록하고 평가하는 것은 중요하다. 다음은 현장실습을 준비, 진행, 종결 및 평가하는 단계에서 실습생과 센터(실습지도자) 및 학교(실습전담 교수)가 실습기간 동안 꼭 작성해야 하는 서류의 예시다(〈표 13-5〉 참조). 또한 실습생 모집 및 실습비에 대한 사안도 사전에 확인해야 할 것이다(〈표 13-6〉 참조).

〈표 13-5〉 건강가정지원센터 방문실습에 필요한 서류

구분	실습생	기관(실습지도자)	학교(실습전담 교수)
방문실습 준비 단계	• 실습신청서 • 실습생 계약서	• 실습생 모집 공고문 • 실습지도 계획서	• 실습의뢰서 • 실습생 명단

방문실습 단계	• 실습일지 • 센터 조사보고서 • 프로그램 분석보고서 • 센터 네트워킹 조사보고서	• 실습생 출결상황 기록부 • 실습 요약서	• 실습일정 기록부
방문실습 종결 및 평가 단계	• 자기평가서	• 실습평가서(대학 발송용) • 실습평가 요약서(대학 발송용) • 수료증	

출처: 한국건강가정진흥원(2012).

3. 현장실습 지도 및 감독

건강가정 현장실습에서 지도감독이란 전문적인 지식, 기술, 경험 등을 갖춘 현장 전문가가 훈련을 이수하는 실습생에게 건강가정지원센터 운영 및 건강가정사업에 대한 지식, 실천기술을 제공하는 것을 말한다. 현장실습에서는 센터를 중심으로 실습지도자와 실습생 간의 지도감독과 학교에서 실습전담교수와 실습생 간의 지도감독으로 구분될 수 있는데, 여기서는 건강가정지원센터에서 실습담당자가 실습생을 지도감독하는 경우만 살펴보고자 한다.

1) 행정적 지도감독

행정적 지도감독의 목표는 건강가정지원센터에서 실습생이 효과적으로 업무를 수행할 수 있는 환경을 제공하는 것으로, 이를 위한 지도감독의 내용으로 다음의 내용이 포함된다.

• 사업계획서 작성

- 예산 수립과 집행
- 기록, 문서수발, 관리, 사무
- 기안문, 보고서 등의 작성과 유형화
- 자재, 비품 등의 관리대장 작성
- 각종 일지 작성 등

2) 교육적 지도감독

교육적 지도감독은 학교에서 배운 이론 등의 교육적 내용을 현장에 적용해 볼 수 있게 하는 것으로, 이를 위해서 다음과 같은 내용을 지도감독의 내용으로 구성할 수 있다.

- 건강가정 기초 이론과 관련된 내용
- 「건강가정기본법」, 「건강가정기본법 시행령 및 시행규칙」
- 건강가정정책과 전달체계
- 건강가정지원센터의 역할과 조직
- 건강가정사업의 종류, 유형, 내용, 특성
- 건강가정사의 역할과 기능 등

3) 지지적 지도감독

지지적 지도감독이란 실습생이 새로운 환경과 업무에 직면하면서 발생되는 정신적 · 정서적 스트레스에 대해 적절한 격려와 지지를 통해 업무 수행의 효과성을 높이기 위한 것으로, 다음과 같은 주제를 중심으로 지도감독의 내용을 구성할 수 있다.

- 실습과정에서의 힘든 상황, 부정적 경험 등을 표현할 수 있는 의사소통 체계 마련
- 실습을 마친 선배들과의 경험 교환
- 다른 실습생과의 정보 교환 체계
- 실습을 통한 긍정적 경험과 효과에 대한 강화

4. 건강가정사의 자격과 역할

1) 건강가정사의 자격(제35조)

건강가정사는 건강가정사업을 수행하는 데 필요한 관련 분야의 학식과 경험을 가진 전문가다. 건강가정사가 되기 위해서는 법에서 정한 교과목을 이수해야 하며, 건강가정사로서의 기본적인 역할을 숙지하며 태도를 갖추는 것이 필요하다(이수해야 할 교과목은 〈표 13-6〉 참조).

〈표 13-6〉 건강가정사가 되기 위하여 이수해야 하는 관련 교과목(제5조 관련)

구분		교과목
핵심 과목(5)		건강가정론, (건강)가정(족)정책론, 가족상담(및 치료), 가정(족)생활교육, 가족복지론, 가족과 젠더, 가족(정)과 문화, 건강가정 현장실습, 여성과 (현대)사회, 비영리기관 운영관리 중 5과목 이상
관련 과목(7)	기초 이론(4)	가족학, 가족관계(학), 가족법, 아동학, 보육학, 아동(청소년)복지론, 노년학, 노인복지론, 인간발달, 인간행동과 사회환경, 가족(정)(자원)관리, 가계경제, 가사노동론, 여가관리론, 주거학, 생애주기 영양학, 여성복지(론), 여성주의이론, 정신건강(정신보건사회복지)론, 장애인복지론, 가정생활복지론, 상담이론, 자원봉사론, 성과 사랑, 법여성학, 여성과 문화, 일과 가족(정), 사회복지(개)론 중 4과목 이상

	상담 · 교육 등 실제 (3)	생활설계상담, 아동상담, 영양상담 및 교육, 소비자 상담, 주거상담, 부모교육, 부부교육, 소비자교육, 가정생활과 정보, 가계재무관리, 주택관리, 의생활관리, 지역사회 영양학, 프로그램 개발과 평가, 사회복지실천기술론, 지역사회복지론, 연구(조사)방법론, 부부상담, 집단상담, 가족(정)과 지역사회, 여성과 교육, 여성과 리더십, 여성주의 상담, 사회복지실천론, 위기개입론, 사례관리론 중 3과목 이상

* 비고
1. 대학원에서 관련 교과목을 이수하는 경우에는 같은 표의 교과목 중 핵심 과목 4과목 이상, 관련 과목 4과목(기초 이론 2과목, 상담 · 교육 등 실제 2과목) 이상을 각각 이수하여야 한다. 다만, 핵심과목 및 관련 과목 각각의 2분의 1의 범위에서 대학 또는 이와 동등 이상의 학교에서 이수한 교과목도 이를 대학원에서 이수한 것으로 본다.
2. 교과목의 명칭이 동일하지 아니하더라도 교과의 내용이 동일한 것으로 여성가족부장관이 인정하는 경우에는 동일 교과목으로 본다.
3. 관련 교과목 이수는 12과목 36학점(대학원에서 이수하는 경우 8과목 24학점) 또는 12과목 이상 36학점(대학원에서 이수하는 경우 8과목 이상 24학점)으로 한다.

출처: 여성가족부 건강가정사 자격요건에 관한 지침(www.mogef.go.kr).

〈표 13-7〉 이수 교과목 중 동일 교과목으로 인정되는 교과목

관련 교과목	동일 교과 인정 교과목
가족상담(및 치료)	가족치료
가족과 문화	한국가정(족)생활문화, 한국가정(족)생활사
여성과 (현대)사회	여성학(기초)
비영리기관 운영관리	공공가정경영, 사회복지행정론
가족(정) (자원)관리	가정경영(원)론
노년학	노인학
여성주의 이론	여성학 이론
상담이론	상담심리학
연구(조사)방법론	사회복지조사론, 여성학방법론, (아동가족)연구방법론, 상담연구방법론
부부상담	부부치료, 부부문제와 상담
여성주의 상담	(한국) 여성상담 (실습)
보육학	보육학개(특)론
가족생활교육	가족생활교육 프로그램, 가족생활교육 및 실습
상담이론	상담(의) 이론과(및) 실제

*위 과목은 별도의 신청 없이 동일 과목으로 인정된다.

출처: 여성가족부(www.mogef.go.kr).

2) 건강가정사의 역할과 직무

건강가정사는 「건강가정기본법」에 근거한 건강가정지원센터의 전문인력으로서 그 역할은 크게 세 가지 수준에서 규정되었다(조희금 외, 2007: 278). 즉, 「건강가정기본법」이 지향하는 철학과 이념의 실천자이자 건강가정사업의 전달자이고, 건강가정지원센터의 운영자로서의 세 가지 역할이 건강가정사의 역할로 규정되었다. 그러나 「다문화가족지원법」의 제정에 따라 다문화가족지원센터에서 근무할 수 있는 법적 자격으로서의 건강가정사가 포함되어 그 역할은 보다 포괄적으로 변화되었다.

따라서 이러한 건강가정사의 역할을 바탕으로 하여 재규정하자면, 건강가정사는 「건강가정기본법」과 「다문화가족지원법」 같은 가족법과 가족정책이 지향하는 철학과 이념을 이해하고, 건강가정 구현을 위한 건강가정사업을 기획하고 진행하며, 사업 프로그램을 통해 지역 주민에게 직접적으로 가족과 관련된 서비스를 전달하는 전문가'라고 할 수 있다.

건강가정사의 직무를 「건강가정기본법 시행령」 제4조에 명시된 것을 중심으로 살펴보면 다음과 같다. ① 가정문제의 예방 · 상담 및 개선, ② 건강가정의 유지를 위한 프로그램의 개발, ③ 건강가정교육[민주적이고 양성(兩性)평등적인 가족관계 교육을 포함한다], ④ 가정생활 문화운동의 전개, ⑤ 가정 관련 정보 및 자료 제공, ⑥ 가정에 대한 방문 및 실태 파악, ⑦ 아동보호 전문기관 등 지역사회 자원과의 연계, ⑧ 그 밖에 건강가정사업과 관련하여 여성가족부장관이 정하는 활동 등이다.

3) 건강가정사가 갖추어야 할 태도 및 자세

건강가정사가 갖추어야 할 태도 혹은 자세로는 다음과 같은 것을 생각해 볼 수 있다.

- 인간과 가족에 대한 애정과 이해가 깊고, 개인과 가족의 삶의 질이나 복지 향상에 대한 관심과 사명감이 있어야 한다.
- 「건강가정기본법」, 「다문화가족지원법」, 「남녀평등고용과 일 · 가정 양립 지원에 관한 법률」 등 가족과 관련된 법이나 현재와 미래의 가족정책의 비전과 방향에 대한 전문적인 지식과 이해를 갖추어야 한다.
- 건강가정사 스스로 가정친화적이고 양성평등적인 의식과 태도를 가지고 있어야 한다.
- 다양한 개인의 생활방식, 다양한 형태의 가족, 다문화, 다문화가족에 대한 이해와 존중심이 있어야 하며, 고정관념이나 편견, 선입견을 갖지 않아야 한다.
- 지역 주민을 위한 대민 서비스에 필요한 친절한 태도와 서비스 정신, 대인관계 능력이 있어야 한다.
- 사업을 기획하고 추진하며 실행할 수 있는 직무능력을 갖추어야 한다.
- 같은 조직 내의 다른 구성원들과 원활하게 의사소통할 수 있는 인간관계 능력이 있어야 한다.
- 업무의 전문성 강화와 자기계발을 위해 지속적으로 노력해야 한다.
- 업무에 따른 스트레스나 소진감, 사기 저하에 대처할 수 있는 자기만의 스트레스 대처방법이나 휴식방법을 개발해야 한다.
- 건강가정사는 직업상 다른 가정의 행복을 돌보아 주는 일을 하므로 자칫 업무에 대한 몰두나 업무 과중으로 정작 자신이나 자신의 가족생활을 돌보지 못하는 모순된 상황을 초래하기 쉽다. 그러므로 건강가정사로서의 업무가 다른 사람이나 가족의 건강과 행복에 기여하는 동시에 건강가정사 자신과 가족의 행복 증진에도 기여할 수 있도록 일과 가정생활의 균형감각을 유지할 수 있도록 노력해야 한다.

생각해볼문제

1. 건강가정 현장실습 시 실습생으로서의 역할과 자세에 대하여 생각해 봅시다.
2. 건강가정 현장실습 시 실습생으로서 해야 하는 필수적인 업무와 선택적인 업무에 대해 파악해 봅시다.
3. 지역적으로 가까운 건강가정지원센터를 선정하여 방문한 후 그 센터에 대한 조사보고서를 작성해 봅시다.

참고문헌

조희금, 송혜림, 성미애(2007). **건강가정 현장실습**. 서울: 신정.

한국건강가정진흥원(2012). **2012년도 건강가정지원센터 운영 가이드북**. 서울: 한국건강가정진흥원.

www.mogef.go.kr 여성가족부

부록

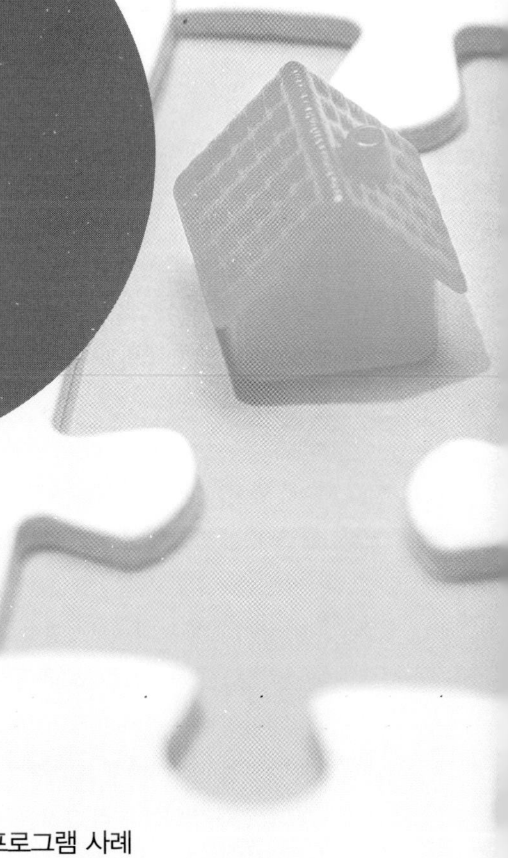

1. 건강가정기본법
2. 다문화가족지원법
3. 건강가정지원센터의 우수 프로그램 사례
4. 센터 사업 관련 서식

부록 1

건강가정기본법

건강가정기본법

[시행 2016. 12. 20.] [법률 제14440호, 2016. 12. 20., 일부 개정]

제1장 총칙

제1조(목적) 이 법은 건강한 가정생활의 영위와 가족의 유지 및 발전을 위한 국민의 권리 · 의무와 국가 및 지방자치단체 등의 책임을 명백히 하고, 가정문제의 적절한 해결방안을 강구하며 가족구성원의 복지 증진에 이바지할 수 있는 지원정책을 강화함으로써 건강가정 구현에 기여하는 것을 목적으로 한다.

제2조(기본 이념) 가정은 개인의 기본적인 욕구를 충족시키고 사회통합을 위하여 기능할 수 있도록 유지 · 발전되어야 한다.

제3조(정의) 이 법에서 사용하는 용어의 정의는 다음과 같다.

1. '가족'이라 함은 혼인 · 혈연 · 입양으로 이루어진 사회의 기본 단위를 말한다.
2. '가정'이라 함은 가족구성원이 생계 또는 주거를 함께 하는 생활공동체로서 구성원의 일상적인 부양 · 양육 · 보호 · 교육 등이 이루어지는 생활 단위를 말한다.
3. '건강가정'이라 함은 가족구성원의 욕구가 충족되고 인간다운 삶이 보장되는 가정을 말한다.
4. '건강가정사업'이라 함은 건강가정을 저해하는 문제(이하 '가정문제'라 한다)의 발생을 예방하고 해결하기 위한 여러 가지 조치와 가족의 부양 · 양육 · 보호 · 교육 등의 가정기능을 강화하기 위한 사업을 말한다.

제4조(국민의 권리와 의무) ① 모든 국민은 가정의 구성원으로서 안정되고 인간다운 삶을 유지할 수 있는 가정생활을 영위할 권리를 가진다.

② 모든 국민은 가정의 중요성을 인식하고 그 복지의 향상을 위하여 노력하여야 한다.

제5조(국가 및 지방자치단체의 책임) ① 국가 및 지방자치단체는 건강가정을 위하여 필요한 제도와 여건을 조성하고 이를 위한 시책을 강구하여 추진하여야 한다.

② 국가 및 지방자치단체는 제1항의 시책을 강구함에 있어 가족구성원의 특성과 가정 유형을 고려하여야 한다.

③ 국가 및 지방자치단체는 민주적인 가정형성, 가정친화적 환경조성, 양성평등한 가족가치 실현 및 가사노동의 정당한 가치평가를 위하여 노력하여야 한다.

제6조(다른 법률과의 관계) 국가는 건강가정사업과 관련되는 다른 법률을 제정 또는 개정하는 경우에는 이 법에 부합되도록 하여야 한다.

제7조(가족가치) 가족구성원은 부양 · 자녀양육 · 가사노동 등 가정생활의 운영에 함께 참여하여야 하고 서로 존중하며 신뢰하여야 한다.

제8조(혼인과 출산) ① 모든 국민은 혼인과 출산의 사회적 중요성을 인식하여야 한다.

② 국가 및 지방자치단체는 출산과 육아에 대한 사회적 책임을 인식하고 모 · 부성권 보호 및 태아의 건강보장 등 적절한 출산 · 육아환경을 조성하기 위하여 적극적으로 지원하여야 한다. 〈개정 2016. 5. 29.〉

제9조(가족해체 예방) ① 가족구성원 모두는 가족해체를 예방하기 위하여 노력하여야 한다.

② 국가 및 지방자치단체는 가족해체를 예방하기 위하여 필요한 제도와 시책을 강구하여야 한다.

제10조(지역사회자원의 개발 · 활용) 국가 및 지방자치단체는 건강한 가정구현에 기여할 수 있도록 지역사회자원을 최대한 개발하고 활용하여야 한다.

제11조(정보제공) 국가 및 지방자치단체는 가족구성원에게 건강한 가정생활을 영위하는 데 도움이 되는 정보를 최대한 제공하고 가정생활에 관한 정보관리체계를 확립하여야 한다.

제12조(가정의 날) 가정의 중요성을 고취하고 건강가정을 위한 개인 · 가정 · 사회의 적극적인 참여분위기를 조성하기 위하여 매년 5월을 가정의 달로 하고, 5월 15일을 가정의 날로 한다.

제2장 건강가정정책

제13조 삭제 〈2011. 9. 15.〉

제14조 삭제 〈2011. 9. 15.〉

제15조(건강가정 기본 계획의 수립) ① 여성가족부장관은 관계 중앙행정기관의 장과 협의하여 건강가정 기본 계획(이하 '기본 계획'이라 한다)을 5년마다 수립하여야 한다. 〈개정 2005. 3. 24., 2008. 2. 29., 2010. 1. 18., 2011. 9. 15.〉

② 기본 계획에는 다음 각호의 사항이 포함되어야 한다.

1. 가족기능의 강화 및 가정의 잠재력개발을 통한 가정의 자립 증진 대책
2. 사회통합과 문화계승을 위한 가족공동체문화의 조성
3. 다양한 가족의 욕구충족을 통한 건강가정 구현
4. 민주적인 가족관계와 양성평등적인 역할 분담
5. 가정친화적인 사회환경의 조성
6. 가족의 양육 · 부양 등의 부담완화와 가족해체예방을 통한 사회비용 절감
7. 위기가족에 대한 긴급 지원책
8. 가족의 건강증진을 통한 건강사회 구현
9. 가족지원정책의 추진과 관련한 재정조달 방안

③ 기본 계획은 국무회의의 심의를 거쳐 확정한다.

④ 여성가족부장관은 확정된 기본 계획을 지체 없이 관계 중앙행정기관의 장 및 지방자치단체의 장에게 통보하여야 한다. 〈개정 2005. 3. 24., 2008. 2. 29., 2010. 1. 18., 2011. 9. 15.〉

제16조(연도별 시행계획의 수립 · 시행 등) ① 여성가족부장관, 관계중앙행정기관의 장 및 지방자치단체의 장은 매년 기본 계획에 따라 건강가정시행계획(이하 '시행계획'이라 한다)을 수립 · 시행 및 평가하여야 한다. 이 경우 관계 중앙행정기관의 장 및 지방자치단체의 장은 그 시행계획 및 추진실적을 매년 여성가족부장관에게 제출하여야 한다. 〈개정 2005. 3. 24., 2008. 2. 29., 2010. 1. 18., 2011. 9. 15.〉

② 시행계획의 수립 · 추진 및 평가에 관하여 필요한 사항은 대통령령으로 정한다.

제17조(시 · 도별 시행계획의 조정 등) ① 여성가족부장관은 기본 계획에 기초하여 지방자치단체별 시행계획을 조정하고 그 이행상황을 점검하여야 한다. 〈개정 2005. 3. 24., 2008. 2. 29., 2010. 1. 18., 2011. 9. 15.〉

② 여성가족부장관은 지방자치단체별 시행계획이 기본 계획 및 중앙행정기관의 시행계획에 위배되는 경우에는 해당 지방자치단체의 장에게 이를 변경하도록 요구할 수 있다. 〈개정 2005. 3. 24., 2008. 2. 29., 2010. 1. 18., 2011. 9. 15., 2016. 12. 20.〉

제18조(계획수립의 협조) ① 여성가족부장관, 관계 중앙행정기관의 장 및 지방자치단체의 장은 기본 계획 또는 시행계획의 수립 · 시행을 위하여 필요한 때에는 관계 공공기관 · 사회단체 그 밖의 민간기업체의 장에게 협조를 요청할 수 있다. 〈개정 2005. 3. 24., 2008. 2. 29., 2010. 1. 18., 2011. 9. 15.〉

② 제1항의 규정에 의하여 협조요청을 받은 자는 특별한 사유가 없는 한 이에 응하여야 한다.

제19조(교육 · 연구의 진흥) ① 국가 및 지방자치단체는 건강가정과 관련된 연구를 진흥하고 전문

가를 양성하여야 한다.

② 국가 및 지방자치단체는 건강가정을 위한 교육 프로그램을 지속적으로 개발·제공하여야 한다.

제20조(가족실태조사) ① 국가 및 지방자치단체는 개인과 가족의 생활실태를 파악하고, 건강가정 구현 및 가정문제 예방 등을 위한 서비스의 욕구와 수요를 파악하기 위하여 5년마다 가족실태조사를 실시하고 그 결과를 발표하여야 한다.

② 제1항의 규정에 의한 가족실태조사를 위하여 필요한 사항은 여성가족부령으로 정한다. 〈개정 2005. 3. 24., 2008. 2. 29., 2010. 1. 18.〉

제3장 건강가정사업

제21조(가정에 대한 지원) ① 국가 및 지방자치단체는 가정이 원활한 기능을 수행하도록 지원하여야 한다.

② 제1항의 규정에 의하여 지원하여야 할 사항은 다음 각호와 같다.

1. 가족구성원의 정신적·신체적 건강 지원
2. 소득보장 등 경제생활의 안정
3. 안정된 주거생활
4. 태아검진 및 출산·양육의 지원
5. 직장과 가정의 양립
6. 음란물·유흥가·폭력 등 위해환경으로부터의 보호
7. 가정폭력으로부터의 보호
8. 가정친화적 사회분위기의 조성
9. 그 밖에 건강한 가정의 기능을 강화·지원할 수 있는 관련 사항

③ 국가 및 지방자치단체는 임신·출산·수유 및 육아와 관련된 모·부성권 보장을 위한 육아휴직 및 유급휴가시책이 확산되도록 노력하여야 한다. 〈개정 2016. 5. 29.〉

④ 국가 및 지방자치단체는 한부모가족, 노인단독가정, 장애인가정, 미혼모가정, 공동생활가정, 자활공동체 등 사회적 보호를 필요로 하는 가정에 대하여 적극적으로 지원하여야 한다. 〈개정 2007. 10. 17.〉

⑤ 제2항 및 제4항의 규정에 의한 국가 및 지방자치단체의 지원에 관한 세부적 사항은 관계 법률이 정하는 바에 의한다.

제21조의 2(위기가족긴급지원) ① 국가와 지방자치단체는 「재난 및 안전관리 기본법」 제3조 제1호

에 따른 재난 중 대통령령으로 정하는 재난에 의하여 가족의 부양 · 양육 · 보호 · 교육 등 가족기능이 현저하게 저하된 경우 원활한 가족기능을 수행하는 데에 긴급하게 필요한 범위에서 지원(이하 '위기가족긴급지원'이라 한다)을 하여야 한다.

② 위기가족긴급지원의 종류 및 내용은 다음 각 호와 같다.

1. 아이돌봄지원, 가사돌봄지원 등 가족돌봄
2. 가족상담, 집단 프로그램, 자조모임 운영 등 가족의 심리 · 정서지원
3. 법률구조, 의료지원, 복지서비스 등 연계
4. 그 밖에 여성가족부장관이 필요하다고 인정하는 지원

③ 제2항의 지원기간은 1년 이내로 한다. 다만, 제2항 제2호의 심리 · 정서지원의 지원기간은 3년 이내로 하되, 필요한 경우 1년의 범위에서 한 번 연장할 수 있다.

④ 위기가족긴급지원의 절차 및 방법 등에 필요한 사항은 대통령령으로 정한다.

⑤ 「긴급복지지원법」 등 다른 법률에 따른 이 법의 지원내용과 동일한 내용의 지원을 받고 있는 경우에는 이 법에 따른 지원을 하지 아니한다.

[본조 신설 2016. 5. 29.]

제21조의 3(위기가족긴급지원에 관한 정보의 이용) 여성가족부장관 또는 지방자치단체의 장은 위기가족긴급지원을 위하여 필요한 경우 국가 및 지방자치단체, 공공기관에서 확보하고 있는 위기가족긴급지원 관련 성명, 주소, 연락처 등의 정보를 요청할 수 있으며, 수집된 정보를 가공 또는 이용할 수 있다.

[본조 신설 2016. 5. 29.]

제21조의 4(위기가족긴급지원에 대한 비용의 지원) 국가와 지방자치단체는 위기가족긴급지원에 필요한 비용의 전부 또는 일부를 지원할 수 있다.

[본조 신설 2016. 5. 29.]

제22조(자녀양육지원의 강화) ① 국가 및 지방자치단체는 자녀를 양육하는 가정에 대하여 자녀양육으로 인한 부담을 완화하고 아동의 행복추구권을 보장하기 위하여 보육, 방과 후 서비스, 양성이 평등한 육아휴직제 등의 정책을 적극적으로 확대 시행하여야 한다. 〈개정 2011. 9. 15.〉

② 국가 및 지방자치단체는 다양한 가족 형태를 고려하여 아동양육지원사업 시책(아이돌보미 서비스를 포함한다. 이하 같다)을 수립 · 시행하여야 한다. 〈신설 2011. 9. 15.〉

③ 국가 및 지방자치단체는 아동양육지원사업을 예산의 범위에서 지원할 수 있다. 〈신설 2011. 9. 15.〉

④ 국가 및 지방자치단체는 가사노동의 가치에 대한 사회적 인식을 제고하고 이를 관련 법 · 제

도 및 가족정책에 반영하도록 노력하여야 한다. 〈개정 2011. 9. 15.〉

제23조(가족단위 복지증진) ① 국가 및 지방자치단체는 사회보험·공공부조 등 사회보장제도의 운용과 관련하여 보험료의 산정·부과, 급여 등을 운용함에 있어서 가족을 지지하는 시책을 개발·추진하여야 한다.

② 국가 및 지방자치단체는 경제·사회, 교육·문화, 체육, 지역사회개발 등 각 분야의 제도·정책 및 사업을 수립·추진함에 있어 가족을 우대하는 방안을 강구하여야 한다.

제24조(가족의 건강증진) 국가 및 지방자치단체는 영·유아, 아동, 청소년, 중·장년, 노인 등 생애주기에 따르는 가족구성원의 종합적인 건강증진대책을 마련하여야 한다. 〈개정 2011. 9. 15.〉

제25조(가족부양의 지원) ① 국가 및 지방자치단체는 영·유아 혹은 노인 등 부양지원을 요하는 가족구성원이 있는 가정에 대하여 부양부담을 완화하기 위한 시책을 적극적으로 강구하여야 한다.

② 국가 및 지방자치단체는 질환이나 장애로 가족 내 수발을 요하는 가족구성원이 있는 가정을 적극 지원하며, 보호시설을 이용할 수 있도록 전문보호시설을 확대하여야 한다.

③ 국가 및 지방자치단체는 가족구성원 중 장기요양을 필요로 하는 질병이나 사고로 간병을 요할 경우 가족간호를 위한 휴가 등의 시책을 마련하여야 한다.

제26조(민주적이고 양성평등한 가족관계의 증진) ① 국가 및 지방자치단체는 부부 및 세대 간에 가족갈등이 있는 경우 이를 예방·상담하고, 민주적이고 양성평등한 가족관계를 증진시킬 수 있도록 가족지원서비스를 확대하고, 다양한 가족생활교육·부모교육·가족상담·평등가족홍보 등을 추진하여야 한다.

② 국가 및 지방자치단체는 가정폭력이 있는 가정의 경우 가정폭력 피해자와 피해자 가족에 대한 개입에 있어 전문가의 체계적인 개입과 서비스가 이루어지도록 노력하여야 한다.

제27조(가족 단위의 시민적 역할증진) ① 국가 및 지방자치단체는 가족의 결속력과 가족구성원의 발전을 위하여 가족이 시민으로서의 역할을 증진할 수 있는 기회와 서비스를 제공하여야 한다.

② 국가 및 지방자치단체는 가족 단위의 자원봉사 참여가 확대되도록 노력하여야 한다.

제28조(가정생활문화의 발전) ① 국가 및 지방자치단체는 건강가정의 생활문화를 고취하고 그에 대한 지원정책을 수립하여야 한다.

② 국가 및 지방자치단체가 지원하여야 하는 건강가정의 생활문화는 다음 각호의 사항을 포함한다.

1. 가족여가문화
2. 양성평등한 가족문화
3. 가족단위 자원봉사활동

4. 건강한 의식주 생활문화
5. 합리적인 소비문화
6. 지역사회 공동체문화
7. 그 밖에 건강가정의 생활문화와 관련된 사항

제29조(가정의례) ① 개인과 가정은 건전한 가정의례를 확립하도록 노력하여야 한다.
② 국가 및 지방자치단체는 건전한 가정의례를 확립하기 위한 지원정책을 수립하여야 한다.

제30조(가정봉사원) ① 국가 및 지방자치단체는 건강한 가정을 유지하기 위하여 필요한 경우에는 가정을 방문하여 가사 · 육아 · 산후조리 · 간병 등을 돕는 가정봉사원(이하 '가정봉사원'이라 한다)을 지원할 수 있다.
② 가정봉사원은 여성가족부령이 정하는 바에 따라 교육을 받아야 한다. 〈개정 2005. 3. 24., 2008. 2. 29., 2010. 1. 18.〉
③ 국가 및 지방자치단체는 가정봉사원에게 예산의 범위안에서 일정금액을 지급할 수 있다.
④ 가정봉사원의 지원에 관하여 필요한 사항은 여성가족부령으로 정한다. 〈개정 2005. 3. 24., 2008. 2. 29., 2010. 1. 18.〉

제31조(이혼예방 및 이혼가정지원) ① 국가 및 지방자치단체는 이혼하고자 하는 부부가 이혼 전 상담을 받을 수 있게 하는 등 이혼조정을 내실화 할 수 있도록 필요한 조치를 강구하여야 한다.
② 국가 및 지방자치단체는 이혼의 의사가 정해진 가족에 대하여 이들 가족이 자녀양육 · 재산 · 정서 등의 제반문제를 준비할 수 있도록 도움을 주는 지원서비스를 제공하도록 하여야 한다.
③ 국가 및 지방자치단체는 이혼한 가족에 대하여 양육비에 대한 집행력의 실효성을 강화하고 그 적용 대상을 확대하도록 하여야 한다.

제32조(건강가정교육) ① 국가 및 지방자치단체는 건강가정교육을 실시하여야 한다.
② 제1항의 규정에 의한 교육내용에는 다음 각호의 사항이 포함되어야 한다.
1. 결혼준비교육
2. 부모교육
3. 가족윤리교육
4. 가족가치실현 및 가정생활 관련 교육 등

③ 제1항의 규정에 의한 건강가정교육에 관하여 필요한 사항은 여성가족부령으로 정한다. 〈개정 2005. 3. 24., 2008. 2. 29., 2010. 1. 18.〉

제33조(자원봉사활동의 지원) 국가 및 지방자치단체는 건강가정과 관련되는 자원봉사활동사업을 육성하고 장려하여야 한다.

제4장 건강가정전담조직 등

제34조(건강가정사업의 전담수행) 여성가족부 및 지방자치단체는 건강가정사업에 관한 업무를 전담하여 수행할 수 있도록 하여야 한다. 〈개정 2005. 3. 24., 2008. 2. 29., 2010. 1. 18., 2011. 9. 15.〉

제34조의 2(한국건강가정진흥원의 설립 등) ① 다양한 가족의 삶의 질 제고 및 가족역량 강화를 위한 가족정책을 효율적이고 체계적으로 지원하기 위하여 한국건강가정진흥원(이하 '진흥원'이라 한다)을 설립한다.

② 진흥원은 법인으로 한다.

③ 진흥원은 그 주된 사무소의 소재지에서 설립등기를 함으로써 성립한다.

④ 진흥원에는 정관으로 정하는 바에 따라 임원과 필요한 직원을 둔다.

⑤ 진흥원은 다음 각 호의 사업을 한다.

1. 가족상담 및 가족교육 사업
2. 가족친화 사회환경 조성사업
3. 아이돌봄 및 자녀양육지원 사업
4. 「양육비 이행확보 및 지원에 관한 법률」에 따른 양육비 이행 전담기관 운영
5. 다문화가족, 한부모가족, 조손가족 등 취약 가족의 역량강화 지원 사업
6. 다문화가족의 사회통합지원 사업
7. 제35조의 건강가정지원센터, 「다문화가족지원법」 제12조의 다문화가족지원센터 및 「가족친화 사회환경의 조성 촉진에 관한 법률」 제19조의 가족친화지원센터의 사업 관리 및 종사자 교육훈련
8. 가족사업 관련 대내외 교류 및 협력 사업
9. 가족정책 및 사업개발을 위한 조사, 연구
10. 제1호부터 제9호까지의 사업에 부수되는 사업 또는 이와 관련하여 국가기관 등으로부터 위탁받은 사업
11. 그 밖에 진흥원의 목적달성을 위하여 정관으로 정하는 사항

⑥ 정부는 예산의 범위에서 진흥원의 사업과 운영에 필요한 경비를 출연할 수 있다.

⑦ 진흥원은 「기부금품의 모집 및 사용에 관한 법률」에도 불구하고 자발적으로 기탁되는 금품을 사업목적에 부합하는 범위에서 접수할 수 있으며 접수 절차 등에 관한 사항은 진흥원의 장이 별도로 정한다. 〈신설 2016. 3. 2.〉

⑧ 진흥원에 관하여는 이 법에서 규정한 것을 제외하고는 「민법」 중 재단법인에 관한 규정을 준

용한다. 〈개정 2016. 3. 2.〉

[본조 신설 2014. 3. 24.]

第35조(건강가정지원센터의 설치) ① 국가 및 지방자치단체는 가정문제의 예방 · 상담 및 치료, 건강가정의 유지를 위한 프로그램의 개발, 가족문화운동의 전개, 가정관련 정보 및 자료제공 등을 위하여 건강가정지원센터(이하 '센터'라 한다)를 설치 · 운영하여야 한다. 〈개정 2011. 9. 15.〉

② 센터에는 건강가정사업을 수행하기 위하여 관련 분야에 대한 학식과 경험을 가진 전문가(이하 '건강가정사'라 한다)를 두어야 한다.

③ 건강가정사는 대학 또는 이와 동등 이상의 학교에서 사회복지학 · 가정학 · 여성학 등 여성가족부령이 정하는 관련교과목을 이수하고 졸업한 자이어야 한다. 〈개정 2005. 3. 24., 2008. 2. 29., 2010. 1. 18.〉

④ 센터의 조직 · 운영 및 건강가정사의 자격 · 직무에 관하여 필요한 사항은 대통령령으로 정한다.

⑤ 센터의 운영은 여성가족부령이 정하는 바에 의하여 민간에 위탁할 수 있다. 〈개정 2005. 3. 24., 2008. 2. 29., 2010. 1. 18.〉

第35조의 2(유사 명칭의 사용금지) 이 법에 따른 센터가 아닌 자는 건강가정지원센터 또는 이와 유사한 명칭을 사용하지 못한다.

[본조 신설 2011. 9. 15.]

제5장 보칙

第36조(민간단체 등의 지원) 국가 및 지방자치단체는 건강가정사업을 수행하는 단체 또는 개인에 대하여 필요한 비용의 전부 또는 일부를 보조하거나 그 업무수행에 필요한 지원을 할 수 있다.

第37조(과태료) ① 제35조의 2를 위반한 자에게는 300만 원 이하의 과태료를 부과한다.

② 제1항에 따른 과태료는 대통령령으로 정하는 바에 따라 여성가족부장관 또는 지방자치단체의 장이 부과 · 징수한다.

[본조 신설 2011. 9. 15.]

부칙 〈제14440호, 2016. 12. 20.〉

이 법은 공포한 날부터 시행한다.

부록 2

다문화가족지원법

다문화가족지원법

[시행 2016. 9. 3.] [법률 제14061호, 2016. 3. 2., 일부 개정]

제1조(목적) 이 법은 다문화가족 구성원이 안정적인 가족생활을 영위하고 사회구성원으로서의 역할과 책임을 다할 수 있도록 함으로써 이들의 삶의 질 향상과 사회통합에 이바지함을 목적으로 한다. 〈개정 2015. 12. 22.〉

제2조(정의) 이 법에서 사용하는 용어의 뜻은 다음과 같다. 〈개정 2011. 4. 4., 2015. 12. 1.〉

1. '다문화가족'이란 다음 각 목의 어느 하나에 해당하는 가족을 말한다.
   가. 「재한외국인 처우 기본법」 제2조 제3호의 결혼이민자와 「국적법」 제2조부터 제4조까지의 규정에 따라 대한민국 국적을 취득한 자로 이루어진 가족
   나. 「국적법」 제3조 및 제4조에 따라 대한민국 국적을 취득한 자와 같은 법 제2조부터 제4조까지의 규정에 따라 대한민국 국적을 취득한 자로 이루어진 가족
2. '결혼이민자 등'이란 다문화가족의 구성원으로서 다음 각 목의 어느 하나에 해당하는 자를 말한다.
   가. 「재한외국인 처우 기본법」 제2조 제3호의 결혼이민자
   나. 「국적법」 제4조에 따라 귀화허가를 받은 자
3. '아동 · 청소년'이란 24세 이하인 사람을 말한다.

제3조(국가와 지방자치단체의 책무) ① 국가와 지방자치단체는 다문화가족 구성원이 안정적인 가족생활을 영위하고 경제 · 사회 · 문화 등 각 분야에서 사회구성원으로서의 역할과 책임을 다할 수 있도록 필요한 제도와 여건을 조성하고 이를 위한 시책을 수립 · 시행하여야 한다. 〈개정 2015. 12. 22.〉

② 특별시 · 광역시 · 특별자치시 · 도 · 특별자치도 및 시 · 군 · 구(자치구를 말한다. 이하 같다)에는 다문화가족 지원을 담당할 기구와 공무원을 두어야 한다. 〈신설 2012. 2. 1., 2015. 12. 1.〉

③ 국가와 지방자치단체는 이 법에 따른 시책 중 외국인정책 관련 사항에 대하여는 「재한외국인 처우 기본법」 제5조부터 제9조까지의 규정에 따른다. 〈개정 2012. 2. 1.〉

제3조의 2(다문화가족 지원을 위한 기본 계획의 수립) ① 여성가족부장관은 다문화가족 지원을 위하여 5년마다 다문화가족정책에 관한 기본 계획(이하 '기본 계획'이라 한다)을 수립하여야 한다.

② 기본 계획에는 다음 각 호의 사항을 포함하여야 한다. 〈개정 2015. 12. 22.〉

1. 다문화가족 지원 정책의 기본 방향
2. 다문화가족 지원을 위한 분야별 발전시책과 평가에 관한 사항
3. 다문화가족 지원을 위한 제도 개선에 관한 사항

3의 2. 다문화가족 구성원의 경제 · 사회 · 문화 등 각 분야에서 활동 증진에 관한 사항

4. 다문화가족 지원을 위한 재원 확보 및 배분에 관한 사항
5. 그 밖에 다문화가족 지원을 위하여 필요한 사항

③ 여성가족부장관은 기본 계획을 수립할 때에는 미리 관계 중앙 행정기관의 장과 협의하여야 한다.

④ 기본 계획은 제3조의 4에 따른 다문화가족정책위원회의 심의를 거쳐 확정한다. 이 경우 여성가족부장관은 확정된 기본 계획을 관계 중앙행정기관의 장과 특별시장 · 광역시장 · 특별자치시장 · 도지사 · 특별자치도지사(이하 '시 · 도지사'라 한다)에게 알려야 한다. 〈개정 2015. 12. 1.〉

⑤ 여성가족부장관은 기본 계획을 수립하기 위하여 필요하다고 인정하는 경우 관계 기관의 장에게 기본 계획의 수립에 필요한 자료의 제출을 요구할 수 있다.

⑥ 제5항에 따라 자료의 제출을 요구받은 관계 기관의 장은 정당한 사유가 없으면 이에 따라야 한다.

[본조 신설 2011. 4. 4.]

제3조의 3(연도별 시행계획의 수립 · 시행) ① 여성가족부장관, 관계 중앙 행정기관의 장과 시 · 도지사는 매년 기본 계획에 따라 다문화가족정책에 관한 시행계획(이하 '시행계획'이라 한다)을 수립 · 시행하여야 한다.

② 관계 중앙행정기관의 장과 시 · 도지사는 전년도의 시행계획에 따른 추진실적 및 다음 연도의 시행계획을 대통령령으로 정하는 바에 따라 매년 여성가족부장관에게 제출하여야 한다.

③ 시행계획의 수립 · 시행 및 추진실적의 평가 등에 필요한 사항은 대통령령으로 정한다.

[본조 신설 2011. 4. 4.]

제3조의 4(다문화가족정책위원회의 설치) ① 다문화가족의 삶의 질 향상과 사회통합에 관한 중요 사항을 심의 · 조정하기 위하여 국무총리 소속으로 다문화가족정책위원회(이하 '정책위원회'라 한다)를 둔다.

② 정책위원회는 다음 각 호의 사항을 심의 · 조정한다.

1. 제3조의 2에 따른 다문화가족정책에 관한 기본 계획의 수립 및 추진에 관한 사항
2. 제3조의 3에 따른 다문화가족정책의 시행계획의 수립, 추진실적 점검 및 평가에 관한 사항
3. 다문화가족과 관련된 각종 조사, 연구 및 정책의 분석 · 평가에 관한 사항
4. 각종 다문화가족 지원 관련 사업의 조정 및 협력에 관한 사항
5. 다문화가족정책과 관련된 국가 간 협력에 관한 사항
6. 그 밖에 다문화가족의 사회통합에 관한 중요 사항으로 위원장이 필요하다고 인정하는 사항

③ 정책위원회는 위원장 1명을 포함한 20명 이내의 위원으로 구성하고, 위원장은 국무총리가 되며, 위원은 다음 각 호의 사람이 된다.

1. 대통령령으로 정하는 중앙행정기관의 장
2. 다문화가족정책에 관하여 학식과 경험이 풍부한 사람 중에서 위원장이 위촉하는 사람

④ 정책위원회에서 심의 · 조정할 사항을 미리 검토하고 대통령령에 따라 위임된 사항을 다루기 위하여 정책위원회에 실무위원회를 둔다.

⑤ 그 밖에 정책위원회 및 실무위원회의 구성 및 운영 등에 필요한 사항은 대통령령으로 정한다.

[본조 신설 2011. 4. 4.]

제4조(실태조사 등) ① 여성가족부장관은 다문화가족의 현황 및 실태를 파악하고 다문화가족 지원을 위한 정책수립에 활용하기 위하여 3년마다 다문화가족에 대한 실태조사를 실시하고 그 결과를 공표하여야 한다. 〈개정 2010. 1. 18.〉

② 여성가족부장관은 제1항에 따른 실태조사를 위하여 관계 공공기관 또는 관련 법인 · 단체에 대하여 필요한 자료의 제출 등 협조를 요청할 수 있다. 이 경우 자료의 제출 등 협조를 요청받은 관계 공공기관 또는 관련 법인 · 단체 등은 특별한 사유가 없는 한 이에 협조하여야 한다. 〈개정 2010. 1. 18.〉

③ 여성가족부장관은 제1항에 따른 실태조사를 실시함에 있어서 외국인정책 관련 사항에 대하여는 법무부장관과, 다문화가족 구성원인 아동 · 청소년의 교육에 관한 사항에 대하여는 교육부장관과 협의를 거쳐 실시한다. 〈개정 2010. 1. 18., 2011. 4. 4., 2013. 3. 23., 2015. 12. 1.〉

④ 제1항에 따른 실태조사의 대상 및 방법 등에 필요한 사항은 여성가족부령으로 정한다. 〈개정

2010. 1. 18.〉

제5조(다문화가족에 대한 이해증진) ① 국가와 지방자치단체는 다문화가족에 대한 사회적 차별 및 편견을 예방하고 사회구성원이 문화적 다양성을 인정하고 존중할 수 있도록 다문화 이해교육을 실시하고 홍보 등 필요한 조치를 하여야 한다. 〈개정 2011. 4. 4., 2013. 3. 22.〉

② 여성가족부장관은 제1항에 따른 조치를 함에 있어 홍보영상을 제작하여 「방송법」 제2조 제3호에 따른 방송사업자에게 배포하여야 한다. 〈신설 2015. 12. 1.〉

③ 여성가족부장관은 「방송법」 제2조 제3호 가목의 지상파방송사업자(이하 이 조에서 '지상파방송사업자'라 한다)에게 같은 법 제73조 제4항에 따라 대통령령으로 정하는 비상업적 공익광고 편성비율의 범위에서 제2항의 홍보영상을 채널별로 송출하도록 요청할 수 있다. 〈신설 2015. 12. 1.〉

④ 지상파방송사업자는 제2항의 홍보영상 외에 독자적으로 홍보영상을 제작하여 송출할 수 있다. 이 경우 여성가족부장관에게 필요한 협조 및 지원을 요청할 수 있다. 〈신설 2015. 12. 1.〉

⑤ 교육부장관과 특별시 · 광역시 · 특별자치시 · 도 · 특별자치도의 교육감은 「유아교육법」 제2조, 「초 · 중등교육법」 제2조 또는 「고등교육법」 제2조에 따른 학교에서 다문화가족에 대한 이해를 돕는 교육을 실시하기 위한 시책을 수립 · 시행하여야 한다. 〈신설 2011. 4. 4., 2013. 3. 23., 2015. 12. 1.〉

제6조(생활정보 제공 및 교육 지원) ① 국가와 지방자치단체는 결혼이민자 등이 대한민국에서 생활하는 데 필요한 기본적 정보(아동 · 청소년에 대한 학습 및 생활지도 관련 정보를 포함한다)를 제공하고, 사회적응교육과 직업교육 · 훈련 및 언어소통 능력 향상을 위한 한국어교육 등을 받을 수 있도록 필요한 지원을 할 수 있다. 〈개정 2011. 4. 4., 2016. 3. 2.〉

② 국가와 지방자치단체는 제1항에 따른 교육을 실시함에 있어 거주지 및 가정환경 등으로 인하여 서비스에서 소외되는 결혼이민자 등이 없도록 방문교육이나 원격교육 등 다양한 방법으로 교육을 지원하고, 교재와 강사 등의 전문성을 강화하기 위한 시책을 수립 · 시행하여야 한다. 〈신설 2011. 4. 4.〉

③ 국가와 지방자치단체는 제2항의 방문교육의 비용을 결혼이민자 등의 가구 소득수준, 교육의 종류 등 여성가족부장관이 정하여 고시하는 기준에 따라 차등지원할 수 있다. 〈신설 2015. 12. 1.〉

④ 국가와 지방자치단체가 제3항에 따른 비용을 지원함에 있어 비용 지원의 신청, 금융정보 등의 제공, 조사 · 질문 등은 「아이돌봄 지원법」 제22조부터 제25조까지의 규정을 준용한다. 〈신설 2015. 12. 1.〉

⑤ 결혼이민자 등의 배우자 등 다문화가족 구성원은 결혼이민자 등이 한국어교육 등 사회적응에 필요한 다양한 교육을 받을 수 있도록 노력하여야 한다. 〈신설 2015. 12. 1.〉

⑥ 그 밖에 제1항에 따른 정보제공 및 교육에 필요한 사항은 대통령령으로 정한다. 〈개정 2011. 4. 4., 2015. 12. 1.〉

제7조(평등한 가족관계의 유지를 위한 조치) 국가와 지방자치단체는 다문화가족이 민주적이고 양성평등한 가족관계를 누릴 수 있도록 가족상담, 부부교육, 부모교육, 가족생활교육 등을 추진하여야 한다. 이 경우 문화의 차이 등을 고려한 전문적인 서비스가 제공될 수 있도록 노력하여야 한다.

제8조(가정폭력 피해자에 대한 보호 · 지원) ① 국가와 지방자치단체는 「가정폭력방지 및 피해자보호 등에 관한 법률」에 따라 다문화가족 내 가정폭력을 예방하기 위하여 노력하여야 한다. 〈개정 2011. 4. 4.〉

② 국가와 지방자치단체는 가정폭력으로 피해를 입은 결혼이민자 등을 보호 · 지원할 수 있다. 〈신설 2011. 4. 4.〉

③ 국가와 지방자치단체는 가정폭력의 피해를 입은 결혼이민자 등에 대한 보호 및 지원을 위하여 외국어 통역 서비스를 갖춘 가정폭력 상담소 및 보호시설의 설치를 확대하도록 노력하여야 한다. 〈개정 2011. 4. 4.〉

④ 국가와 지방자치단체는 결혼이민자 등이 가정폭력으로 혼인관계를 종료하는 경우 의사소통의 어려움과 법률체계 등에 관한 정보의 부족 등으로 불리한 입장에 놓이지 아니하도록 의견진술 및 사실확인 등에 있어서 언어통역, 법률상담 및 행정지원 등 필요한 서비스를 제공할 수 있다. 〈개정 2011. 4. 4.〉

제9조(의료 및 건강관리를 위한 지원) ① 국가와 지방자치단체는 결혼이민자 등이 건강하게 생활할 수 있도록 영양 · 건강에 대한 교육, 산전 · 산후 도우미 파견, 건강검진 등의 의료서비스를 지원할 수 있다. 〈개정 2011. 4. 4.〉

② 국가와 지방자치단체는 결혼이민자 등이 제1항에 따른 의료서비스를 제공받을 경우 외국어 통역 서비스를 제공할 수 있다. 〈신설 2011. 4. 4.〉

[제목 개정 2011. 4. 4.]

제10조(아동 · 청소년 보육 · 교육) ① 국가와 지방자치단체는 아동 · 청소년 보육 · 교육을 실시함에 있어서 다문화가족 구성원인 아동 · 청소년을 차별하여서는 아니 된다. 〈개정 2015. 12. 1.〉

② 국가와 지방자치단체는 다문화가족 구성원인 아동 · 청소년이 학교생활에 신속히 적응할 수 있도록 교육지원대책을 마련하여야 하고, 특별시 · 광역시 · 특별자치시 · 도 · 특별자치도의

교육감은 다문화가족 구성원인 아동 · 청소년에 대하여 학과 외 또는 방과 후 교육 프로그램 등을 지원할 수 있다. 〈개정 2015. 12. 1.〉

③ 국가와 지방자치단체는 다문화가족 구성원인 18세 미만인 사람의 초등학교 취학 전 보육 및 교육 지원을 위하여 노력하고, 그 구성원의 언어 발달을 위하여 한국어 및 결혼이민자 등인 부 또는 모의 모국어 교육을 위한 교재지원 및 학습지원 등 언어능력 제고를 위하여 필요한 지원을 할 수 있다. 〈개정 2013. 3. 22., 2015. 12. 1.〉

④ 「영유아보육법」 제10조에 따른 어린이집의 원장, 「유아교육법」 제7조에 따른 유치원의 장, 「초 · 중등교육법」 제2조에 따른 각급 학교의 장, 그 밖에 대통령령으로 정하는 기관의 장은 아동 · 청소년 보육 · 교육을 실시함에 있어 다문화가족 구성원인 아동 · 청소년이 차별을 받지 아니하도록 필요한 조치를 하여야 한다. 〈신설 2015. 12. 1.〉

[제목 개정 2015. 12. 1.]

제11조(다국어에 의한 서비스 제공) 국가와 지방자치단체는 제5조부터 제10조까지의 규정에 따른 지원정책을 추진함에 있어서 결혼이민자 등의 의사소통의 어려움을 해소하고 서비스 접근성을 제고하기 위하여 다국어에 의한 서비스 제공이 이루어지도록 노력하여야 한다.

제11조의 2(다문화가족 종합정보 전화센터의 설치 · 운영 등) ① 여성가족부장관은 다국어에 의한 상담 · 통역 서비스 등을 결혼이민자 등에게 제공하기 위하여 다문화가족 종합정보 전화센터(이하 '전화센터'라 한다)를 설치 · 운영할 수 있다. 이 경우 「가정폭력방지 및 피해자보호 등에 관한 법률」 제4조의 6 제1항 후단에 따른 외국어 서비스를 제공하는 긴급전화센터와 통합하여 운영할 수 있다.

② 여성가족부장관은 전화센터의 설치 · 운영을 대통령령으로 정하는 기관 또는 단체에 위탁할 수 있다.

③ 여성가족부장관은 전화센터의 설치 · 운영을 위탁할 경우 예산의 범위에서 그에 필요한 비용의 전부 또는 일부를 지원할 수 있다.

④ 전화센터의 설치 · 운영에 필요한 사항은 여성가족부령으로 정한다.

[본조 신설 2013. 8. 13.]

제12조(다문화가족지원센터의 설치 · 운영 등) ① 국가와 지방자치단체는 다문화가족지원센터(이하 '지원센터'라 한다)를 설치 · 운영할 수 있다.

② 국가 또는 지방자치단체는 지원센터의 설치 · 운영을 대통령령으로 정하는 법인이나 단체에 위탁할 수 있다.

③ 국가 또는 지방자치단체 아닌 자가 지원센터를 설치 · 운영하고자 할 때에는 미리 시 · 도지사

또는 시장 · 군수 · 구청장(자치구의 구청장을 말한다. 이하 같다)의 지정을 받아야 한다.

④ 지원센터는 다음 각 호의 업무를 수행한다.

1. 다문화가족을 위한 교육 · 상담 등 지원사업의 실시
2. 결혼이민자 등에 대한 한국어교육
3. 다문화가족 지원서비스 정보제공 및 홍보
4. 다문화가족 지원 관련 기관 · 단체와의 서비스 연계
5. 일자리에 관한 정보제공 및 일자리의 알선
6. 다문화가족을 위한 통역 · 번역 지원사업
7. 그 밖에 다문화가족 지원을 위하여 필요한 사업

⑤ 지원센터에는 다문화가족에 대한 교육 · 상담 등의 업무를 수행하기 위하여 관련 분야에 대한 학식과 경험을 가진 전문인력을 두어야 한다.

⑥ 국가와 지방자치단체는 제3항에 따라 지정한 지원센터에 대하여 예산의 범위에서 제4항 각 호의 업무를 수행하는 데에 필요한 비용 및 지원센터의 운영에 드는 비용의 전부 또는 일부를 보조할 수 있다. 〈개정 2016. 3. 2.〉

⑦ 제1항, 제2항 및 제3항에 따른 지원센터의 설치 · 운영 기준, 위탁 · 지정 기간 및 절차 등에 필요한 사항은 대통령령으로 정하고, 제5항에 따른 전문인력의 기준 등에 필요한 사항은 여성가족부령으로 정한다.

[전문 개정 2012. 2. 1.]

제12조의 2(보수교육의 실시) ① 여성가족부장관 또는 시 · 도지사는 지원센터에 두는 전문인력의 자질과 능력을 향상시키기 위하여 보수교육을 실시하여야 한다.

② 제1항에 따른 보수교육의 내용 · 기간 및 방법 등은 여성가족부령으로 정한다.

[본조 신설 2012. 2. 1.]

제12조의 3(유사명칭 사용 금지) 이 법에 따른 지원센터가 아니면 다문화가족지원센터 또는 이와 유사한 명칭을 사용하지 못한다.

[본조 신설 2013. 8. 13.]

제13조(다문화가족 지원업무 관련 공무원의 교육) 국가와 지방자치단체는 다문화가족 지원 관련 업무에 종사하는 공무원의 다문화가족에 대한 이해증진과 전문성 향상을 위하여 교육을 실시할 수 있다.

제13조의 2(다문화가족지원사업 전문인력 양성) ① 국가 또는 지방자치단체는 다문화가족지원 및 다문화 이해교육 등의 사업 추진에 필요한 전문인력을 양성하는 데 노력하여야 한다.

② 여성가족부장관은 제1항에 따른 전문인력을 양성하기 위하여 대통령령으로 정하는 바에 따라 대학이나 연구소 등 적절한 인력과 시설 등을 갖춘 기관이나 단체를 전문인력 양성기관으로 지정하여 관리할 수 있다.

③ 국가 또는 지방자치단체는 제2항에 따라 지정된 전문인력 양성기관에 대하여 예산의 범위에서 필요한 경비의 전부 또는 일부를 지원할 수 있다.

④ 제2항에 따른 전문인력 양성기관의 지정 기준 및 절차 등은 대통령령으로 정한다.

[본조 신설 2012. 2. 1.]

제14조(사실혼 배우자 및 자녀의 처우) 제5조부터 제12조까지의 규정은 대한민국 국민과 사실혼 관계에서 출생한 자녀를 양육하고 있는 다문화가족 구성원에 대하여 준용한다.

제14조의 2(다문화가족 자녀에 대한 적용 특례) 다문화가족이 이혼 등의 사유로 해체된 경우에도 그 구성원이었던 자녀에 대하여는 이 법을 적용한다.

[본조 신설 2013. 8. 13.]

제15조(권한의 위임과 위탁) ① 여성가족부장관은 이 법에 따른 권한의 일부를 대통령령으로 정하는 바에 따라 시 · 도지사 또는 시장 · 군수 · 구청장에게 위임할 수 있다. 〈개정 2010. 1. 18., 2011. 4. 4., 2012. 2. 1.〉

② 국가와 지방자치단체는 이 법에 따른 업무의 일부를 대통령령으로 정하는 바에 따라 비영리법인이나 단체에 위탁할 수 있다.

제15조의 2(정보 제공의 요청) ① 여성가족부장관 또는 지방자치단체의 장은 이 법의 시행을 위하여 필요한 경우에는 법무부장관에게 다음 각 호의 정보 중 결혼이민자 등의 현황 파악을 위한 정보로서 대통령령으로 정하는 정보의 제공을 요청할 수 있다. 이 경우 지방자치단체의 장은 해당 관할구역의 결혼이민자 등에 관한 정보에 한정하여 요청할 수 있다.

1. 「재한외국인 처우 기본법」 제2조 제3호에 따른 결혼이민자의 외국인 등록 정보
2. 「국적법」 제6조 제2항에 따라 귀화 허가를 받은 사람의 귀화 허가 신청 정보

② 제1항에 따라 정보의 제공을 요청받은 법무부장관은 정당한 사유가 없으면 이에 따라야 한다.

③ 제1항에 따라 정보를 제공받은 여성가족부장관 또는 지방자치단체의 장은 제공받은 정보를 제12조 제1항 · 제3항에 따른 지원센터에 제공할 수 있다.

[본조 신설 2012. 2. 1.]

제16조(민간단체 등의 지원) ① 국가와 지방자치단체는 다문화가족 지원 사업을 수행하는 단체나 개인에 대하여 필요한 비용의 전부 또는 일부를 보조하거나 그 업무수행에 필요한 행정적 지원을 할 수 있다.

② 국가와 지방자치단체는 결혼이민자 등이 상부상조하기 위한 단체의 구성 · 운영 등을 지원할 수 있다.

제17조(과태료) ① 제12조의 3을 위반한 자에게는 300만 원 이하의 과태료를 부과한다.

② 제1항에 따른 과태료는 대통령령으로 정하는 바에 따라 여성가족부장관 또는 지방자치단체의 장이 부과 · 징수한다.

[본조 신설 2013. 8. 13.]

부칙 〈제14061호, 2016. 3. 2.〉

이 법은 공포 후 6개월이 경과한 날부터 시행한다.

부록 3

건강가정지원센터의 우수 프로그램 사례

건강가정지원센터의 우수 프로그램 사례*

사례 1

1. 사업 명: 행복수업 '행복을 부르는 가족 대화'– 경기도 화성시건강가정지원센터

2. 사업 기간: 2016년 3월~2016년 12월

3. 문제 및 욕구, 필요성

• 행복한 부모–자녀관 형성에 있어 핵심은 '대화'(communication)'

최근 연세대학교 사회발전연구팀이 발표한 「2016년 제8차 어린이 · 청소년 행복지수 국제비교 연구」 보고서에 따르면 OECD 회원국 중 한국 어린이와 청소년이 가장 스스로 행복하지 않다고 생각하는 것으로 보고하고 있다. 이에 따른 원인을 단 한 가지로 정의하기는 어려우나, 대다수의 성인과 어린이들이 행복하다고 느끼는 주관적 인식에 '화목한 가족관계'가 가장 많은 영향력을 미치고 있는 것으로 나타나고 있다. 따라서 건강한 가족관계를 형성하는 것이 어린이와 청소년의 주관적 행복감을 높이는 데 매우 중요한 변수라 여긴다. 이를 위한 방법으로 부모와 자녀가 서로를 존중하고, 자신을 표현할 수 있는 '대화기술(communication skill)' 습득이며, 이러한 교육을 통해 부모와 자녀 모두 성장할 수 있는 힘을 기를 수 있다.

* 한국건강가정진흥원(2016)의 건강가정사업 우수 프로그램 자료집과 통합지원 사례 우수 프로그램 자료집에서 일부 발췌하였다.

4. 사업 목적 및 목표

1) 사업 목적

초등학생과 학부모를 대상으로 진정한 행복이 무엇인지 인식하고 행복의 조건 중 가족 및 친구와의 관계 맺기의 중요성에 대해 이해한다. 또한 이를 위한 올바른 대화 기술을 습득하여 건강한 일상생활을 할 수 있도록 돕는다.

2) 사업 목표

산출 목표	목표에 대한 평가방법		
	산출지표	자료수집 방법	자료수집 시기
49회기 프로그램 제공	교육 프로그램 진행 횟수	과정 일지	프로그램 종료 후
초등기 학생 및 학부모 1,900명 이상 참여	프로그램 참여율	출석부	프로그램 종료 후
프로그램 만족도 4.2점 이상	프로그램 전반 평가 4.2점 이상	만족도 조사	프로그램 종료 후

성과 목표	성과지표	자료수집 방법	자료수집 시기
가족관계에서 오는 행복에 대한 중요성 인식 및 대화 방법을 습득하고, 올바른 대화를 실천하겠다는 다짐	'다짐서' 작성률 80%	다짐서	프로그램 종료 후

5. 기대 효과

- 초등기부터 행복에 대해 스스로에게 질문을 통한 개념 정립을 돕는다.
- 행복의 요소 중 하나인 원만한 관계 맺기 및 그의 다른 대화기술 향상을 통한 건강한 부모-자녀관계를 증진한다.

6. 사업 대상

화성시 관내 초등학생 및 학부모

(총 회기 수: 49회기, 연 인원 수: 1,900명)

7. 사업 성과

우리나라 국민들의 행복지수가 OECD에 가입한 34개 나라 가운데 32위로 최하위권에 속하며, 행복지수는 100점 만점에 59점으로 143개 국가 중 118위에 머무른 것으로 나타났다. 한국 사회에 잘 살고 있으나 실질적으로 체감하는 국민의 행복지수는 매우 낮고, 따라서 몇 년간 사회적 이슈로 언론 등에서 발표하고 있나. 이러한 점들을 반영하여 '행복을 부르는 가족대화'를 개발하고 보급함으로써 화성시 학령기 아동들에게 좀 더 행복감을 느낄 수 있는 데 일조하였다.

그러기 위해 '행복을 부르는 가족대화'는 사업 개발부터 보급, 홍보까지 주도적으로 진행하였고, 또한 수원대학교 아동가족상담센터와 화성오산교육청, 화성시 관내 초등학교와 협력하여 유능한 인적 자원 및 지역적 네트워크를 활용하여 진행하였다.

사례 2

1. **사업 명:** 양육친화적 사회환경 조성을 위한 가족돌봄지원사업– 서울시 관악구 건강가정 · 다문화가족지원센터

'관악 한마음 가족품앗이'

2. **사업 기간:** 2016년 1월 1일 ~ 2016년 12월 31일 (연중사업)

3. 문제 및 욕구, 필요성

전통적 돌봄 지지 체계의 약호화로 개별 가정의 돌봄 부담이 증가하였고, 세분화된 돌봄 서비스와 가정 내 육아전담자에 대한 정서적 지원은 날이 갈수록 요구되고 있으나 공적 서비스 제공만으로는 한계가 있는 것이 현실이다.

그러나 아동은 부모 외에도 지역사회와 유기적으로 관계하며 성장하는 존재이기 때문에 아동의 건전한 성장과 발달을 위해서는 기존의 보호와 교육중심의 보육서비스에서 아동을 둘러싼 지역사회의 특성에 맞는 포괄적인 서비스가 필요하다.

이에 본 센터에서는 아버지 및 맞벌이 가정 등을 대상으로 홍보 및 다양한 프로그램을 진행하고

자 하는데 그중 품앗이 리더 및 회원의 활동을 통해 아동의 발달적 욕구와 지역사회의 욕구를 충족시키고 지역 내 이웃 간의 네트워크를 형성하고 이를 강화하여 지역사회 통합에 기여하고자 한다.

4. 사업 목적 및 목표

1) 사업 목적

- 가족품앗이 활동을 진행함으로써 양육친화적 사회환경 조성을 통해 핵가족화로 인한 가족돌봄 기능을 보완한다.
- 맞벌이, 한부모 등 돌봄 공백이 우려되는 가족을 위한 네트워크를 형성하여 자녀돌봄의 사각지대를 해소한다.

2) 사업 목표

- 양육 친화적 사회환경 조성을 통해 핵가족화로 인한 가족돌봄 기능을 보완하고 이웃 간 돌봄 품앗이 연계를 지원한다.
- 품앗이 회원의 역량강화 및 네트워크 형성을 위한 그룹활동을 지원할 수 있다.

5. 기대 효과

- 가족품앗이 활동을 통한 개별 가족의 역량을 강화하고 자녀돌봄의 사각지대를 해소한다.
- 지역 내 개별가족 가족원들의 자체적인 역량의 재발견 및 커뮤니티 활동을 통한 유능감을 고취시킨다.
- 가족품앗이 활동으로 인해 자녀들의 사교육비 절감 효과를 기대할 수 있다.
- 지역사회 내 다양한 형태 가족의 통합을 기대할 수 있다.

6. 사업 대상: 관악구 거주 가족 중 최소 2가정 이상으로 구성된 그룹

7. 사업 성과

1) 부모와 자녀로 구성된 가족 품앗이를 운영하여 양육친화적 사회 환경을 조성할 수 있었고 품앗이 회원의 활동으로 이용자의 자발성으로 이루어지는 사업으로 품앗이 회원의 역량강화 및 네트워크 형성을 위한 그룹활동을 지원할 수 있었다.

2) 돌봄 공백뿐만 아니라 부모의 역량강화에 기여

평소 그룹 활동 시에는 기존 품앗이 그룹 내에서만 활동하다가 회의, 프로그램 등을 계기로 센터

내 어떤 품앗이가 있는지 서로에 대해 알게 되고, 새로운 자원을 획득하고 인맥을 만드는 장이 되었다.

3) 다양한 가족 형태의 품앗이 운영

현재 본 센터 내에서는 다양한 가족 형태의 품앗이가 진행 중에 있고, 다문화 품앗이가 1그룹 운영되고 있으며, 아빠-자녀 품앗이 및 맞벌이가 운영되고 있다. 특히, 다문화가족 품앗이는 8명으로 모두 베트남에서 온 결혼이주여성으로 구성되어 있다. 한국에서 비교적 오래 살고 한국 생활에 잘 적응한 결혼이민자와 한국에 얼마 살지 않아 문화, 언어 등 한국 생활에 익숙하지 않은 결혼이민자들이 한국 문화와 고부관계에 대한 이야기도 나누며 정시지원을 하고, 아이를 함께 양육하며 시간을 공유하는 품앗이가 꾸준히 진행 중에 있다.

4) 지역을 뛰어넘어 타 지역과의 통합 활동으로 품앗이 활동영역 확장

매월 진행하는 월례회의에 관악구 내 가족품앗이 회원만 참여하는 것이 아니라, 다른 지역의 우수 품앗이 리더를 섭외하여 다른 지역의 품앗이 활동 현황에 대해서도 들어보고 서로 품앗이 리더를 섭외하여 다른 지역의 품앗이 활동 현황에 대해서도 들어보고 서로 품앗이 활동, 공동육아에 대한 정보를 공유하는 나눔의 장을 만들어 품앗이 활동영역을 확장하고 네트워크가 확대될 수 있도록 하였다.

사례 3

1. **사업 명:** 찾아가는 교육 '직장도 좋아! 가정도 좋아!'(구미시 건강가정지원센터)

2. **사업 기간:** 2016년 3월~2016년 12월

3. 문제 및 욕구, 필요성

구미시건강가정지원센터에서는 2010년부터 기업으로 찾아가는 아버지 교육 등을 지속적으로 시행하고 있다. 교육에 참여한 가족들을 대상으로 한 설문조사에서 교육참여가 어려운 이유가 가장 큰 것은 시간적 여유가 없다는 답변이 가장 많았고 교육의 필요성에는 매우 필요하다고 한 답변이 가장 높았던 반면 꼭 참여하겠다는 비율은 매우 낮았다.

필요성에 공감을 하지만 나의 문제로 인식하고 있지는 않으며 스스로 참여하기 위해 자발적 노력을 할 만큼 1순위의 선택사항은 아니지만 기회가 된다면 참여 의사는 있다는 것으로 유추할 수

있다.

따라서 맞벌이 가족들이 소극적 참여 의지로도 참여가가 가능한 직장 및 가정으로 찾아가는 교육으로 그 욕구를 충족할 수 있으며 현재적 상황에서 1순위의 필요성은 아니지만 교육과 가족이 함께하는 프로그램에 참여하는 횟수가 증가하고 효과성을 인식하게 된다면 일과 가정의 행복한 양립을 위한 교육의 필요성에 공감하게 될 것이다. 교육 종료 후에도 맛보기식 참여가 아니라 맞벌이 가족들을 위한 종합적인 정보 제공과 다양한 가족지원서비스를 파악하고 가족들이 함께 여가생활도 즐길 수 있는 통합적인 가족축제를 통해 건강가정지원사업에 지속적 참여의 기회를 제공하고자 한다.

4. 사업 목적 및 목표

1) 사업 목적

- 워킹맘과 워킹대디의 교육 · 문화 참여 확대 및 일 가정 양립 문화 조성
- 가족–지역–기업이 함께하는 가족친화 문화 확산에 기여한다.
- 맞벌이 가정의 교육 참여권 확대

2) 사업 목표

- 가정 내 일과 가정이 양립할 수 있도록 민주적인 가정생활을 위한 개인의 역량강화
- 가족이 함께하는 프로그램을 통해 가족 친밀감 향상
- 일과 가정을 양립할 수 있는 가정 내 민주적 역할 분담 및 아버지의 가정 생활 참여 촉진
- 아빠–자녀 놀이 활동을 통해 자녀양육에 대한 실제적 적응능력 향상 및 건전한 놀이문화 확산
- 워킹맘 워킹대디들의 가족교육의 효과성 경험을 통한 필요성 인식
- 기업 내 건강가정지원사업의 효과성 및 필요성 인식의 계기

5. 기대 효과

- 직장 및 거주지 인근으로 찾아가는 교육을 실시하여 근로자와 기업주 모두 일 · 가정 양립의 중요성 인식
- 근로자들이 직장생활과 가정생활을 원활하게 할 수 있는 역량강화
- 자녀 또는 배우자와의 원활한 의사소통을 위한 교육을 집중적으로 진행함으로써 갈등상황 감소 및 갈등예방
- 찾아가는 교육과 돌봄 프로그램 참여로 지역사회 네트워크가 약한 맞벌이 가정에게 유사한 생

활의 문제를 고민하고 의논할 수 있는 이웃 형성
- 효과적인 스트레스 해소 및 갈등예방 방법의 습득으로 가족관계 향상
- 아빠의 돌봄 및 육아 참여 확대로 맞벌이가정의 일과 가정 사이 균형 유지
- 남성의 돌봄 및 육아 참여 증진으로 인해 여성의 가사노동의 부담 감소
- 워킹맘 워킹대디가 지역의 건강가정지원서비스의 다양한 정보 습득으로 일 · 가정 양립의 부담감을 경감

6. 사업 대상

- 구미시민 중 가족교육 및 문화 프로그램의 접근성이 낮은 맞벌이가정
  (기업, 기관 및 지역사회의 워킹맘 워킹대디 소속 단체 우선)

7. 사업 내용

기관명: LG디스플레이

회기	구분	일시	내용	참여 인원	만족도
1회기	교육	2016. 04. 27.	• 워킹맘 워킹대디 '부부마음의 대화' –부부와 인간관계 –부부관계 훈련 –대화기법 훈련 –지혜롭게 하는 부부싸움	22	4.37
2회기		2016. 05. 25.	• 워킹맘 워킹대디를 위한 '부모면허증' –부모가 되기 위한 준비 –부부대화소통 –태아교육 –자녀양육방법	33	4.72
3회기	돌봄	2016. 06. 22.	• 가족요리교실 –폭탄주먹밥, 샌드위치	52	4.82
			합계	107	4.64

8. 평가 및 결과

1) 양적 평가

- 10월 현재 LG디스플레이에서는 교육 프로그램 2회기, 문화 프로그램 1회기로 총 3회기를 진행하여 107명 참여 만족도는 평균 4.64의 만족도를 나타내었다.
- LG실트론은 교육 프로그램 5회기, 돌봄 프로그램 6회기를 진행하여 총 268명이 참여하여 평균 만족도 4.80의 높은 결과를 나타내었다. LG실트론의 경우 어린 자녀들을 둔 젊은 부부들이 많았으며 교육도 중요했으나 아이들 양육에 아버지 참여를 유도하기 위한 놀이, 문화 프로그램을 우선 지원하였고 10월 이후 교육 프로그램이 진행될 예정에 있다.
- 그 외 효구미실버힐, 민간 어린이집에서는 가족관계를 증진하는 교육이 진행되었으며 110명 참석에 만족도는 4.62이었다.
- 워킹맘 워킹대디들의 주거지로 찾아간 남통동 E편한세상 작은 도서관에서는 생애주기별교육이 2회기 진행되어 33명 참석 4.88의 높은 만족도를 나타내었다.

2) 질적 평가

- 찾아가는 교육의 접근성을 높이기 위한 다양한 시도가 일부 기업이기는 하나 모델링을 하는 기회가 되었다.
- 기업문화의 특성상 외부에서 지원하는 교육이 업무능력을 직접 지원하는 기능적 교육 외에는 매우 폐쇄적이나 일단 교육이 시작한 기업에서는 만족도가 매우 높아서 장기적으로는 파급효과 및 홍보효과가 있을 것으로 보인다.
- 교육과 돌봄 프로그램을 연계한 후 온가족 놀이축제를 통해 참여를 확대시킴으로써 향후 건강가정지원사업에 지속 참여와 교육 연계가 가능하고 건전한 가족여가 프로그램에 대해 인식 개선의 기회가 되었다.

부록 4

센터 사업 관련 서식

「20○○년도 건강가정지원센터 운영」 사업계획서

1. 사업 개요

센터 명	
주소	
센터 운영방법	□ 직영 □ 위탁
종사자 수	
작성자	(성명) (연락처)

2. 보조금 사용계획

(단위: 천 원)

사업 내용			사업비			
구분		산출 근거	계	국고	지방비	자부담
총계						
인건비						
운영비						
사업비						

3. 사업 계획

(시 · 군 · 구 건강가정지원센터의 경우)

(단위: 명)

구분	사업 명 (또는 프로그램 명)	사업량	시기	참여 예상 인원(연)
		시간		
가족돌봄 나눔사업				
가족교육 사업				
가족상담 사업				
가족문화 사업				
지역사회 연계사업				
기타				

(시 · 도 건강가정지원센터의 경우)

(단위: 명)

구분	사업 명 (또는 프로그램 명)	사업량 시간	시기	참여 예상 인원(연)
인적 자원 역량강화 (교육지원)				
특성화 사업 및 정책지원 (사업지원)				
네트워크 활성화 (연계)				
홍보지원				
기타 (시 · 군 · 구 사업)				

※ 시 · 도 및 시 · 군 · 구 건강가정지원센터 사업을 모두 수행하는 경우 표(구분)의 사업 내용을 실정에 맞게 수정

4. 사업 효과

○

○

○

5. 기타 참고사항(문제점, 대책, 건의사항 등)

○

○

○

「20○○년도 건강가정지원센터 운영」 사업실적 보고

1. 사업 개요

센터 명	○○건강가정지원센터		
사업 명	건강가정지원센터 운영		
사업기간			
사업비	총 천 원	국비	천 원(%)
		시 · 도비	천 원(%)
		시 · 군 · 구비	천 원(%)
		기타	천 원(%)
사업 목적			
사업 내용			
사업 추진방법			
사업 실적			
사업 성과			

2. 사업 운영 현황(총괄)

가. 수행사업 및 지역주민 참여 인원

구분	총계	가족교육	가족상담		가족문화	가족돌봄	다양한 가족통합 서비스	지역사회 연계
			프로그램	일반상담				
사업 수	건							
회기 수	회기							
참여 인원	명							
만족도	점							

나. 센터 홍보 : 건

구분	홍보 방법	추진실적 · 방법
1		
2		

3. 사업별 운영실적

가. 가족돌봄지원서비스

1) 목적

2) 사업 내용

구분	프로그램 명	내용	계획	실적	만족도	비고
1						
2						
합계	회기		명	명	점	

※ 비고 : 사업계획과 추진실적의 차이가 있을 경우에는 그 부진사유 등 기재

3) 사업 운영 성과

나. 가족교육사업

1) 목적

2) 사업 내용

구분	프로그램 명	내용	계획	실적	만족도	비고
1						
2						
합계	회기		명	명	점	

※ 비고 : 사업계획과 추진실적의 차이가 있을 경우에는 그 부진사유 등 기재

3) 사업 운영 성과

다. 가족상담사업

1) 목적

2) 프로그램 사업 내용(일반상담 제외)

구분	프로그램 명	내용	계획	실적	만족도	비고
1						
2						
합계	회기		명	명	점	

※ 비고 : 사업계획과 추진실적의 차이가 있을 경우에는 그 부진사유 등 기재

3) 일반상담 분석

□ 전체 상담 이용자 수 : 명

□ 상담 구분

(단위: 명)

구분	개인				가족			전체			
	남	여	일시성	소계	남	여	소계	남	여	일시성	합계
인원 수											

※ 가족통합지원시스템 내 건강가정센터 사업통계 〉 통계 〉 상담 상담구분 및 유형 〉 상담 구분 tab 확인 가능

□상담 유형

(단위: 명)

구분	이혼 전	이혼 후	해당 없음	합계
인원 수				

※ 가족통합지원시스템 내 건강가정센터 사업통계 〉 통계 〉 상담 상담구분 및 유형 〉 상담 유형 tab 확인 가능

□상담 형태

(단위: 건/회기/명)

구분	센터 내방 면접	전화상담	사이버 상담	방문면접	심리검사	기 타	합계
상담 건수							
회기 수							
참여 인원							

※ 가족통합지원시스템 내 건강가정센터 사업통계 〉 통계 〉 상담 유형, 내용, 대상별 현황 〉 상담 구분 tab 확인 가능

□상담 대상

(단위: 건/회기/명)

구분	개인상담	부부상담	부모-자녀상담	그 외 가족상담	합계
상담 건수					
회기 수					
참여 인원					

※ 가족통합지원시스템 내 건강가정센터 사업통계 〉 통계 〉 상담 유형, 내용, 대상별 현황 〉 상담 대상 tab 확인 가능

□ 상담 내용

① 부부 문제

(단위: 명)

계	관계 갈등	의사 소통	성격 차이	별거	외도	폭력	성생활	경제	기타

② 부모 · 자녀 문제

(단위: 명)

계	관계 갈등	양육 문제	자녀 성격	정신 건강	대인 관계	자녀 간 갈등	학업/진로	일탈/비행/폭력	기타

③ 그 외 가족 문제

(단위: 명)

계	원가족 갈등	역할 분담	가족 죽음	부양/간병	세대 차이	종교 차이	기타

④ 개인 문제

계	성격	대인 관계	정신 건강	우울	사회 부적응	폭력/성폭력	경제 문제	중독	기타

라. 가족문화사업

1) 목적

2) 사업 내용

구분	프로그램 명	내용	계획	실적	만족도	비고
1						
2						
합계	회기		명	명	점	

※ 비고: 사업계획과 추진실적의 차이가 있을 경우에는 그 부진사유 등 기재

3) 사업 운영 성과

마. 지역사회 연계

1) 목적

2) 사업 내용

구분	프로그램 명	내용	추진실적 · 방법
1			
2			

3) 사업 운영 성과

바. 기타 사업 * 센터의 시범 또는 특화사업에 대해 작성

◎ ○○○사업

1) 목적

2) 사업 내용

구분	프로그램 명	내용	계획	실적	만족도	비고
1						
2						
합계	회기		명	명	점	

※ 비고: 사업계획과 추진실적의 차이가 있을 경우에는 그 부진사유 등 기재

3) 사업 운영 성과

4. 사업 추진 성과

〈작성 요령〉

○ 보조금 지원사업 성과를 종합적인 시각에서 구체적으로 기술

○ 사업 추진의 전 · 후 대비를 통한 비교평가 형태로 작성

○ 언론보도 내용 등

※ 추진사업 성과물은 시 · 도(시 · 군 · 구) 자체 보관토록 함

5. 자체 평가

가. 사업 추진 결과 잘된 점(만족도 포함)

나. 부진한 점, 사업 추진상 문제점 및 애로사항 등

다. 향후 사업 추진을 위한 발전 방안 등

6. 추진사업 성과물(증빙 자료)

번호	자료 유형	성과물 명칭	수량	비고
1	보고서			
2	책자			
3	프로그램			
4	포스터			
5	홍보물			
…				

※ 추진사업 성과물은 시 · 도(시 · 군 · 구) 자체 보관토록 함

〈자료 유형〉

○ 보고서

○ 발간책자

○ CD, DVD 등 저장매체

○ 뉴스레터, 리플릿, 기타 관련 사업 제작물

○ 행사 사진첩, 행사 언론보도 자료 등

「2017년 ○○○다문화가족지원센터」 사업계획서

1. 개요

<table>
<tr><td>운영기관</td><td colspan="5">○○○다문화가족지원센터
(법인 · 단체 명:)</td><td>센터
개소일</td><td></td></tr>
<tr><td>법인 · 단체
종류</td><td colspan="7">법인(비영리민간 □, 사단 □, 사회복지 □, 종교 □, 재단 □, 특수 □, 학교 □)
비영리 민간단체 □ 직영 □
기타( )</td></tr>
<tr><td>기간</td><td colspan="7">2017년 1월 1일 ~ 2017년 12월 31일</td></tr>
<tr><td>지역적 특성</td><td colspan="7">※국적별 결혼이민자 현황, 지리적 특성 등 지역 특성 기재</td></tr>
<tr><td>사업 목적 및
운영 방향</td><td colspan="7">•
•</td></tr>
<tr><td>2017년
주요
사업계획</td><td colspan="7">‘□’에 시행 시 체크(■)하고, 해당 사업에 대한 간략한 설명을 ( ) 안에 한 줄 이내로 기재
–가족 □ ( )
–성평등 □ ( )
–인권 □ ( )
–사회통합 □ ( )
–상담 □ ( )
–홍보 및 자원연계 □ ( )</td></tr>
<tr><td rowspan="4">2017년
목표 실인원
(명/건/회기
기재)</td><td colspan="7">집합교육</td></tr>
<tr><td>가족</td><td>성평등</td><td>인권</td><td>사회통합</td><td></td><td>상담</td><td>홍보 및
자원연계</td></tr>
<tr><td>실인원(명)</td><td>실인원(명)</td><td>실인원(명)</td><td>실인원(명)</td><td>건수</td><td>회기</td><td>건수</td></tr>
<tr><td></td><td></td><td></td><td></td><td></td><td></td><td></td></tr>
</table>

만족도 조사

그동안 프로그램/상담에 참여해 주신 여러분께 진심으로 감사드립니다.
여러분의 의견을 조사하여 더 나은 프로그램으로 발전시키기 위해 몇 가지 질문을 하오니 바쁘시더라도 성의껏 답해 주시기를 부탁드립니다.

○○○건강가정지원센터

♣ 다음 문항을 읽고 자신의 생각과 가장 가까운 곳에 ∨표 해 주세요.

문항	매우 그렇지 않다	그렇지 않다	보통이다	그렇다	매우 그렇다
1. 프로그램/상담 내용은 내 가족의 실제 생활에 도움이 되었다.					
2. 강사(진행자)/상담자는 프로그램/상담을 잘 진행하였다.					
3. 프로그램/상담 진행환경은 만족스러웠다.					
4. 프로그램/상담 진행시간은 참여하기에 적절하였다.					
5. 프로그램/상담 진행과정은 전반적으로 만족스러웠다.					
6. 기회가 된다면, 다른 프로그램에 또 참여하고 싶다.					
7. 다른 사람들에게 본 프로그램/상담 이용을 권하고 싶다.					

♣ 다음 란에 ∨표 하거나, 여러분의 주관적 의견을 적어 주세요.

성별	□남 □여	연령	만 ( )세
혼인 여부	□미혼 □기혼 (자녀 수 ____ 명)		
센터가 실시한 다른 프로그램의 참여경험		□있다 □없다	
도움이 되었던 점			
개선해야 할 점			
원하는 교육/상담 내용			
이용가능한 시간대			

※ 끝까지 답변해 주셔서 진심으로 감사드립니다. ※

가족스트레스 척도(기혼자용)

귀하와 귀하 가족께서 지난 1년 사이에 또는 만성적으로 겪고 있는 일 중 스트레스 정도에 대해서 어떻게 느끼시는지 답해 주시기 바랍니다. 해당 설문 문항은 귀하와 가족에게 맞는 프로그램을 제공해 드리는 데 이용됩니다. 바쁘시더라도 성의껏 답해 주시기를 부탁드립니다.

○○○건강가정지원센터

문항	경험 여부		경험 있음 스트레스 정도				
	없다	있다	매우 낮다	낮다	보통이다	높다	매우 높다
1. 지난 1년 사이에 내가 결혼을 했다.	⓿	❶	①	②	③	④	⑤
2. 지난 1년 사이에 가족 중 누군가 결혼을 했다.	⓿	❶	①	②	③	④	⑤
3. 지난 1년 사이에 내(배우자)가 임신 또는 유산을 했다.	⓿	❶	①	②	③	④	⑤
4. 지난 1년 사이에 가족 중에 누군가 임신 또는 유산을 했다.	⓿	❶	①	②	③	④	⑤
5. 지난 1년 사이에 내(배우자)가 출산, 입양을 했다.	⓿	❶	①	②	③	④	⑤
6. 지난 1년 사이에 가족 중에 누군가 출산, 입양을 했다.	⓿	❶	①	②	③	④	⑤
7. 지난 1년 사이에 내(배우자)가 외도를 했다.	⓿	❶	①	②	③	④	⑤
8. 지난 1년 사이에 가족 중에 누군가 외도를 했다.	⓿	❶	①	②	③	④	⑤
9. 지난 1년 사이에 나와 배우자가 별거 또는 이혼을 했다.	⓿	❶	①	②	③	④	⑤
10. 지난 1년 사이에 가족 중에 누군가 별거하거나 이혼을 했다.	⓿	❶	①	②	③	④	⑤
11. 지난 1년 사이에 배우자가 사망하였다.	⓿	❶	①	②	③	④	⑤
12. 지난 1년 사이에 가족이나 가까운 친척 중에 누군가 사망하였다.	⓿	❶	①	②	③	④	⑤
13. 지난 1년 사이에 아이를 위한 보육시설/학원을 새로 찾아야 했다.	⓿	❶	①	②	③	④	⑤

문항	경험 여부		경험 있음				
			스트레스 정도				
	없다	있다	매우 낮다	낮다	보통이다	높다	매우 높다
14. 지난 1년 사이에 자녀가 초등/중/고등/대학교/대학원에 입학하였다.	⓿	❶	①	②	③	④	⑤
15. 지난 1년 사이에 자녀가 원하는 학교입시에 실패했다.	⓿	❶	①	②	③	④	⑤
16. 지난 1년 사이에 내(배우자)가 은퇴하였다.	⓿	❶	①	②	③	④	⑤
17. 지난 1년 사이에 가족 중에 누군가 은퇴하였다.	⓿	❶	①	②	③	④	⑤
18. 지난 1년 사이에 새로 대출을 받거나 빚을 졌다.	⓿	❶	①	②	③	④	⑤
19. 지난 1년 사이에 가계지출이 급격히 늘었다.	⓿	❶	①	②	③	④	⑤
20. 지난 1년 사이에 주식, 부동산 시장의 변화로 재산상의 손실을 보았다.	⓿	❶	①	②	③	④	⑤
21. 지난 1년 사이에 나 혹은 가족 중 누군가 사업을 시작하거나 첫 출근하였다.	⓿	❶	①	②	③	④	⑤
22. 지난 1년 사이에 나 혹은 가족 중 누군가 실직, 해고되었다.	⓿	❶	①	②	③	④	⑤
23. 지난 1년 사이에 나 혹은 가족 중 누군가 직장을 얻는 데 실패했다.	⓿	❶	①	②	③	④	⑤
24. 지난 1년 사이에 이사(전학)를 했다.	⓿	❶	①	②	③	④	⑤
25. 지난 1년 사이에 가족 중 누군가 따로 살게 되거나, 따로 살던 가족이 같이 살게 되었다.	⓿	❶	①	②	③	④	⑤
26. 지난 1년 사이에 나 혹은 가족 중 누군가 크게 다치거나 많이 아팠다.	⓿	❶	①	②	③	④	⑤
27. 지난 1년 사이에 나 혹은 가족 중 누군가 학교폭력이나 (성)범죄 피해자가 되었다.	⓿	❶	①	②	③	④	⑤
28. 지난 1년 사이에 나 혹은 가족 중 누군가 가출, 비행을 저지르거나 고소 · 고발을 당했다.	⓿	❶	①	②	③	④	⑤
29. 가족 중에 누군가 결혼할 때가 지났다.	⓿	❶	①	②	③	④	⑤
30. 내(배우자)가 임신을 원했지만 되지 않았다.	⓿	❶	①	②	③	④	⑤

문항	경험 여부		경험 있음 스트레스 정도				
	없다	있다	매우 낮다	낮다	보통이다	높다	매우 높다
31. 가족 중에 누군가 임신을 원했으나 되지 않았다.	⓿	❶	①	②	③	④	⑤
32. 자녀에게 발달적 문제(발달이 느림)가 있다.	⓿	❶	①	②	③	④	⑤
33. 자녀의 성적이 낮다(성적이 떨어졌다).	⓿	❶	①	②	③	④	⑤
34. 가족 중에 누군가 요양병원에 계시다.	⓿	❶	①	②	③	④	⑤
35. 가족이나 가까운 친척 중 연세가 많아 신체적/정신적으로 가족이 돌봐야 할 분이 있다.	⓿	❶	①	②	③	④	⑤
36. 부모님이나 가까운 친척들과 불화가 있다.	⓿	❶	①	②	③	④	⑤
37. 부부 성생활이 만족스럽지 않다.	⓿	❶	①	②	③	④	⑤
38. 가족 내 가정폭력 문제(손찌검이나 심한 언어폭력)가 있다.	⓿	❶	①	②	③	④	⑤
39. 가정경제에 만성적인 어려움이 있다.	⓿	❶	①	②	③	④	⑤
40. 나 혹은 가족 중 누군가에게 사업/직업상 어려움이 있다.	⓿	❶	①	②	③	④	⑤
41. 형편이 어려운 부모님이나 가까운 친척을 재정적으로 돕고 있다.	⓿	❶	①	②	③	④	⑤
42. 가족 중 누군가에게 만성질환이나 장애가 있다.	⓿	❶	①	②	③	④	⑤
43. 나 혹은 가족 중 누군가에게 치료가 필요한 심리정서 문제가 있다.	⓿	❶	①	②	③	④	⑤
44. 나 혹은 가족 중 누군가에게 술 문제가 있다.	⓿	❶	①	②	③	④	⑤
45. 나 혹은 가족 중 누군가 게임, 인터넷, 스마트폰 중독으로 일상생활이 어렵다.	⓿	❶	①	②	③	④	⑤

가족관계위기징후 척도

다음에 제시되는 각 항목에 대해 귀하의 가족은 어떠신지 답해 주시기 바랍니다. 해당 설문 문항은 귀하와 가족에게 맞는 프로그램을 제공해 드리는 데 이용됩니다. 바쁘시더라도 성의껏 답해 주시기를 부탁드립니다.

○○○건강가정지원센터

	전혀 그렇지 않다	그렇지 않다	그저 그렇다	그렇다	매우 그렇다
1. 서로 간에 불평, 불만이 많다.					
2. 갈등이 생기면 해결하려 하기보다는 피해버린다.					
3. 가족원 간에 욕설이나 큰소리를 내며 싸운다.					
4. 가족이 함께 사진 찍고 싶어 하지 않는다.					
5. 집에 같이 있어도 서로 얼굴을 마주치고 싶어 하지 않는다.					
6. 함께 식사, 여행, 외출, 쇼핑 등을 하고 싶어 하지 않는다.					
7. 가족 안에서 자신의 힘든 일을 말하는 것이 어렵다.					
8. 가족원 간에 의견충돌이 쉽게 일어난다.					
9. 가족 안에 대화다운 대화가 없다.					
10. 포옹이나 뽀뽀, 손잡기 등의 스킨십이 없다.					
11. 가족 안에 웃음이 없다.					
12. 집에 있으면 마음이 편하지 않고 불편하다.					
13. 서로의 고민과 상황에 대해 관심이 없고 알지도 못한다.					
14. 사랑한다는 표현을 직접적이든 간접적이든 하지 않는다.					
15. 서로 짜증스럽게 말한다.					
16. 서로 가시가 있는 말, 비꼬는 말, 공격적인 말을 한다.					
17. 한 명이 일방적, 강압적으로 자기 의사를 강요한다.					
18. 꼭 필요한 말이 아니면 서로 이야기하지 않는다.					

찾아보기

인 명

내용

저자 소개

이선형(Lee Sun Hyung)

고려대학교 가정학과 석사 및 박사
강남대학교 사회사업학과 박사
영국 University of Bath visting scholar
전) 성북구건강가정지원센터 사무국장
현) 호서대학교 사회복지학부 노인복지학 전공 부교수
호서대학교 학생생활상담센터 센터장
관악구 노인종합복지관 상담자문위원
강남구 건강가정지원센터 운영위원

임춘희(Lim Choon Hee)

고려대학교 가정학과 석사 및 박사
미국 Unviersity of Missouri-Columbia visiting scholar
전) 군산시 건강가정지원센터 및 다문화가족지원센터 센터장
현) 군산대학교 자연과학대학 아동가족학과 교수
군산지원 협의이혼 상담위원
서천군 건강가정 · 다문화가족지원센터 운영위원

강성옥(Kang Sung Ok)

강남대학교 사회복지 전문대학원 석사
호서대학교 벤처전문 대학원 노인복지 박사
전) 경기복지 거버넌스 여성가족 실무위원회 회장
경기도 건강가정지원센터 협의회 회장
현) 오산시 건강가정지원센터 센터장
한국복지경영교육재단 이사장

새로운
건강가정론
Introduction to Healthy Families

2017년 9월 15일 1판 1쇄 발행
2023년 1월 20일 1판 4쇄 발행

지은이 • 이선형 · 임춘희 · 강성옥
펴낸이 • 김 진 환
펴낸곳 • (주) 학지사
04031 서울특별시 마포구 양화로 15길 20 마인드월드빌딩 5층
대표전화 • 02) 330-5114 팩스 • 02) 324-2345
등록번호 • 제313-2006-000265호
홈페이지 • http://www.hakjisa.co.kr
페이스북 • https://www.facebook.com/hakjisabook

ISBN 978-89-997-1267-8 93330

정가 20,000원